KB133910

19세기 동아시아를
읽는 눈

19세기 동아시아를 읽는 눈

-지속과 변화, 관계와 비교

2017년 6월 8일 제1판 1쇄 인쇄
2017년 6월 15일 제1판 1쇄 발행

엮은이　　미야지마 히로시, 배항섭, 이경구
펴낸이　　이재민, 김상미

편집　　　이상희
디자인　　달뜸창작실, 정희정

종이　　　다올페이퍼
인쇄　　　천일문화사
제본　　　광신제책

펴낸곳　　너머북스
주소　　　서울시 종로구 자하문로24길 32-12 2층
전화　　　02) 335-3366, 336-5131 팩스 02) 335-5848
등록번호　제313-2007-232호

ISBN 978-89-94606-46-0 93910

본 출판물은 2007년 정부(교육과학기술부)의 재원으로 한국연구재단(구 학술진흥재단)의 지원을 받아
수행된 연구임(NRF-2007-361-AL0014)

본 출판물은 2007년 정부(교육과학기술부)의 재원으로 한국연구재단(구 학술진흥재단)의 지원을 받아
수행된 연구임(NRF-2007-361-AM0001)
이 책은 한림대학교 한림과학원의 개념소통 연구시리즈의 하나입니다. 한림과학원은 본 시리즈를
통해 개념소통 관련 주요 연구를 기획하고 소개합니다.

19세기 동아시아를 읽는 눈

19세기의
동아시아
3

미야지마 히로시 · 배항섭 · 이경구 엮음

지속과 변화,
관계와 비교

차__례__

2부_ 문화와 사상

동아시아사 연구의 새로운 시각:
'지속과 변화', '관계와 비교'

비서구인들을 '야만'과 '미개'로부터 '해방'시키고 '문명화'할 임무를 띤 '근대'의 서구인들은 아메리카로부터 아프리카, 아시아 등 '야만의 땅'을 하나씩 점령해나갔다. 그들은 점령한 지역을 '문명화'해나가면서 '야만'의 사회질서도 재편성해나갔다. 이것은 '보편적 이성'이라는 이름으로 수행되었으며, 공간적 정복과 아울러 시간에 대한 정복도 이루어졌다. 이에 따라 공간과 시간, 세상과 사물들에 대해 생각하고 판단하던 피정복 지역민들의 고유한 사유방식이나 가치관 그리고 그것에 기초하여 이루어진 수많은 경험이 단지 '근대' 서구인들의 '보편적 이성'에 비추어 볼 때 미개하고 합리적이지 않다는 이유로 억압되거나 구석진 곳으로 밀려나게 되었다.

　그것은 '근대' 서구인들이 믿고 있던 진화론적 역사관과 그에 입각한 '보편적 역사'를 만들어내는 데 방해가 되는 대안적 역사의 궤적들을 통제하기 위해서였다. 그 결과 결국 피정복지의 역사적 경험은 죽임을 당한 반면, 서구의 역사적 경험은 비서구를 포함한 모든 인류의 숙명으로 강요되었고, 또 받아들여졌다. 그에 따라 '근대성'이 서구중심주의에 대한 참조 없이 이해 불가능한 것처럼, 서구중심주의 역시 '근대성'의 맥락 안에서만 분명하게 드러내 보일 수 있게 되었다. 우리가 서구중심주의와 근대중심주의를 동시에 겨냥하는 것은 이같이 양자가 매우 유기적으로 얽혀 있기 때문이다.

　역사연구에서 서구중심주의와 근대중심주의를 극복하고 새로운 인식 틀을 마련하는 데는 동아시아 역사가 중요한 계기가 될 수 있다. 이 책에 실린 미야지마 히로시의 글에도 언급되어 있듯이, 무엇보다 동아시아의 역사적 경험에는 전근대─근대의 이분법적 인식, 곧 근대중심주의나 서구중심주의로는 도저히 이해하기 어려운 것들이 많기 때문이다. 따라서 근대중심주의나 서구중심주의를 넘어서지 않고서는 한국과 동아시아가 겪어온 역사적 경험을 새로운 맥락에서 이해하거나, 그것이 지닌 의미나 가치를 재인식하기 어렵다. 이 책에서는 '지속과 변화', '관계와 비교'라는 두 가지 면에서 동아시아 역사를 새롭게 이해해보고자 한다.

변화와 지속

역사적 시간 속에는 변화하는 것들과 지속되는 것들이 병존한다. 이는 어느 시대나 마찬가지이며, 사회·정치·경제적 질서나 관행, 사유방식이나 생활양식 등 모든 면에서 그러하다. 인간의 삶이 그러한 착종되는 시간들 속에서 영위된다는 것은 지극히 당연한 일이라고 할 수 있다. 그러나 '근대'는 이러한 방식의 시간관을 부정하였다. '근대'는 스스로 이전 시기와 구별되는 특권적 시기라는 지위를 부여하고, 이전의 시간들을 심판하는 기준이 되었다. 다름 아닌 '근대중심주의'이다. 이에 따라 '근대'와 '전근대' 간에는 계서적인 동시에 단절적인 관계가 성립되었다. 이러한 진화론적·목적론적 시간관이 처음에는 서구인들에 의해 비서구인들에게 강요되었고, 종내 비서구인들 스스로 받아들였다. 서구중심주의·근대중심주의가 지적·문화적 헤게모니를 장악하게 된 것이고, '유럽적 보편성'이 '보편적 보편성'의 지위를 차지하게 된 것이다. 그러한 인식의 기본틀은 오늘날까지 이어지고 있다.

그 결과 변화와 지속의 병존이라는 지극히 당연한 현상을 전제로 역사적 시간이 구성되고 인간의 삶이 영위되는 모습에 대한 객관적 이해가 어려워졌다. 이는 이른바 '근대 전환기'의 역사 이해에서 잘 드러나며, 특히 비서구의 '근대 전환기' 이해에는 근대중심주의와 서구중심주의에 의한 이중적 왜곡이 매우 심하게 작용해왔다. 간단히 말하면, '근대 전환기'의 역사는 변화와 지속 가운데 변화 쪽, 그것도 서구 근대의 경험을 뒤따르는 것이나 그렇게 해석할 수 있는 변화상들에 훨씬 큰 가중치를 두고 그것들을 중심으로 서술되어왔다. 지속되는 것, 변하지 않는 것, 특히 서구 근대와 거리가 멀다고 판단되는 것일수록 역사 이해와 서술과정에서 억압되거나 외면되었음은 물론이다. 그런 것들은 서구·근대중심주의가 선험적으로 전제하고 있는 발전과 진보라는 '복음'을 누리고, 나아가 발전의 종착지에 있다고 믿는 궁극적 니르바나Nirvana에 도달하기 위해서는 사라져야 할 미개하고 야만적인 것들에 불과하기 때문이다.

따라서 서구·근대중심주의를 넘어서기 위해서는 '근대 전환기'의 이해에서 변화와 지속에 대한 시각의 교정이 필요하다. 모든 면에서 변화와 지속이 가지는 의미가 같을 수는 없겠지만, 우선 양쪽을 모두 중시하는 시각의 확보가 필요할 듯하다. 물론 극단적 상대주의로 가자는 것이 아니라, 시각을 교정하기 위한 일종의 '전략적 등가주의'라고 해두자. 그래야만 특정한 시기의 사회구성 원리나 운영 원리, 그리고 인간의 삶을 구성하는 다양한 영역 및 그들 간의 관계방식, 그 세상을 설명하고 이해하는 사유방식 등을 지금까지와는 다른 방식으로, 좀 더 풍부하게 이해할 수 있을 것이다.

변화나 지속 어느 한쪽에 가중치를 둘 경우, 어느 쪽이든 부당하게 억압되거나 왜곡될 수밖에 없다. 그것은 19세기 말 척사론과 문명개화론의 대립에서도 확인할 수 있다. 서구·근대를 복음으로 받아들인 문명개화론자들과 유교적 사고방식이나 삶의 방식을 고집한 척사론자들은 서로를 야만으로 취급하였다. 척사론자들의 입장을 옹호하자는 것은 결코 아니다. '근대'의 상대화를 위해서는 어느 쪽이든 문제가 있다. 그렇다고 뚜렷한 정답이 있는 것도 아니다. 다만 변화와 지속에 대해 '전략적 등가주의'를 취하는 것은 서구·근대를 다른 방식으로 사유하기 위해 현재 우리가 취할 수 있는 가능한 하나의 방법이라 생각한다. '19세기 동아시아 연구모임'이 '변화와 지속' 문제를 고민하는 까닭이다.

관계와 비교

비교사의 목적은 일국사를 벗어나 한층 넓은 시야에서 역사를 바라보는 한편, 자국의 역사를 좀 더 선명히 이해하려는 데 있다. 또 비교사의 목적 가운데는 다른 나라와 주고받은 역사적 경험을 상호 관련 속에서 바라보려는 데 있다는 점에서 관계사 내지 트랜스내셔널transnational한 역사연구와 비교사 간의 거리도 그리 멀기만 한 것은 아니다. 각 나라의 역사는 고유한 문맥을 가지고 전개되지만, 그 고유성을 발견하기 위해서도 비교사적 접근이 필요하다. 또 비교를 통한 새로운 발견이 역사에 대한 더 깊고 넓은 시야를 열어갈 뿐만 아니라 무엇보다 비교사적 접근은 일국사적 관점에서는 미처 생각하지 못했던 새로운 분석방법이나 시야를 열어가는 계기가 될 수도 있다.

물론 비교사라는 관점은 특별히 새로운 것은 아니다. 지금까지도 비서구의 역사 연구는 끊임없이 '비교'에 유념하면서 이루어졌다. 다만 그 비교가 기본적으로 서구중심주의와 근대중심주의라는 목적론적·진화론적 이데올로기에 근거하여 그려진, 그것도 매우 추상적으로 그려진 서구의 경험을 준거로 했다는 데 근본적인 문제가 있다. 한국사 연구를 보면 해방 이후 새로운 한국 역사상을 수립하려는 노력은 끊임없이 서구의 경험을 의식하면서 진행되어왔다. 그러나 그러한 연구는 서구를 특권화하고 그를 준거로 하여 한국사의 발전단계를 가늠하는 방식이었다는 점에서 비교의 시각이 비대칭적이었다.

이러한 접근에서는 서구보다 뒤처진 한국사의 전개과정을 확인하거나 역시 서구에 비추어 독특한 한국사의 특정한 경험을 강조하는 데 머무를 수밖에 없었다. 이 때문에 비교사를 통해 한국, 나아가 인류의 역사적 경험을 새롭게 이해하고 구성해나갈 수 있는 가능성은 닫혀 있었다. 이러한 비대칭적 비교 역시 '변화와 지속'의 문제와 마찬가지로 현재까지도 우리의 역사인식을 크게 지배하고 있다. 서구와 근대는 여전히 비서구와 전근대를 이해하는 기준이 되고 있다.

비교사적 접근에서 서구와 근대를 준거로 한 비대칭적 방법을 극복해야 한다. 서구의 역사적 경험에서 만들어진 개념이나 이론적 도구를 구사하여 한국이나 동아시아, 기타 비서구 지역의 역사를 비대칭적으로 분석할 것이 아니라 각 지역의 역사가 지닌 고유한 측면을 그 내부에서부터 분석해나갈 필요가 있다. 그 경우 무엇보다 중요한 것은 비교 대상 간의 다름을 계서적 차별이 아니라 등가적 차이로 바라보는 시각이다.

한편, 마르크 블로크Marc Bloch는 비교사가 다만 다른 나라와의 동질성이나 일반성을 선불리 찾는 데 그치기보다는 공통성과 동시에 독자성을 발견하는 방향으로 이루어져야 한다는 점을 지적하고 있다. 그러나 다른 한편 비교사가 다만 다른 나라와 차이를 드러내는 데서 그치거나, 그러한 차이를 본질적인 것으로 간주해버림으로써 자국중심주의를 오히려 강화하는 쪽으로 귀결되어서는 안 될 것이다. 이를 위해서는 반드시 비교사에만 국한되는 것은 아니지만, 무엇보다 비교를 통해 드러나는 외면적인 차이가 어떠한 좀 더 근원적이고 넓은 정치·경제·사회·문화적 측면, 그리고 그러한 것들이 서로 유기적 관련 속에서 한 사회를 구성하는 원리와 어떻게 연결되어 있는가 하는 데까지 밀고 나가야 한다고 생각한다.

또한 이러한 비교가 정태적 분석에 그치지 않으려면 공통점과 차이점을 동시에 포착하되, 장기적 전망 속에서 그 지속과 변화상을 추적하는 것이 필요하다. 그렇게 할 때 한국을 비롯한 동아시아 각국의 역사적 경험이 지닌 특징을 한층 선명하게, 그리고 전혀 다른 각도에서 바라볼 수 있는 시야를 확보하는 한편, '동아시아'로부터 세계사를 재구성할 수 있는 단단한 근거들을 마련해나갈 수 있을 것이다.

이 책의 구성과 내용

성균관대학교 동아시아학술원 인문한국연구소에서는 2012년 1월부터 '19세기의 동아시아'를 주제로 세미나를 개최해오고 있다. 그동안 50여 회의 월례세미나와 수차례의 워크숍 및 학술대회를 개최해왔으며, 그 결과를 "19세기의 동아시아"라는 시리즈로 엮어내고 있다. 이미 "19세기의 동아시아" 제1권에서도 언급했듯이 '19세기의 동아시아' 연구기획은 서구중심주의와 근대중심주의를 동시에 겨냥하고 있다. 또 우리가 말하는 '동아시아'란 서구중심적·근대중심적 역사인식에서 벗어나 한국사와 동아시아사, 나아가 세계사를 재구성하는 인식론적 방법이자 시각으로서의 '동아시아'임을 미리 밝혀둔 바 있다.

'19세기의 동아시아' 연구모임은 대체로 "서구중심주의와 근대중심주의를 극복하고 '서구'와 '근대'를 상대화함으로써 새로운 방법론을 모색하고 동아시아사와 세계사를 재인식한다"라는 취지 아래 연구자 30여 명이 함께 공부하고 있다. 2015년부터는 연구의 취지를 확산하고 연구 내용을 더욱 풍부하게 하기 위해 한림대학교 한림과학원과 공동으로 학술회의를 개최해왔다. 이 책은 2005년에 개최한 첫 번째 공동학술회의 '19세기의 동아시아—변화와 지속, 관계와 비교'(1)에 발표되었던 글을 수정 보완하여 엮은 것이다. 이 책은 이미 발간된 『동아시아는 몇 시인가?』(너머북스, 2015)와 『동아시아에서 세계를 보면?』(너머북스, 2017)에 이은 세 번째 성과물이다.

이 책은 도입글과 3개의 부로 나뉘어 있으며, 모두 13편의 글이 실려 있다. 책의 총론 격인 「동아시아 연구의 새로운 지평을 위하여」에서 미야지마 히로시는 동아시아 연구의 의미를 21세기를 전망할 수 있는 새로운 패러다임의 모색, 곧 '방법으로서 동아시아'라는 데서 찾고 있다. 이를 위해 동아시아 연구는 동아시아에만 한정되는 것이 아니라 보편적 의미를 가질 수 있는 문제를 제기해야 하며, 지금까지의 학문체계에 대한 비판적 검토도 포함해야 한다는 점을 강조하였다. 또 이러한 문제를 해결하는 데는 무엇보다 전근대와 근대라는 시대구분에 대한 근본적 재검토가 요청된다고 주장하였다. 전근대와 근대라는 이분법은 연구영역을 분단했을 뿐만 아니라 학문의 체계, 지知의 체계 자체를 분단했기 때문이라는 것이다.

1부 '정치와 사회'에는 4편이 실려 있다. 앞의 두 편은 군주에 대한 직소와 군주의 친정 문제를 둘러싼 '근세' 동아시아의 정치문화를 다룬 글이고, 뒤의 두 편은 조선 후기 부계가족과 친족, 노비들의 삶과 계층 이동을 통해 조선시대의 사회와 문화에 대한 새로운 이해를 시도하고 있다.

배항섭의 「백성이 호소하고 국왕이 들어주다-'근세' 동아시아의 정치문화와 직소」는 동아시아의 '근세', 곧 조선시대, 에도시대, 명청시대 직소제도의 실상을 삼국의 지배이념 및 정치문화와 연결하여 비교사적으로 접근한 글이다. 백성과 군주의 직접적 소통이라 할 수 있는 직소제도는 삼국 모두 구비하고 있었으나, 내용과 운영원리 등에서는 적지 않은 차이가 있었다. 이는 특히 최고권력자와 백성 간의 친밀성이라는 점에서 두드러졌는데, 여기서는 이러한 차이를 지배이념뿐만 아니라 최고권력자와 엘리트 간의 권력관계 등과도 연결하여 파악하고자 하였다.

박훈의 「19세기 전반 일본에서 군주 친정의 대두-도쿠가와 나리아키의 경우」는 미토번 번주 도쿠가와 나리아키德川齊昭를 통해 19세기 일본에서 군주의 친정이 대두되는 과정과 실상을 "군주에게 친정을 요구한다"는 '사대부적 정치문화'라는 맥락에서 살펴본 글이다. 도쿠가와 나리아키는 취임하자마자 기존의 관례를 깨고 번주의 친정을 행하였다. 민정의 중요성을 강조하였고, 순촌巡村을 행하여 농민들과 직접 접촉하며 은전恩典을 베푸는 등 '명군'이 되고자 노력하였다. 박훈은 이같이 막부 말기에 나타난 새로운 정치행위와 군주상을 이후 메이지 초기에 이르기까지 추구되던 군주상과 연결해볼 것을 제안하고 있다.

권내현의 「조선 후기 부계가족·친족 확산을 보는 관점」은 조선 후기 부계가족과 친족제도의 확산을 통해 조선시대의 사회와 문화에 대한 새로운 이해를 시도한 글이다. 조선 후기가 되면 왕조와 지배층에 의한 위로부터의 노력에 더하여 하천민들의 자발적 수용이 시작되면서 부계가족과 친족질서가 하천민에게도 확산되어갔다. 특히 19세기에 활발하게 전개된 평민의 부계가족·친족체계 수용은 사회적 성장과 안정을 도모하는 방편이 되기도 했다. 이는 단순 부계가족의 형성이나 장자 단독 상속에 따라 구성원들의 이탈과 비농업 인구의 확산, 도시의 발달을 가져왔던 다른 지역과 구별되는 한국사회의 독특한 모습이다.

김건태의 「19세기 공노비 후손들의 삶—제주도 대정현의 사례」는 18세기 후반~20세기 초에 걸쳐 제주도 대정현 주민을 제1계층(유학층)~제5계층(노奴)으로 나누고 계층별 신분 변동을 추적한 글이다. 상위계층에서는 신분이 하락한 사례가 적지 않았고, 하위계층에서는 신분이 상승해간 사례가 많았지만 1~5계층 후손들의 평균 지위는 20세기 초까지 끝내 역전되지 않았고, 주민들의 호당 토지소유 규모 역시 조상들의 신분과 밀접한 상관관계를 보였다. 18세기 후반~20세기 초에 이르는 백 수십 년은

'근대 전환기'라는 격동의 시기였지만 전통사회에서 구축되었던 사회적·경제적 지위가 쉽사리 변화하지 않았음을 보여준다.

2부 '문화와 사상'은 5편의 글로 구성되어 있다. 대체로 문화 내지 사상이라는 면에서 전통적 경험이나 사유와 그것이 '근대적'인 것으로 변화해나가는 모습을 연결하여 파악하거나, 18~19세기 혹은 20세기의 문화적·지적 현상들을 '전근대'와 '근대'의 혼종성이라는 맥락에서 바라볼 것을 제안하고 있다.

이경구의 「18세기 후반~19세기 조선의 언어와 문자 의식에 대한 시론」은 18세기 후반부터 일어난 한글의 위상 변화를 19세기 말 언어·문자의 혁명적 전환과 연결하여 파악한 글이다. 한글은 원래 한자를 보완하는 음성기호, 경전의 번역어, 부녀자·아동들의 일상어라는 속성이 있었다. 그러나 18세기 후반 세속화 경향의 강화와 함께 한글은 지식을 표현하는 그릇으로도 사용되기 시작했다. 이 흐름은 19세기 전반기에도 유지되었으며, 1880년대 초반에는 국어 창출을 위한 다양한 실험이 전개되었다고한다. 결국 이런 경험들의 축적이 1890년대에 일어난 언어·문자의 혁명적 전환에 밑거름이 되었음을 주장하고 있다.

조성산의 「연암그룹 지식인들의 천天 인식」은 연암그룹 지식인들의 '천' 인식을 통하여 그들이 중화·이적夷狄을 논의할 때 중요한 전제가 되었던 제3자로서 천 인식이 어떠한 사유에서 나왔는지 살펴보고자 하였

다. 박지원은 소옹학과 천주교의 천 인식이 갖는 '선험성'에 대하여 비판
하였는데, 이것이 사물의 성격을 미리 확정하지 않는 개방적인 학문태도
로 연결되어 서학의 탐구뿐만 아니라 신이하고 기이한 것, 그리고 다른
종교에 대해서도 개방적 태도를 보였다. 연암그룹 지식인들이 중화·이
적을 균등한 것으로 보거나, 천주교·불교 등에 대해 온건하게 대응한 것
은 이러한 천 인식을 통하여 가능할 수 있었다는 것이다. '천' 인식을 단서
로 하여 전통적 사유의 변화 양상을 검토하고 있다.

김선희의 「19세기 지식장의 변동과 문명의식―홍한주, 이규경, 최한기
를 중심으로」는 19세기 중반에 다양한 지적 정보를 종합하고 재배치하고
자 했던 전통적 지식인 세 명, 곧 홍한주, 이규경, 최한기가 외부의 지적
자극과 정보들을 어떻게 내적으로 변용하고 지적 재배치를 시도하는지
살펴본 글이다. 여기서는 문명의식을 통해 이들의 지적 태도와 경향을 검
토하였다. 특히 서학과 같은 외래의 자원과 전 시대보다 강화된 서양 강
대국의 서세동점에 대한 직간접 경험이 이들의 문명의식을 어떻게 변화
시키고 이 변화가 전통적 지식인들의 지적 태도와 실천에 어떠한 영향을
미쳤는지를 추적하고 있다.

박소현의 「근대 계몽기 신문과 추리소설―『신단공안神斷公案』을 중심
으로」는 20세기 초 한국의 근대 신문인 『황성신문』에 연재되었던 범죄소
설 『신단공안』을 비교문학적 관점에서 새롭게 이해한 글이다. 기왕의 연
구에서는 중국의 전통적 공안소설과 근대 매체의 결합에 대해 곤혹스러

위하거나 시대착오적인 현상으로 규정하기도 했다. 그러나 이 글에서는 『신단공안』을 전통과 근대가 합류하는 과도기 문화의 역동성이라는 맥락에서 바라보고자 했으며, 비교문학적 관점에서 볼 때 『신단공안』의 출현은 결코 시대착오적 현상이 아니라 오히려 근대적 문화현상으로 이해될 수 있음을 지적하고 있다.

안승택의 「18, 19세기 농서에 나타난 경험적 지식의 의미 변화와 분화」는 18, 19세기 조선 농서의 내용과 관련하여 경합하던 현장지향성('현장적 분권론')과 실험실지향성('실험실적 집권론')이라는 두 가지 경향에 주목한 글이다. 안승택은 양자가 경험적 지식과 진리의 소재를 둘러싸고 주도권을 다투면서 서로 경합·각축하였지만, 그에 대해 어느 한쪽이 다른 한쪽을 대체하는 것으로서가 아니라 서로 모순되는 지적 경향이 병존하며 필요에 따라 선택·조장되는 혼종화 과정으로 이해할 것을 제안한다. 이러한 분석을 '전근대'와 '근대'의 관계에 대한 새로운 이해, '근대'의 혼종성이라는 문제로 연결하고 있다.

3부 '재정정책'에는 18, 19세기 말 조선 왕조의 재정에 관한 글이 실려 있다. 조선 왕조 재정의 운영원리와 이념적 지향을 살펴본 글, 정약용의 진휼제도를 주자가 구상한 진휼제도와 연결하여 살펴본 글, 19세기 말 조선과 청 사이에 맺은 「조청상민수륙무역장정」의 의미를 조선 왕조의 재정적 필요라는 면에서 살펴본 글로 이루어져 있다.

손병규의 「18, 19세기 납세조직의 활동과 지방재정 운영」은 납세조직의 활동과 지방재정 운영에 대한 분석을 통해 조선 왕조 재정의 운영원리와 이념적 지향을 살펴본 글이다. 조선 왕조의 재정은 모든 재원이 왕권 아래 일원적으로 집중되고 재분배되는 중앙집권적 운영체제를 이념으로 했다. 18세기 중엽을 전후로 집권적 운영체제를 확립했지만, 그것은 징수에서 분배에 이르는 재정과정의 많은 부분을 민간의 자율적인 납세조직 결성과 활동에 근거한 지방의 자율적 재정활동에 위임함으로써 가능했다. 19세기 말 대한제국 시기에는 재정운영의 완전한 중앙일원화가 시도되었으나 지방에서는 여전히 기왕의 운영방법이 견지되었다고 한다. 재정 면에서 '근대성'과 '전근대성'을 다시 생각해볼 단서를 제공하는 의미가 있다.

송양섭의 「다산 정약용의 수령 진휼론에 나타난 주자진법朱子賑法의 적용과 그 당대적 변용─『목민심서』 진황조의 분석」에서는 정약용이 구상한 『목민심서』의 진휼론이 주자가 고안한 진휼방식을 적극 수용하여 조선의 현실에 맞게 적용하는 것이었음을 논증하고 있다. 정약용의 진휼론은 『주례』의 이상을 추구하면서도 조선의 현실을 고려하고, 18세기 제도적 규정을 크게 참용參用한 위에 마련된 것이다. 『목민심서』의 이러한 진휼론은 정약용 사상을 주자학과 의도적으로 결별시키려는 기왕의 연구 경향과 배치되는 것으로, 정약용은 물론 '실학자'들이 제기한 개혁안을 '근대지향' 내지 '탈주자학적'인 것이라고 주장해온 기왕의 연구에 대한 전면적인 재검토가 필요함을 보여주는 것이다.

문명기의 「재정사財政史의 각도에서 다시 보는 한중 관계─「조청상민수륙무역장정朝淸商民水陸貿易章程」의 재검토」는 19세기 말 조선과 청 사이에 맺어진 「조청상민수륙무역장정」을 새로운 각도에서 조명한 글이다. 이 글은 기왕의 연구들이 「장정」 체결에 임하는 조선 측의 의도를 주목하지 못했다는 반성에서 출발하고 있다. 그에 따르면 「장정」 체결에 임한 조선 정부의 강력한 실질적 동기 중 하나는 대외통상을 통한 재원확보에 있었다고 한다. 통상교섭을 주도했던 어윤중이 청 측에 통상과 관련한 세 가지 사안을 제안했는데, 모두 기존의 재정지출을 줄이고 새로운 재원을 확보하려는 목적과 긴밀하게 연결되어 있었다고 한다. 이 시기 조청관계에 대한 시각 교정까지 사정권에 둔 연구이다.

나가는 말

이 책에서 우리는 '19세기의 동아시아' 연구모임이 과제로 삼아온바, 서구중심주의와 근대중심주의를 넘어서기 위한 접근 방법으로 동아시아 역사를 '변화와 지속', '관계와 비교'라는 면에서 살펴보고자 했다. 전근대─근대의 이분법적 이해를 넘어 19세기 전후 한국과 동아시아의 역사적 경험을 연속적으로 이해하려는 것이고, 서구와 달랐던 동아시아의 역사적 경험을 동아시아 내부의 교류와 비교를 매개로 하여 새롭게 해석해 보려는 의도였다.

아직까지 해결해야 할 과제가 산적한 설익은 고민이지만, '방법으로서

의 동아시아'라는 시각 그리고 동아시아사의 '변화와 지속', 동아시아사
간의 '관계와 비교'라는 접근이 한국과 동아시아, 세계사의 역사와 현재를
새로운 차원에서 사유할 수 있는, 그리하여 미래에 대한 새로운 가능성을
열어갈 수 있는 밑거름이 되길 기대해본다.

옥고를 주신 필자 선생님들, 늦어지기만 하는 원고를 기다려준 너머북
스 이재민 대표님과 편집진 여러분께 감사드린다.

2017년 6월
필자들을 대신하여 배항섭 씀

동아시아 연구의 새로운 지평을 위하여

◎

미야지마 히로시

우리가 동아시아를 연구한다는 것은 어떤 의미가 있을까? 그것은 무엇
보다 동아시아를 남아프리카, 동아프리카, 서아시아 등과 같은 하나의
연구대상 지역으로 보는 지역연구 방법을 극복하려고 지금까지의 연구
방법 자체를 재검토함으로써 그 한계를 넘어서 21세기의 세계를 전망할
새로운 패러다임을 모색하려는 것이다. 바꿔 말하면 연구대상으로서 동
아시아가 아니라 방법으로서 동아시아를 연구하려는 것이다. 성균관대
학교 동아시아학술원이 한국을 중심으로 한 동아시아 전체를 대상으로

삼아 역사, 문화, 사회를 연구하는 기관으로 창설된 취지도 마찬가지고, '19세기의 동아시아' 연구모임이 추구하는 것도 같은 맥락에서 이해할 수 있다.

그러면 방법으로서 동아시아를 연구한다는 것은 무엇을 의미할까? 이 문제를 몇 가지 구체적인 예를 들어 논의함으로써 이 책의 들어가는 문으로 삼고자 한다. 방법으로서 동아시아를 연구하려고 할 때 다음 두 가지 문제에 유의할 필요가 있다. 첫째, 동아시아 연구에서 제기되는 문제가 단순히 동아시아에 한정되지 않고 보편적 의미를 가질 수 있어야 한다. 둘째, 동아시아를 연구하는 작업 자체가 지금까지 학문체계에 대한 비판적 검토를 포함해야 한다.

1 보편으로서 서구와 근대 패러다임을 넘어

동아시아를 대상으로 새로운 패러다임을 모색하려고 할 때 가장 중요하다고 생각되는 문제는 전근대와 근대라는 시대구분을 근본적으로 재검토해야 한다는 것이다. 지금까지 동아시아 연구에서는 대체로 19세기 중반을 전후해서 전근대와 근대로 구분하는 것이 일반적이었다. 그리고 이 구분이 단순한 시대구분에 머물지 않고 학문 영역을 분단하는 가장 큰 원인으로 작용해왔다. 따라서 먼저 이 문제와 관련해서 근대를 어떻게 생각해야 하는지, 그리고 기성의 학문 분야가 동아시아를 연구하는 틀로 적당한지 논의하겠다.

최근 연구가 진전됨에 따라 동아시아 지역에서는 전근대와 근대라는 이분법으로는 제대로 이해할 수 없는 현상이 너무나 많이 존재한다는 사실이 밝혀지고 있다. 이러한 연구 경향은 동아시아 지역 연구자들의 연구만이 아니라 서구 학계 일부에서도 일어나는데, 그 선구적인 예로 우드사이드Alexander Woodside의 연구를 들 수 있다(우드사이드, 민병희 옮김, 『잃어버린 근대성들: 중국, 베트남, 한국 그리고 세계사의 위험성Lost modernities: China, Vietnam, Korea, and the Hazards of World History』, 너머북스, 2014).

우드사이드는 중국, 한국 그리고 베트남에서는 일찍부터 관료제에 따른 국가체제가 성립했다는 사실에 주목해서, 이 현상이 근대성에 관한 서구 중심적 인식의 재검토를 요구한다는 것과 관료제적 국가체제에 관한 삼국의 경험이 현대 정치에서도 교훈을 얻을 수 있는 풍부한 내용을 담고 있다는 사실을 여러 사례를 소개하면서 설득력 있게 주장하고 있다. 이러한 그의 주장은 서구 중심적인 아시아 연구가 여전히 지배적인 서구 학계에서는 획기적인 것으로 높이 평가할 만하다.

그러나 우드사이드는 관료제에 따른 국가체제 문제를 근대성, 즉 모더니티modernity의 문제로 지적할 뿐 이러한 국가체제를 형성한 시기 삼국의 국가, 사회체제 전체를 어떻게 봐야 하는지는 별다른 지적을 하지 않았다. 근대성이 하나의 모듈module로 파악되기 때문에 어떻게 보면 어느 사회, 어느 시대에도 존재할 수 있는 것으로 된다는 이야기다. 그런 의미에서 우드사이드의 주장은 큰 한계가 있다고 할 수밖에 없다.

우드사이드가 지적한 대로 동아시아 삼국에서 관료제에 따른 국가체제가 형성될 수 있었던 가장 큰 요인은 과거제도가 확립된 것이었다. 그런데 과거제도는 그것을 도입하려는 의도만 있으면 어디서나, 언제나 도입할 수 있는 제도는 아니었다. 신분이나 출신 계층을 불문하고 개인의 능력만을 기준으로 시험을 치러 관료를 선발한다는 과거제도는 그 이념대로 실시되려면 몇 가지 조건이 있어야 했다. 그중에서도 가장 중요한 조건은 인쇄기술의 발달과 그에 따른 출판물의 증가이다. 그럼으로써 과거제도는 어디에서도, 또한 누구라도 책을 쉽게 입수해서 공부할 수 있어야 충분히 기능할 수 있었다. 그리고 누구나 과거시험에 도전하려면 신분제에 따른 제약이 있어서는 안 되었다. 따라서 과거로 선발된 관료가 국가를 운용하려면 여러 요인이 갖추어져야 했는데, 우드사이드의 연구에서는 이러한 문제가 전혀 고려되지 않았다.

그리고 과거제도가 확립되고 그로써 선발된 관료가 통치를 담당한다는 것은 단순히 정치 운용, 국가 운용의 변화를 의미할 뿐만 아니라 사회체제에도 심대한 영향을 주는 일이었다. 신분제의 해체(중국의 경우)나 변질(한국의 경우)이 그 전형적인 예라고 할 수 있는데, 토지소유 또는 사람들의 사회적 결합에 큰 영향을 주었다고 볼 수 있다.

토지제도의 경우, 조선시대에는 토지의 사적 소유를 거의 제한하지 않았는데 이는 세계사적으로 보아도 특이한 현상이었다고 할 수 있다(배항섭, 「조선후기 토지소유구조 및 매매관습에 대한 비교사적 검토」, 『한국사연구』 149, 2010). 토지매매는 세종대 이후 합법적으로 되었는데, 이것도 세계사적으로 앞서간 현상이라고 할 수 있다. 그뿐만 아니라 토지 매매에 대해 제한이 약했다는 면에서는 서구나 일본은 물론 사적 토지소유가 일찍부터 발달했던 중국보다도 더 자유로웠다. 서구나 일본에서는 토지 매매 자체가 자유롭지 않았을 뿐만 아니라 매매할 때도 공동체 구성원 이외에는 토지를 방매하기가 쉽지 않았다. 중국에서도 친족 구성원이나 지역주민이 아닌 사람에 대한 토지 방매는 기피했으며, 일단 토지를 방매해도 원래 소유자가 언제든 방매한 토지를 회수할 수 있는 관습이 강고하게 존재했다. 그에 비해 조선시대에는 토지 매매에 관한 제약이 미약했기 때문에 토지 소유권이 자주 이동되었다. 이러한 현상도 양반층이 특권적인 토지 소유권을 가지지 못했다는 문제와 관련이 깊다고 볼 수 있는데, 이를 근대적인 것으로 볼 수 있는지 앞으로 많은 연구와 논의가 필요하다.

사회적 결합의 문제에 관해서는 지금까지 공동체의 해체와 개인의 탄생 혹은 게마인샤프트Gemeinschaft에서 게젤샤프트Gesellschaft로 변화한 것처럼 주로 서구적 기준으로 연구되어왔는데, 동아시아사회를 공동체 또는 게마인샤프트가 지배한 전근대사회로 보는 이론은 실증적으로 파산한 지 오래되었다. 가족, 친족 결합의 문제도 포함해서 동아시아사회의 사회적 결합 문제도 새로운 시각에서 봐야 할 것 같다.

이상과 같이 전근대와 근대라는 이분법적 이해는 동아시아를 연구하는 데 결함이 많은데, 앞으로는 전근대 연구와 근현대 연구라는 학문 분야의 단절을 극복해야 이 문제를 깊이 생각할 수 있다. 또 근대를 어떻게 보느냐는 문제도 이러한 작업을 하면서 근본적으로 재검토해야 한다. 서구 근대를 기준으로 다른 지역의 근대를 파악하는 방법을 넘어서 각 지역의 개성적인 근대를 파악한 다음 보편적 근대의 문제(그런 것이 존재하는지, 존재하지 않는지의 문제도 포함해서)를 생각하는 작업이 요청되는데, 동아시아 지역은 이 문제를 검토하는 가장 적합한 지역이라고 생각한다.

² 분과 학문체계의 극복

다음으로 지적하고 싶은 문제는 전근대와 근대라는 이분법이 연구영역을 분단했을 뿐만 아니라 학문의 체계, 지知의 체계 자체를 분단했다는 것이다. 주지하듯이 동아시아 지역에는 전통적인 도서분류로서 사서四書분류라는 독특한 시스템이 존재했다. 이러한 도서분류 시스템은 도서를 분류하는 방법으로만 존재한 것이 아니라 학문의 체계, 지의 체계를 나타내는 것이기도 했다. 그런데 근대에 와서 서구식 도서분류 방법인 십진十進분류법이 도입되면서 도서분류 시스템이 완전히 바뀌게 되었다. 그 결과 동아시아에서는 전근대의 도서와 근대 이후의 도서가 완전히 분리되어 도서관에 배열되기에 이르렀는데, 이는 지의 체계 자체가 분리되었음을 의미한다.

이 문제는 여러 영역에서 심각한 문제를 일으켜왔는데, 특히 유학 연구 분야에서 그러했다. 유학 고전과 그 주석서 등 유학에 관한 책들은 전통적인 사서분류에서는 경부經部로 제일 앞부분에 분류되었다. 이는 사서분류가 단순한 도서분류법이 아니라 지를 서열화하는 의미까지 있었다는 사실을 말해주는데, 십진분류법에 따르면 유학에 관한 책들이 각각 다른 부분에 따로 분류되었다. 예를 들어『시경詩經』은 문학 부분에,『소학小學』은 교육학 부분에,『주자가례朱子家禮』는 도덕 혹은 풍속 부분에 분류되었다. 그 결과 원래 지의 체계로 존재했던 유학이 여러 부분으로 분단되고 연구도 따로 하게 되었다.

이러한 문제만이 아니라 오늘날 학문 분야의 호칭 자체도 음미해야 하는 부분이 있다. 주지하듯이 19세기에 서구에서 새로운 학문이 유입되었을 때 동아시아에서는 그것들을 한자로 번역했다. 이코노믹스economics를 경제학으로 번역한 것이 대표적인 예다. 이 번역은 일본에서 했지만 중국의 천후안장陳煥章은 이코노미economy를 경제로 번역하는 데 반대해서 '이재理財'라고 번역했다(Chen Huan-Chang, *The economic principles of Confucius and his School*, New York, Columbia University, 1911). 그러나 이후 경제라는 말이 일반화되기에 이르렀는데, 경세제민經世濟民, 경국제민經國濟民이라는 숙어에서 유래한 이 말에는 정치적 함의가 들어 있다(천후안장이 경제라는 번역어에 반대한 이유도 여기에 있다). 영어 economy를 경제로 번역한 선인들은 유학에 깊은 지식을 갖추었지만, 지금의 경제학자들은 그것을 얼마나 의식하면서 연구하는지 의심스럽다.

지금 동아시아 각국의 대학은 학부나 학과를 기초 단위로 구성·운영되는데, 크게 자연과학, 사회과학, 인문학 세 부문으로 나뉘어 있다. 이러한 학부, 학과 구성도 19세기에 서구에서 생겼는데, 자연과학 분야는 차치하더라도 사회과학과 인문과학의 분리가 심각한 상태에 있다. 그 원인은 19세기 서구에서 태어난 사회과학, 인문과학이 태생적으로 연구 대상 지역을 달리했기 때문이라고 생각된다. 즉 사회과학은 시민사회가 형성된 서구와 북미 지역을 연구대상으로 한데 비해서 인문과학은 서구를 대상으로 한 역사학, 고전문명이 존재하던 비서구 지역을 대상으로 한 동양학, 고전문명이 존재하지 않았던 비서구 지역을 대상으로 한 인류학으로 분립한 것이다. 따라서 그 결과 사회과학에서는 서구와 북미 지역 이외는 연구 대상에서 제외했으며, 인문과학에서는 학문 분야마다 연구 대상을 달리하게 되었다.

물론 이러한 체계는 20세기에 들어서 많이 변했지만 그 영향은 지금까지도 강하게 남아 있다. 사회과학에서는 서구 학문의 영향이 압도적으로 강한데 비해서 인문학에서는 연구 대상 지역의 고유성, 독자성을 중시하는 경향이 강한 것이 그 전형적인 사례이다. '19세기의 동아시아 연구모임'도 인문과학을 중심으로 하면서 사회과학 연구자도 참여해서 이러한 학문의 벽을 넘어서는 것을 목표로 삼고 있다.

미야지마 히로시

1948년 일본 오사카에서 출생하여 교토대학 문학부를 졸업했고 같은 대학 대학원에서 문학연구과 석사 및 박사 과정을 수료했다(동양사학 전공). 이후 도카이(東海)대학 문명학부 강사, 도쿄도립대학 인문학부 조교수, 도쿄대학 동양문화연구소 교수를 거쳐 2002년부터 성균관대학교 동아시아학술원 석좌교수로 재직 중이며, 2010년부터는 도쿄대학 명예교수도 맡고 있다. 그동안 한국의 조선시대와 근대시기의 경제사, 사회사, 사상사 분야를 집중적으로 연구했고 동시에 한국사의 특징을 동아시아적 시야에서 파악하고, 한국 학계와 외국 학계의 소통을 위해 고민해왔다. 주요 저서로 『미야지마 히로시의 양반』(너머북스, 2014), 『미야지마 히로시, 나의 한국사 공부』(너머북스, 2013), 『일본의 역사관을 비판한다』(창비, 2013), 『朝鮮土地調査事業史の硏究』(도쿄대학 동양문화연구소, 1991), 『현재를 보는 역사, 조선과 명청』(너머북스, 2014, 공저) 등이 있다.

1

정치와 사회

①

백성이 호소하고 국왕이 들어주다–
'근세' 동아시아의 정치문화와 직소

◎

배항섭

1
직소–인정仁政이 수반하는 '뜨거운 감자'

어떤 체제가 장기간 지속하려면 사회구성원들이 지배를 받아들일 만한
정당성을 가져야 한다. 지배층이 내세운 지배이념 내지 통치이념, 그에
입각한 정치체제가 사회구성원들에게 수용되고 지탱되려면 지배층으로
부터 '약속 같은 것'이 내세워지고, 그에 대해 치자와 피치자 간에 명백한
합의는 아닐지언정 '묵시적 동의'라도 있어야 한다. 그를 위해서는 무엇

보다 지배층으로부터 이를 유지해나가려는 현실적 정치행위가 뒤따라야한다.

동아시아에서도 체제를 유지해나가기 위한 노력이 고대부터 있었다. 예컨대 다양한 소원訴冤을 보장하는 소송제도가 있었으며, 일반적인 소송으로도 억울함이 해소되지 않을 경우에는 군주 혹은 최고통치자에게 직접 호소할 수 있는 직소直訴 제도가 있었다.[1] 국왕에 대한 직소는 정치문화와 관련하여 중요한 의미가 있다. 우선 직소는 최고권력자인 국왕과 민民의 관계를 둘러싼 정치문화의 성격을 잘 보여주는 것이기도 하지만, 민의를 최고통치자에게 직접 전달하고, 그에 대한 답변을 요구한다는 점에서 민중이 정치과정에 개입하고 정치에 참여하는 하나의 방법이기도 했다.

또한 직소는 국왕과 민의 직접적 대면을 의미하는 만큼, 국왕과 민의 관계, 상호 인식, 당대 정치문화의 중요한 측면을 보여준다. 무엇보다, 다양한 소원제도는 인민의 불만을 부분적으로라도 해소하는 스팀 밸브 역할을 함으로써 체제의 안전을 보장하는 효과가 있다. 그러나 관료제 같은 체계적인 지배 시스템을 혼란하게 하거나 소송의 남발과 그에 따른 행정적 어려움을 초래하기도 했으며, 직소로도 억울함이 제대로 해소되지 않을 때는 더 큰 불만을 초래할 수도 있었다. 그러나 유교의 민본民本이념에 깊은 영향을 받아 민심은 곧 '하늘의 뜻'이라고 생각하던 통치자들로서는 직소에서 전해지는 '민심'이나 백성들의 원억冤抑을 외면할 수도 없었다. 이런 점에서 소원제도는 붙잡고 있기에는 너무 뜨겁고, 포기하기에는 너무 유용한 '뜨거운 감자'였다.[2]

이 글에서는 19세기를 전후한 시기 동아시아, 한·중·일 삼국에서 보이는 직소 관련법과 관행, 국왕 혹은 황제나 쇼군의 순행, 행행行幸 시 직소에서 보이는 공통점과 차이점을 정치문화와[3] 관련하여 비교해보고자한다. 특히 18세기 말부터 19세기에 걸쳐 한·중·일 모두에서 직소 관련제도와 실상이 크게 변화한다는 점에 주목하여, 그러한 변화의 배경, 변화와 정치문화의 변용 내지 새로운 정치질서의 형성이라는 면을 살펴보기로 한다. 이러한 접근은 19세기를 전후한 시기, 서구의 충격을 받기 직전 동아시아의 정치문화 내지 정치질서 의식이 도달한 지점과 추후의 변화 방향을 새롭게 이해함으로써 19세기 동아시아의 역사적 위치를 재조명하는 데에도 도움을 줄 것으로 생각한다.

² 조선의 직소

1) 신문고와 격쟁擊錚·상언上言

주자학을 수용하여 조선 왕조를 개창한 주체세력이 내세운 지배이념은 민본과 인정仁政이었다.[4] 인정을 펼치려면 무엇보다 그를 보장하는 제도적 장치가 마련되어야 했다. 그 가운데 하나가 직소제도였고, 대표적인 직소제도가 태종 때 시행된 신문고申聞鼓였다.[5] 그러나 신문고를 울리는 데는 제한이 많았다. 종묘사직에 관련된 일이거나 살인에 관계된 일 외에는 고소할 수 없었으며, 백성들이 수령을 고발하면 오히려 처벌을 받았다. 절차 면에서도 서울에서는 담당 관리, 지방에서는 관찰사에게 올려서 호소하고, 그렇게 한 뒤에도 억울한 일이 있으면 사헌부에 고하고, 그러고 나서도 해결되지 않았을 때라야 신문고를 두드릴 수 있었다.[6] 그뿐만 아니라 서울에 있는 대궐에 설치되어 있었기 때문에 지방민이나 민중이 이용하는 데는 한계가 있었다.[7]

국왕이나 시대적 상황에 따라 제도가 만들어지거나 없어지기도 했고, 제한규정과 법 위반에 대한 제재가 강화되기도 했지만, 1557년(명종 12) 신문고를 쳐서 고발할 수 있는 사안은 '형벌로서 그 자신이 죽게 된 경우' 와 '부자의 분간分揀', '적첩嫡妾의 분간', '양천의 분간'으로 한정되었다.[8] 그러나 신문고를 칠 수 있는 사안이 점차 완화되어갔고, 1771년(영조 47)에 신문고를 복설하면서 이 규정은 완화되어 자손이 조상을 위하는 일, 아내가 남편을 위하는 일, 아우가 형을 위하는 일, 노비가 주인을 위하는 일 네 가지로 확대되었다.[9]

한편 백성들은 자신들의 억울한 일을 해결하기 위해 새로운 방안을 모색하기 시작했다. 대표적인 것이 격쟁과 상언이다. 격쟁은 궁궐 주변에서, 혹은 국왕이 동가動駕할 때 징이나 꽹과리를 쳐서 이목을 집중시킨 다음 국왕에게 억울하게 누명을 쓴 일을 직소하는 것이다. 상언上言은 한문으로 글을 지어 사전에 올려야 했다. 격쟁은 형조에서 격쟁인을 일단 체포하여 예형을[10] 가한 후 조사하여 국왕에게 보고하였다.

격쟁을 동반한 직소 행위가 처음 보이는 것은 세조 연간이었으며, 이미 이때부터 궁궐 주변에서 빈번히 이루어지고 있었다.[11] 격쟁 역시 국왕에 따라, 시대에 따라 변화가 있었고 때로는 폐지되기도 했다.[12] 때로는 격쟁한 사람이 형조에 체포되어 예형을 받는 과정에서 장에 맞아 죽는 사례도 있었다.[13] 그러나 격쟁을 통한 직소는 단속을 거듭하면서도 말기까지 지속되었다.

불법적인 격쟁이 끊이지 않았고, 심지어 대궐 뜰 안으로까지 들어와 격 쟁하는 사례도 적지 않았다. 그것은 무엇보다 '백성들의 원통하고 답답한 일'이나 '원망이 많이 쌓여 있'으나 하소연할 다른 길이 없었기 때문이었 다.[14] 따라서 격쟁을 금지하기도, 방치하기도 어려운 상황이 이어졌다. 중국과 마찬가지로 조선에서도 소원제도, 특히 직소는 '뜨거운 감자'였 다. 그러나 점차 격쟁할 수 있는 사안이나 주체의 범위가 확대되어 『속대 전』에는 앞서 1771년에 영조가 전교한 신문고 격고에 관한 규정과 동일 한 규정이 수록되어 있다.[15]

2) 국왕의 행행과 직소

직소를 위한 격쟁은 대궐 근처에서도 있었지만, 가장 빈번하게 이루어진 것은 국왕이 도성 내외에 행차할 때였다. 16세기 중반까지만 해도 국왕 행차 시의 직소는 격쟁을 수반하지 않은 채 국왕이 탄 가마 앞으로 뛰쳐 나오거나 '소장을 나무 끝에 매달고, 휘두르고 부르짖는' 등 시끄러운 소 리를 질러 주목을 끈 다음 직소하는 것이 일반적이었다.[16] 국왕 거둥 시 에 어가 앞에서 격쟁하는 사례는 조선 후기에 들어서 보이기 시작한다.[17] 1610년(광해군 2)에 국왕이 교외에 거둥할 때 격쟁하며 정소하는 사람들 에 대해 "멀리 피해 있게 하여 말을 놀라게 하는 걱정이 없게끔 하라"고 지 시하였다.[18] 국왕 행차 시에 격쟁을 수반하는 직소가 적지 않았음을 시사 한다.

조선시대 국왕의 행차 기간은 당일치기—다음 날 새벽에 환궁하는 일도 다반사였다—가 가장 많았으며, 가장 긴 것이 7박 8일이었다. 행차 규모는 작게는 1,000명, 많게는 4,000~5,000명에서 1만여 명에 이르기까지 때에 따라 차이가 있었다.[19] 예컨대 1795년 윤2월 7박 8일간 이루어진 정조의 화성행차를 기록한 『원행을묘정리의궤』에 따르면 어가를 따라간 인원은 총리대신 채제공蔡済恭(1720~1799)을 비롯한 1,779명, 말은 779필이었다. 그러나 일반 잡역부들을 제외하고도 미리 현지에 내려가 있거나, 연로에서 대기하는 인원을 포함하면 대략 6,000명에 이르렀다. 행차 본대의 1,800여 명이 말을 타거나 도보로 5행行 혹은 많을 경우 11행으로 열을 지어 행진하였기 때문에 그에 따른 도로 정비가 필요했다. 도로의 폭은 대략 24척尺(10m 정도)이었고, 서울에서 현륭원까지 약 60km 거리에 다리가 24개 건설되었다.[20]

국왕의 행차는 백성들에게 매우 흥미로운 볼거리였다. 남녀 불문하고 민인들이 운집해 즐기는 모습은 조선 전기 국왕의 능행에서도 보인다.[21] 이후 관료들의 지나친 단속으로 구경꾼이 사라지는 상황이 초래되기도 했으나,[22] 조선 후기에 들어서는 국왕의 능행 때 행차와 국왕의 얼굴을 보려고 관광觀光하는 사람이 길가를 메울 정도로 많아졌다. 1894년(고종 31) 한국을 방문했던 비숍Isabella Bird Bishop(1831~1904)은 고종의 한 행차 때 종로 일대에 15만 명 정도의 구경꾼이 모였으며, 이들은 관리들의 통제 아래 도로 양쪽에 12줄씩 서서 구경하였다고 했다.[23] 심지어 행차를 구경하려고 몰려든 사람들이 밟혀 죽는 일도 있었으며, 행차가 지나가는 길목에는 구경 나온 사람들을 위한 임시거처까지 마련되기도 했다. 그럼에도 국왕들은 행차를 관광하는 사람들을 쫓지 말라고 지시하였고, 관광인들이 구경하는 것을 단속하고 차단하려는 관료들을 처벌하기도 하였다. 밤늦게 환궁할 때는 야간 통행금지를 풀어주거나, 관광인들이 모두 들어온 다음 성문을 닫도록 하였다.[24]

조선 국왕이 행차에서 보여준 백성과의 관계는 일본의 쇼군이나 다이묘와는 물론, 중국 황제의 행차에 비해 훨씬 더 가깝고 친밀하였다. 1795년 정조의 화성행차를 그린 〈화성행행도팔첩병〉을 보면 행차가 지나가는 길가에는 구경 나온 남녀노소들이 가득하다. 이들은 자유롭게 서거나 앉아서 혹은 담소를 나누거나 음식이나 술로 보이는 것을 먹고 마시며 행차를 구경하고 있다[25](그림 참조).

영조 연간에 능행 후 환궁할 때 남녀 구경꾼이 국왕 행차와 서로 뒤섞여 행렬에 끼어들기도 하였고,[26] 행차가 지나가는 연로의 백성이 떡을 해서 바치기도 했다.[27] 또 국왕의 얼굴을 보려고 국왕이 탄 가마 바로 옆에까지 오기도 했고,[28] 국왕들도 구경 온 백성들에게 얼굴을 노출하였다.[29]

한편 국왕의 행차는 종묘나 사직단 행차, 능행 등 특정한 목적이 있었지만, 그 과정에서 국왕은 왕조의 정당성을 알리거나, 백성들에게 인정을 베푸는 자애로운 존재임을 각인함으로써 왕권 강화를 도모하는 기회로 삼았다. 행행 연로 고을 주민들의 세금을 면해주거나 노령자, 효행자 등에게 은전을 베풀기도 하였으며, 연로의 백성들과 직접 접촉하며 그들의 어려움을 묻는 등 인정을 펼치는 국왕의 이미지를 널리 보여주고자 하였다. 백성들 역시 거듭되는 행행을 활용하여 자신들의 어려움, 곧 민막民瘼을 국왕에게 직접 알리는 기회로 삼고자 하였다. 국왕 행차 시의 직소

| **〈화성행행도팔첩병〉 중 조선 국왕의 행차** | 정조의 '환어행렬도(還御行列図)' 부분. 자유롭게 담소를 나누거나 음식과 술을 즐기며 행차를 구경하고 있는 백성들의 모습이 보인다.

는 양측의 의도가 부합하면서 나타난 특별한 소원제도였다.

국왕 행차 시에 직소하는 행위에 관한 자료는 왕조 건국 직후인 1404년(태종 4)부터 산견된다.[30] 1406년에는 가전 직소(가전직정駕前直呈)를 금지하였지만,[31] 이후로도 이어졌던 것으로 보이며, 1414년에는 이미 신문고가 설치되어 있다는 점을 들어 가전에서 직소하는 행위(가전신정駕前申呈) 자체를 금지했다.[32] 가전 직소 금지는 이후에도 한동안 지속되었으나,[33] 세조 연간에도 거듭 가전 직소 금지를 지시한 것으로 보아 끊이지 않고 이어졌음을 알 수 있다.[34] 그러다가 중종 연간인 1513년(중종 8년) 1월에는 가전 직소가 사실상 허용되었다.[35]

물론 국왕에 따라 가전 직소의 허용 정도에는 차이가 있었으며, 특히 인조 연간 무렵에는 국왕 행차 시 직소를 받는 사례가 거의 없었던 것으로 보인다.[36] 이와 같이 가전 직소는 국왕에 따라 굴곡이 있었지만, 효종·현종을 거치면서 백성들이 억울함을 호소할 수 있는 기회로 자리 잡아갔다. 1675년(숙종 1, 5월 3일)에는 도성 밖이 아니더라도 상언을 받도록 하였다.[37] 조선 전기부터 국왕의 행차를 활용하여 원억을 호소하려는 사람들이 넘쳐났다. 예컨대 중종 연간(1515년, 1520년)에는 동교東郊에서 관가觀稼할 때에 가전에서 정소한 사람이 400명에 이르기도 했다.[38] 1576년(선조 9년)에는 가전에서 정소할 때 열을 지어 꿇어앉아 올리도록 하였다.[39] 역시 행차 시 직소하는 사람들이 많았음을 보여준다. 국왕 행차 시의 격쟁이 가장 활발했던 것은 정조 연간이었다.

거듭되는 대신·관료들의 반대에 따라 결국 정조는 격쟁 내용에 규제를 강화해나갔지만, 정조 연간에 이루어진 소원제도의 활성화는 정치문화의 면에서 중요한 의미가 있다. 이미 조선 전기부터도 정책이나 관청에 불만을 품은 주민들이 집단으로 상경하여 격고하는 사례가 보이며,[40] 18세기에 들어서는 집단으로 격쟁하여 수령의 교체를 요구하기도 하였다.[41] 또 민중은 그 과정에서 심지어 규정 외의 문제를 가지고 대궐 앞에서 소란을 피우더라도 수령들이 파직 처분되거나 유배형에 처해지는 경험을 하게 되었다.[42] 이는 민중의 뜻이 직소를 통해 정치과정에 영향을 미치고 있었음을 의미한다. 이와 같이 직소가 기관의 우두머리까지 교체하는 결과를 초래하자 관료들은 이에 크게 반발하였다.[43] 그러나 직소 행위는 18세기 후반으로 가면서 더욱 확대되었다. 특히 정조 연간에는 그동안 금지되었던 민은民隱—부세나 고리대 문제를 비롯하여 백성들이 일상생활에서 겪는 어려움—과 관련된 사안에 대한 직소도 허용되면서 직소의 통로가 획기적으로 확대되었을 뿐만 아니라, 많은 사람의 이해가 걸린 부세 문제와 관련하여 지방관의 비리와 부정을 고발하는 집단적 직소의 가능성도 증대되었다. 민의 의사가 사실상 지방관의 정사에 영향을 미치는 것은 물론 국왕의 인사권에까지도 영향을 미치는 현실 속에서 지방관이나 치자들도 정사를 베푸는 과정에서 민인들의 의사를 무시하기 어려웠으며, 점차 민의 뜻을 고려하거나 반영해나가지 않을 수 없었음을 시사한다.

직소 당사자나 대표들의 처벌을 수반하기도 했지만, 국왕에 대한 직소로 백성들에게 고통을 주던 지방관들의 부정과 불법행위가 한번에 해결되는 '덕정' 혹은 '인정'이 실감되기 시작한 것이다. 지배층의 정사政事에 대한 민중의 직소와 그에 대한 국왕의 응답, 곧 부정부패한 관리의 처벌과 부당한 정책의 시정이라는 지배층과 민중 간의 상호 대응 경험이 누적되면서, 이것은 지배층이나 민중 모두 외면하거나 벗어나기 어려운 하나의 '정치문화'로 확립되어갔다. 이에 따라 백성들에게는 '인정'이 마땅히 실현되어야 할 이상적 정사의 실상으로 자리 잡아나갔다고 생각된다. '정치문화'라는 관점에서 본 18세기 후반의 의미는 여기에 있다고 생각한다.[44]

정조 및 19세기 격쟁/상언의 추이

	정조 (1776~1800)	순조 (1801~1834)	헌종 (1835~1849)	철종 (1850~1863)	고종 (1864~1899)
격쟁(연평균)	1,335(55.6)	2,563(77.7)	1,026(73.3)	2,277(175.2)	2,465(70.4)
상언(연평균)	3,092(128.8)	1,203(36.5)	48(3.4)	438(33.7)	398(11.4)
계(연평균)	4,427(184.5)	3,766(114.1)	1,074(76.7)	2,715(208.8)	2,863(81.8)

* 출처: 한상권, 「19세기 민소의 양상과 추이」, 박충석 외, 『국가이념과 대외인식』, 아연출판부, 2002, 83쪽 〈표 1〉 참조
* ( ) 안은 연평균 횟수이다.

상언이나 격쟁 등 직소가 가장 활발하게 일어난 것은 '민본'과 '인정'을 강조하면서 왕권강화를 추구한 영조·정조 연간이었지만, 이러한 추세는 기본적으로 19세기에도 이어졌다. 앞의 〈표〉에서 확인되듯이 19세기에는 정조 연간에 비해 양반들이 선호한 직소의 방법이자 청원적 성격을 지녔던 상소가 줄어든 반면, 평민 이하가 선호하고 저항성을 지닌 격쟁은 크게 늘어났다. 직소하는 주체의 신분도 양반에 대비한 평·천민의 비중이 높아졌다.

비록 순조 연간에 민은 관련 직소를 금지하는 지시가 내려졌고,[45] 철종과 고종 연간에도 거듭 확인되었지만[46] 직소는 이어졌다. 일시적으로 민은民隱 관련 격쟁을 수용하기도 하였고[47] 민본이념에 입각한 소민 보호의 논리도 거듭 천명되었다.[48] 그리하여 〈표〉에서 알 수 있듯이 철종 때는 정조 때의 세 배가 훌쩍 넘는 연평균 175회의 격쟁이 발생하였고, 고종 연간에도 1회의 행차에 많게는 200명 이상의 격쟁이 일어날 정도로 직소가 폭주하다시피 하였다.[49] 일본은 물론 중국에서도 상상하기 어려울 정도로 많은 수치다.

직소의 폭주는 결국 새로운 정치문화에 따른 새로운 지배–피지배 시스템과 제도적 변화를 요구하는 아래로부터의 압력이기도 했다. 그러나 정조대에 비해 직소 내용을 수용하여 심리하는 비율이 낮아졌다. 특히 사회문제를 근본적으로 해결하려는 노력이 약화되면서 탐관오리 처벌도 소극적으로 바뀌었다.[50] 격쟁이 증가한 것은 한편으로는 매우 사소한 문제까지 국왕에게 직소하여 해결하려는 민중이 많았기 때문이지만, 뇌물과 청탁이라는 기강문란과도 밀접한 관련이 있었다.[51]

그러나 무엇보다 새로운 정치문화의 형성이라는 점을 지적하지 않을 수 없다. 직소는 조선 후기에 들어 확대되었고, 영조와 정조 때 가장 활발했다. 그 과정에서 직소를 통한 민중의 요구와 그에 대한 지배 측의 대응이라는 경험이 누적되면서 새로운 정치문화가 형성되어갔다. 이를 바탕으로 하여 19세기 들어 민중의 아래로부터의 요구는 더욱 다양하고 거세졌지만, 지배층은 이에 적절히 대응하지 못했다. 당시의 관료 시스템이나 관료들의 정사가 백성들의 원억을 해소해주지 못했음을 반영하는 것이다. 18세기 후반에 형성된 새로운 정치문화에 입각해 민중은 지배-피지배 관계를 비롯한 새로운 정치질서와 그를 위한 제도적 장치의 마련을 요구했지만 경직되고 부패해가던 19세기 정치현실에서는 기대하기 어려웠다.

3 중국의 직소

1) 경공·등문고·고혼

중국의 소원제도는 전설상의 삼황오제시대에 시행되었던 이상적인 관행에서 기원하였고, 한나라와 이후 왕조에서 다양한 형태로 시행되었다. 소원제도가 완전히 제도화된 것은 당대에 들어와서이며, 이후 송·원·명·청에 이르기까지 적지 않은 수정을 거치면서도 지속되었다.[52] 청대의 대표적 직소라고 할 수 있는 경공京控과 등문고登聞鼓, 그리고 고혼叩閽제도가 있었으며, 조선에서와 마찬가지로 제한이 있었다.[53] 경공은 도찰원

都察院, 통정사通政司 혹은 보군통령아문步軍統領衙門으로 가서 탄원서를 제출하는 것이고, 등문고는 통정사 앞에 비치된 북을 치는 것을 말한다.[54] 경공과 등문고 모두 관리들의 심각한 부정부패, 매우 간악한 자, 국가에 관한 일 그리고 법적으로 요구된 절차를 거친 사안들만 허용되었다. 또 하급기관에서 상급기관으로 올라가는 모든 사법적 절차를 거친 이후에야 이행할 수 있었다. 소소한 일, 고소하지 않은 사안, 이미 고소했으나 결론이 나지 않은 사안과 관련해서는 경공을 하거나 등문고를 칠 수 없었다.[55] 또 반드시 본인이 직접 고소하도록 하였으나, 만약 본인이 구류상태라면 직계가족이 대신 고소할 수 있었고, 대서한 경우 대서인의 성명을 반드시 적도록 하였다.[56] 특히 중국에서는 조선과 달리 여성이 소송 등 법률적 행위의 주체가 될 수 없었기 때문에—대체로 그녀의 아들이나 가족 내의 다른 남성이었던— 대리인을 통해야 했다.[57]

또 다른 직소로는 고혼(혹은 고각叫閣)이 있었다. "관청에 뛰어 들어가서 북을 두드리거나 황제가 가마를 타고 교외에 나갔을 때 가마를 가로막고 호소하는 행위"를 말한다. 고혼 역시 엄격하게 제약되었으며, 매우 중대한 기밀이나 억울하고 원통한 일(원억冤抑)이 있을 경우 하급관청부터 정해진 절차를 밟은 다음에야 할 수 있었다.[58] 청 초기부터 백성들이 장안문 등으로 뛰어 들어가 무릎을 꿇고 호소하는 사건이 발생하자, 이를 엄금하고 호소 내용을 받아들이지 않았다.[59] 그러나 고혼은 이어졌던 것으로 보이며, 강희제는 1668년(강희 7) 고혼을 영원히 중단한다는 명령을 다시 내리기도 했다.[60] 물론 후술하듯이 이 역시 반드시 지켜진 것은 아니었지만, 고혼은 불법적인 것으로 규정되었고, 탄원인들은 그 내용의 진실성

을 떠나 가혹하게 처벌받았기 때문에 흔하지 않은 일이 되었다.[61]

이와 같이 직소에는 제약이 많았기 때문에 일부 학자들은 청나라 시기 있었던 직소는 '장식' 역할만 했을 뿐, 실제 발생한 것은 '손에 꼽힌다'고 말하기도 했다.[62] 그러나 청말이 되면서 경공사건의 수는 오히려 매년 증가했고, 특히 모든 직소를 받아들이라는 가경제에 의해 크게 확대되었다.[63] 가경제는 18세기 후반 시작된 정치·경제·사회 분야의 여러 문제가 수면 위로 떠오른 시기에 황위에 올랐다. 인구 급증에 따른 토지와 관직 부족, 관리들의 부패, 홍수를 포함한 각종 재해, 백련교의 난을 비롯한 크고 작은 반란들이 각지에서 이어지던 시기였다.[64]

가경제가 직소의 문호를 넓힌 것은 이러한 위기에 대응하기 위해서였지만, 이는 이후 민중운동의 전개양상에도 중요한 영향을 미쳤다. 홍호평孔誥烽은 1820~1839년의 민중봉기들이 1776~1795년의 봉기들과 달리 왕조를 거부하는 대규모 봉기들로 연결되지 않았다는 점에 주목했다. 대규모 반란이 줄어들면서 1830년대에는 수도를 직접 찾아 호소하는 활동이 급증하였는데, 이는 관리들의 부정부패와 불공정에 분개한 백성들이 북경에 대표를 파견해 부패한 지방관들을 고발하는 청원서를 제출하였기 때문이라는 것이다. 이에 대해 홍호평은 사람들이 지방의 부정부패를 바로잡으려는 중앙정부의 의지를 어느 정도 믿었음을 보여주며, 이것은 가경제의 정책이 "백성들을 부당한 현실과 악의적인 지방 관료들로부터 보호해줄 것이라는 믿음"을 얻었기 때문인 것으로 판단하였다.[65]

이러한 사정을 반영한 것인지 분명치 않지만, 통계자료에 따르면 1841년(도광 21)에는 경공사건으로 접수된 것이 도찰원 32건과 보군통영 관아

문 5건이었다. 그러나 1892년과 1893년 사이에는 안휘성에 접수된 경공

사건만 해도 91건에 달했으며, 각 지방에서 올라오는 경공사건이 도저히

처리하기 어려울 정도로 폭주하였다.[66] 또한 사람들이 황궁 문밖에 집단

으로 모여서 단체행동을 하는 것은 금기시되어 있었지만, 특히 조세와 관

련된 저항인 경우 대표를 한 명 선정하여 그로 하여금 탄원서를 제출하도

록 한 것이 아니라 단체로 수도로 몰려가 황궁 앞에 무릎을 꿇고 읍소했다

고 한다.[67]

2) 황제의 순행과 직소

청대의 순행巡幸은 모두 네 방향으로 이루어졌다. 그중에서도 북경에서

출발, 열하의 피서산장避暑山莊을 경유하여 목란위장木蘭圍場, muran

hoihan까지 도달하는 북순北巡은 동순東巡, 서순西巡, 남순南巡과 비교할

수 없을 정도로 그 횟수가 많았다. 동순 10회, 서순 9회, 남순 12회인데 비

해, 북순은 여타 순행을 모두 합친 것보다 4배 이상 많은 128회로 압도적

이었다. 강희제 이후 19세기 전반까지 옹정제를 제외한 청조의 황제들은

거의 매년 북순을 떠났고 목란위장에서 대규모 수렵활동을 실시했다. 수

렵활동 동안 행한 말타기와 활쏘기는 '만주의 법도'와 밀접하게 관련되어

있었다.[68]

한편 황제들의 순행은 조선만큼 잦지는 않아서, 거의 매년 행한 북순을

제외하면(강희제 재임 시만 48회), 동순은 강희·건륭·가경·도광제가 합하

여 11회에 그치고 있다. 강남 지역을 순행한 남순의 경우 강희제와 건륭

제가 각 6회씩 수행하였다. 그 대신 중국 황제들의 행행은 대체로 당일에

마쳤던 조선 국왕의 능행과 달리 매우 길어서 동순이나 남순의 경우 두 달에서 넉 달 가까이 걸리기도 했다.[69] 사정이 이러했기 때문에 1703년(강희제 42)에는 남순, 북순, 서순을 합하여 217일간 순행을 다니기도 했다.[70]

그 기간이나 규모는 순행 목적이나 황제에 따라 달랐다. 우선 순행 기간을 보면 오대산으로 가는 서순이 36일, 산동으로 가는 동순이 60일, 묵던(심양) 방문이 88일이었던데 비해 남순은 3~4개월에 이르렀는데, 건륭제 시기에는 평균 115일 걸렸다. 청 건국 후 최초로 남순을 한 강희제의 행차 규모는 매우 작았다. 남순은 북경으로부터 거리가 왕복 3,000km가 넘어서 수백 킬로미터에 불과한 동순, 서순, 북순에 비해 훨씬 길었고, 많은 재정과 인력이 소요되었다. 강희제는 백성들이 겪을 어려움을 고려하여 호위병 규모를 간략하게 했기 때문에 제2차 남순 때는 총 인원이 300여 명에 불과하였다고 한다. 제3차 남순 때는 행차의 화려함이 10배나 되었다는 평가도 있지만,[71] 건륭제에 비해서는 매우 검소한 편이었다. 건륭제 때 행한 여섯 차례 남순은 지나치게 화려하여 "백성들을 괴롭히고 재물을 축내어서 마침내 원기를 잃어 중국에 편안한 해가 없어졌다"는 평가를 받고 있다.[72]

건륭제의 수행단은 강희제에 비해 규모가 커서 대략 3,250명이 참가했고 말, 양, 젖소 등 동물이 거의 1만 마리에 가까웠다. 수행단 이외에도 지역에서 막대한 인력이 동원되었다. 예를 들면 1751년 제1차 남순 때는 5만 명 정도의 지역 인부가 도로공사에 동원되었으며, 남순 노선의 45%가 물길이어서 30만 명에 가까운 사람들이 배와 바지선을 끌고 가기 위해서 고용되었다. 이 때문에 남순 임무는 군사작전을 위한 병참업무를 담당하고 있던 관료들이 맡았다.[73] 북순 때는 목란위장에서 시행한 포위수렵을 통한 군사훈련이 병행되었으며, 병력이 수천 명 참가하였다. 동순의 경우 역시 때에 따라 규모가 달랐지만, 1682년(강희 21) 강희제의 제2차 동순단의 경우 1만 명을 상회하는 정도의 인원이 동원되었을 것으로 추정한다.[74]

황제 행차가 지나가는 도시나 노변은 화려하게 치장되었고, 가설무대에서 경극이 공연되었으며, 먼 곳에서 찾아온 사람들이 서로 밀고 밀리면서 황제와 행차를 구경하였다. 특히 강희제 때는 황제와 신사·민중 간의 신분적 차이보다는 일체성, 친근성이 연출되었다. 여기에는 황제가 직접 지방 상황을 시찰하고, 동시에 사람들에게 황제의 모습을 보임으로써 외래정권에 대한 주민들의 신임을 얻으려는 정책적 동기가 있었다.[75] 황제는 때로는 말이나 배, 때로는 가마(여與)를 타고 이동했지만, 어느 경우에도 사람들에게 얼굴을 보였고, 남녀를 불문하고 누구나 행차를 구경할 수 있도록 하였다. 거리는 서민들로 메워졌고[76] 행차가 지나갈 때 서민들은 이마를 땅에 대고 평복하며 "황제 폐하 만세"라고 말하였다. 황제 역시 그들에게 장생長生할 것을 바란다고 화답하였다. 상점은 평소대로 영업할 수 있도록 허용하였다. 상인들은 문 앞에 향촉을 놓은 상을 설치하고 형형색색의 장식을 하였으며, 아름답게 장식한 배 등을 만들어 황제를 환영하였다.[77]

그러나 황제-민중의 관계는 조선의 국왕-민중만큼 친밀하지 않았던 것으로 보인다. 일반적으로 백성들은 황제의 행차를 구경하기 어려웠다.[78] 18세기 말 중국을 다녀온 조선 사신의 기록에 따르면, 북경과 그 인근 지역에 국한된 것으로 보이지만, 황제가 행차할 때 어른이나 아이들이 길가에 몰려들어 구경을 하는 것은 불가능하였다. 북경에 갔던 박지원 朴趾源(1737~1805)은 청국 관리에게 "황상께서 거둥하실 때면 아이 어른 할 것 없이 들판에 모여들어 다투어 그 행차를 우러러보려고 할 것 아닙니까"라고 물었으나 돌아온 답변은 "어찌 감히 당돌한 짓을 할 수 있겠습니까. 그저 문 닫은 채 잠자코 있을 뿐이죠"라는 것이었다.[79] 이는 강희제의 2차 남순(1689)을 기록한 〈강희남순도(康熙南巡圖)〉 가운데 북경에 환궁할 때의 모습을 묘사한 그림을 보면 "큰길 쪽과 접한 집들의 문이 모두 꼭꼭 닫혀 있고, 거리에서 구경하는 사람들도 보이지 않는다"라고 한 데서도 알 수 있다.[80]

또 백성들은 황제 행차가 지나갈 때 일본의 쇼군이나 다이묘의 행차 때처럼 엎드리지는 않았지만, 행렬에서 떨어져 무릎을 꿇고 있어야 했다. 서거나 앉는 등 편안한 자세로 구경하던 조선과 차이가 난다. 제1차 남순 때인 1689년(강희 28) 강희제는 "백성들은 무릎을 꿇을 필요가 없다"는 뜻을 하달하였지만,[81] 다른 사료에는 '무릎을 꿇고' 황제를 환영하였다는 기록이 많다. 또 노약남녀가 서로 밀치며 뛰어다니는 데 따르는 위험을 피하기 위하여 도로 양편에서 무릎을 꿇고 환영하라고 지시하기도 했다. 제2차 남순을 기록한 〈강희남순도〉에도 길가에서 황제를 환영하는 사람들이 무릎을 꿇고 있으면서도 엎드리지는 않고 몸을 일으켜서 황제를 바라보는 모습이 묘사되어 있다[82](그림 참조).

황제의 만수절 등 국경일에는 북경 시내에서도 가무와 음악이 공연되고 사람들이 그것을 관람하였다. 백미는 황제의 행렬이었다. 황제의 모습

| **강희제의 행차와 구경꾼들** | 〈강희남순도〉 부분. 무릎을 꿇었지만 엎드리지는 않은 채 몸을 일으켜 황제를 바라보는 모습을 확인할 수 있다.

을 눈으로 볼 수 없던 백성들에게 황제 모습을 볼 수 있는 귀중한 기회였기 때문에 쌀값이 급등할 정도로 많은 사람이 북경으로 모여들었다.[83] 그러나 황제의 만수절을 묘사한 그림에도 사람들이 황제의 행렬 옆에 무릎을 꿇고 고개만 든 채 가마를 바라보는 모습이 그려져 있다.[84] 이러한 모습은 조선과 매우 대조적이다.

또 조선과 달리 황제 행차 시 민중의 직소인 영거가迎車駕(혹은 요거가 邀車駕)도 매우 제한적이었다. 그 이유는 우선 그에 따른 처벌 규정이 엄격했기 때문이다. 소장을 제출하는 사람은 황제의 의장 행렬에서 떨어져서, 호위대가 볼 수 있는 곳에서 무릎을 꿇은 다음 소원장을 머리 위로 들고 "억울하옵니다"라고 외쳐야 했다. 또 직소한 사람은 자기 고을의 관아로 호송되어 곤장 처벌을 받은 후 구금당한 채 소장에 대한 검토와 사건 처리에 대한 황제의 판결이 날 때까지 기다려야 했다. 『대청율례大淸律

例』에서는 황제가 탄 가마를 막고 의장儀仗 앞으로 뛰쳐나와 호소하는 자에 대해 호소 내용이 허위이면 교형에 처하였고, 설사 고소 내용이 사실이라고 해도 변방에 충군充軍하도록 하였다. 사실상 황제의 가마를 막아서는 모든 직소를 불법으로 규정하였음을 알 수 있다.[85]

황제들도 행차 시의 직소를 달갑게 여기지 않았다. 예를 들어, 강희제는 제1차 남순 때 길가에서 고혼하려는 사람들이 매우 많았지만, 직소를 받아들이지 말라고 지시하였다. 황제가 백성들의 직소를 받으면 기존 사법체제를 파괴할 수 있다고 우려한 탓도 있지만, 무엇보다 직소 행위가 모두 요행을 바라고 개인적인 원한을 풀려는 의도라고 판단하였기 때문이다.[86] 제2차 남순부터는 직소를 받아들이는 사례가 보이지만 많지는 않았다. 개별적 원죄冤罪 사건은 제2차 때 1건, 제5차 때 2건이고, 지역의 이해에 관한 집단 민원은 제2차, 제5차 남순 때 각기 1회씩 있었다.[87] 이때 강희제는 모든 직소에 대해 관계 관청에서 재심하라고 지시하였다. 서민 편에 서서 재판을 공정하게 행하고, 탐관오리를 징벌하는 영웅적 황제상을 연출한 것이다. 또 백성에게 부담을 주지 않는 검소한 순행 방침이 강조되었고, 각지에서 고령자에게 표창하거나 가난한 사람들에게 은혜를 베풀었다. '민의 질고를 묻는 부모와 같은 황제'라는 모습으로 황제와 민중 사이의 직접성을 연출한 것이다.[88] 그러나 직소에 대한 황제의 태도는 단 하루 동안의 행차에서도 직소를 수백 건 받은 조선 국왕과 크게 대비되었다.

앞서 언급했듯이 가경제는 인구의 증가나 재정문제, 백련교의 난을 비롯한 내우에 대처하기 위해 19세기에 들어와 직소의 문호를 크게 넓혔다.

그에 따라 19세기 전반에는 거대 규모의 저항운동은 줄어들고, 오히려 수도로 와서 청원서를 제출하는 행위가 늘어났다. 홍호펑은 그 배경으로 청 왕조를 부활하겠다는 가경제의 결단에 따라 황제의 도덕적 정당성이 복원된 점을 지적하였다.[89)]

그러나 가경제의 노력에도 불구하고 19세기 중국의 직소는 제 기능을 발휘하지 못한 것으로 보인다. 직소가 증가한 이유는 무엇보다 지방 관료들의 불공정과 부정부패, 중앙정부의 통제 불능 때문이었다. 화신和珅이 상징하듯 이미 18세기 말 건륭제 시기부터 부정부패가 만연하기 시작하였다. 하급기관의 판결에 불만을 품은 백성들이 상급기관에 소원을 하면 상급기관에서는 그 가운데 대부분을 다시 해당 지방관에게 돌려보내 재심하도록 하였다. 그러나 지방관들은 원래의 판결이 번복되는 것을 꺼려했고, 갖가지 방법으로 방해하여 결국 탄원인의 '입을 다물게' 하였다.[90)] 이 때문에 억울함을 풀 길이 없던 백성들은 최후 수단으로 직접 북경에 가서 직소한 것이다. 여기에는 담당해야 하는 관할 주민이 지나치게 많았기 때문에 지방관의 판결이 공정하지 못하거나 부실하게 된 점, 또 지방관이 폭주하는 소송을 감당하지 못해 미해결 소송이 쌓여갔고, 판결까지 몇 년이 걸리기도 한 현실적 사정도 영향을 미쳤을 것으로 보인다. 사람들은 기약 없이 판결을 기다리는 대신 사건을 상급 관청이나 심지어 북경으로 직접 들고 가는 쪽을 택했던 것이다.[91)]

청 정부는 경공사건으로 독무 등 지방관에 대한 압박을 강화하고 중앙집권적 시스템을 회복하고자 하였다. 그러나 이미 지방에 대한 통제력을 상실한 이후였다. 심각한 사법부패 속에서 경공사건은 급증했지만, 처리

과정이나 결과는 그에 부응하지 못하였다. 경공 가운데 대부분은 중앙기관으로부터 다시 지방관에게 돌려보내졌다. 지방으로 돌려보내진 직소 내용을 부패한 지방관들이 제대로 재심하고 판결을 조정하거나 번복하는 것을 기대하기 어려웠다.[92] 청 말기 건륭제 통치기간에 이미 만연되어 있던 부패에 따라, 누적된 백성들의 원망을 해결하려고 마련된 경공제도가 오히려 백성들의 억울함을 증가시킴으로써 정치위기를 가중하고 사회갈등을 심화하는 결과를 낳게 된 것이다.[93]

19세기 후반이 되면 경공의 부당한 처리에 대한 불만이 1855년의 운남 봉기 같은 민중봉기로 이어지기도 했고, 불만을 품은 백성들이 비적이 되기도 했지만, 아래로부터 새로운 정치질서를 향한 단서들을 만들어가기도 했다. 예컨대 1894년 직예성에서 2,000명이 참여한 집단 경공사건이 발생했을 때 주민들은 가구마다 한 명씩 대표를 보내기로 결정했다. 대표로 참가하지 못할 경우 경비를 보탰다.[94] 이런 움직임은 자신들의 권리를 찾기 위한, 혹은 부당한 관권의 침해로부터 구제받기 위한 주체적 대응 과정이었다. 이는 더 심각한 집단행동을 예고하는 것이기도 했지만, 다른 한편 새로운 공론 형성 시스템이나 과정을 만들어가는 과정이기도 했고, 공론을 관철하기 위한 대표 파견과 주민들의 위임이라는 합의와 행동에서 시사하듯이 새로운 정치질서 형성의 가능성을 내장한 것이기도 했다.

⁴ 일본의 직소

1) 메야스바코

일본 에도시대에도 최고권력자인 번주藩主나 쇼군將軍에게 직접 호소할 수 있는 제도가 있었다. 바로 메야스바코目安箱에 의한 직소의 보장이었다. 메야스바코는 하코소箱訴라고도 하였다.[95] 먼저 여러 번에서는 에도시대 일찍부터 메야스바코를 설치하여 직소를 보장하였다. 아마가사키尼崎번을 시작으로 막말까지 설치와 폐지를 거듭한 곳도 포함하여 모두 75개 번에 설치된 것으로 확인된다.[96] 번 차원의 메야스바코에 투서된 직소 내용은 영주의 정책에 반영되기도 했으며, 여론을 번주에게 알리는 중요한 역할을 하기도 했고, 때로는 집단적·반복적 투서로 부정한 역인의 추방을 이루어내기도 했다.[97]

막부幕府의 쇼군도 직소함에 대한 투서를 장려했다. 이미 에도막부 개부보다도 이른 1602년(게이초慶長 7) 중앙정권 차원에서 직소가 공인되기 시작했다. 민중의 불평불만을 막기 위한 제도적 장치의 하나로 설치한 것으로, 다이칸代官이나 부교쇼奉行所에 소장을 여러 번 올려도 해결되지 않았을 때만 직소가 허용되고 그렇지 않았을 때는 처벌된다고 규정되어 있다.[98] 에도막부의 대표적 직소제도는 1721년(교호享保 6) 8월 쇼군 도쿠가와 요시무네德川吉宗(1684~1751)가 막부의 최고 심리기관인 효조쇼評定所 앞에 설치한 메야스바코이다. 매월 2일, 11일, 21일 3회 효조쇼 밖에 내놓은 메야스바코에 소장을 가져와서 투서하도록 하였고, 반드시 이름을 밝히도록 했다.[99]

그 외에도 교토와 오사카 등 막부직할령에 잇달아 설치되었다. 직소할 수 있는 사안은 크게 통치에 관한 유익한 제언이나 정책 건의, 야쿠닌役人들의 부정과 비리에 관한 것, 소송심리의 방치 등에 대한 것 등이었다. 메야스바코는 중국이나 조선의 직소와 달리 특정한 제한 없이 야쿠닌들의 부정과 비리에 대한 투서가 허용되었다는 점에서 특징적이다.[100] 이 점에서 에도막부의 메야스바코는 하급 지배기구와 아랫사람들에 대한 통제를 강화하는 정치적 효과가 있었다.[101]

막부가 에도에 설치한 메야스바코는 원래 에도 근교 막부령의 〈초닌町人·하쿠쇼百姓〉들에게 소원訴願과 소원訴冤을 보장하기 위한 것이었다. 그러나 점차 전국 각지의 다종다양한 신분의 사람들이 직소할 수 있는 제도로 변화하였다. 소장의 형식도 개인, 연명, 마을 단위의 집단 등 다양하였다. 그러나 이미 통상적 소송제도에 따른 소송을 제기하였거나, 심리 중인 사안은 메야스바코에 투서할 수 없었고, 통상적 소송제도에 기초하여 소를 제기하였으나 부당한 취급을 받았을 때만 특별 소송인 메야스바코에 투서가 가능했다('통상 소송전치주의').[102] 투서된 소장은 쇼군이 직접 열어보는 것이 원칙이었고, 필요에 따라 로주老中를 통해 관계기관에 그 처리를 자문하였다.[103]

주목되는 점은 사령私領 주민들의 호소도 받아들여져 막부의 재판역소에서 심리되고, 그 결과 사령의 야쿠닌은 물론 영주가 처벌받는 경우도 있었다는 사실이다. 경우에 따라 영주가 통치 책임에 대해 문책을 받았고, 심한 경우 막부에 의해 영주가 바뀌기도 했다. 메야스바코가 지방정부를 감시, 통제하는 좋은 수단으로 기능했음을 알 수 있다.[104]

하라 다케시는 메야스바코에 투서된 소장은 에도시대 전체를 통틀어 다섯 건에 불과하며, 이 가운데 직소자가 죽음을 면한 사례는 하나뿐이었고, 메야스바코를 열어본 것도 요시무네를 포함하여 두 명의 쇼군에 불과하다고 지적한 바 있다.[105] 그러나 최근 연구에 따르면 투서된 소장이 적지 않았고, 그 내용이 정책에 반영되거나 시정되는 경우도 적지 않았다. 번 차원의 직소 건수는 더욱 많아서 코치高知에서는 1759~1771년에 가신들의 투서를 제외하고도 적어도 91통이 투서되었다. 히로시마에서는 1818~1819년에 걸친 2년 정도 기간에 18통이 투서되었다. 오카야마岡山에서는 1654년 9월부터 8개월 동안 소장이 95통 투서되었다.[106]

그러나 막부의 메야스바코는 18세기 후반이 되면 투서하는 사람들을 즉각 수감하고, 소장을 모두 태워버리는 등의 조치가 취해지면서 사실상 폐지되고 만다. 번 차원의 메야스바코도 잇키一揆의 빈발 등 위기상황에 대처하려고 설치되었으나 18세기 후반에서 19세기 초반으로 오면서 위기 상황이 변화하고 통치자의 지도력이 취약해지거나 상실되면서 폐지되거나 그 기능이 약화되어갔다. 물론 메야스바코가 유지된 곳도 적지 않지만, 이 경우에도 직소를 보장한다는 원래 목적은 변질된 채 명목만 유지되는 것이 많았다.[107]

2) 쇼군·다이묘의 행렬과 직소

일본 근세는 '행렬의 시대'라고 불릴 정도로 시각적 지배가 발달했던 것으로 이해된다.[108] 다이묘大名의 참근 교대 행렬은 에도와 전국 200개 이상의 번 사이를 매년 정기적으로 왕래했다. 막부 규정에 따르면 시기에 따라, 번 규모에 따라 차이가 있었으나 1만 석 이하 번은 50명 정도, 25만 석 이상 큰 번도 많아야 450명 정도로 행렬 본대의 규모가 제한되어 있었다. 그러나 본대에 조금 뒤처져 따라가는 본대 외의 수행원을 합하면 많게는 3,500~4,500명에 이르렀다.[109]

다이묘 행차 시 주변 일대는 경의를 표하여 침묵하였다. 하던 일은 중단되었고, 길가의 상점들은 문을 닫아야 했다. 도로변 많은 집의 창문들은 폐쇄되었다. 다이묘 행렬의 도착이 임박하면 주민들은 급히 집으로 돌아가야 했고, 길을 가다가 행렬을 만나면 무릎을 꿇고 이마가 땅에 닿도록 머리를 숙여야 했다. 다이묘 행렬은 정치와 군사력을 독점한 무사들이 민중에게 보여주기 위해 연출된 시위 성격의 행진이었다[110](그림 참조).

중간에 다이묘가 숙박하는 도시의 가도는 행차 직전에 깨끗이 청소되었고, 가도 양측에는 며칠 전부터 모래를 운반하여 작은 산처럼 쌓아두었다. 만일 도착할 때 비가 오면 이 모래를 뿌려 도로가 질척거리지 않게 하기 위해서였다. 다이묘 행렬에 대한 관광이 전혀 불가능한 것은 아니었다. 2층에서 구경하는 것은 불가능하였지만, 길가에서도 정숙한 태도를 조건으로 구경할 수 있었다. 그러나 앞서도 언급했듯이 행렬이 지나갈 때는 엎드려야 했다. 다이묘 행렬을 묘사한 그림 중 사람들이 즐겁게 서서 구경하는 것은 행렬 본대가 아니라 본대를 뒤따라가는 행렬을 구경하는 것으로 추측된다.[111]

한편 쇼군의 교토 상경이나 닛코日光 참배, 그리고 사냥 행차 등도 많은 무사가 호종하였기 때문에 큰 행렬을 이루었다. 쇼군의 행차는 다이묘의 행렬에 비할 바 아니었다. 물론 여기에는 쇼군의 권위를 널리 알리려

| **일본 다이묘 행렬** | 길가의 백성들이 다이묘 행렬이 지나가자
무릎을 꿇고 엎드려 예를 취하고 있다.

는 목적이 내포되어 있었다.[112] 대표적인 것이 쇼군의 닛코 참배이다. 그
목적은 도쿠가와 이에야스德川家康(1543~1616)의 사당 참배에 있었지
만, 쇼군과 피지배층인 민중이 접할 수 있는 적지 않은 기회이기도 했다.
닛코 참배는 쇼군들이 임기 중 한 번은 거행해야 한다는 관념이 존재했으
며, 에도시대 전 기간에 걸쳐 모두 17회 행해졌다. 근세 전기의 참배 행렬
은 사료상의 제약 때문에 불명확한 점이 많지만, 에도 후기에 비해 규모

가 작았고 시간이 지날수록 대규모화되어갔다.[113]

그러나 쇼군 행차를 둘러싼 정치문화는 조선이나 중국과 크게 대조적이었다. 행행 기간은 대체로 7박 8일에서 13박 14일 정도로 조선보다는 조금 길었지만, 수개월 지속된 중국에 비해서는 매우 짧았다. 이와 달리 행렬 규모는 중국이나 조선의 행차에 비해 압도적이었다. 예컨대 1776년 참배 때는 다이묘가 20여 명 따랐으며, 동원된 인부가 23만 명, 잡병이 62만 명, 말이 25만 마리에 이르렀다고 한다.[114] 또 1843년(덴포天保 14) 닛코 사참 행렬의 규모를 보면 다이묘·하타모토와 그 수행원이 15만 9,000명, 말이 42만 5,540필, 인부가 36만 830명, 잡병이 82만 3,560명이었다.[115]

앞서 살펴보았듯이 청나라 강희제나 건륭제의 남순 때는 수행원이 많아야 3,000명 남짓했다. 조선 정조가 1795년 자기 아버지의 묘역에 참배 갈 때 수행한 사람은 1,800명 정도였다. 여기에 도로 정비나 연로에 대기하기 위해 동원된 잡부나 병력들을 포함한다 하더라도, 쇼군의 행렬에 비해서는 초라할 정도의 규모였다.

쇼군의 행차가 있기 며칠 전부터 행차가 통과하는 길은 깨끗이 청소되었고, 불조심하라는 명령이 내려졌다. 지나가는 길에서 보이는 곳에는 수레는 물론 빗자루 하나도 없어야 했고, 개나 고양이들은 모두 묶어두어야 했다. 당일 새벽부터는 행차가 지나가는 길가의 정町마다 불을 지피는 것이 금지되었다. 길가에 있는 집의 2층 창문은 모두 닫아야 했으며, 문을 못 열도록 문틀 사이에는 종이를 붙여야 했다. 쇼군의 행차가 통과할 때 주변의 다이묘는 집 안에서 행차가 지나는 길 방향을 향해 엎드려야 했다.[116] 행렬이 지나갈 때 가로에 있던 사람들은 행렬을 향하여 땅에 꿇어 엎드리도록(土下座) 강요되었다. 이는 다이묘 행차 때도 마찬가지였다. 그러나 그들이 엎드리는 방향은 가마를 탄 쇼군이나 다이묘를 향한 것이 아니라 행렬을 향하여 부복하였다. 쇼군이나 다이묘 모습은 어디까지나 볼 수 없는 존재였기 때문이다.[117] 이 점에서 쇼군 행렬은 민중뿐만 아니라 다이묘들에게도 무위를 과시하려는 의도가 있었던 것으로 보인다.

따라서 쇼군의 닛코 행차 때 직소는 금지되어 있었다. 1648년 3대 쇼군 이에미츠家光가 닛코에 행차할 때는 금지 지시에도 불구하고 직소한 사례가 한 건 있었지만, 그 이후 규제가 더욱 강화되면서 자취를 감췄다. 에도시대 쇼군의 행차는 결코 '민의를 헤아리는' 의미를 지닌 행사가 아니었다.[118] 이는 중국 황제의 순행과도 대조적이지만, 특히 조선 국왕의 행차와 크게 대조되는 모습이다.

그러나 19세기에 들어 쇼군의 닛코 행차에 변화가 보이기 시작하였다. 덴포 개혁이 한창이던 1843년에 거행된 12대 쇼군 이에요시家慶의 닛코 참배는 19세기에 행해진 유일한 참배였다. 행렬이 엄숙하다기보다는 축제 분위기였을 가능성을 시사하는 연구도 있지만,[119] 조선 국왕이나 중국 황제의 행차와는 매우 달랐다. 1843년의 참배는 내우와 외환이 겹쳐 몰려오던 시기에 행해졌다. 이 시기는 막번 영주의 기능이 저하되면서 그들에 대한 민중의 신뢰가 점점 상실되어가던 때였다. 또 19세기 중반 심각한 기근이 들면서 하쿠쇼 잇키와 촌방소동 등이 빈발하여 막번 영주의 무력함이 드러나면서 민중의 '공의 이탈'이 매우 심각해지던 시기였다.[120]

이러한 정치 환경에 대응하여 쇼군 행차에도 변화가 나타났다. 우선 이

전 시기와 달리 행차 준비 과정에서 민중의 반감을 줄이고자 하였으며, '백성 보호'라는 본래 책무에 충실한 쇼군의 모습을 보여주려고 노력하였다. 연로 정비 등에서 민중의 부담을 경감하도록 하였고, 동원된 인부들이 쉴 곳을 대폭 증설하는 '자비를' 베풀거나, 행차 도중에 노령자와 곤궁자, 효행자 등에게 은전을 베푸는 모습을 보이기도 했다. 원래 민중의 사참 행렬 구경에는 제한이 많았다. 승려나 수도승, 의원, 낭인이나 맹인 등에게는 허용되지 않았고, 여자와 아이들은 처마 밑에서, 남자들은 집 안에서 '엎드려서 보는 것'이 허용되었다. 그러나 1843년의 사참에서는 승려에게도 구경이 허용되었고, 사전에 통지된 각종 통행규제가 행차 직전에 완화되기도 했다. 특히 쇼군이 행차 도중 가마에서 내려 걷기도 하였다. 이는 '자비심 깊고, 인자하고 은혜로우며, 총명한 쇼군'이라는 '명군明君' 이미지를 만들기 위해 연출한 것이었지만, 쇼군이 민중 앞에 모습을 드러낸 것은 획기적인 행동이었다.[121]

왜 그런 새로운 태도나 형식이 필요하게 되었을까? 츠바키다는 지배의 정통성이 승인되려면 적어도 이념상 백성의 '합의'를 받아내는 것이 불가결했다는 점과 관련하여 이해하였다. 이 시기는 민중의 공의 이탈이 현재화하고 있었던 만큼 막부·쇼군이 백성들의 삶을 보호하고 어려움을 구제하는 의무를 결코 방기하지 않았음을 선포함으로써 백성들의 신뢰를 획득하고 지배–피지배 관계를 재구축하려는 의도가 담겨 있었기 때문이라는 것이다.[122] 1843년의 참배는 이와 같이 중요한 변화의 실마리를 보여주었지만, 그것으로 도쿠가와 막부의 닛코 참배는 끝났다. 따라서 이후 쇼군 행차에서 보이는 변화를 추적하기는 어렵다.

한편 번주 차원에서도 적지 않은 변화가 일어났다. 18세기 후반부터 하급사무라이들뿐만 아니라 민중들까지 사士 의식을 강화하면서 정치에 참여하기 시작하였다. 또 각 번 정부는 재정위기와 사회문제에 대한 해결책을 번사藩士들뿐만 아니라 민중들에게까지 요청하였다. 이에 따라 과거에 볼 수 없었던 상서上書의 시대가 열렸다. 그뿐만 아니라 19세기가 되면 번주들이 영지를 순행하며 직접 민중들과 접촉하고 그들의 고충을 들었으며, 자신이 입던 옷을 하사하거나 효자·열녀·노인들을 표창하는 은전을 베풀기도 했다.[123] 역시 큰 변화이고 정치문화 면에서도 새로운 변화의 계기가 되었을 것으로 생각한다.

그러나 이러한 영주 차원의 '인정'만으로는 체제의 위기를 봉합하기 어려웠던 것으로 보인다. 예컨대 18세기 후반이 되면, 무라村에서도 의미 있는 변화가 일어났다. 개별 무라만으로는 해결할 수 없는 문제에 무라들이 공동으로 대처하려는 움직임, 곧 '군중의정郡中議定'이라는 것이 각지에서 분명히 하나의 형태를 취하며 나타나기 시작했다. 영주 지배 영역 내부의 '군중의정'도 있었지만, 영역을 넘는 범위에서 이루어지는 것도 있었다. 경제적 위기를 당하였을 때 무라의 백성들은 생활자로서 생존을 유지해나가기 위해 다만 막부나 영주의 '인정仁政'에 의거한 구제만 기다리는 것이 아니라 스스로 주체가 되어 집단적으로 해결해나가는 것이 불가결하다고 자각하기 시작하였기 때문이다.[124]

역시 새로운 정치질서를 향한 움직임이 아래로부터 준비되고 있었음을 보여준다. 그러나 앞서 언급했듯이 18세기 말에서 19세기에 들면서 막부의 메야스바코는 사실상 폐지되었고, 번 차원의 직소도 제대로 작동되지 않았다. 아래로부터의 변화에 대한 적극적 대응이나 새로운 제도적 모색이 일어나기는 어려웠다.

직소가 다시 활발해진 것은 메이지유신 이후였다. 메이지유신이 시작되자마자 신정부에서는 언로를 열고 하정을 상달하기 위해 1868년 2월 교토를 비롯하여 오사카 등지에 다종다양한 메야스바코를 설치하였다. 여기에는 정책 제언뿐만 아니라 범죄나 악행에 대한 호소, 야쿠닌의 비리 규탄, 구제 요구, 인재나 선행자 등에 관한 것 등 인민들의 원망願望을 담은 소장들이 많이 투서되었다. 신정부에서는 엄정하고 공정하게 검토함으로써 인민의 원망과 기대에 부응하여 인심을 장악하고자 하였다.[125] 그러나 소장 내용에 허위가 많고 무명 소장이 증대하는 등 폐해가 드러났으며, 인민의 권리 보호를 목적으로 한 재판제도와 건백제도가 정비되면서 메야스바코는 폐지되었다.[126]

<u>5</u> 직소를 통해 본 동아시아 정치문화

직소는 '근세' 동아시아의 한국과 중국, 일본 모든 나라에서 채택된 제도였다. 유교라는 요소를 공통적으로 전제하면서도 유교 이념의 영향력의 강도, 지정학적 환경의 차이 등에 따라 서로 독자성을 가지면서 전개되었다. 원래는 지배층이 통치의 정당성을 확보하고 백성들의 불만을 완화하려는 목적에서 마련한 제도였지만, 직소와 관련한 경험이 누적되면서 정치문화 면에서도 변화가 일어났다. 직소는 민중들의 원억을 해소하거나 지배층의 부정부패를 일거에 해결해주는 통로가 되기도 했지만, 지배층도 직소를 통해 표출되는 민중의 '공론'과 민심의 향배에 관심을 가지지 않을 수 없었다. 직소에서 전해지는 백성들의 목소리는 당대의 '여론' 내지 민의라고 할 수 있는 만큼 지배층에게는 성가신 일이었지만 거기에 귀를 닫고만 있을 수도 없었다. 이는 '뜨거운 감자'였던 직소가 근세 동아시아 정치문화와 관련하여 중요한 의미를 가지는 이유이기도 하다.[127]

직소제도 자체는 삼국 모두에 구비되어 있었다. 우선 조선과 중국, 일본 모두 대궐이나 중앙 최고권력 기관에 신문고, 등문고, 메야스바코를 설치하여 직소를 허용했다는 점에서는 동일하다. 또 직소까지의 절차 면에서 삼국이 기본적으로 모두 하급심에서 절차를 밟은 다음 최후 방법으로 직소할 수 있게 규정한 점에서도 차이가 없다. 직소가 가능한 사안 면에서는 삼국이 서로 조금씩 차이가 있었다. 일본은 막부 차원 혹은 영주 차원에서도 정치적 제언과 더불어 야쿠닌의 부정과 비리에 관한 직소가 허용되었다. 이 점은 관리들의 심각한 부정부패나 매우 간악한 자, 국가에 관한 일에 대해서만 직소를 허용한 중국이나 수령을 비롯한 관리들의 부정부패에 대한 직소를 부정적으로 보았던 조선과 대비된다.

한편 행차 시의 직소는 또 다른 양상을 보인다. 우선 군주와 백성 간의 관계라는 면에서 조선이 중국이나 일본보다 훨씬 친밀하였던 것으로 보인다. 일본의 경우 쇼군이나 다이묘의 행렬 구경에 제약이 많았다. 가로변의 2층 창문은 폐쇄되었고, 행렬이 지나갈 때 도로변의 사람들은 엎드려 있어야 했다. 이 때문에 쇼군이나 다이묘의 얼굴을 보기 어려웠고, 쇼군이나 다이묘도 얼굴을 보여주지 않는 것이 원칙이었다. 중국에서도 북경에서는 황제의 행차를 구경하기 어려웠다. 황제의 만수절 등 특별한 행차가 아닐 경우 가로변의 문이나 창문을 닫아야 했고, 구경하는 것이 금지되었던 것으로 보인다. 강남이나 동쪽 성경 등으로 순행하였을 때는 백성들의 행차 구경이 허용되었으며, 황제도 얼굴을 드러내고 백성들과 인사를 나누었다. 그러나 백성들은 무릎을 꿇고 머리만 든 채 구경해야 했다. 조선에서는 국왕 스스로 백성들의 구경을 오히려 장려하였으며, 백성들은 도로변에 서거나 앉은 채 편안한 자세로 행차를 관람하였다. 때로는 격쟁한 사람이나 주변 마을 사람들과 직접 대면하여 민은民隱을 듣기도 했고, 심지어 구경꾼과 시위대, 국왕이 탄 가마가 뒤섞여 행진하는 광경이 연출되기도 했다. 일본은 물론 중국에서도 상상하기 어려운 모습이다. 청 황제와 백성들 간의 직접 대면도 조선에 비하면 매우 제한적이었다.

일본에서는 쇼군 행차 시 직소가 금지되어 있었으며, 중국에서는 황제 행차 때 직소가 일부 허용되기도 했으나 매우 제한적이었다. 가장 자유로운 곳은 조선이었다. 실제로 국왕 행차 시에 올린 직소 건수도 중국에 비해 압도적으로 많았다. 중국의 경우 행차 시 직소가 완전히 없었던 것은 아니지만 사실상 불법으로 규정했으며, 황제가 순행할 때도 직소를 받아들이는 경우는 거의 없었다. 일본에서는 에도시대 전 시기에 걸쳐 쇼군이 행행할 때 직소하는 행위가 금지되어 있었다. 1843년의 닛코 참배 이전 쇼군의 행차는 백성들에 대한 무휼撫恤보다는 무위武威를 드러내는 데 목적이 있었던 반면, 민의를 헤아린다거나 '인군仁君' 이미지를 연출한다는 고려는 사실상 없었던 것으로 이해되고 있다. 막부의 메야스바코에 야쿠닌들의 부정과 비리를 투서할 수 있도록 허용한 것도 '인정' 이데올로기에 따른 것이라기보다는 아랫사람들에 대한 통제를 강화하려는 의도가 강하였다는 지적이 있는 것도 바로 그 때문이다.

이러한 차이는 지배이념과 그에 근거한 정치질서, 특히 최고통치자/군주와 피지배 민중 간의 관계를 둘러싼 정치문화와 밀접하게 관련되었던 것으로 보인다. 중국 황제(천자)와 일본 천황의 정치적 위상은 초월적 존재인 '천'과의 직접적인 관계 속에서 부여되는 것이라는 점에서 동일하지만, 천자와 천황을 정당화하는 근거에는 커다란 차이가 있다. 전자는 '보편적'인 '천'에 근거를 둔 반면, 후자의 정당성은 조상신[祖神]이 부여한 신칙神勅에서 구해지기 때문이다.[128] 조선의 국왕은 국제질서 면에서는 중국 황제(천자)의 제후로서 위상을 가지지만, '천天'과 관계 면에서는 원리적으로 천자와 동일한 것으로 이해되고 있다. 그러나 천자가 인격적 '천'이라는 초월적 존재와의 직접적 관계 속에서 정당성을 부여받았다면, 조선의 국왕은 인격적 '천'이라기보다는 '보편적' 원리로서 '천'으로부터 정당성을 부여받았다는 의미가 강하다. 천명에 대한 해석은 왕에게도 그 권한이 있었지만 주로 관료나 양반사족이 주도하였으며, 이들은 수시로 국왕의 국정 운영을 견제하였다. 따라서 국왕은 공적인 정치행위를 통해 끊임없이 스스로 정당성을 입증하고, 민의 동의와 협력을 이끌어내는 데 집중하지 않으면 안 되었던 것이다.[129]

또 조선의 국왕이 신료들이 지속적으로 반대했는데도 백성들과 직접적인 대면이나 직소를 장려하고 지켜나간 것은 군주의 위상과 관련된 정치문화의 차이와도 관련이 적지 않을 것으로 보인다. 물론 직소와 직접 대면으로 백성들에게 인군으로서 면모를 연출하는 것은 '민본과 인정'이라는 지배이념과 밀접한 관련이 있지만, 잘 조직된 관료제 속에서 신권을 견제하고 왕권을 강화할 수 있는 중요한 계기였기 때문이라고 생각한다. 중국의 황제가 '천자'라는 정치이념과 맞물려 매우 강력한 권력을 행사하였음은 잘 알려져 있는 사실이다. 강희제가 수행원을 불과 300명만 거느리고 수개월간 남순을 단행한 것이나, 연중 200일 이상이나 북경을 비우고 순행을 다닐 수 있었던 것도 강력한 황제권의 또 다른 표현이었던 것으로 보인다.

따라서 황제의 경우 굳이 번거로운 직소의 문을 열어두고 백성들과 접촉해야 할 정치적 이유가 약하였다. 또 직소의 문을 활짝 열어둘 경우 직소가 관료 시스템을 교란할 우려가 있었고, 황제가 상대해야 할 백성의 수가 지나치게 많기도 했다. 일본 에도시대에도 다이묘들 가운데는 유학을 받아들이고 '인정'을 베풂으로써 '명군'의 길을 추구한 사례가 적지 않았지만, 막부 차원에서는 유학을 체제이념으로 받아들이지 않았다. 1843년의 닛코 참배 행차에서 보이듯이, 19세기에 들어 일부 변화하는 조짐이 없지 않았으나 막부 차원에서는 인정, 덕정보다 무위에 의한 지배가 막말까지도 관철되고 있었다. 따라서 민의를 헤아린다거나 '인군' 이미지를 연출한다는 고려가 매우 부족할 수밖에 없었다.

이러한 차이는 각국에서 최고통치자와 민중의 관계를 비롯한 정치질서의 구성방식, 정치운영 원리, 정치적 행동과 경험을 규정하는 중요한 근거가 되었을 뿐만 아니라 '근대적' 정치질서와 정치문화가 형성되는 과정에도 커다란 영향을 미쳤다고 생각한다.

19세기를 전후한 시기부터 삼국 모두에서 위기 극복과 왕권 강화 등을 목적으로 직소를 확대하거나 민중과 접촉면을 넓히려는 최고통치자들의 노력이 있었다. 그러나 민중의 요구를 제대로 수용하거나 정치적 위기를 통제하는 데 실패하였다. 이미 정치체제나 지배층의 정치의식은 그러한 노력에 부응하기 어려울 정도로 경직되고 악화되어 있었기 때문이다. '근세'를 통해 확대된 혹은 누적된 직소의 경험은 새로운 정치문화를 만들어나갔으며, 그를 바탕으로 하여 아래로부터 올라오는 민중의 요구는 더욱 다양하고 강력해졌다. 이는 지배-피지배 관계를 비롯한 새로운 정치질서와 그를 위한 제도적 장치의 마련을 요구하는 것이었지만, 지배 측은 이에 대해 탄력적이고 적절하게 대응하지 못하였다. 이는 당시의 정치체제나 관료 시스템, 지배 측의 정치문화가 직소로 표출되는 백성들의 요구와 원억을 수용하거나 해소해주지 못했음을 의미한다. 이에 따라 직소는 오히려 민인들의 다양한 저항을 야기하여 체제 위기를 더욱 심화하는 결과를 초래하였다.

배항섭

성균관대학교 동아시아학술원 HK교수로 재직 중이다. 19세기 민중운동사를 전공했고, 최근의 관심 주제는 19세기 동아시아사에 대한 비교연구를 통해 근대중심주의와 서구중심주의를 넘어 새로운 역사상을 구축하는 데 있다. 대표 논저로『동아시아는 몇 시인가?: 동아시아사의 새로운 이해를 찾아서』(너머북스, 2015, 공저),『19세기 민중사연구의 시각과 방법』(성균관대학교출판부, 2015),「서구중심주의와 근대중심주의, 역사인식의 天網인가」(『개념과 소통』14, 2014),「'근세' 동아시아의 直訴와 정치문화」(『역사비평』117, 2016),「'탈근대론'과 근대중심주의」(『민족문학사연구』62, 2016) 등이 있다.

집필경위

이 글은 2015년 2월 13~14일 성균관대학교 동아시아학술원과 한림대학교 한림과학원이 공동으로 개최한 학술대회("19세기의 동아시아-변화와 지속, 관계와 비교")에서 처음 발표하였다. 이후 수정, 보완하여『역사비평』117호(2016)의 특집("새롭게 보는 정조와 19세기")에 게재되었던 글을 일부 고친 것이다.

19세기 전반 일본에서 군주 친정의 대두
– 도쿠가와 나리아키의 경우

◎

박훈

1 도쿠가와 정치체제에서 군주의 위치

필자는 최근 몇 년간 막말기幕末期 정치변혁과정을 '사대부적 정치문화'
라는 개념을 가지고 설명해왔다.[1] '사대부적 정치문화'의 핵심요소는 상
서 등을 통한 정치 여론 형성의 활성화,[2] '학적學的 네트워크'에 기반을 둔
붕당정치와 당파투쟁의 전개,[3] 강력한 군주친정 요구를 통한 광범한 사
층士層과 군주권력의 결합 등을 들 수 있겠다. 이 글에서는 이 중 군주친

정 문제를 다뤘다.

'사대부적 정치문화'에서는 군주에게 친정을 강하게 요구했다.[4] 군주는 신하들과 회의를 거듭해야 하고, 각계에서 올라오는 상서를 직접 읽어 여론을 파악해야 하며, 백성들의 상황에도 깊은 관심을 가져야만 했다. 또 이런 일들을 잘해내기 위해 학문연마를 게을리하면 안 되었다. 군주는 특히 민본주의에 입각해서 민정을 잘 파악해야 하며 백성들을 위해 인정을 펼치라고 끊임없이 요구받았다. '사대부적 정치문화'에서 군주는 한편에서는 조상이나 산천에 대한 제사 등 의례를 집전하고 행해야 하는 존재이기도 했으나, 다른 한편에서는 이처럼 정사 전반에 적극적으로 개입해야 하는 존재였다. 물론 현실에서는 이런 이상적 군주상이 제대로 실현되지 않았다. 군주가 몇몇 총애하는 신하들 또는 환관들에게 정사를 맡겨놓고 표면에 나타나지 않는 경우도 허다했다. 그러나 적어도 공식적으로 이를 군주의 모범이라고 할 사람은 없었다.

그러나 도쿠가와德川 일본에서 군주의 위치와 성격은 좀 달랐다. 쇼군將軍이든 다이묘大名든 각 정치체의 주군은 원래 군대의 최고사령관이었다. 전투를 지휘하여 전쟁을 승리로 이끄는 것, 그를 위해 평상시 군대 조직을 잘 유지하고 병사를 잘 훈련하는 것이 그들이 할 일이었다. 그러나 도쿠가와시대의 장기평화는 이런 이들의 역할을 애매하게 만들었다. 100년, 200년이 지나도 전쟁은 일어나지 않았고, 더 중요한 것은 일어날 기미조차 없었다는 것이다. 사무라이들도 점점 군인이 아니라 행정관료가 되어갔고, 이에 따라 쇼군도, 다이묘도 전쟁지휘관으로서 존재의의가 희미해졌다. 그렇다면 이들은 어떤 존재인가? 이런 물음에 18세기 초 유학자 아라이 하쿠세키는 쇼군을 유교적 국왕으로 만들려고 시도했다.

실제로 도쿠가와 초기 유교가 보급되면서 많은 지식인이 쇼군과 다이묘들에게 유교적 덕목을 요구하는 발언들을 하기 시작했다. 유교적 덕목을 잘 수행한 '명군'의 이미지를 유포하면서 주군들의 분발을 촉구했다. 일부 쇼군이나 다이묘들은 이에 적극적으로 호응하기도 했다. 그러나 전체적으로 볼 때 도쿠가와시대의 군주들, 즉 쇼군이나 다이묘는 정사에 적극적으로 개입하지 않았다. 더 중요한 일은 그들에게 정사를 직접 돌보는 것이 바람직한 군주의 길이라고 요구하는 신하들이 별로 없었다는 점이다. 군주가 조상에 대한 의례나 막부, 타 다이묘와 교제 등을 무리 없이 수행하는 한, 또 막부나 번에 큰 해가 될 정도로 비정상적인 행동을 하지 않는 한, 신하들이 친정을 촉구하는 일은 별로 없었다.

그렇다면 정사는 어떻게 운영되었는가. 막부는 5명 내외의 로주老中가 공동으로 정무를 처리했는데, 중요 사항은 쇼군의 친재親裁를 요청했다. 그러나 이것도 요식행위에 불과한 경우가 많았다. 번藩도 마찬가지여서 가로들이 합의하여 운영하는 가로합의체제가 일반적이었다. 상서도 별로 없었지만 있다 하더라도 군주가 직접 읽는 일도, 직접 읽으라고 요청하는 일도 드물었다. 그렇다면 쇼군이나 다이묘는 무엇을 했을까? 이들의 주요 업무는 의례와 교제였다. 조상에 대한 각종 의식이 이들의 일정을 메웠으며, 에도성에서 서로 만나는 각종 의식에 얽매여 있었다. 참근교대제參勤交代制로 에도에 와 있는 다이묘들은 노能 관람, 차회茶會 참석 등으로 서로 교제하는 데 열중했고, 선물 주고받기, 서신왕래 등도 이들의 주요 업무였다. 다이묘의 경우, 참근교대제 때문에 번의 정사에 간여하기 힘든 측면도 있었다. 참근교대제로 다이묘의 정부인과 적자(후계자)는 항상 에도에 거주해야 했으므로 다이묘들은 주로 에도에서 나고 자라났다. 이들이 번주藩主 자리에 앉을 때까지 자기 번을 찾을 기회는 거의 없었다. 이들은 '에도 사람'이었던 것이다. 번주가 되고 나서도 번과 에도 사이를 왔다 갔다 해야 했기 때문에, 번에 장기간 체류하면서 정사를 구석구석 파악하여 처리하기는 매우 어려웠다. 번정藩政은 대체로 오랜 기간 해온 관례대로 번 현지에 뿌리박고 있는 가로家老들이 합의하여 운영하는 방식이 일반적이었다.

그러나 유학이 확산되면서 군주친정을 요구하는 목소리들이 높아졌다. 특히 '사대부적 정치문화'에 기반을 둔 중하급무사들의 정치 참여가 활발해지자 군주친정 요구는 더욱 절박해졌다. 가로합의체제는 번 내 몇 개 최고 가문이 번정을 장악했기 때문에, 대다수 가신이 이에 끼어들 여지는 적었다. 이들이 일단 정치에 뛰어들게 되자 가로합의체제는 큰 벽이었다. 이 벽을 허물 유일한 방법은 군주의 정치적 권위를 빌려 자신들의 주장을 정당화하는 것이었다. 그러려면 군주의 정치적 활성화, 군주친정이 필요했다. 다시 말하면 군주친정 요구는 '사대부적 정치문화'의 확산과 정치적 야망에 불타는 중하급무사들의 현실적 필요성이 결합하여 나타나게 된 것이다.

군주친정 요구는 막부보다는 번에서 많이 찾아볼 수 있다. 요시다 쇼인吉田松陰(1830~1859)은 조슈번주에게 매일 신하들과 함께 조회를 열어 그들의 의견을 듣고 직접 정사를 돌봐야 한다고 했다.[5] 대부분 전근대사회가 그렇지만 에도시대는 특히나 격식의 시대였다. 특히 번주는 세세한 격식에 구애되어 파격적인 행동을 하기가 매우 어려웠다. 따라서 번주를 만날 수 있는 사람들도 극히 제한되어 있었다. 요시다는 이를 타파하기 위해 번주가 별저別邸에서 수시로 신하를 만나라고 촉구했다. 후에 조슈번 존양파는 관례에서 벗어나려고 번주를 조카마치인 하기에서 야마구치로 옮기는 파격적인 행동에 나서는데, 번주의 공간적 이동으로 정치를 혁신한다는 발상은 이때부터 보였다고 할 수 있다.

새로운 군주상의 내용은 대체로 군주의 친정親政, 하급역인下級役人을 포함한 전체 역인과 커뮤니케이션 확보, 대민접촉을 통한 민중의 충성 유도, 군주의 학문연마 등이었다. 이는 비단 요시다만이 아니라 당시 개혁가들의 주장에서 많이 발견할 수 있으며,[6] 막말을 풍미했던 이른바 '유지대명有志大名'은 이런 군주상을 실현한 이들이었다. 도쿠가와시대 권력구조가 초기를 제외하고는 대체로 가로들의 집단합의체제로 운영되었고, 다이묘는 의례나 막부 접촉을 주 업무로 했음을 상기하면 위의 군주상이 기존 체제의 변혁을 촉진할 것임은 예상할 수 있는 일이다.

당시 군주친정을 가장 뚜렷한 형태로 보여준 이는 미토번水戶藩 9대 번주 도쿠가와 나리아키德川齊昭(1800~1860)였다. 그는 존왕양이운동尊王攘夷運動의 거두로 널리 알려져 있다. 따라서 그에 대한 관심도 1850년대 개항과 쇼군 후계분쟁 시기에 그가 행한 중앙정치활동에 집중되어왔다. 또 그가 추진한 덴포天保개혁에 대한 연구도 비교적 축적되어 있다. 그러나 이 연구들은 주로 막각幕閣과 그의 정치투쟁, 덴포개혁의 정책내용과 개혁파의 활동 등에 초점이 맞춰져 있기 때문에 군주君主(번주藩主)[7] 나리아키의 번 내 정치행위에 대한 분석과 그것의 역사적 의미는 제대로 검

토되지 않았다.[8]

이 글에서는 나리아키에 대한 종래의 연구경향과 시각을 달리하여 그의 정치행위가 18세기 말 이래 주로 개혁가들이 요구해오던 '군주상'이라는 관점에서 볼 때 어떤 역사적 의미가 있었는지를 주요 관심대상으로 삼는다. 이런 관점에서 그의 대민정치활동을 주로 검토하겠다. '민정'의 중요성에 대한 강조는 18세기 말 이래 두드러지게 나타나는데, 나리아키는 군주 스스로 이를 직접 실천했다는 점에서 '군주상'의 관점에서 중요한 의의가 있다고 할 수 있다.

이 글에서는 나리아키의 영민領民(민중)에 대한 정치행위를 크게 두 가지로 나눠 살펴볼 것이다. 첫째는 그가 대민행정체계를 적극적으로, 어떻게 보면 파격적으로 활용하는 모습을 살펴보려고 한다. 나리아키는 하급 지방 역인인 모토지메元締, 테다이手代 등에게 직접 수서手書[9]를 내려 민정을 지시하거나, 심지어 그들을 직접 불러 대면하기도 했다. 또 쇼야庄屋들에게도 격려의 수서를 곧잘 내려보냈다. 이들이 촌락의 유력한 지도자들인 것을 생각해보면 이들에 대한 번주의 직접적 접촉이 영민 사이에 번주의 '정치적 존재감'을 심는 데 큰 역할을 했을 것은 짐작할 수 있겠다.

이에 대해서는 그의 '애민愛民' 사례로만 언급되었을 뿐 그것의 역사적 의의를 논한 연구는 아직 없는 것 같다. 그러나 18세기 말 이래 민정(농정)의 중요성이 강조되면서 군봉행郡奉行 또는 대관代官의 정치적 의미가 커지고 유능한 이료吏僚 또는 명망 높은 학자 출신들이 이 역직에 대거 진출한다. 그리고 이들 중에서 이른바 '명대관名代官'이 탄생한다.[10] 나리아키는 군봉행에 자신의 유능한 심복들을 대거 포진시키고 취임 초부터 민정개혁을 과도할 정도로 추진했다. 그러고는 그것을 군봉행에만 맡겨두지 않고 자신이 군봉행, 나아가서는 농촌 거주 하급역인까지 직접 만나거나 소통하며 민정을 직접 챙겼다. 이것은 후술하는 순행과 함께 번주의 정치적 존재감을 영민에게 확보하는 데 큰 효과를 발휘했다(3절).

두 번째로 나리아키가 취번할 때 행한 영내순행[巡村]을 상세히 분석할 것이다. 그는 순행과정에서 직접 영민과 접촉하면서 다양한 방법으로 그들에게 자신의 정치적 존재감을 심는 데 노력했다. 그 방법에는 농민 집을 방문하거나 영민의 생업노동을 직접 해보는 것, 직접 쓴 수서手書나 영가詠歌 하사, 자신의 소지품(입고 있던 옷이나 연관煙管 등) 하사, 자신의 이름글자 하사 등이 있었다.

나리아키의 순행에는 대체로 두 가지 견해가 있어왔다. 하나는 군주 나리아키의 '애민'을 일방적으로 현창하는 입장이다.[11] 또 하나는 이를 나리아키 개인의 특이한 돌출행동으로 보려는 입장이다.[12] 둘 다 역사적 문맥을 결여한 채 그의 순행을 하나의 에피소드 정도로 취급하려는 경향이 있어왔다. 그러나 이 글은 이를 18세기 말부터 메이지明治천황에 이르는 시기에 걸친 군주의 정치적 리더십 확립, 그중에서도 민중에 대한 정치적 접근, 그에 따른 정치적 존재감의 확보 노력이라는 시각에서 위치 짓고자 한다[13](4절).

이 같은 나리아키의 정치적 행위의 전제는 번주친정藩主親政이다. 도쿠가와사회가 18세기 말에 심각한 위기에 봉착했고, 이에 대한 막번 측의 대응이 획기적 의미를 갖는다는 것은 최근 연구에서 대체로 동의하는 것 같다. 이런 위기 속에서 중요한 것은 정치적 리더십의 확보일 텐데, 당시 일반적 정치형태였던 '가로합의체제'는 리더십을 더는 발휘하지 못했다.[14] 결국 군주, 즉 번주의 리더십 구축밖에는 달리 방도가 없었다.[15] 사실 근세 중기 이후 번주가 일상정무에 항상적·적극적으로 개입하는 것은 예외였다. 그러나 18세기 말부터 번주의 친정을 요구하는 움직임이 강해지기 시작했다. 나리아키의 민정에 대한 관심이나 순행 역시 이런 연장선상에서 나온 것이다. 따라서 2절에서 먼저 나리아키의 친정 모습과 그 의의를 살펴보고자 한다.

그리고 마지막 5절에서는 이러한 나리아키의 정치행위가 18세기 말부터 막말에 이르는 과정에서 어떤 역사적 의의가 있었는지를 부분적으로 메이지시기까지 시야에 넣으면서 음미해보고자 한다. 즉 이 글에서는 지금까지 부분적으로밖에 행해지지 않았던 '군주론'의 시각에서 나리아키를 위치 짓고자 한다.

이 글에서는 이와 같은 문제의식 아래 주로 덴포 초기 나리아키의 정치행위와 1833년(덴포 4) 나리아키가 처음 취번就藩했을 때 순행을 주로 다루었다. 집권 초기인 이 시기에 그의 정치행위의 기본방침이 선명하게 보이기 때문이며, 또한 이 시기 사료가 비교적 풍부하게 남아 있기 때문이다.

2 도쿠가와 나리아키의 친정

나리아키는 후계분쟁 끝에[16] 1829년(분세이 12) 10월 17일 미토번 제9대 번주로 취임했다. 그는 취임 다음 날인 10월 18일 가로들에게 수서를 주는데 그 내용은 민정과 관련된 것 일색이었다. 그는 이 수서에서 "민은 나라의 근본이므로 번[遺領](이하 [ ] 안은 원사료)을 상속한 이상은 애민이 제일 중요하다고 생각한다"라고 '애민전일愛民專一'의 시정방침을 천명하고 "애민에는 여러 가지 방법이 있겠지만 우선 횡렴橫斂의 정치를 중단하는 것이 중요하다"[17]라며 그간 개혁파들이 '사정邪政'으로 지목해온 여러 정책을 비판했다.[18] 이 수서를 받은 가로들은 대부분 나리아키의 번주계승을 반대했고, 또 '사정'으로 지목된 경제정책을 지지한 사람들이었기 때문에 이 수서는 그들에 대한 정치적 압박의 의미도 갖고 있었다.[19]

어쨌든 나리아키는 취임 직후부터 민정을 최우선 정책과제로 설정했고, 자신이 직접 민정문제를 해결하려고 했다. 에도시대 중기 이후부터 번주는 일상적인 정책결정 과정에는 간여하지 않고 '가로합의체제'에서 정치를 행했기 때문에 나리아키의 이런 친정 시도는 난관에 부딪혔다.

한 연구에 따르면 에도시대 권력구조와 정책결정 방식의 제 유형은 아래와 같다.

상위결정형	친재형	주군독재형(측근전단형)	
		군신합의형	어전회의형
			주군최종결재형
	위임형	전임가로책임형	
		가로·중신합의형(가로월번형)	
하위결정주도형		자문—답신형(확대회의형)	
		품의형	

* 자료: (笠谷和比古, 『近世武家社會の政治構造』, 吉川弘文館, 1993, 205쪽에서 전재

이 연구에 따르면, 일반적으로 초기에는 주군친재主君親裁체제였다가 중기로 접어들면서 가로합의체제로 변화했다. 초기에는 번주가 군단의 장 성격이 있었고 번주의 지배가 주로 자신의 장입지藏入地를 대상으로 했기 때문에 그 지역에 대해서는 친재 또는 독재체제로 운영되었다. 그러나 영지 내라 할지라도 장입지 이외의 지역에서는 아직 번주의 확고한 지배는 관철되지 못했다.

그러나 간에이기寬永期를 중심으로 영지 내의 외양대신外様大身들이 번주의 지배체제 내에 본격적으로 편입되어 이른바 '가신단[家中]'이 형성되고 그들이 가로/로중 등 번의 주요 직책을 맡으면서 이들의 합의에 따른 의사결정 방식이 일반화되어갔다. 예를 들면 1642년(간에이 19) 이케다 미츠마사池田光政가 외양대신인 가로 세 명을 행정최고직인 시오키仕置에 임명한 것을 계기로 이후 이들에 의한 합의체제가 유지되었다. 이러한 합의결정 방식이 다이묘가大名家 의사결정의 기본이 되었다고 할 수 있다. 따라서 중기 이후 다이묘의 일상적인 정무는 이들에게 맡기는 위임형이 일반적이었다.[20] 예를 들어 쇼호기正保期 조슈번에서는 번주의 권한을 참근교대와 다른 다이묘와 교제, 새로운 가신을 고용할 때의 판단, 그리고 출진 시의 명령 등으로 한정하였다.[21]

그리하여 다이묘는 일상정무보다는 의례적인 활동, 막부와 교섭 등의 활동을 주로 하게 되었고, 이에 따라 영민은 물론 가신단과도 점점 소원하게 되는 경우가 많았다. 메이와安永·안에이기明和期 요네자와번米澤藩의 개혁을 주도한 타케마타 마사츠나竹俣當綱는 이 같은 상황에 대해 지금의 대명은 가신단에 있어 평상시는 타인[よその人]이나 다름없고, 봉록삭감[半知借上げ] 때만 직서를 내리는 사람으로 인식되고 있다고 통렬하게 지적한 바 있다.[22] 이 같은 상황에서 영민은 물론, 가신단에도 번주의 리더십이 발휘되기를 기대하는 것은 무리일 것이다.

이런 상황이었기 때문에 나리아키의 친정은 가로를 중심으로 한 문벌세력의 저항에 직면하지 않을 수 없었다. 실제로 1839년 미토에서 일어난 번두番頭들의 강소强訴사건을 진압하고, 1840년 두 번째 취번就藩 직전 행해진 대규모 인사에서 자파 핵심들을 번 요직에 앉히는 데 성공하기까지 나리아키는 이 '가로합의체제'의 저항에 시달려야했다.[23] 아무리 번주라 하더라도 오랜 관례를 깨고 '만기친재萬機親裁'하기는 어려웠던 것이다. 이 때문에 나리아키는 집권 초 백성의 세금을 감해주는 것을 가로의 영향력 아래에 있는 '정부政府'가 반대하자 군봉행에게 서한을 보내 정부역인들에게는 흉작이라고 하고 몰래 감세해주자는 제안까지 하게 되었고,[24] 그 이후에도 자신의 방침을 실행에 옮기지 않는 '정부'에 대한 불만을 누차 토로했다.[25]

'가로합의체제'의 저항을 피하기 위해 그는 '정부'를 거치지 않고 직접 '외관外官'이나 실무역인과 접촉하여 자기 정책을 관철하려 하였다. 뒤에서 살펴보는 군봉행이나 모토지메元締/테다이手代의 빈번한 접촉도 이런 배경에서 나왔다. 이는 정치관례상 정상적인 경로를 거치지 않았기에 더욱 '정부'의 반발을 불러왔다.

그러나 이런 난관에도 그는 강력한 친정 의도를 감추지 않았다. 여기서는 민정에 관련된 몇 가지 예를 들어보기로 한다. 나리아키가 취임 후 역점을 둔 것 중 하나는 검약령이었다. 에도시대를 통하여 검약령은 빈번하게 발포되었지만,[26] 나리아키는 자신이 직접 검약의 세목에 이르기까지 세세하게 집필하고 그것이 너무 강경하다고 우려하는 관계역인들과 논쟁했다. 나리아키는 스스로 면복을 착용하고 경복絹服착용자를 처벌하도록 했으며, 에도 비단이 미토로 흘러 들어가면 품질은 안 좋고 값만 비싼 미토비단은 누구도 사지 않을 것이라며 에도비단의 미토 수입을 제한하려고 했다.[27] 또 군제변혁에서 영민에 대한 포달서의 안을 자신이 직접 작성하여 가로들에게 수정을 요구하기도 했다.[28] 또 그는 정월초하루의 풍속인 송식松飾이 너무 사치에 흐른다며 문송門松의 소나무 가짓수까지 정해주며 이를 그림으로 제시하였다.[29] 상평창常平倉 설치 건에 관해서도 나리아키는 설치비용의 분배, 운영과정에서 예상되는 재정상태 등을 구체적인 쌀값시세 등에 관해 산수算數까지 해가면서 극히 세밀하게 계획안을 제시했다.[30]

이것은 입안된 정책에 대해 가부를 판단하는 '친재'를 넘어서는 것이었다. 이처럼 나리아키는 개혁파 역인들도 놀랄 정도로 강력한 친정의지를 갖고 있었다. 그리고 그것은 민정에 집중되었다. 자신의 의지를 실현하려고 그는 원래 번주가 직접 접촉하지 않는 것이 관례인 군봉행, 나아가 지방 하급실무역인 등 민정라인의 관계역인과 직접 서한을 주고받거나 만났다. 그리고 마침내는 미토에 내려가 촌을 순행하며 백성과 직접 만났던 것이다.

3 다이묘의 지방역인 접촉

나리아키는 취임하자마자 군봉행과 그 휘하의 지방 하급역인과 활발하게 접촉하기 시작했다. 군봉행은 지방행정을 담당하는 기관으로 18세기 말 이후 민정의 중요성이 증대되면서 존재감이 커져갔다. 미토번에서는 주로 학자 출신의 중급가신들이 임명되었다.

취임 일성으로 '애민전일愛民專一'을 내건 나리아키는 빈번하게 군봉행과 접촉하며 민정을 꼼꼼하게 살폈다. 훗날 요시다는 조슈번주에게 올린 상서에서 당장 행해야 할 급무로서 군봉행/대관을 어전에 불러 접견하여 백성의 사정을 말하게 하고 다 못한 게 있으면 봉서를 올리도록 해야 한다고 촉구했는데,[31] 나리아키는 바로 그것을 20여 년 전에 실천한 것이다.

앞에서 서술한 대로, 원래 번정은 일반적으로 로주—와카도시요리若年寄—오쿠유히츠奧右筆 등이 중심이 된 '정부'가 담당하고, 번주는 일상적인 정무에는 간여하지 않는 것이 근세중기 이후의 일반적인 현상이었다. 번주는 필요할 때는 측용인側用人, 소성두小姓頭 등 측근을 통하여 자신의 정치적 의사를 전달하거나 로주에게 직접 의사표명을 하기도 하였다. 따라서 군봉행과 번주가 직접 정책을 둘러싸고 대면하거나 서신을 교환하는 일은 극히 드물었다. 그 때문에 번주가 직접 민정을 챙길 수 있는 기회는 적었고, 요시다도 이런 현상을 개탄하고 번주가 직접 군봉행이나 접견을 하라고 촉구했던 것이다. 자연히 이에 대한 반발도 거셌다.

공公이 습봉襲封한 이래 제신諸臣을 출척黜陟하였는데 모두 타당하였다. 힘써 폐단을 혁파하려고 하여, (공의) 생각에 정교政敎를 진작振作시키고 시무時務에 도움이 되는 자는 내외관內外官을 막론하고 자주 불러 일에 대해 물었다. 혹자가 외관에 자문하는 것이 옳지 않다고 하자 공이 말씀하시길, 무릇 내 신하는 내외, 대소 없이 모두 하나이다. 만약 물을 일이 있으면 비록 보졸이라 할지라도 그를 부르는 것이 어찌 불가不可하겠는가. 사람들이 모두 수긍하여 다시 말하는 자가 없었다.[32]

이 사료를 보면 번 내에서 '외관'을 접견하는 것에 대한 비판이 있었던 것을 알 수 있다. 도쿠가와시대 번이 대부분 그러했듯이 미토에서도 주요 정책은 가로, 로주와 와카도시요리, 오쿠유히츠로 이뤄지는 '정부'와 메츠케들이 모여 논의해 결정하였다.[33] '외관'은 이들 이외의 역직에 있는 자들로 여기서는 주로 군봉행을 지칭한다. 그런데 이 사료에서 주목되는 것은 나리아키가 이런 의견에 반박하면서 '외관'은 물론이고 물을 일이 있으면 '보졸'이라도 부를 수 있다고 했다는 점이다. '보졸'은 최하급 사무라이를 지칭하는데, 여기서는 군봉행 휘하의 민정담당 하급역인들인 모토지메, 테다이 등을 가리킨다고 보인다. 실제로 나리아키는 취임 직후부터 그들과 접견하고 수서 등을 통해 빈번하게 접촉했다. 이하 그 상황을 검토해보자.

먼저 나리아키는 1830년(덴포 원년) 11월 10일에 「군근무 테다이들에게郡方手代共ヘ」라는 수신인 명의의 서한을 보냈다. 『수호번사료水戶藩史料』 편찬자는 이에 대해 "이 수대手代라는 것은 사분士分(사무라이계층)

에 들어가지 않는다. 그런데도 공께서 사서賜書를 내리신 것은 특수한 대우이다", "아아, 번주가 수서手書를 군리郡吏에 내린 것은 고래 일찍이 그 예가 없고"[34]라며 그 파격성을 지적했다.

또 나리아키는 수서를 내리는 것뿐 아니라 사안에 따라 필요한 경우에는 하급역인을 직접 불러 접견하였다. 먼저 1830년(덴포 1) 8월에 모토지메들을 접견하였다. "어제도 모토지메元締들이 (번주를: ( ) 안은 인용자가 추가) 만나 뵙고, (농촌) 부흥에 대한 번주의 의견, 인정仁政에 대한 생각, 검소하신 모습을 배현拜見하고서 매우 감사하게 생각하였습니다. (이 일을) 동료들에게도 말하여, 수대일동이 감복하였기 때문에 저희들(군봉행)이 내는 포달布達의 뜻도 매우 잘 전달되고 있습니다."[35] 이를 보면 미토의 농촌에서 근무하던 모토지메들이 에도에 올라와 번주를 직접 알현하고 민정에 대한 의견교환을 한 것을 알 수 있다. "만약 물을 일이 있으면 비록 보졸이라 할지라도 그를 부르는 것이 어찌 불가하겠는가"라는 말을 그대로 실천한 것이다.

1836년(덴포 7)에도 군봉행이 모토지메들을 데리고 나리아키를 알현한 사실을 확인할 수 있다.

> 힐소詰所 앞마루[緣側]를 지나 낭하廊下로부터 정원으로 내려가 사호土戶를 지나 마루로 올라가 주위 사람을 물리친 후에 모토지메들이 어전에서 입측入側하여 …… 평복平伏하였는데 향촌의 일에 대해 여러 가지로 번주의 말씀[上意]이 있으셨다. 마실 것도 주시고 두 종류의 어인배御引盃에 직접 술을 하사하시었다.[36]

이를 보면 나리아키가 모토지메들을 만날 때에는 군봉행의 안내로 주위를 물리치고 접견한 것을 알 수 있다. 군봉행은 간조부교勘定奉行에 소속되어 있고 간조부교는 또 로주에 속해 있는 역직인데, 이 행정계통을 무시하고 번주가 직접 군봉행과 모토지메를 불러 만났으니 그 파격성은 차치하고라도 로주나 간조부교가 그 자리에서 자신의 정무에 대한 비판이 나올까 전전긍긍했을 것을 짐작할 수 있겠다.

한편 나리아키는 자신이 향촌에 보낸 서한이 영민에게 잘 전달되도록 하는 데 비상한 관심을 기울였다. 1833년(덴포 4) 7월 28일 취번 시 군봉행에 무육撫育에 힘쓰라는 서한을 보내면서 그 말미에 "이상 본문에 말한 것처럼 세간의 분위기가 위가 아래로 통하지 않고 아래가 위에 통하지 않는다면 내가 이렇게까지 생각하는 것도 밑에 전달되지 않을까 하여 적어서 보여주는 것이니 관할 하급역인[支配]부터 하민에 이르기까지 읽어주어서 내 뜻이 밑으로 전달되도록 해야 한다"라고 각별히 주의를 당부했다.[37]

이런 나리아키의 뜻에 따라 군봉행들도 나리아키의 영민에 대한 관심을 그들에게 전달하는 데 각별한 노력을 기울였다. 취번 시 미토에 들이닥친 태풍으로 막대한 피해가 발생하자 나리아키는 목욕재계하고 평온한 날씨를 기원했는데, 군봉행들은 촌역인들에게 서한을 보내 태풍 피해에 목욕재계하고 하늘에 기원하는 나리아키의 뜻을 "촌 전체[村中], 사사문전寺社門前에 이르기까지 빠짐없이 포달布達해야 한다"[38]라며 번주의 존재감을 영민에게 주입하려고 노력하였다.

다음 사례도 나리아키의 말을 영민 개개인에게 침투시키기 위해 군봉행들이 얼마나 세심한 주의를 기울였는지 보여준다. 1837년(덴포 8) 8월, 작년 발생한 기근에 대한 구황에 힘썼던 역인들을 포상하면서 나리아키는 군역소郡役所에 흉년을 잊지 말고 검소함을 지켜야 한다는 내용의 수서와 함께 "전력가색물망기근專力稼穡勿忘饑饉(오로지 농사에 힘쓰고, 기근을 잊지 말라)"이라는 휘호를 내려주었다.[39] 군봉행들은 이 수서의 핵심을 쉽게 정리하여 휘호와 함께 간행한 뒤 1838년 윤4월에 각 촌의 쇼야에게 배포하였는데, 그때 아래와 같은 포달을 내렸다.

　　이번에 깊으신 생각에서 휘호를 탁본하여 각 촌에 내려주셨으니 쇼야 집에 놓아두고 촌민들이 쇼야 집에 매년 모였을 때 각자 배알하도록 해야 한다. 단 휘호의 의미를 일반백성들에게도 주지했으면 하시므로 의미를 일본어로 번역[和解]한 한 부를 줄 테니 한 집에 한 장씩 배포하여 각자 잘 주지하도록 해야 한다.[40]

　즉 군봉행들은 쇼야들에게 나리아키의 휘호 8자를 쇼야 집에 보관하다가 촌민들이 쇼야 집에 모였을 때 일일이 그것을 배알하고, 그것의 일본어 역을 만들어 각 집에 한 장씩 배포하라고 지시했다. 이것이 실제로 어느 정도 실행되었는지는 확인할 길이 없으나, 일부만 실행되었다 하더라도 번주의 친필을 농민이 집에 두고 대면하는 상황을 상상해보면 그들에게 번주의 존재감이 급격히 고조되었을 것을 짐작할 수 있다.[41]

　이 휘호와 함께 배포된 나리아키의 수서手書는 부모를 잘 섬기라거나 아침 일찍 일어나 농업에 힘쓰라거나 하는 8개항에 걸친 일반적인 얘기를 담았는데 그중에 주목되는 것은 제3항이다. "육자育子의 건은 때때로 포고한 바를 잘 지키고 그밖에 포고하는 것은 온 식구들에게도 알려줘서 꼭 지켜야만 한다."[42] 당시 미토를 비롯한 관동농촌에서는 마비키(間引, 영아살해)가 유행하여 인구가 감소했는데, 육자라는 것은 마비키를 금지하고 인구증가를 꾀하는 시책을 말한다. 이 항목에서는 육자를 비롯한 여러 시책을 가장이 식구들에게 잘 전달할 것을 특히 강조했다. 즉 나리아키는 자신의 시책이 쇼야라는 향촌지배층은 물론 그 휘하의 농민 개개인에게 전달되는지에까지 깊은 주의를 기울였던 것이다.

이처럼 나리아키는 명령을 반포하는 데 그치지 않고 그것이 정말로 영민에게 제대로 전달되는지를 확인하려고 했다. 심지어는 촌역인村役人에게 확인하는 데 그치지 않고 각 가장, 나아가 가족구성원에게까지 제대로 전달되도록 주의를 기울였다. 대체로 도쿠가와시대 촌역인을 상대하는 것은 보통 군봉행/대관이었다. 그런데 나리아키는 번주의 신분으로 촌역인을 뛰어넘어 직접 촌민 하나하나와 대면하려고 했다. 이런 그의 시도는 순행(순촌)을 통해 더욱 직접적으로 실행되었다.

$\overset{4}{\,}$ 다이묘의 순행: 나리아키의 영민 접촉

나리아키와 영민(민중)의 관계를 고찰할 때 우선 염두에 둬야 하는 것은 나리아키가 미토번주 중에서 매우 드물게 취번을 자주, 또 오래했다는 사실이다. 알고 있는 바와 같이 도쿠가와시대는 참근교대제가 있어 번주들은 많은 가신을 이끌고 에도와 영지에 번갈아가며 거주해야 했다. 그러나 미토번은 예외적으로 정부제定府制라 하여, 번주는 에도에 상주하게끔 되어 있었다. 이 때문에 미토번주는 대부분 오와리尾張나 기이紀伊 등 다른 고산케御三家는 물론 다른 일반 다이묘에 비해서 자기 영지와 관계가 희박한 편이었다고 할 수 있다.

물론 도쿠가와 초기, 즉 번정성립기는 예외였다. 초대, 2대 번주인 도쿠가와 요리후사德川賴房와 미츠쿠니는 각각 11차례나 번을 방문했다. 미토령은 본래 사다케佐竹 씨가 지배했으나, 이를 아키타 지역으로 옮기고 도쿠가와 이에야스德川家康(1543~1616)의 11남인 요리후사에게 분봉하였기 때문에 초창기에 신번주의 지배력을 관철하려고 번주들이 자주 취번하였던 것이다. 그러나 미츠쿠니 이후, 즉 18세기에 들어오면 에도 생활의 안락함, 막대한 취번비용 등의 이유로 취번 횟수와 기간이 현저히 감소하여 미토번주는 평균적으로 일생에 두세 번 번을 찾는 데 그쳤고, 한번 취번하면 보통 3, 4개월 머물다 에도로 돌아오는 것이 일반적이었다. 심지어 나리아키 직전에 재임한 8대 번주 나리노부齊脩는 일생에 단한 번도 자기 영지에 발을 들여놓은 적이 없었다.

이에 따라 미토번 현지에서 번주는 대부분 가신들에게 소원한 존재였다. 하물며 영민들에게는 더 말할 나위가 없었을 것이다. 그러나 나리노부에 이어 1829년 9대 번주가 된 나리아키는 이런 관례를 깨고 적극적으로 취번을 행했다. 나리아키는 재임기간 15년 중 3회에 걸쳐 취번하였고, 총 미토 체재기간은 5년 3개월로 재임기간의 약 3분의 1을 미토에서 보낸 셈이다. 이는 2대 번주 미츠쿠니와 비견되는데, 미츠쿠니는 재임기간 중

11차례 미토를 찾았고 체재기간은 총 7년 2개월이었다. 단순 수치상으로는 미츠쿠니 쪽이 우위에 있으나 그의 재임기간은 29년(1661~1690)이었기 때문에 1년당 체재기간을 계산하면 미츠쿠니 2.9개월여에 대하여 나리아키는 무려 4.2개월에 달한다.[43] 또 미츠쿠니는 1회 취번이 1년을 넘기는 경우가 없었으나, 나리아키는 1년 이상 장기간 미토에 체재하였다.

나리아키가 집권한 시기는 번의 재정이 여의치 않았고 검지실시, 번교설립 등 굵직한 사업을 계획해서 취번 비용이 큰 부담이었다. 게다가 전대 번주인 나리노부는 재임기간(1816~1829)에 단 한번도 미토에 온 적이 없었기 때문에 나리아키의 잦은 취번은 더욱 돌출적인 행동으로 보였다. 실제로 번의 문벌세력을 비롯해서 대번두大番頭 이상의 중견가신들은 그의 취번을 달가워하지 않았고, 1839년(덴포 10)에는 그의 취번을 반대하는 집단강소集團强訴를 벌이기까지 하였다.

나리아키는 이처럼 재정문제, 번 중신들의 반대를 무릅쓰고 취번을 강행했다. 먼저 나리아키는 1833년(덴포 4) 3월에서 이듬해 4월까지, 1840년 1월에서 1843년 3월까지, 그리고 마지막으로 1843년 6월에서 1844년(덴포 15) 5월까지 미토에 체재했다. 1843년 3월부터 약 3개월간 미토를 떠난 것은 당시 쇼군 도쿠가와 이에요시德川家慶가 일광동조궁日光東照宮을 참배하는 데 수행하기 위해서였다. 따라서 두 번째와 세 번째 취번은 3개월의 중지기간을 가운데 끼고 전후 4년 반에 걸친 이례적으로 긴 영지체재였다고 할 수 있다. 1844년 5월 나리아키가 에도로 돌아온 것은 막부의 의심을 받아 소환당했기 때문이다. 이때 그는 은거처분을 받게 되며('甲辰의 國難') 이에 항의하여 수호사민이 대거 에도로 몰려왔다('남상운

동').[44)

취번기간에 나리아키는 정력적으로 번 내를 순시하고 영민들과 접촉했다. 나리아키는 직접 자기 발로 돌아다니며 집을 갑자기 방문하기를 즐겨했다. '도노사마(殿樣, 번주)'의 불시방문은 해당자에게는 크게 당황스러운 일임과 동시에 한편으로는 대단히 감격적인 일이기도 했다. 게다가 나리아키는 어필御筆을 내리거나 심지어 입고 있던 옷을 주어 상대방의 감격과 심복을 이끌어내려고 하였다. 이제 첫 취번시기에 이뤄진 순행(순촌)을 자세히 살펴보자.

1833년에 이뤄진 첫 취번은 원래는 3년 체재가 목표였으나 막부의 허가를 얻지 못해 1년 1개월 만에 에도로 돌아갔다.[45) 이는 7대 번주 하루노리治紀가 1809년(분세이 6) 취번하여 수개월 체재한 이래 실로 26년 만에 이뤄진 일이었다. 이 기간에 나리아키는 총 4회에 걸쳐 농촌을 시찰하였다. 1833년(덴포 4) 8월 21일에서 28일까지 동쪽의 송강군 다하 방면을 7일간 시찰했고, 9월 17일에서 19일까지 남군 자성 방면을 이틀간, 이듬해인 1834년(덴포 5) 3월 16일에서 23일까지 남군의 녹도 방면을 7일간, 그리고 3월 27일에서 4월 8일까지 10일간 북군을 순행했다.[46)

농촌순행 중 나리아키의 행적을 살펴보자. 먼저 나리아키는 1833년 8월 21일 시작된 순행행렬의 규모를 크게 간소화하려고 했다. "21일 아침부터 납시어 마쓰오카구미松岡組를 순촌하시었는데 수행원이 와카도시요리若年寄(상하 5인: 원문대로), 목부目付 및 통사通事 이하 제사諸士 이상이 겨우 17명이었고, (제사 이하까지) 모두 해서는 도합 80여 인, 말 8필, 인부(농촌 영접에 동원된 인원) 90인 정도였다고 한다. 선대先代(의 경우)는 상

하 370~380명이었기 때문에 향중의 인마가 매일 500여 명"이나 되었던 것에 비하면 규모가 크게 축소된 것이었다. 일주일간으로 예정된 번주의 순행에 가신이 17명밖에 수행하지 않은 점이 인상적이다. 이에 대해서는 "이전에는 여관에서 불침번을 서기 위해 목부目付 등이 다수 수행했지만 이번에는 이것도 그만두시고 백성 중에서 한두 사람" 또는 출장 나온 군의 테다이에게 불침번을 시키는 등 불필요한 인력을 생략했기 때문이다. 가신 이외의 잡무인력도 간소화했는데, 예를 들어 주방인원을 수행시키지 않고 "순촌 중 점심은 주먹밥[むすび]을 허리에 차셨기 때문에 수행하는 사람들은 아래위 할 것 없이 모두 요병량腰兵糧을 갖고 다녔고" "해변 등을 지날 때는 모래사장에서 (점심을) 드신 적도 있"었다. 의복도 매우 간소화했다.[47]

순촌 중에 나리아키는 향사나 촌락유력자[老農]의 집을 방문하였다. 8월 22일에는 구자 방면 대화전촌大和田村의 향사 대내감위문大內勘衛門 집을 방문하여 수서[48]와 입고 있던 하오리羽織를 하사하였다.[49] 이어 27일에는 구자 방면 소관촌小菅村의 노농 마고베에孫兵衛의 집에 숙박하며 수서[50]를 주었는데, 말미에 사인을 한 뒤「小菅村 孫兵衛へ」라는 수취인 이름까지 적어 넣었다. 도노사마殿樣가 직접 자기 이름을 쓴 것을 받아본 이 농민이 얼마나 감격했을지는 짐작하고도 남을 것이다.

이어 그는 미토번의 유명한 농촌 출신 학자인 나가쿠보 세키스이長久保赤水의 손자 나가쿠보 겐타로長久保源太郎(아카하마赤濱 거주)의 집에 들렀다. 수행했던 군봉행 스즈키 요시다카鈴木宜尊는 이렇게 기록했다.

당시 극히 빈궁하여 안 오셨으면 하고 원하고 있다는 것을 말씀드렸더니 '그런가, 그렇다면 오히려 들러보고 싶군'이라고 하시며 크게 파손된 집에 들어가 이런저런 말씀이 있으셨고 어필御筆도 내려주시었다. 송월정松月亭이라는 적수赤水가 학문을 하던 곳이 있었는데 이곳에 들어가시었다. 물론 당시에는 소실되어 그 유적지만 있었지만 송松 등이 많이 있어서 경치가 매우 좋은 곳으로 때마침 초즙初葺 등이 자라 있는 것을 따시며 이것저것 적수에 대하여 물으셨고, 해마다 초즙이 나오면 헌상하라는 말씀이 있으셨다고 한다. 그 외 어영가御詠歌를 내려주셨다.[51]

나리아키는 이외에도 이곳저곳에서 어필을 하사하였고,[52] 효자, 경작에 힘쓴 정절녀, 노인(孝子力田貞節高年)을 표창하였다.[53] 그는 이날 '북빈어순촌전중중촌향사감위문北濱御巡村田中中村鄕士勘衛門에서 숙박'하였고 22일에는 스케가와무라助川村에 숙박하였다. 순촌 중 아이세후쿠슈사會瀨福聚寺, 스기무로대웅원杉室大雄院, 스와별당諏訪別當 등에도 영가를 하사하였다.[54]

이를 보면 나리아키는 순촌 중 향사나 촌락 유력자의 집을 방문하여 자신의 시정방침을 담은 수서를 주어 직접 정치의사를 농민에게 전달하려고 했음을 알 수 있다. 또 입고 있던 의복이나 자신이 손수 지은 영가를 주거나 때로는 농민과 직접 대화하면서 그들과 친밀도를 높인 것을 볼 수 있다.

이어서 나리아키는 9월 17일부터 남부 자성 방면의 여러 촌을 순행하고, 목지牧地를 살펴본 후 19일에 미토성으로 돌아왔다. 이때에도 역시

효자정절력전孝子貞節力田 등에 대한 상사賞賜가 있었다.[55]

이듬해인 1834년(덴포 5) 2월 11일 전년 8월의 태풍에 이어 고이시카와小石川의 미토번저에 화재가 발생하여 번사의 우사 500호가 불타 없어지는 일이 벌어졌으나 나리아키는 에도에 돌아가지 않고 미토에 계속 머물렀다. 그는 3월 16일부터 남군을 순행하여 특히 가시마신사 등을 참배하고 23일 일시 귀성하였다. 남군 순행에 관한 상세한 정보는 기존의 간행 사료에는 별로 나와 있지 않으나 도쿄대사료편찬소가 소장하고 있는 『장구보총서長久保叢書』에서 관련 사료를 발견하였다.

『장구보총서』 38권인 『시사잡찬일時事雜纂一』에는 나리아키의 심복 중한 명인 가와세 시치로에몽川瀨七郎衛門(=敎德)의 서간 한 편이 실려 있는데 거기에는 다음과 같은 기사가 있다. 즉 나리아키가 취번한 후 여기저기 다니고 싶어했는데, "21일에는 미나토(湊, 남군의 대표적 포구)에 가셨는데 때마침 하루 종일 고기가 많이 잡혀 어촌 모두가 크게 기뻐하였다고 한다. 번주[上]께서도 고기잡이 배[漁舟] 등에 오르시어 도미를 잡으셨다고 한다"[56]라는 기사다. 이 서간이 쓰인 날짜는 나와 있지 않으나 '21일에 미나토에 가셨다'는 것으로 보아 남군 순행 때인 1834년 3월 21일의 일로 봐도 지장이 없을 것이다. 어민들의 생업현장에 가서 그들의 노동을 직접 체험하며 선망의 표적이 되었을 나리아키의 득의만면한 모습이 짐작된다.[57]

이어서 남군을 순행하고 귀성한 지 나흘 만인 27일부터 다시 북군순촌 길에 올라 4월 8일에 귀성하였다. 이때에도 쇼야, 촌역인 등 촌락의 지도자들에게 수서를 많이 주었다. 예를 들어 3월 27일 촌역인으로 추정되는 다치하라 덴쥬立原傳十, 4월 7일에는 쇼야 기치로베에吉郎兵衛에게 수서를 주어 훈시했다. 이때 모치가타持方(현 구지군 스이후무라 다카구라久慈郡 水府村 高倉 지구의 산속)라는 산간의 벽지를 방문했는데,[58] 이곳에서 모토스케元介라는 농민에게 규문葵紋(도쿠가와가의 문장紋章)이 들어가 있는 마麻의 하오리와 토제土製의 연관 등을 하사하였다. "좀처럼 사람도 가지 않는 벽지의 일개 농민이 번주의 얼굴을 숭배하듯 바라보며 멋진 하오리를 받는 모습을 상상하면, 이 이름도 없는 일개 농민에게 나리아키는 이키가미生神처럼 보이지는 않았을까"라는 지적처럼 이들 농민의 감격은 대단했을 것이다. 번주가 들렀던 방은 다른 곳을 고치게 되어도 고치지 않은 채 그대로 보존하였고, 번주에게서 수서나 영가 또는 소지품을 받은 농민의 집안에서는 대대로 이것을 특별취급하여 지금까지도 소중히 간직하고 있는 경우가 많다고 한다.[59]

한편 흥미로운 것은 에도로 돌아간 후(6월 4일) 나리아키가 북군의 군봉행에 각종 질병에 잘 듣는 약에 대한 상세한 정보를 담은 서한을 보냈는데 그 말미에 "순촌 때에 모토스케에게 알려주었지만 아무래도 안심이 안 되어 오늘 보내니 속히 알려줄 것"[60]이라고 한 점이다. 즉 나리아키가 농민과 만났을 때 그들로부터 민간의료 현황을 상세하게 청취하고, 자신이 알고 있는 의료지식을 전수했다는 사실을 말해주며,[61] 그 후 그것이 제대로 실현되고 있는지에 상당한 관심을 갖고 있었음을 알 수 있다.[62]

5월 26일 나리아키는 막부에게 허가받은 기한이 되어 마침내 1년여의 취번 일정을 마치고 에도로 돌아갔다. 위에서 언급한 대로 정력적인 순촌 활동을 했으면서도 그는 태풍, 에도번저의 화재 등 여러 재해 때문에 애초에 계획했던 일들이 제대로 실행되지 못했음을 아쉬워했다. 그는 에도에 도착하자마자 6월 1일 미토죠다이水戶城代인 스즈키 시게노리鈴木重矩(石見守)에게 서한을 보내 "이번에 내려갔지만 공교롭게도 때가 좋지 않아 생각한 바의 만분의 일도 이뤄지지 않아 유감스럽다. 따라서 머지않아 (다시) 내려갈 생각이다. 그때에는 여러 사람[各初]도 만날 것이다. 나중에 내려갈 때까지는 가신들[家中]도 훌륭하게 무비武備를 갖춰야 하고 향촌[鄕中]도 개발이 진전되고, 도시[町]도 재건되었으면 한다. 정말로 머지않아[ゆめ々々不遠] 내려갈 생각이므로 지금부터 모두 신경 써서 (긴장이) 풀어지지 않도록 해야만 한다"[63]라고 했다. 이를 보면 나리아키는 첫 취번에서 정력적인 활동을 펼쳤음에도 아쉬움이 많았던 것을 알 수 있고, 곧 다시 취번하여 여러 시책을 계속하고 싶은 강한 의욕을 갖고 있었던 것을 확인할 수 있다.

이상 나리아키가 1833년에서 1834년에 걸친 첫 취번에서 실시한 영지 순행의 구체적인 모습을 검토하였다. 이를 통해 나리아키가 영민과 접촉하는 방법은 매우 다양했음을 알 수 있다. 첫째, 영민 집을 직접 방문하는 것이다. 위에서 본 대로 향사나 노농老農(주로 촌역인이나 쇼야 등)의 집이나 나가쿠보가長久保家와 같은 유서 깊은 농가를 방문하였다.[64] 둘째, 유력농민에게 수서를 내려 훈계하고 격려하는 것이다. 수서는 번주가 역인들에게 시정방침이나 구체적인 지침을 하달할 때 주는 서한 형식의 문서인데, 이를 일개 농민에게 직접 주어 번주와 농민의 직접적인 소통을 꾀하는 것이다. 농민과 소통은 나리아키가 특히 중시했던 듯한데, 이와 같은 직접적인 방법 말고도 앞에서 살펴본 대로 촌락 하급역인을 통하는 방법도 자주 이용되었다. 수서 이외에 영가를 지어주는 예도 자주 보인다.

셋째, 소지품을 하사하는 방법이다. 나리아키는 자기가 입고 있던 하오리, 연관 등을 농민에게 주었고, 이를 받은 농민의 감정은 미루어 짐작할 수 있을 것이다. 이밖에 미토 영민에 대한 것은 아니지만 나리아키가자기의 이름자 중 한 글자를 민중에게 하사하여 심복시키곤 했다.[65] 넷째, 미나토 포구에서 도미를 직접 잡은 것처럼 영민의 노동을 직접 함으로써 영민의 감화를 이끌어내는 방법도 있었다.

이렇게 볼 때 나리아키는 대규모적이고 화려한 '패전트pageant'를 통해시각적·상징적으로 자신의 존재를 현시하기보다는 직접적인 접촉으로영민의 마음에 자신의 존재감을 확보하는 방향으로 활동했다고 볼 수 있다. 이 같은 활동은 번주와 영민의 관계를 친밀하게 하는 결과를 초래했고, 영민 사이에 지금까지는 실감이 없는 존재였던 번주의 정치적 존재감을 형성했다고 볼 수 있다.

5 '명군名君' 나리아키 친정의 역사적 의미

이상 주로 덴포 초기를 중심으로 나리아키의 정치행위를 친정, 민정역인과 접촉, 순행 세 가지로 나누어 살펴보았다. 그렇다면 1830년대에 행해졌던 이런 정치행위들은 역사적으로 어떻게 위치 지을 수 있을까.

먼저 친정에 대해서 살펴보자. 위에서 언급한 대로 도쿠가와시대 중기이후 다이묘는 대부분 일상적인 정책결정 과정에 간여하지 않고 주로 '가로합의체제'가 담당하였다. 그러나 18세기 말경 체제위기가 감지되자 개혁가들은 다이묘의 친정을 요구했다. 다케마타 마사츠나竹俣當綱가 번주 우에스기 하루노리上杉重定에 번정 간여를 촉구한 것이 그 예이고,[66] 간세이기 이른바 '명군名君'의 등장도 이런 흐름 속에 위치 지을 수 있을 것이다.

19세기 들어 번주친정 요구는 더욱 커져갔다. 그 대표적인 것이 요시다다. 요시다는 번주가 갖춰야 할 군덕君德은 근정勤政과 강학講學이라고 요약했다. 근정은 즉 친정을 의미했다. 그는 정치 분위기를 일신하려면 번주가 "하나에서루花江書樓[67]에 주거하시면서 매일 군신의 조朝를 보시고 군신의 중의를 들으셔서 정도政道를 직재直裁"해야 한다고 하고, 이것이 너무 파격적이라 어렵다면 "적어도 어서원·대광간 등에서라도 매일 군신의 조를 보셔야" 한다고 주장했다. 그리고 이어 고대천황의 친재 상황을 장황하게 설명하면서 자기 주장의 정당성을 강조했다.[68] 앞에서 언급한 대로 근세 중기 이후 정책결정 형태가 가로위임형으로 변화된 것을 상기하면, 이 요구는 카사야 카즈히코笠谷和比古의 용어를 빌리면 '위임형'에서 '친재형'으로 변화를 촉구한 것이라고 볼 수 있다.

그러나 요시다가 주군독재(측근전단)를 주장했던 것은 결코 아니다. 반대로 그는 번주가 가능한 한 많은 가신, 나아가 민중의 의사까지 경청할 것을 주문하고, 그 광범한 여론을 바탕으로 결정을 내리라고 주장했다. 즉 '친재형' 중에서도 확대된 '군신합의형'이다. 그러나 기존의 정치관례로는 이 같은 변화를 효과적으로 가져올 수 없기 때문에 번주는 성을 나와 화강서루花江書樓에 주거하면서 매일 군신회의를 주재하고 그 중의를 들은 후에 정책결정을 직재하는 것이 좋지만, 그것이 너무 파격적이라면 적어도 어서원, 대광간[69] 등에서 집무해야 한다는 것이다. 보통 번주들은 나카오쿠中奧에 기거하면서 오모테表에는 잘 나오지 않았으나,[70] 요시다는 번주가 성 밖으로, 이것이 무리라면 적어도 성의 오모테에 나와 직접 정사를 돌볼 것을 주장한 것이다.[71]

다음으로 요시다가 군주에게 요구한 것은 강학이다. 요시다는 인군人君에게 특히 중요한 것은 독서이고, 소장유지小壯有志의 자들을 서물괘書物掛에 임명하여 어전에서 매일 밤 회독會讀, 회강會講 등을 행해야 한다고 했다.[72] 요시다가 번주에게 요구한 것은 더는 군단軍團의 장長만이 아니라 유교적 학문군주가 되어야 한다는 것이다. 학문연마로 달성된 능력을 바탕으로 군주는 친정을 행해야 하는 것이다.

시대는 앞서지만 이 같은 요시다의 군주상을 거의 그대로 실천한 것이 바로 도쿠가와 나리아키다. 그는 강력한 친정시도는 물론이거니와 학문연마에도 열심이었다. 자신의 학문연마뿐 아니라 번교 홍도관弘道館의 설립, 사관史館 창고관彰考館의 중시 등으로 미토번의 학문을 발전시키는 데 진력했다. 요시다가 직접 나리아키를 언급하지는 않았으나 1852년 미토번에 유학한 적이 있고, 당시 '명군' 나리아키의 전국적 지명도를 생각한다면 그가 나리아키를 염두에 두었을 가능성도 생각해볼 수 있다.

필자가 보기에 이 같은 군주친정에 대한 시대적 요구가 유지대명有志大名의 탄생, 영명한 쇼군을 요구했던 쇼군 계사繼嗣분쟁, 나아가 천황친정에 대한 요구로까지 확대되어나갔던 것 같다. 알다시피 막말정국을 이끌었던 것은 '유지대명'이다. 이들은 번 내에서 강력한 리더십, 때로는 카리스마가 있던 군주들로 여기에 기반을 두고 중앙정국에서 영향력을 발휘했다. 지사들의 횡적 결합에 기반을 둔 '초망굴기草莽崛起'가 결국 실패하고, 오쿠보 도시미치大久保利通가 간파한 것처럼 결국 반막부운동이 번 권력, 즉 번주에 의존하여 진행될 수밖에 없었던 것도 여기에 기인한다고 할 수 있다. 번주의 친정은 번권력기구, 일반번사 대중, 나아가 일부 영민에게까지 번주의 정치적 영향력을 확대했고, 번주에 의거하지 않고는 번의 정치력을 동원하는 것이 대단히 어려웠던 것이다.

쇼군의 경우, 8대 쇼군 도쿠가와 요시무네德川吉宗(1684~1751) 이후 정책결정에 일상적으로 개입한 쇼군은 거의 없다. 이에 대해 쇼군의 친정으로 막부의 위기를 타개하려고 했던 것이 분세이 연간의 계사분쟁이라고 할 수 있다. 친정을 하려면 영명한 쇼군이 필요했다. 히토츠바시파一橋派가 밀었던 도쿠가와 요시노부德川慶喜는 이에 적합한 인물이었다. 그러나 주지하듯이 이이 나오스케井伊直弼는 능력을 보고 후계를 정하는 것은 이국異國(중국中國)의 풍습이고, 일본의 풍습은 혈통을 중시해 후계를 정한다는 논리로 어린 쇼군(도쿠가와 이에사다德川家定)을 선택했다. 이로써 막부는 다른 번들과 달리 대로大老독재, 로주합의체제가 유지되었다. 흔히 막부가 우세한 군사적·경제적 우위에도 불구하고 사쓰마, 조슈에 패배한 이유의 하나로 리더십의 분열과 약화를 꼽는데, 그것이 바로 여기에서 기인했다고 할 수 있다.

군주친정 요구는 결국 천황친정 요구로 변전되어 나아갔다. 마키 이즈미眞木和泉 등의 존왕양이파 지사는 물론이고, 오쿠보도 왕정복고 직후 천황의 만기친재, 정부수뇌의 빈번한 접견, 시독侍讀의 설치 등을 주장했다. 그리고 1868년 4월 정체서가 반포되고 관제개혁이 단행되면서 천황은 매일 학문소에서 만기의 정무를 집행한다는 포고가 내려졌다.[73] 물론 메이지시대 천황의 친정문제는 그 후 우여곡절을 겪게 되나, 적어도 막말과 메이지정부 수립 직후에는 정부의 공식방침으로 누구도 이의를 제기하기 어려운 정당성이 있었다. 이런 면에서 본다면 메이지천황의 친정을 둘러싼 갈등은 19세기 이래의 군주친정에 대한 요구와 '천황불친정의 전통' 사이의 긴장이라는 각도에서 재음미할 필요가 있다고 보인다.

다음으로 민정과 민정역인에 대한 군주의 태도 문제를 생각해보자. 군주가 백성의 사정에 관심을 가져야 한다는 것은 고전적인 정통성이 있는 사안이나, 이것을 군주가 실제로 행동에 옮기는 것은 또 별개 문제다. 18세기 말 이래로 많은 개혁가는 민정의 중요성을 강조하면서 아울러 군봉행/대관 등 민정역인의 중요성을 지적했다. 그리고 군주가 백성의 사정을 알려면 이들과 직접 접촉해야 한다고 주장했다. 여기서 다시 요시다의 주장을 들어보자.

그는 먼저 "근왕의 대업을 이루기 위해서는 먼저 백성의 환심을 얻지 않고서는 안 된다"[74]라고 전제하고 "여염전리閭閻田里의 일은 군봉행 대관에 물어보실 수밖에" 없으므로 "금일 급한 시무라고 생각되는 것은 군봉행, 대관을 어전에 부르시어 덕의德意를 분부하시는 것"이라고 말했다. "이들(대관들)을 부른 첫날에 무엇보다도 백성을 보기를 자식처럼 하라고 모두에게 분부하시고 둘째 날에는 대관 한 사람 혹은 두세 사람씩 불러 전리田里의 휴척休戚, 여염閭閻의 질고疾苦 등을 자세히 들으셔야 합니다. 셋째 날에는 재판宰判[75]마다 급무를 하문하시고 사안에 따라서는 곧바로 양직兩職(최고행정기구)에 대책을 강구하도록 분부하시고 또 각각의 근무성과의 좋고 나쁨을 포폄하신다면 대관들이 모두 감격분발할 것"이라는 것이다. 그리고 분부만 내리는 것이 아니라 이들이 백성의 어려움을 자세히 말하게 하도록 하고 말로 다하지 못한 것은 봉주封奏하게 해야한다는 것이다.[76] 이 주장은 마치 나리아키의 민정역인 접촉을 그대로 재현한 듯이 보일 정도로 일치한다. 18세기 말부터 막부를 비롯한 제번諸藩에서는 민정의 중요성이 강조되면서 민정역인의 쇄신과 인재발탁에 힘을 써서 19세기 초 '명대관名代官의 시대',[77] '목민관의 시대'[78] 나리아키는 번주 스스로가 '명대관', '목민관'이 되려 했다고 볼 수 있다.

마지막으로 나리아키가 보여준 순행과 그 과정에서 정치적 행위 그리고 그에 따른 정치적 결과는 다이묘와 민, 민과 번국가 등을 생각하는 데 중요한 시사점을 준다. 일반적으로 다이묘의 순행 요구가 어느 정도 있었는지 자세히 검토해보지 못했으나, 예를 들어 18세기 말 아키타번의 개혁을 이끌던 노가미 고쿠사野上國佐는 번 내에 이키가 발생하자 번주에게 순행하여 설유하라고 주장했다. 결국 번주는 14일간 영지를 순행하면서 50여 통의 설유서를 반포했다. 이에 대해 문벌층은 전례 없는 일이라며 순행을 반대했다.[79] 이 사실은 비록 이키 발생이라는 특이한 상황이기는 하지만 개혁파가 영민 안정과 정치적 리더십을 확립하려고 번주의 순행을 이용한 좋은 예다. 이런 흐름 속에서 오쿠보는 유신 직후 천황의 만기친재와 순행을 제안했으며,[80] 메이지천황은 빈번하게 순행하며 효자·열녀 표창, 노인·빈자 위로 등을 행했던 것이다.[81]

나리아키도 메이지천황과 마찬가지로 영지를 구석구석 순행(순촌)하면서 민중과 접촉하였고, 효자·열녀·노인 들을 표창하였다. 그러나 나리아키는 대규모 행렬을 가급적 피하려고 했다. 그의 행렬은 '패전트'는 아니었다. 나리아키의 순행과 근대국민 창출의 목적에서 비롯된 메이지 천황의 순행을 동렬에 놓고 비교할 수는 없다. 그러나 군주가 '돌아다니며roaming ruler' 민중에 정치적 작용을 가하는 정치행위를 하고 그에 따라 민중 사이에 '정치적 존재감'을 확보하며, 이것이 민중의 정치화를 촉진한다는 점에서는 나리아키의 순행도 마찬가지다.

메이지천황의 순행은 물론 유럽군주의 순행에 영향을 받은 것이긴 하나 나리아키의 순행과 같은 19세기 전반의 'roaming ruler'의 영향도 생각해볼 수 있다. 다키 코지多木浩二는 유럽과 관련성을 중시하면서도 천황의 순례는 의례적인 장식을 요란하게 꾸미고 이로써 권력의 의미를 상징화하는 것이 아니라 천황이 시찰한다는 특성이 있어서, 실제로 지방관이 수사적 언어만을 바치는 것이 아니라 농민의 궁핍한 사정을 생생하게 설명했다고 지적했는데,[82] 이는 유럽군주의 순행보다는 나리아키의 그것과 흡사한 것이다. 이렇게 본다면 위기상황을 맞아 군주에게 정치적 리더십을 구하고자 하는 긴 흐름이 18세기 말부터 19세기에 걸쳐 있었다고 보고 그 가운데 나리아키의 영민에 대한 정치행위를 위치시키는 것도 가능하지 않을까 한다.

1844년(코가 1) 막부의 견책으로 나리아키가 실각하자 미토번에서는 주목할 만한 현상이 벌어졌다. 가신들은 물론이고 영민들까지 대거 에도로 몰려와([南上]) 나리아키 처벌에 항의했던 것이다. 영민들이 경제적 문제와 관련해 결당結黨하여 에도로 몰려오는 경우는 없지 않았으나,[83] 번주의 정치적 문제와 관련하여 대규모로 남상하는 경우는 전대미문의 일이었다.

이 영민들은 "(나리아키가) 곤궁도 벗어나게 해주셔서 만민이 즐겁게 일을 하게 되어 백성들이 중흥의 덕"을 칭송하고 있고 "중납언中納言(나리아키)께서 망극한 인택仁澤을 베풀어주시어 백성의 부모와 같으신데, 이처럼 액운厄運에 걸리셨으니 적자赤子로서 진실로 물불을 가릴 수 없는 때이므로 잠시도 편안하게 있을 수가 없습니다"라며 나리아키를 '부모父母', 자신들을 '적자赤子'라고 표현하며 강한 일체감/귀속감을 표현했다. 이어 "영내領內가 모두 천지신명께 기도하고 있고, 나아가 공의公儀(막부)께도 탄원하자고 하정下情이 일치"하였다고 말했다.[84] 이것은 탄원자가 「수호어령내계의관서생등초망외신水戶御領內稽医館書生等草莽外臣」이라고 되어 있어, '향의鄕醫'집단인 것을 알 수 있는데, 이처럼 비교적 조직된 집단 이외에도 위와 같은 탄원은 수없이 행해져 이것이 영민 일반의 반응이었다고 봐도 큰 무리는 없을 것이다.

그렇다면 영민의 이런 반응을 어떻게 해석할 수 있을까? 일찍이 아이자와 야스시會澤安는 "무릇 영웅은 천하를 선동[鼓舞]하는 데 민民이 움직이지 않는 것을 두려워할 뿐이다. 용렬한 사람이 일시一時를 호도하는 데에는 민이 혹시 움직일까 봐 두려워한다"[85]라고 하여 민의 정치적 포섭/동원을 촉구했는데, 그 꿈이 마침내 이뤄진 것일까?

미토영민의 남상에 대해서는 지금까지 두 가지로 해석되어왔다. 하나는 덴포개혁으로 대표되는 나리아키의 '선정善政'이 영민에게 흠모의 대상이 되어왔기 때문이라는 것이고,[86] 또 하나는 나리아키를 지지하는 개혁파들이 평소부터 영민을 장악해왔고 그 연계를 이용하여 이때 대규모 동원을 획책했다는 것이다.[87] 필자는 두 번째 해석을 지지한다. 단, 첫 번째 해석에서 나리아키 개인 또는 그의 '선정'이 영민에게 저절로 흠모의 대상이 되었다기보다는 그렇게 되기까지 번주의 적극적인 대민 정치활동이 있었다는 점을 지적하고 싶다. 다시 말하면 민중(영민)에 대한 군주(번주)의 직접적인 정치적 작용이라는 측면에 주목하고자 한다. 즉 군주(번주)가 민중(영민) 사이를 적극적으로 돌아다니고 접촉함으로써('순행') 민중 사이에 '정치적 존재감'을 확보하는 정치행위에 주목하려는 것이다. '번국가론' 논의에서는 18세기 말부터 번주의 능동적 정치행위로 번주와 번사 간의 친밀도가 높아지고, 이에 따라 번사에 대한 '다이묘의 종주권'이 회복되고 하나의 자율적인 번국가가 형성되어갔다고 본다.[88] 미토번의 경우 나리아키의 대민정책과 순행이라는 정치행위로 번사를 넘어 번주와 영민 사이의 친밀도가 급격히 높아지고 영민을 포함한 '번국가'가 형성되어갔다고 볼 수 있다.

이렇게 본다면 덴포 연간에 나리아키가 보여준 정치행위는 18세기 말이래 확산되어온 '사대부적 정치문화'가 요구했던 새로운 군주상의 한 전형을 보여준다고 할 수 있다. 많은 개혁가가 그를 '명군'으로 칭송했던 까닭은 어쩌면 이런 시대적 요구를 그가 잘 체현했기 때문일 것이다.

6
군사지휘관에서 군주로

이상에서 1830년대 초반에 미토번주 도쿠가와 나리아키가 행한 대민정 치행위를 검토해보았다. 나리아키는 취임하자마자 기존의 관례였던 '가로합의체제'에 도전하여 번주의 친정을 행하였다. 그는 가로를 중심으로 한 '정부'의 정책결정에 빈번하게 개입하였고, 스스로 구체적인 정책입안까지 하여 '정부'에 제시하기도 하였다. 특히 그는 민정에 대한 관심이 지대하여 관례를 무시하고 관계역인과 서신을 교환하거나 직접 대면하기도 했다. '정부'를 통하지 않고 민정의 현장책임자인 군봉행과 수시로 접촉하였고, 심지어 지방 하급역인들과도 서신, 대면을 통한 접촉을 행했다. 이 과정에서 그는 자신의 방침과 시책이 농촌 상층부는 물론 농민 개개인에게 정확히 전달되는 데 각별한 주의를 기울였다. 후카야 카츠미深谷克己는 번주권력이 촌락지배를 유지하기 위해서 인정/덕정(お救い)을 실시할 수밖에 없었고 그를 위해 단지 법령만이 아니라 '교유敎諭(敎令)'를 통한 영민 설득에 크게 의존했다는 점을 지적했는데('敎諭國家論'),[89] 나리아키의 미토번이야말로 '교유국가'의 정점을 보여주었다고 볼 수 있다.

또한 18세기 말부터 막부를 비롯한 제 번에서는 민정의 중요성이 강조되면서 민정역인의 쇄신과 인재발탁에 힘을 써서 19세기 초 '명대관名代官의 시대'가 열리는데,[90] 나리아키는 번주 스스로 '명대관'이 되려고 했다고 볼 수 있다. 요시다는 1850년대에 조슈번주를 향하여 민정에 관심을 갖고 필요하다면 군봉행/대관과 접견도 마다하지 말아야 한다고 간언했는데, 나리아키는 이를 이미 실천한 것이다.

한편 나리아키는 취번해서 미토에 체재하는 동안 맹렬하게 순촌을 행했다. 이를 통해 농민과 직접 접촉하여 번주의 정치적 존재감을 그들에게 각인했다. 이는 '교유지배'를 뛰어넘어 번주 개인의 우상화에 따른 정치적 지배를 시도한 새로운 형태의 정치현상이라고도 볼 수 있다.

이 같은 나리아키의 정치행위는 단순히 한 '명군'의 감동적인 에피소드로 치부할 것이 아니라 18세기 말 이래 확산되어가던 '사대부적 정치문화'가 요구한 새로운 군주상을 거의 그대로 체현한 것으로 자리매김할 수 있으며, 이후 메이지 초기에 이르기까지 추구되던 군주상에 연결되는 부분이 적지 않다고 생각한다.

박훈
서울대학교 동양사학과에서 학사와 석사 학위를 했고 도쿄대학 총합문화연구과에서 박사학위를 했다. 국민대학교 일본학과 교수를 거쳐 현재 서울대학교 동양사학과 교수로 있다. 주요 논저로는 『메이지유신은 어떻게 가능했는가』(민음사, 2014)와 「幕末政治変革と'儒教的政治文化'」 『明治維新史研究』 8(2012), 「十九世紀前半日本における'議論政治'の形成とその意味—東アジア政治史の視点から」 『講座明治維新』 I(有志舍, 2010) 등이 있다.

집필경위
이 글은 필자의 논문 「'名君' 徳川斉昭의 對民 활동과 그 의의-地方役人 접촉과 巡村」(『일본역사연구』 32, 2010)을 가필한 것이다. 이 내용의 요지는 박훈, 『메이지유신은 어떻게 가능했는가』(민음사, 2014)의 제5장 4절 '군주친정의 요구와 실현'에 소개한 바 있다.

③
조 선 후 기 부 계 가 족 , 친 족 확 산 을
보 는 관 점

◎

권내현

1
제도와 관행

역사적으로 존재했거나 현존하는 친족체계는 크게 부계, 모계, 공계共系
로 구분된다. 이 중에서 한국사회는 17세기 중엽을 기점으로 부계가족·
친족체계가 확립, 확산된 것으로 이해되고 있다. 그렇다면 17세기 중엽
이전의 한국사회 친족체계는 어떠한 범주에 포함될까? 논란이 많지만 역
사학이나 사회학에서는 대체로 공계의 한 형태인 양변적(양측적, bilateral

systems) 친족으로 규정한다. 즉 한국의 친족은 17세기를 기점으로 양변적 체계에서 부계체계로 바뀌었다는 것이다.[1]

이러한 견해에 찬성하지 않는 일부 학자들은 신라 왕조에서 이미 부계의 기틀이 만들어지고 고려에서는 가부장제를 바탕으로 한 제도가 채택되어 점차 강화되었다고 본다. 다만 조선 후기와 같은 부계 편중적 가부장제가 발전하지 않았을 뿐 그것에 접근해나가는 과정이었다는 것이다. 이는 달리 말하면 양변적 체계에서 부계로 전환된 것이 아니라 부계가족과 친족이 오랜 역사 과정에서 지속적으로 확대, 강화되었다는 견해로 볼 수 있다.

부계 원리의 지속성을 강조하는 견해는 상복이나 상속제도, 팔조호구八祖戶口 등에서 남계와 여계를 함께 중시하지만 기본적으로는 부계를 중심으로 하는 제도였음을 강조한다.[2] 더구나 가족의 일상은 본질적으로 양변적일 수밖에 없으나 이때도 동성친이 이성친보다 더 중시되었다고도 한다.[3] 조선 전기나 후기 할 것 없이 출계율은 기본적으로 부계였으며, 후기로 갈수록 부계의 엄격함이 강조되면서 실제 생활상의 양변적 성격은 약화되었다는 것이다.

17세기 이전의 제도나 일상에서 부계가 상대적으로 더 중시되는 현상이 존재했던 것은 사실이다. 양변적 측면을 강조하면서도 고려의 친족 조직을 '부계 우위의 비단계非單系'로 규정하는 최재석의 견해가 나온 것도 그 때문이다.[4] 하지만 이러한 견해에서도 17세기 이전 부계 중심의 친족 조직이나 집단이 별도로 존재했다고 보지는 않는다. 부계를 우대하는 현상이 부분적으로 존재하기는 했지만 부계 혈연의 친족집단이 출현한 것은 17세기 이후의 일이며, 그전에는 부계와 모계 모두 존중된 양변적 사회였다는 것이다.

결국 논쟁의 핵심은 한국사회의 친족이 부계 원리의 지속적인 강화 과정에 있었던 것인가 아니면 양변적 친족에서 부계 친족으로 전환한 것인가에 있다. 전자의 경우 주로 제도상의 규정에 관심을 두었다면 후자는 일상의 관행에 초점을 맞추었다. 제도상으로는 분명 오랜 시기에 걸쳐 한국사회는 친족 질서의 유교화와 부계 원리의 강화 과정에 있었다. 하지만 고려나 17세기 이전의 조선을 지배했던 관행은 양변적 친족체계에 기울어 있었다.

마르티나 도이힐러Martina Deuchler는 부계 지향적 제도의 확산 과정에 주목하면서도 고려를 전형적인 공계제 사회로 보았다.[5] 마찬가지로 부계제로 전환을 강조한다고 해서 그러한 체계가 만들어지게 되기까지 오랜 제도화 과정을 간과하는 것은 아니다. 조선 왕조 역시 초기부터 유교적 종법질서를 일상에 뿌리내리기 위해 많은 노력을 기울였다. 하지만 그것이 현실에서 구현되는 데에는 시간이 많이 필요했다. 제도화 과정과 충돌하는 관행이 존재했기 때문이다.

특히 의례의 전수가 아닌 물질(재산)의 전수라는 측면에서 관행은 훨씬 강고하게 유지되었다. 『고려사高麗史』와 『경국대전經國大典』의 오복五服 조항을 보면 부계의 복제는 조선에서 격상되지만 모계는 반대의 과정을 겪는다.[6] 예를 들어 부계의 증조부모는 소공小功 5월에서 자최齊衰 5월로 바뀌지만 외조부모는 자최 주년에서 소공 5월로 떨어졌다. 이는 유교적 의례의 강화를 국가에서 제도적으로 뒷받침한 것으로 이해할 수 있다.

반면 상복제도와 달리 상속제도는 크게 바뀌지 않았다. 고려에서는 적
장자 우선 상속제와 균분상속제가 공존했으나 민간에서는 균분상속제가
선호되었다.[7] 조선의 『경국대전』은 균분상속의 전통을 그대로 이어받았
다. 상속 규정은 적서를 구분하고 승중자承重子를 우대하였으나 기본적
으로 적자녀에 대한 균분에 근거하고 있다. 이러한 규정은 현실에서 엄격
하게 준수되었으며 노비의 경우 양적인 균분을 넘어 건강이나 나이를 고
려한 질적인 균분까지 추구되었다.[8]

『경국대전』의 균분 규정은 후대의 법전에서도 바뀌지 않았다. 제도적
측면에서 조선 말까지 상속은 균분, 즉 분할 상속이었던 것이다. 가족, 친
족제도와 관련된 조선의 유교화 과정을 보면 제도가 현실보다 선제적으
로 규정되어 현실의 변화를 추동하는 경우가 많았다. 반면 상속제도는 제
도가 현실을 그대로 수용했던 시기를 거친 뒤 시간이 지날수록 양자 간의
괴리가 커지면서 결코 합치되지 않았다.

17세기 이후 법전의 규정과 달리 현실에서는 딸에 대한 차등 상속이 본
격적으로 이루어지고 아들 간에도 장자를 우대하는 새로운 전통이 형성
되어나갔다. 이는 분명 양변적 친족에서 부계 친족으로 전환하는 것과 연
관된 현상이었다. 이 무렵 부계의 족결합을 방해하는 것으로 오랜 논란의
대상이 되었던 남귀여가혼男歸女家婚도 친영에 가까운 형태로 바뀌고 가
계 계승을 위한 입양이 본격적으로 모색되었다. 새로운 관행들이 서로 연
결되며 확산되는 가운데 부계 친족집단도 본격적으로 형성될 수 있었다.

그렇다면 가족체계를 규정할 때 제도적 측면 이상으로 현실에서 통용
되는 관행과 부계 친족집단의 존재와 기능 여부가 더 중시될 수밖에 없다

는 점을 다시 강조할 필요가 있다. 또한 경제적 수단의 분배에 대한 제도화는 의례의 제도화보다 용이하지 않으며 현실 조건과 관행에 더 영향을 받는다는 점도 주목해야 한다. 이는 제도의 위상을 경시하는 것이 아니라 제도가 반영할 수 없는 현실적 조건까지 고려해야 한다는 점에서 특별한 주장도 아니다. 더욱이 부계 친족체계로 전환된 17세기 중엽 이후 실상은 제도보다는 현실의 관행에서 확인할 수밖에 없다.

² 성리학과 다른 요인

부계 가족·친족체계의 형성, 심화, 확산에 영향을 미친 가장 주요한 요인은 유교라는 이념이었다. 조선을 건국한 지배세력은 사회 전반을 유교화하기 위한 거대한 기획을 추진했고 그 가운데에는 부계 중심 가족·친족 사회로 전환하는 것도 포함되어 있었다. 그리하여 가족과 친족 구성에 조금씩 스며들던 종법질서를 중심으로 한 유교 이념은 17세기 이후 부계 친족체계의 전면화를 이루어냈다.

도이힐러가 자신의 역작에서 명명하였듯이 그것은 한국의 유교화 과정이었다. 주로 고려와 조선 전기 사회를 분석했던 도이힐러와 달리 17세기의 상속제와 입양제를 연구한 마크 피터슨Mark A. Peterson도 '유교 사회의 창출creation of a classic confucian society'이라는 개념을 사용했다.⁹⁾ 한국 사회의 커다란 변화를 유교화라는 관점에서 연구한 것이다.

이러한 인식은 한국 학계에도 그대로 통용되고 있다. 건국 초기 유교를 비롯해 다양한 사상이 공존했던 조선사회는 점차 성리학을 중심으로 재편되었다. 이때 성리학은 시기별로 국가 제도의 개편, 인간과 세계에 대한 형이상학적 이해의 심화, 예제의 재확립에 기여하였다. 이 과정에서 가족과 친족 질서를 비롯한 일상이 서서히 성리학의 침투와 그 지배에 놓이게 된 것은 자명한 사실이다. 도이힐러 등의 연구에 대한 비판적 시각도 유교화라는 대전제를 부정하는 것은 아니다. 고문서와 일기류의 활용, 호적과 족보의 재해석을 통해 가족과 친족에 대한 이해를 심화해나가고 있는 국내 학계 역시 성리학이 조선 후기 사회에 미친 영향력에 동의한다.

문제는 이러한 시각이 가족과 친족제의 변화에서 이데올로기 이외의 사회경제적 배경에 대한 이해를 경시하게 했다는 점에 있다. 물론 다양한 요인을 언급하지 않은 것은 아니지만 그것은 대부분 추론 수준에 한정되었다.[10] 이수건은『경국대전』의 균분상속 규정을 양반세력의 약화를 도모했던 국왕의 의지가 반영된 정치적 산물로 이해했다. 그는 조선 후기의 부계질서 강화도 인조반정 이후 명분과 정통에 엄격했던 서인 권력의 장기 집권에 따른 영향으로 파악하였다.[11]

가족·친족제도의 변화에 정치적 요인을 결부한 것은 흥미롭지만 이를 구체적으로 논증하기는 쉽지 않다. 전 세계적으로 상속 방식은 분할과 비분할로 나뉘며 분할에는 균등과 차등 상속이, 비분할에는 장자와 말자 상속 등이 포함된다. 한 사회가 어떠한 상속 방식을 채택하는가 하는 것은 주로 사회경제적 배경에 따른 선택의 결과였다.[12] 고려사회가 민간에서 균분상속을 수용했고 이러한 관행을 조선 왕조가 법제화한 것을 두고 국왕의 권력 의지로 파악할 수 있을지는 의문이다. 다만 인조반정 이후 명분적 질서의 강화, 예제에 대한 논의의 확산이 부계 질서로 전환하는 데 영향을 주었다는 이해는 고려할 만한 견해로 보인다. 임진왜란과 병자호란이라는 큰 전쟁의 영향도 생각해볼 수 있는데, 역사학계에서 아직 이와 연관된 성과는 나오지 않았다.

경제적 요인으로 연구자 대부분이 동의하는 논리는 균분상속의 지속에 따른 재산의 영세화가 장자 우대 상속으로의 전환을 가져왔다는 사실이다. 17세기 이후의 호적을 보면 도망 노비가 증가하고 신분이 해방됨에 따라 노비의 수가 크게 감소하였다. 이 시기 노비에 비해 토지의 상대적 가치는 계속 상승하고 개간도 추진되었지만 균분을 지속할 만큼 토지 공급이 안정적으로 유지될 수는 없었다. 따라서 개인이나 가계의 보유 재산 규모의 축소가 상속제 변화는 물론 부계가족의 확산에 영향을 미친 것은 분명한 사실이었다. 이는 당대의 분재기分財記에서도 명시하고 있는 내용이기도 하다.[13]

그런데 재산의 영세화와 상속제의 변화라는 사실을 넘어 농업 생산구조와 가족·친족체계 사이에도 연관성이 있지 않을까 하는 문제제기가 가능하다. 토드Emmanuel Todd는 방대한 데이터를 분석해 유럽의 가족을 절대적 핵가족, 평등적 핵가족, 직계가족, 공동체가족으로 크게 구분하였다. 그리고 이들 각각을 다시 차지제, 대규모 경작, 농민적 토지소유, 분익소작제라는 농업체제와 연관시켰다.[14] 이처럼 가족을 농업구조와 연결하여 분석하는 방식은 유럽 가족사에서 낯선 방법론이 아니다.

우리의 주류 역사학은 17세기 가족·친족체계의 전환에 오랫동안 주목하지 않았다. 1990년대 이후 16~17세기를 조선 중기로 구분하려는 시각이 나타났지만 가족·친족제는 부수적 요인으로 간주하였다.[15] 이 문제에 관심을 가진 것은 소농사회론에 입각한 연구들이었다. 소농사회에 대한 이해는 논자마다 차이가 있지만 17세기 이후 주자학, 집약적 수도작, 직계가족의 확산 등을 주요한 특징으로 본다.[16]

즉, 소농사회를 규정짓는 특징에는 이데올로기와 농업구조, 가족 형태가 망라되어 있는 것이다. 주자 성리학의 확산에 대한 연구는 이미 많이 축적되었고 수도작의 발달과 농업 경영의 집약화도 여러 연구자가 언급하였다. 다만 직계가족의 일반화 현상을 확인하기는 쉽지 않다. 그것이 불가능한 것은 아니지만 가족 형태를 추론할 수 있는 핵심 자료인 호적이 편제의 흔적을 가지고 있기 때문이다.

좀 더 큰 문제는 소농사회의 특징으로 나열된 이들 요소가 어떠한 방식으로 결합되어 있는가 하는 점이 설득력 있게 제시되지 않았다는 데 있다. 주자 성리학은 부계 중심의 가족 질서를 형성하였다. 이때 가족 형태는 직계가 이상형이다. 하지만 현실에서는 부부 가족이 다수를 이루며, 결혼한 형제들이 가까이 거주하며 일상에서 긴밀한 유대를 맺었던 사실에서는 방계 또는 공동체 가족적 요소도 발견할 수 있다. 다양한 형태가 병존하는 가운데 수직적 가계 계승의 안정성이 가장 높았던 직계가족을 이상형으로 추구했다고 할 수 있는 것이다.

그런데 집약적 수전 농업의 발달이 직계가족의 확산을 추동하였는지 아니면 그 역이 성립하는지는 명확하지 않다. 일반적으로 농업 경영 규모의 축소와 집약화가 가족농 중심의 토지 경영과 결합할 수는 있지만 이때의 가족 형태가 직계가족이어야 하는지는 더 엄밀한 논증이 필요해 보인다. 농업 경영과 가족의 문제를 연관지어 파악하려는 시도는 이후 더욱 확대될 여지가 있는 것이다.

마지막으로 부계 가족·친족 확산의 사회적 요인으로 양반 사족층의 사회 변화에 따른 방어적 전략이라는 측면을 들 수 있다. 18~19세기는 중서층을 비롯한 비양반층의 성장과 관권의 압력으로 사족 지배질서가 전시기에 비해 상대적으로 약화되는 시기였다.[17] 중앙의 정치권력은 서울 중심의 노론 권력에 집중되어나갔고, 대다수 지방 양반은 과거를 통한 권력 접근에서 소외되어 있었다. 반면 중앙 권력과 연결된 수령의 영향력은 갈수록 재지 양반 세력을 압도해나갔다.

이 시기에 노비의 상당수는 신분이 해방되었고 중간층은 물론 평민 일부도 전통 양반 세력과 사회경제적 간극을 좁혀나갔다. 위와 아래로부터 이중 압력에 직면한 양반층은 부계 친족을 조직적으로 결합해 변화에 맞서고자 하였다. 문중의 형성과 확산, 활동 영역의 확대는 그 산물이었다. 양반들의 일상은 부계 가족·친족 질서의 자장에 갇히게 되었고, 그 질서에서 벗어나 개인이 독자적으로 존립하기는 어렵게 되었다. 이러한 형태는 모든 양반층이 모방·수용했다. 부계 질서는 양반층의 사회적 영향력이 축소되고 여타 세력과 경쟁에서 배태된 선택의 산물이라는 측면이 있는 것이다.

3 지역과 계층

17세기 중엽 이후 조선사회는 남귀여가혼에서 친영에 가까운 결혼 방식으로, 균분에서 적장자 우대 상속으로, 다양한 유형의 입양에서 계후繼後 입양 중심으로 바뀌면서 부계 가족·친족이 확산되어나갔다. 하지만 이는 엄밀하게 말하면 주로 경기와 삼남 지역에서 확인된 사실들이다. 가족이나 친족 문제 해명에 활용되는 자료들이 주로 이들 지역을 대상으로 했기 때문이다.

널리 알려진 대로 평안도와 함경도를 비롯한 서북 지역은 양반 사족과 주자 성리학이라는 조선의 주류 세력과 그 문화에서 비켜나 있었다. 부계 가족·친족 형성과 발전의 주된 동력이 양반 사족층의 주자 성리학 수용과 이해의 심화에 있었다면 서북 지역은 이러한 조건을 충분하게 갖추지 못하였다. 성리학은 중앙에서 동심원 형태로 지방에 퍼져나간 것이 아니라 남쪽의 영남을 필두로 삼남을 거친 이후에야 북쪽의 서북으로 확산되었다.

17세기 경기와 삼남을 중심으로 부계 가족·친족체계로 전환되던 무렵에야 서북에서는 성리학이 본격적으로 확산되기 시작했다.[18] 18세기 초 평안도 암행어사 여필희呂必禧는 평안도에서는 『소학小學』을 읽으면 조롱을 받고, 빈천한 이들은 그들이 의지하는 주인이 죽으면 부모상과 같이 상복을 입으며, 아버지가 살아 있을 때 어머니 상을 당해도 3년 상복을 입는다고 비판하였다.[19] 그의 발언은 중앙 관료로서 편견이 반영된 것이지만 평안도 사회는 당시까지 여전히 성리학적 질서와는 거리가 있었음을 엿볼 수 있게 한다.

원칙적으로 부재모상父在母喪에서 자녀의 상복은 기년복이다. 그럼에도 평안도에서 3년복을 입은 것은 가례家禮에 대한 이해가 충분하지 않았거나 아버지의 생존 여부와 상관없이 어머니의 상을 중시했다는 의미가 된다. 많은 자료가 확보되어야 하겠지만 부계 위주의 가례가 이 지역에서는 제대로 지켜지지 않았던 것으로 보인다. 성리학을 수용, 전파할 주체가 부족하고 그 시기도 늦어졌다면 평안도는 부계 가족·친족과는 다른 모습의 가족·친족 질서가 유지되었거나 부계체계를 받아들였다고 하더라도 그 시기가 경기 이남보다 많이 늦었을 가능성이 큰 것이다.

더욱이 같은 평안도 내에서도 청천강 이남인 청남淸南과 이북인 청북淸北 사이의 문화적 격차도 적지 않았다. 성리학은 아마도 평안도 내의 청남에서 청북과 함경도로 확산되었을 것으로 보인다. 경제 상황도 차이가 있어서 서북은 삼남의 수전과 달리 한전 중심의 농업구조를 가졌으며 상업이나 무역으로 성장한 지역들도 많았다.[20]

서북 지역은 아니지만 1900년 개성부 도조리 호적을 보면 전체 413호의 42.4%인 175호가 상업에 종사했다.[21] 이는 109호인 농업호를 능가하는 수치였다. 물론 개항 이후 자료이지만 개성은 조선시대에도 상업이 발달한 곳이었으며 평안도의 의주, 안주, 평양 등지도 상업이나 무역, 수공업이 발달해 있었다. 경제구조의 차이는 이데올로기와 마찬가지로 상속을 비롯한 가족과 친족 문화의 차이를 만들어낸다. 크게는 삼남과 서북으로 구분되겠지만 성리학의 수용과 경제구조에 따라 지역이 더 세분될 수 있음을 염두에 두어야 하는 것이다.

부계 친족집단의 발달을 보여주는 외형적인 조건 가운데 하나는 동성 촌락의 형성 여부이다. 동성촌락은 남귀여가혼의 억제, 장자 중심의 상속을 거쳐 부계 친족 구성원들이 한 촌락에 장기간 집거해야만 형성될 수 있다. 따라서 동성촌락은 18세기 이후 본격적으로 발달하였다. 식민지 시기의 조사를 보면 비교적 저명한 동성촌락은 경상북도에 246개, 전라남도에 238개가 있었다. 반면 그 수가 평안북도는 84개, 함경북도는 29개로 크게 줄어들었다.[22) 인구수를 감안하더라도 삼남에 비해 서북, 특히 북부 지역의 부계 촌락 발달은 더뎠던 것이다.

가족·친족체계의 지역별 차이와 함께 고려해야 하는 내용은 계층별 차이이다. 성리학적 질서는 양반층의 일상을 지배해나갔지만 한편으로는 비양반층으로 서서히 침투해 들어갔다. 양반으로부터 차별을 받았지만 서얼이나 중인층은 경제력과 지식을 바탕으로 양반의 가족 문화를 일찍부터 수용하였다. 관심의 초점은 오히려 이들보다 평민 이하 계층이 부계 질서를 언제, 어떻게 수용했는가 하는 점이다.

하지만 문제는 역시 하천민 가족을 분석할 자료가 부족하다는 데에 있다. 그런 점에서 주목할 수 있는 자료는 호적대장이다. 호적은 호구에 관한 단편적 정보만 담고 있지만 하천민 가족이나 친족에 대한 내용을 그만큼이나 기록한 자료는 없다. 단절적이고 단편적인 내용을 수합하여 가계를 복원하는 작업이 쉬운 일은 아니지만 이를 통해 하천민의 가족과 친족에 대한 단서들을 다양하게 확보할 수 있다.

성리학적 가족 질서를 호적에서 간접적으로나마 확인할 수 있는 사실은 평민들이 모계와 구분되는 부계 혈통의 고유성을 인식해나갔다는 점이다. 그 시발은 동성동본혼에서 벗어나는 것이었다. 19세기까지 간헐적으로 나타나는 하천민의 동성동본혼은 17세기에 다수 사례가 확인되나 18세기에는 여러 성씨 집단이 그러한 관행에서 탈피하였다.[23] 때로는 호적에 어머니나 부인의 본관을 고쳐 동성동본혼을 감추기도 했다. 이는 동성동본혼이 사회적 관념과 반한다는 것을 인지한 결과이며, 독자적인 부계 집단도 그러한 관념을 수용한 이후에야 형성될 수 있었다.

조선 왕조는 성리학적 질서를 양반층만이 아니라 전 계층이 수용할 수 있도록 노력을 기울였으며 재지 양반들 역시 향약 등을 수단으로 삼아 하천민 교화에 나섰다. 양반들과 같이 철저하게 의례를 준수하기는 어려웠지만 일상의 가족·친족 관계가 부계 중심으로 운영될 수 있는 바탕이 만들어지고 있었던 것이다. 부계 문화는 이 과정을 거쳐 하천민에게 서서히 확산되어나갔다.

성리학적 질서는 사회의 상층으로부터 하층으로 강요된 것이기는 하지만 하천민들은 자발적으로 이를 모방하기도 했다. 호적을 보면 노후 봉양이나 노동력 확보 등을 위한 일시적 입양 중심의 입양 관행에서 벗어나 18세기 후반부터 일부 평민들은 양반들의 계후 입양을 모방하였다.[24] 19세기에는 그 사례가 더욱 늘어나는데, 이는 시기가 늦기는 했지만 하천민들도 부계에 기반을 둔 안정적인 가계 계승을 희구하고 있었음을 보여준다.

하천민들이 양반처럼 오랫동안 처가살이 전통을 가지고 있다가 시가살이로 바뀌었는지는 분명하지 않다. 다만 가계 계승 관념의 출현은 그들 역시 시가살이의 관행을 따랐음을 보여준다. 시가살이와 계후 입양이라는 가족 질서를 수용, 모방했던 하천민들은 19세기 들어 일부 상층 평민 집단을 중심으로 동성촌락을 형성해나갔다. 평민 동성촌락의 출현은 그들에게도 부계 혈연 집단이 이미 조직되었거나 그 가능성이 있었음을 보여준다.

양반들이 17세기 중엽 이후 부계 친족집단을 형성하였다면 그러한 움직임이 19세기에는 일부 평민들에게 확산되었다고 할 수 있다. 양반들에게 부계 친족집단이 성리학의 수용뿐만 아니라 사회 변화에 따른 전략적 선택이었다면 이는 평민층에게도 적용될 수 있다. 평민들은 강요된 성리학 질서를 수용했을 뿐만 아니라 사회적 성장의 방편으로 부계 문화를 모방하였다.

그것은 양반으로 신분상승 욕구, 즉 '양반열'의 또 다른 현상이었다. 경제적 성장은 평민들에게 양반들의 전유물이었던 유학幼學 직역을 획득할 기회를 넓혀주었으며 양반 가족 문화의 모방 욕구를 자극하였다. 또한 현실에서 부계 가족·친족집단은 사회적 성장에 나섰던 경쟁자들을 앞설 수 있는 기회를 제공했다. 여러 하천민 가계를 분석해보면 성장을 주도한 특정 성씨 집단을 확인할 수 있다. 그들은 대부분 부계 친족의 외연을 넓혀 집단적으로 직역 상승을 도모하고 동성촌락을 형성하여 촌락의 주도권을 잡은 이들이었다.[25] 다만 대다수 하천민의 성장에는 여전히 제약이 있어서 기존의 양반층에 이들이 편입될 수 있는 것은 아니었다.

평민들의 사회적 성장은 집단적 노력이 더 효율적일 수 있으며, 이때 부계 친족집단은 그 가능성을 높여준다. 성리학이라는 위로부터 강요된 이데올로기는 사회의 하층으로 점차 확산되었지만 하천민들에게 그것은 때로는 사회적 성장을 위한 모방이나 선택의 대상이었다. 이들에게도 부계 가족과 친족은 이데올로기의 문제로만 접근할 수는 없는 것이었다.

4 19세기 사회와 부계 가족·친족

조선의 부계 가족·친족 질서는 양반층에서 하천민으로, 삼남에서 서북으로 지속적으로 확산되었다. 이러한 경향은 19세기를 거쳐 근대사회로까지 이어졌다. 조선 왕조 초기 지배세력의 기획과 지속적인 노력은 계층별, 지역별 간극을 좁히며 현실에서 상당한 결실을 거두었다. 하지만 부계 가족·친족이 표면적으로 확산된 것과 달리 19세기는 도전과 위기의 시기이기도 했다.

특권 양반층을 제외한 다수의 재지 양반은 18세기 이래 경제적인 영세화의 길을 걷고 있었으며 이는 19세기에 더욱 심화되었다. 많은 양반은 그들의 선대와 달리 정치적·경제적 권력에서 소외되어 있었다. 대과 합격은 고사하고 친족 구성원 가운데 소과 합격자만 나와도 대단한 영광이었으며, 문과가 어려워지자 일부는 무과로 돌아서기도 했다.[26] 관로는 권력에 접근하는 것뿐만 아니라 양반들에게는 중요한 치부의 통로였다는 점에서 관직 진출이 곤란해진 것은 양반들의 경제력이 축소되는 과정이기도 했다.[27]

더욱이 양반들이 선대로부터 증여받은 상속분도 계속 줄어들었다. 분할상속이 지속되는 가운데 재산 규모의 축소를 막을 수 있는 길은 안동의 고성 이씨 한 분파처럼 몇 대에 걸쳐 적자녀 수가 극도로 제한되는 수밖에 없다.[28] 하지만 이는 우연의 산물일 뿐 양반들이 재산 감소를 막으려고 인위적으로 출산을 조절한 흔적은 찾기 어렵다. 그 대신 그들은 딸들을 차별하거나 배제하고 장자를 우대하는 길을 택했다.

관직 진출과 상속을 통한 경제력 유지, 확대가 어려워지는 가운데 양반들이 시장 상황을 주시하면서 새로운 부를 창출하는 것도 쉬운 일이 아니었다. 대다수는 재산의 영세화를 면하지 못하였고, 이에 따라 거주지 주변의 토지 경영에 적극적으로 관심을 기울일 수밖에 없었다.[29] 경상도 단성의 유력 양반이자 잠시 중앙관료를 지냈던 김인섭金麟燮(1827~1903) 가문은 19세기 재지 지주로서 기반을 상실했다가 역농力農을 해서 20세기 초 다시 중소 지주로 성장할 수 있었다.[30]

양반들의 전반적인 영세화는 부계의 족결합을 강화하는 계기가 되었다. 상속에서 딸들은 제외되고 장자는 우대받았으나 차자들까지 배제된 것은 아니었다. 제사와 상속에서 딸들이 배제된 뒤 적장자는 차중자와 함께 윤회 봉사를 하기도 하였으나 제사의 책임이 점차 적장자에게 귀속됨에 따라 상속 분량이 차중자들에 비해 크게 늘어났다. 하지만 차중자들을 딸과 마찬가지로 상속에서 제외할 수는 없었는데, 그것은 관직 진출과 경제력 확보가 용이하지 않은 상황에서 그들의 몰락을 가속할 수 있었기 때문이다.

19세기 대다수 양반은 자신들의 동성촌락을 떠나려 하지 않았다. 학문에서 다소 멀어지더라도 농업 경영에 적극 참여할 뿐 다른 방식으로 부를 창출하지도, 그럴 기회를 잡지도 못하였다. 오히려 양반 신분을 유지하기 위한 의례의 준수는 그들의 경제를 더 어렵게 만들 수 있었다. 이러한 상황에서 문중으로 대표되는 부계 혈연집단은 양반들에게 안전판 구실을 하였다. 차중자들에게 최소한의 상속을 보장하고 장자와 종손 중심으로 문중 구성원들을 결속해 친족들의 몰락을 일정하게 제어해나갔던 것이다.

장자는 상속에서 우대받았으나 제례를 책임져야 했고 인근에 거주했던 형제들의 경제적 위기에도 관심을 기울여야 했다. 또한 부계 친족들이 운영하던 족계族契는 구성원들을 직접적으로 구휼하는 기능을 했고, 문중 전답의 경작에서도 가난한 친족들은 배려를 받았다. 그럼에도 구성원의 일부는 경제적으로 몰락할 수밖에 없었고, 19세기 부세 운영의 강화 혹은 수탈의 확대는 문중이 만들어놓은 안전판을 넘어서는 위협이 되었다. 단성, 진주를 비롯하여 농민항쟁에 양반 사족들이 적극 참여한 배경도 여기에 있었다.

19세기 비양반층에게 부계 혈연의 결속은 새로운 성장의 발판이 될 수 있었다. 17세기 이후 양반들의 부계 조직 확산이 사회 변화에 따른 방어적 전략이었다면 19세기에 지속된 하천민들의 부계 결속은 사회적 성장을 위한 적극적 선택과 모방 행위였다. 조선 후기 양반들의 영세화가 진행되는 가운데 많은 농민 역시 경제력의 축소를 경험하였다. 하지만 일부 농민들은 농업 경영에 매진하고 토지 소유를 늘리면서 부를 확대해나갔다.

그들은 개인적 차원에서뿐만 아니라 집단적으로 사회적 성장을 꾀하기도 하였다. 부계 구성원들이 한 촌락에 점차 집거하면서 자신들의 가계를 윤색하고 현실에서 직역을 상층의 것으로 탈바꿈시켰다. 그러한 곳에서 특정 성관이 촌락의 주도권을 장악하고 평민 동성촌락을 형성하였다. 19세기 호적에서는 이 과정에서 비교적 성공적인 길을 걸었던 집단과 촌락의 존재를 확인할 수 있다.[31]

양반들과 수준이 동일한 문중을 만들 수는 없었지만 이 시기 하천민들은 적어도 집단적 결속을 활용하여 개별적인 성장이 지닌 한계를 극복하려 했고, 그것은 부계 친족집단의 창출로 이어졌다. 20세기에 확인되는 수많은 평민 동성촌락과 족보 발간은 그 연장선상에 있었다. 그럼에도 이러한 성취가 19세기 대다수 하천민에게서 이루어진 것은 아니었다.

가령 19세기 후반의 호적에서 유학호가 70% 정도로 집계된다고 하자.[32] 이는 17세기에 비해 매우 높은 수치지만 호적에 편입되는 호구가 전체의 절반 수준임을 감안하면 실제 수치는 35%대로 떨어진다. 호적에 기재되는 호가 주로 일정한 경제력을 가지고 부세 부담에 응할 수 있는 이들이었던 반면, 누락 호들은 경제적으로 훨씬 열악한 하천민들이었던 것이다. 더욱이 10%가 넘을 것으로 추정되는 전통 양반들과 그들의 서계 및 중인 출신의 유학호를 제외하면[33] 실제로 하천민에서 유학으로 성장한 이들의 비율은 다시 20%대나 그 이하로 떨어질 수밖에 없다.

다시 말해 실존했던 전체 호 가운데 하천민에서 유학으로 상승한 호의 비율은 호적에 기재된 수치보다 훨씬 낮았다. 이들 중 일부가 부계 결속을 강화하면서 집단적 성장을 이루었고, 그들과 기존 양반층의 사회경제적 간극이 좁혀진 것이다.[34] 이는 다시 여타의 하천민 집단을 자극하여 부계 결속 현상은 갈수록 확산될 수 있었다. 사회적 지위의 유지든 새로운 성장의 모색이든 간에 부계 집단은 양반이나 하천민 모두에게 유용한 수단이 되었다.

부계 집단이 성장 가능성은 물론 사회적 위기에 대한 최소한의 방어막을 제공하면서 이 집단으로부터 개인의 이탈은 저지되었다. 재지 양반들은 원래 도시에서 거주하지 않았지만 문중이 발달하면서 농촌을 떠나려 하지 않았다. 그것은 몰락 상태에 있었던 양반들도 마찬가지였다. 하천민들 역시 양반들의 생존 방식을 모방해나갔고, 설령 부계 집단을 형성하지 못하고 거주지를 떠난다 하더라도 그들의 유휴 노동력이 수용될 수 있는 공간은 제한적이었다. 물론 자신들의 거주 촌락에서 일정한 성장을 이룬 하천민들도 19세기 부세 수탈에서 자유로울 수는 없었지만 농촌과 부계 집단을 떠나 또 다른 성장을 모색하려면 좀 더 많은 시간이 필요했다. 이는 부계 친족집단이 아닌 단순 부계가족의 형성, 장자 단독 상속으로 구성원들의 이탈과 비농업 인구의 확산, 도시의 발달을 가져왔던 지역과 한국사회가 다른 길을 걷고 있었음을 보여준다.

권내현

고려대학교 역사교육과 교수로 조선 후기 사회경제사를 전공하였다. 호적대장을 활용한 가족·친족 연구, 조·청 간 교류와 은 유통에 관한 연구를 주로 하고 있다. 저서로는 『노비에서 양반으로, 그 머나먼 여정 – 어느 노비 가계 2백 년의 기록 – 』(역사비평사, 2015), 『미래를 여는 한국의 역사』(웅진지식하우스, 2011, 공저), *The Northern Region of Korea-History, Identity, and Culture*(University of Washington Press, 2010, 편저), 『조선 후기 평안도 재정 연구』(지식산업사, 2004) 등이 있다.

집필경위

이 글은 2015년 2월 성균관대학교 동아시아학술원과 한림대학교 한림과학원이 공동 개최한 학술회의 "19세기의 동아시아 – 변화와 지속, 관계와 비교"에서 발표한 내용을 보완한 것이다. 이 내용은 『한국사학보』 62호(2015)에 게재되었고 이를 일부 수정하여 이 책에 수록하였다.

19세기 공노비 후손들의 삶
-제주도 대정현의 사례

◎

김건태

1
해방에서 그 100년 후까지

조선 시기에는 노비도 능력만 있으면 재산을 얼마든지 가질 수 있었다. 재산을 가질 수 있었던 만큼 전세, 요역 등과 같은 부세도 부담해야 했다. 노비들은 상민이 입는 옷도 마음대로 입을 수 있었다. 그리고 그들과 결혼도 할 수 있었다. 이러한 사실만 놓고 보면 실생활에서 상민과 노비의 구분이 분명하지 않았던 것처럼 보이기도 한다. 그러나 그렇게 생각하면 큰 잘못이다. 조선시대 사람들은 상민과 노비를 명확히 구분하였다. 제주도에서도 그랬다. 이강회李綱會(1789~?)가 남긴 『탐라직방설耽羅職方說』은 노비를 바라보는 19세기 전반 제주민들의 인식을 생생히 전한다. 제주도에서는 "부유한 양민 여자라도 혹 상간桑間했다는 말이 한마디라도 밖으로 퍼져나가면 곧 관비官婢로 충당되고, 이를 구족九族이 모두 부끄러워했다. 그런 까닭에 집을 팔고 재산을 탕진해서라도 관비에서 벗어나려고 애썼다."[1] 노비들의 가장 큰 희망은 면천免賤, 곧 해방이었다. 조선사회는 그들의 소원을 쉽게 들어주지 않았다. 공노비 해방령은 1801년, 사노비 해방령은 1894년에 가서야 비로소 내려졌다.

해방령이 내려지기 전에도 스스로 힘으로 노비에서 양인으로 신분을 바꾸는 사람들이 있었다. 18세기 무렵부터 노비에서 해방된 사람들이 빠르게 늘어났다. 조선 후기 사노비私奴婢들은 주인의 감시망이 미치지 않는 곳으로 도망친 다음 양인(상민)으로 살아갔다. 적지 않은 사노비들은 군적軍籍에 이름을 올리고서 국가의 힘에 기대어 양인이 되었다. 그리고 일부 사노비들은 상전에게 일정한 대가를 지불하고 면천을 허락받기도 했다.

그동안의 연구로 노비와 관련된 많은 사실이 밝혀졌지만[2] 노비에서 양인으로 신분을 상승시킨 사람과 그 후손들의 생활을 장기간 추적한 연구는 그리 많지 않다. 백승종은 17~18세기 단성현 호적을 활용하여 사노와 그 후손들의 생활을 추적하였다.[3] 그에 따르면 17세기 말 단성현 도산면에 거주하던 어느 사노私奴의 후손 다수가 18세기 단성 호적에서 확인된다. 18세기 후손들이 살아가던 모습은 다양했다. 일부는 다른 지방으로 도망가고, 일부는 여전히 노비로 살아가고, 일부는 상민으로 살아가고 있었다. 이같이 18세기 말까지도 후손 가운데 그 누구도 양반이 되지 못했다.

권내현은 17~19세기 단성현 호적을 분석하여 노비와 그 후손들의 삶을 조명하였다.[4] 그에 따르면 17세기 말 단성현 도산면 고읍대촌에 거주하던 어느 사노의 후손 다수가 18~19세기 단성현 호적에 출현한다. 후손들 가운데 일부는 우여곡절 끝에 19세기 후반에 이르러 유학幼學을 칭하게 된다. 비록 높은 직역을 획득했지만 단성 고을에서 양반으로 대접받지는 못했다. 19세기 말까지도 그들은 동성촌락도 형성하지 못했고, 지체 높은 양반과 사돈도 맺지 못했으며, 학문적 업적도 쌓지 못했던 것이다.

사노비와 달리 관노비는 연구자들의 관심을 많이 받지 못했다. 기존 연구에서 조선 전기 공노비 제도의 정비과정과 그 특성,[5] 그리고 조선 후기 공노비의 토지 소유 실상, 공노비 혁파론의 실상, 관노비의 입역체제 등[6]이 밝혀졌다. 하지만 1801년 공노비 해방령이 내려진 이후 공노비에서 양인으로 신분이 바뀐 사람과 그 후손의 삶은 전혀 알려지지 않았다. 조선 후기 노비제, 나아가 조선 시기 신분제에 관한 이해를 진척시키려면 공노비와 관련된 다양한 연구가 필요하다고 할 수 있다.

이러한 문제의식에서 여기서는 18세기 제주도 대정현 5개 마을에 거주하던 공노비와 양인의 삶, 그리고 19세기~20세기 초에 걸친 그 후손들의 삶을 살펴보고자 한다. 마을 전체를 시야에 넣음으로써 다음과 같은 분석이 가능할 것으로 기대한다. 신분상승에 성공한 부류뿐만 아니라 신분상승의 사다리에 오르지 못해 하루하루 힘들게 살아간 사람도 함께 살필 수 있다. 그리고 노비 후손들의 삶과 양인 후손들의 삶을 비교할 수 있다. 이같이 마을의 장기 동태를 살피는 연구는 조선 후기 신분제의 특징을 이해하는 데 도움이 될 것으로 여겨진다.

$\overset{2}{}$ 18세기 공노비

1) 자료

여기서는 제주도 서남쪽 대정현에 위치한 일과리, 하모슬리, 사계리, 중문리, 동성리에 주목하고자 한다. 대정현 읍치였던 동성리는 해안에서 약간 떨어진 곳에 자리하고, 다른 네 마을은 모두 해안에 있다. 이들 다섯 개 마을에는 공노비가 실려 있는 18세기 호적이 다음과 같이 전한다.

> 일과리 호적: 1771~1798년
>
> 하모슬리 호적: 1765년, 1771~1798년
>
> 사계리 호적: 1795년
>
> 중문리 호적: 1786년, 1798년
>
> 동성리 호적: 1771년, 1777년, 1780년, 1783년, 1789년, 1798년[7]

이들 마을에는 20세기 초까지도 공노비 후손들이 적지 않게 거주했다. 그 가운데 하모슬리와 사계리에 거주하던 사람들을 눈여겨보고자 한다.

그 두 마을에는 19세기~20세기 초에 작성된 호적뿐만 아니라 일제강점기에 작성된 자료도 전하기 때문이다. 두 마을과 관련된 자료는 다음과 같다.

> **하모슬리:** 1801년~1907년 호적(1897년 결락), 1912·1915·1923년 민적,
> 1918년 **지세명기장**地稅名寄帳[8]
> **사계리:** 1807~1908년 호적(1897년 결락), 1921년, 1918년 **지세명기장**[9]

이같이 하모슬리와 사계리에는 가족복원법을 활용하여 공노비와 그 후손들의 삶을 살펴볼 수 있는 훌륭한 자료가 남아 있다.

여기서는 현존하는 호적을 연대순으로 연결하여 모든 사람에 대해 개인번호ID와 가계번호ID를 부여하는 방식으로 가족을 복원하였다. 개인번호는 호적에 처음 등장하는 사람마다 새 번호를 부여했다. 1765~1907년 하모슬리 호적에는 연인원 3만 9,020명이 등장하는데, 이들에게 부여된 개인번호는 5,199번(여자 3,257, 남자 1,942)까지였다. 1795~1908년 사계리 호적에는 연인원 2만 8,830명이 등장하는데, 이들에게 부여된 개인번호는 3,531번(여자 2,238, 남자 1,293)까지였다.

가계번호는 호적에 처음 등장하는 주호를 기준으로 부여하였다. 하모슬리의 경우 1765년 호적에 102호가 등재되었으므로, 이해의 가계는 102개가 된다. 이후 연도 호적에서 1765년 호적에 등재된 사람의 후손이 등장하면 조상의 가계번호를 계승하는 것으로 파악했다. 그리고 이전 호적에서 조상이 파악되지 않은 사람들이 출현하면 새 가계번호를 부여했

다. 이러한 방식으로 가계번호를 부여한 결과 하모슬리는 1907년 호적까지 451가계가 등장했다. 그리고 동일한 방법을 사계리에 적용한 결과 그곳에는 1908년 호적까지 126가계가 등장했다.

2) 공노비들의 삶

18세기 후반 제주도에서는 공노비가 빠르게 줄어들고 있었다(〈그림 1〉 참조). 이 시기 제주도에서 인구이동, 즉 노비 도망이 활발하지 않았음을[10] 감안하면 감소 추이는 매우 인상적이라 할 수 있다. 18세기 후반 정부의 납속정책이 공노비 감소에 큰 영향을 미쳤던 것으로 보인다. 예컨대, 동성리에 거주하던 조완번趙完璠은 납속으로 공노에서 양인이 되었다. 1780년까지 봉상시노奉常寺奴였던 그는 그 후 납속(납재納才)으로 1783년에는 장관將官이 되었다. 그런데 1783년까지는 공노의 꼬리표를 완전히 떼어내지 못했다. 즉 그는 1783년 호적에 '순무시巡撫時 납재면천納才免賤시장관時將官'으로 올라 있다. 하지만 꼬리표는 얼마가지 않아 떨어졌다. 그는 1789년 호적에 '전 성장前城將'으로 올랐다.[11] 18세기 후반 들어 거세게 불어닥친 공노비 감소 추세가 1801년 공노비 해방령을 이끌어냈다고 볼 수 있다.

주민 가운데 공노비가 차지하는 비율은 마을마다 조금씩 달랐다. 동성리는 여타 마을에 비해 공노비 비율이 더 높은 마을이었다. 동성리는 읍치였기 때문에 관노비가 거주하였고, 그들이 공노비 비율을 높이는 데 일조하였다.[12] 한편 중문리는 다른 마을에 비해 공노비 비율이 낮았던 마을이라 할 수 있다. 동성리를 제외한 네 마을은 자연환경이나 행정적 위상

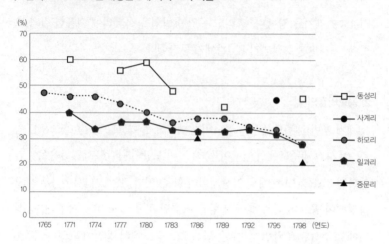

〈그림 1〉 1765~1798년 대정현 5개 리의 노비 비율

동성리
사계리
하모리
일과리
중문리

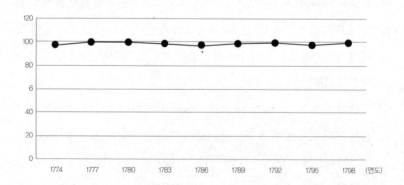

〈그림 2〉 1774~1798년 대정현 5개 리 노 주호의 본관기재 현황

이 비슷했는데, 무슨 이유 때문에 중문리의 공노비 비율이 더 낮았을까? 주민 구성이 그러한 현상에 영향을 주었을 가능성이 있다. 중문리는 여타 네 마을에 비해 유학幼學의 비율이 높았다. 1798년 중문리 남성 219명 중 19명(전체의 8.7%)이 유학을 칭하였다. 비슷한 시기 여타 4개 리의 유학 비율은 3.7~1.1%였다.[13] 공노비들은 굳이 힘 있는 사람 주변을 서성일 필요가 없었을 것으로 보인다. 앞서 소개한 『탐라직방설』이 전하는 제주도 풍습으로 보건대, 힘 있는 사람들은 공노비들이 어려움에 처하게 되면 동정 어린 구원의 손길을 보내기는커녕 오히려 그들을 더 멸시했을 가능성이 높다.

공노비들은 생활공간에서는 멸시와 천대를 받았지만 제주도 호적에 등재된 공노는 '노奴'자를 제외하면 호적 기재 내용에서 양인과 크게 다를 바 없었다. 5개 리 호적에 등재된 공노 주호 가운데 성이 없는 자는 1789년 호적에서 단 한 명 확인될 뿐이다. 그는 1789년 하모슬리 호적에 등장하는 내섬시노內贍寺奴 시적時積이다. 그런데 그도 1795년 호적에 김시적金時積으로 등재된다.[14] 5개 리 호적에 등재된 공노 주호 대부분은 본관도 갖추고 있었다(〈그림 2〉 참조). 일부 공노들은 양인 상층과 본관이 같았다. 예컨대, 1789년 동성리 호적에는 '제주 高濟州高'를 본관으로 쓰는 남성 주호가 여덟 명 등장하는데, 그중 두 명은 유생儒生이었고 두 명은 공노였다. 공노비 대부분이 성과 본관을 갖는 풍습은 꽤 일찍부터 정착된 듯하다. 예컨대, 1708년 울산부 부내면 호적에 주호로 등재된 공노 139명 가운데 112명(전체의 80.6%)이 성과 본이 있었고, 138명은 본관을 갖추었다. 성관姓貫을 기준으로 보면 공노비는 양인과 사노비의 중간에 위

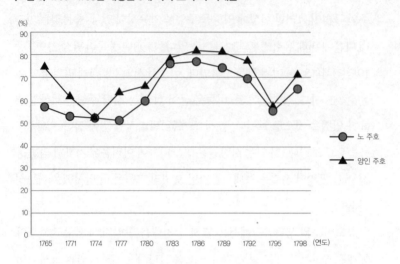

〈그림 3〉 1765~1798년 대정현 5개 리 주호의 처 기재율

치했다. 18세기 들어 성관을 갖는 사노비가 빠른 속도로 늘어났지만 18
세기 말까지도 사노비들이 성관을 갖는 풍습은 굳건하게 정착되지 못했
다.[15] 예컨대, 1789년 단성현 호적에 주호로 등재된 사노 154명 가운데
성과 본을 모두 갖춘 자는 75명(전체의 48.7%), 성만 갖춘 자는 2명, 본관
만 갖춘 자는 50명(전체의 32.5%)이었다.

18세기 제주도 공노비 대부분은 양인들처럼 가정도 꾸렸다. 5개 리 호
적에 등재된 성인 공노 대부분은 부인이 있었다. 주호로 등재된 공노 80%
정도는 처와 함께 호적에 올랐다(〈그림 3〉 참조). 공노 주호의 처 기재율이
양인 주호보다 조금 낮다. 하지만 큰 의미를 부여할 정도의 차이는 아니
라고 생각된다. 즉 결혼하지 못해 평생 홀로 지내는 공노가 유독 많았다

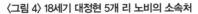

〈그림 4〉 18세기 대정현 5개 리 노비의 소속처

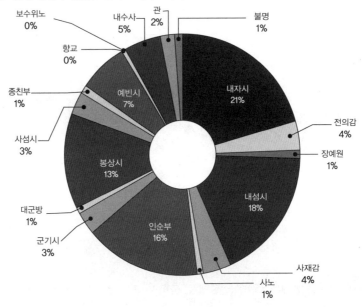

고 보기는 어렵다.

조선시대 공노비의 소속처는 다양하였다. 1657년에 작성된 「경중각
사신구노비총수별단京中各司新舊奴婢摠數別單」에 따르면 공노비 소속
처는 108개 기관이었다. 공노비 소속처는 이들 기관 외에 더 있었다. 예
컨대, 여러 궁방에서도 공노비를 보유하고 있었다.[16] 대정현 5개 리 호적
에 등재된 공노비 1,965명도 다양한 기관에 소속되어 있었다.[17] 즉 그들
은 15개 기관에 소속되어 있었다(〈그림 4〉 참조). 왕실 관련 기관(내자시內
資寺, 내섬시內贍寺, 인순부仁順府, 예빈시禮賓寺, 전의감典醫監, 사재감司
宰監, 사섬시司贍寺, 대군방大君房, 종친부宗親府)에 소속된 노비가 많았는

〈그림 5〉 1765~1798년 대정현 5개 리 주호의 교혼율

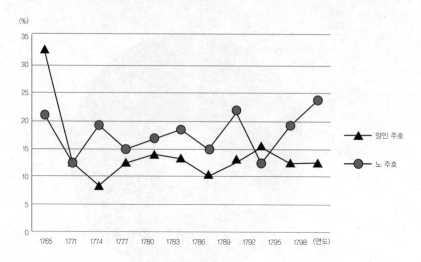

데, 그들은 전체의 85.8%를 점했다. 특히 내섬시, 인순부, 내자시 소속 노
비가 많아 전체의 50% 이상을 차지했다.

　왕실 관련 기관들은 공노비들의 일상생활에 크게 간섭하지 않았다. 그
리하여 소속기관이 서로 다른 노비들끼리 자유롭게 결혼하였다. 예컨대,
동성리 호적에 등재된 공노 주호 가운데 공비公婢와 결혼한 자는 70명이
며, 그 가운데 64명이 소속기관이 다른 공비를 부인으로 맞았다. 이같이
소속처가 다른 공노비가 결혼할 경우 그들 사이에서 태어난 자식은 어머
니가 소속된 기관에 속하였다.

　공노비들은 양인과 결혼할 수도 있었다. 그런데 양녀良女를 부인으로
맞아들이는 공노는 그리 많지 않았다(〈그림 5〉 참조). 18세기 제주도에는
신분내혼 풍습이 강하게 자리 잡고 있었음을 알 수 있다. 그러한 문화는

공노비를 매우 천하게 여기는 습속과 밀접한 관련이 있었던 것으로 보인다. 양인들이 공노를 사위로 맞아들이기를 매우 꺼려하는 사회 분위기에서도 일부 공노들은 각고의 노력 끝에 양천교혼에 성공하였다. 결혼에 성공한 후에는 큰 보상이 뒤따랐다. 자식들이 꿈에 그리던 양인이 된 것이다. 양천교혼을 한 공노 대부분은 모든 자식을 양인으로 만들었다. 예컨대, 양천교혼에 성공한 내수사노 이지발李地發은 자식 4명(3녀 1남)을 모두 양인으로 호적에 등재했다.[18] 공노가 양천교혼을 한다고 해서 반드시 모든 자식이 양인으로 되는 것은 아니었다. 일부 자식은 공노가 되기도 했다. 양녀를 부인으로 맞은 내섬시노 정만수鄭萬袖는 딸 2명은 양녀로, 아들 1명은 내섬시노로 호적에 올렸다.[19] 그런데 공노가 양녀를 부인으로 맞아 낳은 자식이 공노비로 되는 경우는 5개 리 호적에서 위 사례가 유일하다. 따라서 18세기 후반 제주도에서는 노비종모법이 잘 지켜졌다고 할 수 있다.

공노뿐만 아니라 공비도 양인에게 시집가기 어려웠다(〈그림 5〉 참조). 당시에는 노비종모법이 시행되었기 때문이다. 18세기 후반 제주도에서는 어머니가 비이면 아버지의 신분에 관계없이 자식들은 모두 노비가 되었다. 예컨대, 내수사비內需司婢를 부인으로 맞은 충익위忠翊衛 김취택金取澤은 자식 3명(2녀 1남)을 모두 내수사노비로 호적에 올려야 했다.[20]

조선 후기 공노비는 대부분 소속처에 신공身貢을 상납하는 납공노비納貢奴婢였다. 정부는 1755년 신공으로 연간 노는 면포 한 필, 비는 반필半疋로 감액했다가 1774년에는 비의 신공을 폐지했다.[21] 하지만 제주도 공비는 그 이후에도 오랫동안 신공을 상납했다. 정부는 1790년대까지도 제

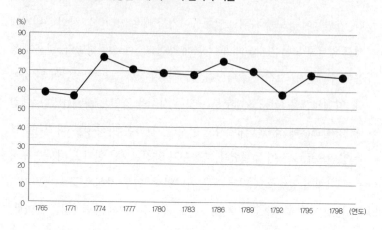

주도 공노로부터 미(쌀) 1두, 공비로부터 미 0.5두를 신공으로 수취하였
다.[22] 한편 제주도에서 생산되는 미가 극히 소량이었음을 감안할 때 그곳
공노비들은 신공으로 미 대신 특산물을 상납했을 가능성이 높다. 아마도
조선 후기 제주도 주민들이 진상하던 결궁結弓, 장피獐皮, 각종 해산물,
귤, 약재류 등과[23] 비슷한 물품을 신공으로 상납하였을 것으로 추정된다.
18세기 제주도 호적은 공노비들이 상납하던 신공 가운데 각종 해산물이
포함되어 있었을 개연성을 높여준다. 포작鮑作을 직역으로 가진 공노들
이 가끔 보이는데,[24] 그들은 어부였다.[25]

　제주도 공노비들은 자신의 소속처에 신공을 상납했을 뿐만 아니라 양
인들이 지던 역役에 동원되는 경우가 많았다. 예컨대, 내섬시노였던 양영
백梁永白은 모슬방군毛瑟防軍이기도 했다.[26] 18세기 후반 제주도 공노의
70% 정도가 양영백과 같은 첩역자였다(〈그림 6〉 참조). 이 같은 첩역자 비

율은 비슷한 시기 단성현 상황에 비해 매우 높은 수치이다. 1786년 단성현 노 가운데 첩역을 진 사람의 비율은 13.6%이다.[27] 제주도 공노들이 매우 고달픈 삶을 살고 있었다고 할 수 있다. 그렇기 때문에 『탐라직방설』에서 보듯이 제주도 사람들을 공노비를 매우 천하게 여겼던 것이다.

$\overset{3}{\_}$ 19세기 공노비 후손들의 직역

1) 제주도 호구정책의 특성

두 마을 호적에 등재된 인구는 19세기 후반까지 가파르게 증가한다(〈그림 7〉 참조). 이러한 사실은 19세기 들어 정부가 제주도 호구를 매우 적극적으로 파악했음을 의미한다. 사계리 사례에서 19세기 제주도 호구정책

〈그림 7〉 1807~1907년 하모리와 사계리 호적의 구수

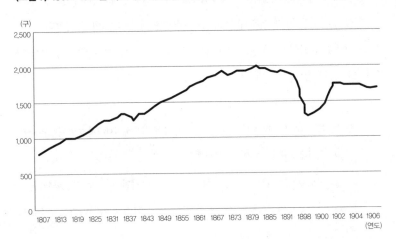

의 특성을 어느 정도 짐작할 수 있다. 사계리 호적에 등재된 구수는 1894년 최고치를 기록하는데, 그해의 구수는 1798년 대비 347% 정도 증가한 938명이다. 1894년 다음으로 구수가 많은 해는 1891년이며, 그해의 구수는 1798년 대비 345% 정도 증가한 932명이다. 두 호적의 인구파악률을 동 시기 전국 인구파악률과 비교했을 때 그 수준은 어느 정도였을까? 의문에 답하기 위해 1921년 인구수와 비교해보자. 1921년 민적부에 기재된 사계리 주민은 1,964명이다. 따라서 1921년 인구대비 1894년 호적 구수는 47.8%, 1891년 호적 구수는 45.5%에 해당한다. 한편 1891년 정부가 파악한 구수는 663만 3,166명이고, 1921년 전국 인구는 1706만 9,858명이다. 따라서 1891년 호적 인구는 1921년 인구의 38.9%에 해당한다. 1921년 대비 1891년 인구비율이 사계리에서 훨씬 높게 나타난다.[28]

19세기 제주도 호적은 직역자를 철저히 파악했기[29] 때문에 호적을 보면 민의 계층구조를 확인할 수 있다. 19세기 제주도 호적에는 육지 호적에서 보기 어려운 다양한 직역이 등장한다. 따라서 직역을 기준으로 호적에 실린 사람들의 계층을 구분하려면 직역을 범주화할 필요가 있다. 직역을 범주화하려면 일정한 기준이 필요한데, 여기서는 허원영이 정리한 아래의 기준[30]을 참고했다.

① '복호復戶'는 직역이 아닌 것으로 간주했다. 예컨대 "복호한량復戶閑良'의 경우 '한량閑良'으로 취급했다.

② '교노校奴'와 '관노官奴'는 비록 직역은 아니지만 '노奴'로 범주화했다.

③ '인순부노격군仁順府奴格軍'과 같이 노가 직역을 가지더라도 '노'로 범

주화했다.

④ 실질적인 직역을 우선하였다. 예컨대 '통덕랑원생通德郎院生'의 경우
'원생院生'을 직역으로 간주했다.

⑤ '출신出身', '무과출신武科出身', '무과급제武科及第' 등과 같이 구체적인
직역명이 상이하더라도 같은 직역으로 간주할 수 있는 경우는 동일 직
역으로 처리했다.

〈표 1〉 직역별 계층 분류 현황

계층	성격 분류	직역
1계층	유학류幼學類	향교나 서원의 직책인 장의掌議·재장齋長 등. 향직에 해당하는 별감·좌수. 유학을 업으로 하는 유학幼學·유생儒生. 유학과 비슷한 위상으로 간주할 수 있는 도훈장·청금·참봉 등
	기타	중앙군제의 군관에 해당하는 어영초관御營哨官
2계층	교생류校生類	교생, 원생, 묘생, 품관
	무과 관련	무과 출신. 그와 유사한 위상으로 간주할 수 있는 업무業武, 한량 등
3계층	군관직	제주 속오군 관련 군관직 소지자. 그와 유사한 위상으로 간주할 수 있는 장관長官, 천총千摠, 파총把摠, 성장城將, 평역군관平役軍官, 집사執事, 순장巡將 등
	가솔假率	가솔
	향리직	호장戶長, 공생貢生, 향리鄕吏
4계층	하급서리, 관청직	관청 또는 향교의 말단 업무를 담당하는 작리作吏, 기관記官, 사령使令, 서기書記, 서원書員, 과직果直, 군기직軍器職, 서당직書堂職 등 각 처의 직
	군병	나장羅將, 모군募軍, 방군防軍, 봉군烽軍, 속오束伍, 아병牙兵, 연군烟軍, 정병正兵, 직군直軍, 평역군平役軍 등
	하층양인	고역에 해당하는 답한畓漢, 노한老漢, 목자牧子, 양인良人, 철장鐵匠 등
5계층	노奴	시노寺奴, 관노官奴, 교노校奴, 사노私奴

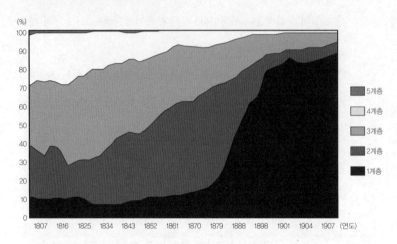

〈그림 8〉 1807~1907년 남성 계층 현황

* 비고: 호적에 등재된 연인원 2만 3,914명 가운데 직역 무기재자 1,568명(전체의 6.6%)은 계산에서 제외함.

이상의 기준에 따라 하모슬리 호적에 등장하는 직역자를 11개 부류로 나누고, 그것을 다시 다섯 계층으로 범주화했다(〈표 1〉 참조).

1807~1907년 사이 두 마을 남성의 계층구조는 많은 변화를 겪었다(〈그림 8〉 참조). 그 특징을 요약하면 다음과 같다. 첫째, 공노비 해방령이 내려진 이후에도 두 마을에는 19세기 중엽까지 관노비들이 소수 살고 있었다. 둘째, 3·4계층은 서서히 감소한다. 셋째, 2계층은 1870년대까지 조금씩 증가하다가 1880년대부터 급속히 감소한다. 넷째, 1879년부터 약 20년 동안 1계층이 비약적으로 늘어난다. 짧은 시간에 유학류幼學類들이 급증하는 모습은 매우 독특한 현상이라 할 수 있다. 예컨대, 경상도 단성현의 경우 전체 직역자 가운데 유학류 비율은 1678년 11.2%, 1717

년 19.0%, 1759년 28.4%, 1786년 36.9%, 1828년 42.5%, 1864년 61.4% 로 시간이 흐름에 따라 서서히 증가한다.[31] 이렇듯 정부는 1870년대까지 제주도의 직역자를 파악할 때 매우 엄격한 기준을 적용했다. 이러한 정책 은 19세기 제주도 부세제도의 특성과 밀접한 관련이 있었다. 19세기 제 주도에서는 육지와 달리 부세 가운데 전결세가 차지하는 비중이 매우 낮 은 반면 호구에 부과하는 환곡, 군역(평역미不役米), 진상, 공물 등이 대부 분을 차지했다.[32]

2) 공노비 후손들의 직역

이미 보았듯이 두 마을 호적에는 모두 577가계가 등장하는데, 편의상 각 가계의 첫 번째 인물을 '중시조中始祖'로 정의하기로 한다. 공노비 해방령 이 내려진 이후 공노비 후손들은 어떠한 삶을 살았을까? 공노비 후손이 라는 딱지는 언제쯤 떨어졌을까? 바로일까 아니면 한참 후일까? 이러한 궁금증에 답하기 위해 공노를 중시조로 둔 사람과 양인을 중시조로 둔 사 람의 직역을 비교해보기로 하자.

두 마을 호적에 등장하는 577개 가계 가운데 122개 가계의 중시조가 18세기에 출현하였다. 122개 가계 가운데 일부는 이미 18세기 호적에 서 사라진다. 1807년 호적에서 중시조가 18세기에 출현한 가계는 모두 95개다. 이들 가운데 약 절반에 해당하는 48개 가계가 100년 후 호적에 서 확인된다. 19세기 두 마을의 가계 존속률이 육지에 비해 매우 높았다 고 할 수 있다. 1825년 단성현 법물야면 호적에 등재된 567개 가계 가운 데 1882년 호적에서 확인되는 가계는 고작 59개(전체의 10%)에 불과하

〈그림 9〉 18세기 출현 가계의 존속 현황

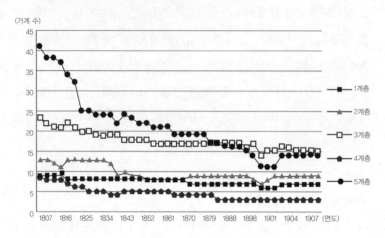

(가계 수)

범례:
- 1계층 (검은 사각형)
- 2계층 (삼각형)
- 3계층 (흰 사각형)
- 4계층 (오각형)
- 5계층 (원)

다.[33) 그런데 두 마을의 가계 존속률이 모든 계층에서 높았던 것이 아니다. 공노 가계의 존속률은 다른 계층에 비해 현저히 낮았다. 공노公奴(5계층) 가계는 1807년에 41개나 등장하지만 1907년 호적에는 14호만(전체의 34.1%) 보일 뿐이다(〈그림 9〉 참조). 여타 계층은 공노에 비해 가계 존속률이 더 높았다. 특히 1계층의 경우 9개 가계 가운데 무려 7개 가계가 100년 동안 유지되었다. 이같이 중시조의 계층과 가계존속률은 매우 높은 상관관계를 보인다.

우리는 두 마을 호적에서 공노의 가계 단절 이유에 대한 직접적인 언급은 찾아볼 수 없다. 하지만 호적을 자세히 들여다보면 그 이유를 어느 정도 유추할 수 있다. 1822년 호적에 등장한 공노 32개 가계 가운데 무려 7개 가계(전체의 21.9%)가 1825년 호적에서 흔적도 없이 사라진다. 사라진 가계 가운데 일부는 실제로 남성이 없어 가계가 단절된 경우도 있고, 가계가 존속되지만 다른 마을로 이사 가거나 잠시 호적에서 누락된 경우도 있었던 것으로 보인다. 사계리에 거주하던 김성순金成順은 아들을 두지 못해 가계가 단절된 것으로 보인다. 1822년 77세였던 그는 처, 외손녀와 함께 호를 구성하고 있었다.[34]

사계리에 거주하던 강도창姜道昌 후손은 1725년부터 잠시 호적에서 빠져 있었다. 1822년 64세였던 강도창은 부인, 43세였던 아들과 호를 구성하고 있었다.[35] 이들은 1825년 호적에서 사라지지만 1837년 호적에서 강도창의 손자 신록申祿이 김덕필金德弼의 외손자로 등장하고,[36] 1843년 호적에서 도창의 또 다른 아들인 신록의 부 강명집姜明集이 주호로 등장한다.[37]

〈그림 10〉 18세기 출현 가계 후손(남성)의 비율

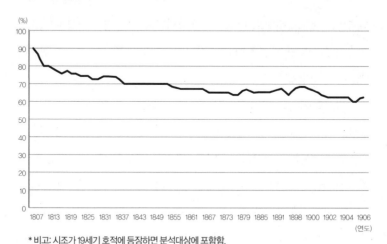

* 비고: 시조가 19세기 호적에 등장하면 분석대상에 포함함.

하모슬리에 거주하던 추일성秋日成 가족은 다른 마을로 이주한 것으로 보인다. 1822년 44세였던 그는 어머니, 40세와 37세 된 동생 두 명, 차입借入 두 명과 호를 구성하고 있었다.[38] 이들은 1725년 호적부터 자취를 감추고 만다. 3형제가 3년 사이에 모두 사망했다고 보기는 어렵다. 나아가 3형제 가운데 가계를 계승할 아들을 둔 사람이 아무도 없었을 가능성도 매우 낮다. 종놈의 자식이라는 말을 듣기 싫어 다른 마을로 옮겨갔을 것으로 여겨진다.

가계가 단절된 자리는 새로운 가계가 채웠다. 1807~1907년 두 마을 호적에는 새로운 가계가 다수 등장한다. 그 결과 18세기에 출현한 가계 수는 두 마을 호적에 등장하는 전체 가계의 21.1%에 불과하다. 하지만 그 가계의 후손 수는 호적에 등장하는 인물 가운데 상당히 높은 비율을 차지한다. 18세기에 출현한 가계의 후손이 차지하는 비율은 1807년 호적에서 89.3%였다(〈그림 10〉 참조). 그 비율은 시간이 흐를수록 점차 낮아지지만 20세기 초반에도 대체로 60%를 약간 상회한다. 주민의 정착성이 매우 높았던 만큼 공노비 해방령 이전의 기억이 자손들에게 구체적으로 전승되었을 가능성이 있다.

19세기 들어 공노 가계의 단절률이 다른 계층에 비해 높았던 만큼 18세기에 출현한 가계의 후손 가운데 공노 후손이 차지하는 비율 또한 시간이 흐를수록 서서히 감소했다. 그 비율은 1807년 32.3%에서 1907년 9.5%로 크게 줄었다(〈그림 11〉 참조). 한편 100년 동안 2·3계층 후손 비율이 증가한데 비해 1계층 후손 비율이 거의 변하지 않았다는 사실이 인상적이다. 1계층 후손의 비율은 1807년 10.6%, 1907년 10.5%였다. 〈그림 9〉에

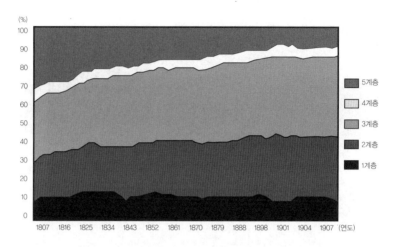

〈그림 11〉 18세기 출현 가계의 후손 현황

5계층
4계층
3계층
2계층
1계층

＊비고: 1) 중시조가 19세기 호적에 등장하면 분석대상에 포함하였음.
    2) 호적에 등재된 연인원 1만 8,766명 가운데 시조 직역 불명자 277명(전체의 1.5%)은 계산에서 제외

서 보았듯이 100년 사이에 단절된 가계 수는 1계층에 비해 2·3계층이 더 높았다는 사실을 감안하면 더욱 그러하다. 전근대시기 인간의 수명은 영양섭취량과 밀접한 관련이 있었다는 사실로 미루어볼 때 1·2·3계층 후손들의 경제력은 큰 차이가 없었을 가능성이 있다.

18세기에 출현한 중시조 계층이 다양했던 만큼 후손들의 계층 또한 여러 가지였다. 그리고 1807~1907년 사이 후손들의 계층구조는 많은 변화를 겪었다(〈그림 12〉 참조). 그런데 그 변화상은 1807~1907년 사이 남성의 계층구조 변화상(〈그림 8〉)과 대동소이하다. 즉 1880년대부터 1계층이 가파르게 증가한다. 18세기 출현 가계 후손의 비율이 높았다는 사실을 감안하면 두 그림의 외양이 비슷하게 나타나는 것은 이상할 바 없다.

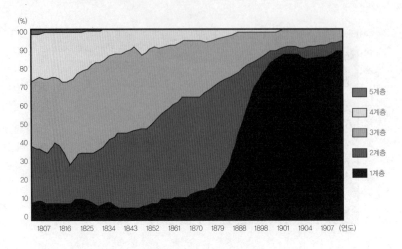

* 비고: 1) 시조가 19세기 호적에 등장하면 분석대상에 포함하였음.
　　　2) 호적에 등재된 연인원 1만 8,766명 가운데 직역 무기재자 1,828명(전체의 9.4%)은 계산에서 제외

이같이 제주도의 경우 직역을 기준으로 본 신분제는 1880년대에 들어 해체되었다고 보아도 무방하다.

　전체 계층구조는 1880년대부터 급격히 변화하지만 개인의 계층구조는 일찍부터 변화가 많았다. 즉 동일 중시조의 후손이라도 계층이 다른 사례는 이미 1807년 호적에도 나타난다. 예컨대, 1807년 호적에서 18세기에 출현한 1계층 가계 후손은 모두 36명 등장하는데, 이들은 1계층 24명, 2계층 4명, 3계층 3명, 4계층 1명, 계층불명(직역 무기재) 4명이다. 그리고 동 호적에서 공노 가계 후손은 모두 87명 확인되는데, 이들은 2계층 7명, 3계층 18명, 4계층 51명, 5계층(교노, 관노) 7명, 계층불명 4명이다.

1807년까지도 노비제의 여운이 개인의 계층에 많은 영향을 미쳤음을 알 수 있다. 그렇다면 조상의 영향력은 언제까지 미쳤을까? 자식대까지 (1825년경), 손자대까지(1850년경), 증손자대까지(1875년경), 고손자대까 지(1900년경) 중 어디까지였을까? 제주도에서는 1880년대에 들어 신분 제가 제도적으로 와해되었다는 사실을 상기하면서 조상의 영향력이 어 느 때까지 미치는지를 살펴보기로 하자. 이를 위해 직역을 기준으로 본 개인의 계층을 지수값으로 치환하였는데, 1계층 5, 2계층 4, 3계층 3, 4계 층 1, 5계층 1을 부여하였다. 예컨대 1807년 1계층 후손의 지수값은 평균

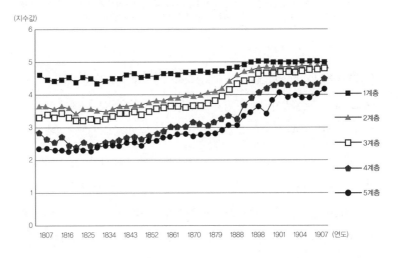

〈그림 13〉 18세기 출현 가계 후손의 직역 현황

* 비고: 1) 시조가 19세기 호적에 등장하면 분석대상에 포함하였음.

　　　2) 호적에 등재된 연인원 1만 8,766명 가운데 직역 무기재자 1,828명(전체의 9.4%)은 계산에서 제외

〈그림 14〉 중시조의 출현 시기와 후손 직역의 관계

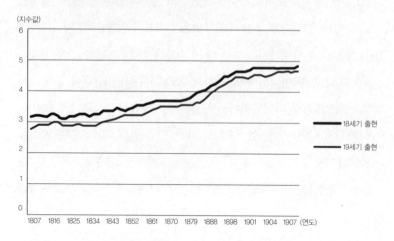

* 비고: 1) 시조가 19세기 호적에 등장하면 분석대상에 포함하였음.
　　　2) 시조가 18세기에 출현한 1만 8,766명 가운데 직역 무기재자 1,828명(전체의 9.4%)과 시조가 19세기에 출현한 9,100명 가운데 직역 무기재자 986명(전체의 10.8%)은 계산에서 제외

4.6[(1계층 24×5 + 2계층 4×4 + 3계층 3×3 + 4계층 1×2)/32]이다. 그리고 공노(5계층) 후손의 지수값은 평균 2.3이다. 지수값은 공노비제가 해체된 지 100년이 지나도록 공노비 후손은 여전히 종놈의 자식으로 여겨졌음을 보여준다(〈그림 13〉 참조). 시간이 흐를수록 하층 후손의 지수값이 더 많이 상승하여 그룹 간의 격차는 줄어들지만 1907년까지 위계질서가 굳건히 유지된다. 이런 상황에서 공노비 후손이 1계층에 해당하는 직역을 갖더라도 조상대대로 1계층을 유지해온 사람들에게서 냉대를 받았음은 불문가지의 사실이다. 이렇듯 제주도에서는 신분제가 1880년대 들어 제도적으로는 해체되었지만 현실생활에서는 20세기 초까지도 여전히 맹위를

떨쳤다. 과거에 대한 기억이 개별화될 때는 사람의 뇌리에서 쉽게 사라지지만 집단화될 때는 문화로 변신하여 오래도록 후손들의 생활에 영향을 미친다는 사실을 알 수 있다.

일부 공노비 후손들은 이웃들의 냉대와 멸시에서 벗어나려고 조상 대대로 이어오던 삶의 터전을 버리고 다른 마을로 떠났다. 그 결과 앞서 보았듯이 공노비 후손들의 가계가 여타 계층에 비해 훨씬 많이 단절되었다. 이사를 간 사람들은 종놈의 자식이라는 딱지를 떼어내고 희망찬 미래를 설계할 수 있었을까? 마을을 떠난 공노비 후손들은 조상이 물려준 명예롭지 못한 유산을 청산할 수 있었을지도 모른다. 하지만 그들과 그들 후손의 등에는 이주민이라는 명예롭지 못한 딱지가 붙었다. 선주민들은 이주민들을 늘 멸시하였다. 하모슬리와 사계리 사람들이 출자 불명의 낯선 사람들을 냉대했던 데서 당시 모습을 연상할 수 있다. 18세기에 출현한 가계 후손과 19세기에 출현한 가계 후손의 계층을 지수값으로 치환한 선이 1807년부터 1907년까지 마치 철로처럼 평행선을 달렸다(〈그림 14〉 참조). 이주민은 선주민을 따라가느라 늘 허덕댔던 것이다. 이주민은 100년이 지나도 손에 잡힐 듯 말 듯 앞서가는 선주민을 따라잡지 못했다. 두 마을을 떠나간 사람들의 계층을 미루어볼 때 두 마을로 이사 온 사람들 가운데는 공노비 후손도 다수 포함되어 있었을 것으로 보인다. 공노비 후손들은 삶의 터전을 바꾸어도 여전히 멸시와 천대를 당했다고 볼 수 있다.

20세기 공노비 후손들의 토지 소유

20세기 초 하모슬리와 사계리 마을 주민은 대체로 농업을 주업으로 하면서 어업을 부업으로 삼았다. 바닷가에서 5리(2km) 정도 떨어진 대정현 덕수리에서 당시 모습을 짐작할 수 있다. 1908년 덕수리 호적에 실린 197호 가운데 195호에는 '업농業農'이라고 기재되어 있고, 2호에는 '업業'과 관련된 기록이 없다.[39] 조선 후기 상황으로 미루어볼 때 20세기 초 하모슬리와 사계리 주민들은 경제적으로 어려움을 겪었을 것으로 보인다. 조선 후기 제주도는 농토가 적고 토질마저 척박하여 풍년에도 곡물이 모자랄 정도였다.[40] 제주도에는 풍년보다 흉년이 더 자주 들었다. 제주도는 지역 특성상 비가 자주 내렸고, 그 결과 밭곡식이 수해를 입는 경우가 많았다. 그리고 농사철에 세찬 바람이 자주 불었는데, 그럴 때마다 많은 곡물이 피해를 입었다. 어떤 해에는 비가 오지 않아 한해旱害가 들기도 했다. 흉년이 들면 제주도 주민들은 육지에서 보내온 진휼곡에 의존해 살아갔다. 18세기 100년 동안 육지에서 제주도로 진휼곡을 이송한 해는 모두 36년으로, 3년마다 한 번씩 진휼곡을 이송한 셈이다. 1년 동안 육지에서 제주도로 이송된 곡물량은 적을 때가 2,000~3,000석, 많을 때는 3만 석이 넘기도 했다.[41]

19세기에도 흉년이 든 해에는 18세기처럼 육지에서 보내주는 진휼곡을 기다려야 했다. 큰 흉년이 든 1867·1869년에는 제주도 주민의 70% 정도가 진휼곡에 의존해 연명했다. 흉년 든 다음 해인 1852·1868·1870년 봄에 쌀 2,000~3,000석이 육지에서 제주도로 이송되었다.[42] 평상시 성

전답\마을	논	(%)	밭	(%)	대垈	(%)	합계
하모슬리	3,577	(0.4)	868,599	(94.5)	47,021	(5.1)	919,197
사계리	77,372	(5.0)	1,434,412	(91.8)	49,990	(3.2)	1,561,774
합계	80,949	(3.3)	2,303,011	(92.8)	97,011	(3.9)	2,480,971

인 300여 명의 한 끼 식량이 1석 정도였음을 감안하면, 육지에서 제주도로 이송된 곡물로 많은 사람을 진휼할 수 있었음을 알 수 있다.[43]

20세기 초에도 식량 사정이 나아지지 않은 듯하다. 두 마을 주민들은 밭농사를 위주로 하였다. 1913년에 작성된 토지대장은 두 마을의 농지 구성 상황을 자세히 전한다. 두 마을 모두 밭이 농지(대垈 포함)의 90% 이상을 점한다(〈표 2〉 참조). 하모슬리에서 논이 차지하는 비율은 0.4%에 불과하다. 두 마을의 농지 구성은 제주도 서부 지역의 여타 마을과 유사하다. 1909년 제주도 서부 지역의 농지 구성은 논 0.03%, 밭 99.97%이다.[44]

밭이 많은 제주도의 농업환경은 지주제 발달을 저해했다. 일반적으로 밭의 소득은 논의 소득에 비해 절반 수준에 불과한데다가 제주도는 토질마저 척박하였기 때문에 제주도 밭의 부가가치는 매우 낮았다. 그 결과 지주제의 발달 수준이 육지에 비해 현저히 낮았다. 그러한 사실은 제주도 두 마을 주민의 1918년 토지소유 상황과 조선 후기 이래 유명한 동성 촌락 가운데 하나였던 경상도 안동 천전리 주민의 1918년 토지소유 상황을[45] 비교해보면 잘 드러난다(〈표 3〉 참조). 10정보 이상을 소유한 지주의 토지가 차지하는 비중은 천전리 17.8%, 제주도가 2.3%이다. 전자가

〈표 3〉 1918년 제주도 두 마을과 경상도 안동 천전리 주민의 토지소유 현황　　(단위: 정보)

마을 규모	하모슬리, 사계리				천전리			
	호	(%)	토지	(%)	호	(%)	토지	(%)
10 이상	2	(0.3)	22.7	(2.3)	2	(1.3)	30.3	(17.8)
5~10	24	(3.9)	159.0	(16.0)	3	(2.0)	21.9	(12.9)
3~5	81	(13.3)	303.1	(30.5)	14	(9.3)	54.1	(31.8)
2~3	90	(14.8)	223.5	(22.5)	9	(6.0)	21.8	(12.8)
1~2	143	(23.4)	208.0	(20.9)	22	(14.7)	32.4	(19.1)
0.5~1	80	(13.1)	61.5	(6.2)	6	(4.0)	4.7	(2.8)
0.5 미만	83	(13.6)	16.4	(1.6)	23	(15.3)	4.8	(2.8)
무토지	107	(17.5)	0	(0)	70	(46.7)		
합계	610	(100)	994.0	100	150	(100)	169.9	(100)

* 비고: 지세명기장 1918년, 하모슬리 민적 1915년, 천전리 민적 1919년, 사계리 민적 1921년 상황

후자에 비해 무려 8배 가까이 높다. 그리고 무토지 농민의 비중은 천전리가 46.7%, 제주도가 17.5%이다. 전자가 후자보다 2배 이상 높다. 천전리에서 토지소유분해가 더욱 격심하게 진행되었음을 알 수 있다. 실상이 이렇다고 해서 두 마을 농민이 천전리 농민에 비해 더 수준 높은 생활을 했던 것은 아니다. 왜냐하면 제주도 두 마을의 영농 여건이 천전리에 비해 대단히 열악했기 때문이다. 농지에서 논이 차지하는 비중을 보면 천전리가 43.7%인데 비해 두 마을은 3.3%에 지나지 않는다. 그리고 제주도 두 마을의 밭은 육지의 밭에 비해 토질도 척박했다. 이러한 사실은 제주도 두 마을 주민들이 천전리 주민들보다 더 가난했음을 의미한다.

　많은 제주도 주민은 거친 자연과 싸워가면서 어렵게 생활했지만 일부

〈표 4〉 20세기 전반 18세기 출현 가계 후손의 인구 및 토지 현황   (토지규모: 평)

인구, 토지 중시조 계층	호수	인수	호당 인원	소유 토지	1호당 토지 소유	1인당 토지 소유
1	38	252	6.6	291,098	7660.5	1155.2
2	103	604	5.9	651,119	6321.5	1078.0
3	120	706	5.9	668,608	5571.7	947.0
4	14	91	6.5	82,864	5918.9	910.6
5	31	163	5.3	177,728	5733.2	1090.4
불명	2	9	4.5	6,534	3267.0	726.0
합계	308	1825	5.9	1,877,951	6097.2	1029.0

＊비고: 지세명기장 1918년, 하모슬리 민적 1915년, 사계리 민적 1921년 상황

사람들은 비교적 여유 있는 생활을 했다. 1918년 당시 26호는 5정보를 넘는 토지를 소유하고 있었다. 이들은 조상 때문에 무시당하는 일도 적었던 것으로 보인다. 26호 가운데 18호의 중시조는 18세기에 출현하는데, 그들은 1계층(4호), 2계층(7호), 3계층(5호), 4계층(2호)이었다. 한편 어려운 생활을 하던 사람들 가운데는 조상 때의 영화를 떠올리는 사람도 있었다. 1918년 당시 190호는 소유농지가 0.5정보도 되지 않아 매우 가난한 생활을 했던 것으로 추정된다. 그런데 이들의 중시조 계층은 다양했다. 190호 가운데 64호의 중시조는 18세기에 출현하였는데, 그들은 1계층(6호), 2계층(23호), 3계층(29호), 4계층(3호), 5계층(3호)이었다.

가난한 사람 가운데 1계층 후손도 있었지만 대체로 공노비 후손이 1계층 후손에 비해 못살았다. 1918년 두 마을에 거주하던 610호 가운데 308호의 가계가 18세기까지 연결된다. 1918년 당시 호당 토지소유 규모는 1

〈표 5〉 20세기 전반 호수, 인수 및 토지소유 규모   (토지규모: 평)

인구, 토지 출현 시기	호수	인수	호당 인원	소유 토지	1호당 토지 소유	1인당 토지 소유
18세기	308	1,825	5.9	1,877,951	6,097.2	1,029.0
19세기 전반	116	711	6.1	617,762	5,325.5	868.9
19세기 후반	58	339	5.8	245,905	4,239.7	725.4
20세기	22	137	6.2	81,003	3,682.0	591.3
미확인	106	485	4.6	159,256	1,502.4	328.4
합계	610	3,497	5.7	2,981,877	4,888.3	852.7

* 비고: 지세명기장 1918년, 하모슬리 민적 1915년, 사계리 민적은 1921년 상황

계층, 2계층, 4계층, 5계층, 3계층 순이다(〈표 4〉 참조). 그리고 1인당 토지 소유 규모는 1계층, 5계층, 2계층, 3계층, 4계층 순이다. 이렇듯 100년 이 상 두 마을에 거주한 가계만 놓고 보면 공노비 후손들의 경제력은 1계층 후손에 비해서는 적지 않게 뒤지지만 2·3·4계층 후손과는 엇비슷하다. 그런데 여기서 염두에 둘 사실이 있다. 공노비 해방령 이후 마을을 떠난 가계 후손들의 경제력이 〈표 4〉에 반영되지 않았다.

19세기 들어 많은 공노비 후손이 마을을 떠났다. 1807년과 1907년 가 계 현황을 살펴보면 1계층은 9→7, 2계층은 13→9, 3계층은 23→15, 4계 층은 9→3, 5계층은 41→14로 감소한다. 우리는 마을을 떠난 사람들과 그 후손들이 어느 정도 재산을 모았는지는 알 수 없다. 하지만 19세기 들 어 두 마을 호적에 등장하는 가계를 통해 마을을 떠난 가계의 상황을 대충 짐작할 수 있다. 두 마을에 거주한 햇수가 오래되면 될수록 소유 토지가 많았다(〈표 5〉 참조). 이러한 사실로 미루어볼 때 마을을 떠난 공노비 후손

들은 1918년 당시 대체로 가난한 삶을 살았다고 여겨진다. 따라서 공노비 후손들은 양인 후손들에 비해 대체로 어렵게 살았다고 할 수 있다.

$\overset{5}{\text{떼지 못한 딱지}}$

18세기 제주도 사람들은 거친 자연에 맞서 힘겹게 살아가고 있었다. 어슴푸레 여명이 밝아오면 메마른 밭으로 나가 땅거미가 질 때까지 농사지어도 양식이 모자라기 일쑤였다. 그런 해에는 주린 배를 움켜쥐고 곡식을 가득 실은 육지 배가 항구로 들어오는 날을 손꼽아 기다려야 했다. 정부는 이러한 제주민의 약점을 교묘히 이용하였다. 절반이 넘는 사람들에게 왕실의 종이라는 딱지를 붙였던 것이다. 그들은 솥뚜껑만 한 전복을 따서 바치라는 명령이 내려오면 하던 밭일도 멈추고 바다로 나가 자맥질해야 했다.

　제주의 양인들도 정부의 정책에 놀아나 공노비를 한없이 천하게 여겼다. 양인들은 웬만해서는 노비와 결혼하려 들지 않았다. 그래서 공노비들은 대부분 끼리끼리 결혼할 수밖에 없었다. 제주목사는 간교한 향리들을 시켜 군대에 가면 면천의 길이 열릴지도 모른다는 감언이설로 그들을 꾀었다. 순진한 사내종들은 향리의 말을 곧이곧대로 들었다. 그런데 곧 면천의 소식이 내려올 것이라고 떠들어대던 목사는 소리 소문 없이 서울로 떠나고 말았다. 새로 온 목사에게 자초지종을 아뢰니 자신은 모르는 일이라고 딱 잡아뗐다. 다시 군에 가면 이번에는 자기가 힘써보겠다고 했다.

그래서 또 신임 목사를 믿었다. 그러기를 셀 수 없이 반복했다.

동남풍이 살랑살랑 불고 따사로운 봄 햇살이 잔잔히 이는 파도에 부서지던 어느 날, 수평선 너머에서 나타난 조그만 배가 미끄러지듯 포구로 들어왔다. 배에서 내린 사람이 목사가 있는 곳으로 재빠르게 달려갔다. 조금 있다가 목사가 나와 공노비들을 뜰 앞에 모아놓고 으스댔다. 자신이 힘써 공노비들이 면천되었다고. 공노비들은 연신 몸을 굽혀 감사인사를 한 뒤 마을로 돌아와 문서를 보관하는 서동궤에 고이 모셔놓았던 호적을 꺼내 노비 두 글자를 붓으로 지웠다. 그래도 노비 두 글자의 흔적이 보였다. 그래서 그해 호적을 새로 만들었다.

기쁨은 잠시뿐이었다. 또 다른 멍에가 그들에게 씌워졌다. 공노비들은 양인이 되었지만 하던 일은 예전과 크게 달라지지 않았다. 군역을 면제받은 사람들은 목자牧子와 같이 궂은일을 하는 사람들을 한없이 얕잡아 보았다. 그러자 하층 양인들도 덩달아 노비 후손들을 멸시하였다. 그리하여 19세기 제주에는 신량역천층身良役賤層을 천대하는 문화가 맹위를 떨쳤다. 정부도 이러한 문화가 자리 잡는 데 한몫 거들었다. 정부는 1870년대까지도 소수만 군역에서 면제해주었다. 그리하여 군역을 면제받은 사람들은 스스로 특권층이라는 인식을 갖게 되었다. 너와 나는 다르다는 인식이 오랜 시간이 지나면서 하나의 문화로 자리 잡았다. 그리하여 정부가 1880년대 이후부터 계층상승의 사다리를 탈 수 있는 범위를 크게 넓혔을 때도 주민들 스스로 자신들을 점검했다. 공노비 후손들은 20세기 초까지도 종놈의 후손이라는 딱지가 붙은 채로 살았던 것이다. 한편 적지 않은 공노비 후손들은 조상 대대로 살아오던 마을을 떠나 멸시와 천대가 없는 세상을 찾아나섰다. 하지만 제주도에 그런 곳은 없었다. 그들이 도착한 곳에는 뿌리 없는 자들과는 어울릴 수 없다는 문화가 자리 잡고 있었다.

사회적 멸시와 천대는 공노비 후손들을 위축시켰다. 조상이 물려준 땅이 있는 사람들은 멸시와 천대를 참아가면서 조용히 살아갈 뿐이었다. 그들은 적극적으로 농사지어 많은 토지를 모으겠다는 생각을 하지 않았다. 조상에게서 물려받은 땅이 없는 사람들은 신천지를 찾아 고향을 떠나기도 했다. 하지만 새로 정착한 곳에서도 돈을 모으기가 쉽지 않았다. 그들에게는 근본 없는 놈이라는 손가락질에 더하여 생활고까지 겹쳤다. 이같이 공노비 해방령이 내려진 지 100년이 넘도록 그 후손들은 종놈의 자식이라고 천대받았을 뿐만 아니라 경제적으로도 힘든 삶을 살고 있었다.

김건태

성균관대학교에서 학사·석사·박사를 했으며 성균관대학교 대동문화연구원 연구원, 성균관대학교 동아시아학술원 부교수를 거쳐 현재 서울대학교 국사학과 교수로 있다. 연구 분야는 조선시대 사회경제사이다. 펴낸 책으로는 『조선시대 양반가의 농업경영』(역사비평사, 2004)이 있고, 논문으로는 「19세기 어느 성리학자의 家作과 그 지향—金興洛家 사례」, 『한국문화』 55, 2011; 「19세기 농민경영의 추이와 지향」, 『한국문화』 57, 2012; "Tracking Individuals and Households: Longitudinal Features of Danseong Household Register Data," *The History of the Family 18(4)*, 2013 외에 다수가 있다.

집필경위

필자는 2014년 1년간 펜실베이니아대학교에서 연구년을 보냈다. 노예 후손 대부분이 여전히 힘들게 살아가는 모습을 보면서 이 글의 문제의식을 다듬었다. 이 글은 「19세기 공노비 후손들의 삶—제주도 대정현 사례」(『민족문화연구』 69, 2015. 11)를 수정 보완한 것이다.

2

문화와 사상

18세기 후반~19세기 조선의 언어와 문자 의식에 대한 시론

◎

이경구

1. 언어와 문자, 장기변화의 시금석

조선 후기 '이용후생利用厚生'의 쓰임은 흥미롭다. 이 용어는 18세기 후반 정조대에 하나의 개념으로 부상하였다가 19세기 전반기의 소강상태를 지나 고종대에 다시 활발하게 쓰였다. 원래 『서경書經』에서 기원한 이 개념의 권위를 빌려 정조·고종과 몇몇 개혁적 유학자는 기구·화폐 등을 활용한 백성의 생활 개선, 중국과 교류 확대, 그리고 비록 드물긴 했지만 서양과 소통까지 시도하였다.[1] 이용후생이 전해주는 이 같은 변화상은 18세기 후반에 펼쳐진 지식인의 고민과 개혁구상, 19세기에 비록 국가 차원에서는 잘 파악되지 않았지만 그 성과를 저류에 간직했던 지식계의 모습, 그리고 19세기 중반 이후 다양한 형태로 분출했던 지식의 양상과도 서로 통하였다.[2] 이 글에서는 이상의 변화를 언어와 문자 의식과 관련해서 살펴보려 한다.

사회의 변화와 관련해볼 때 언어와 문자는 이용후생과 같은 개념이나 지식, 정보처럼 변화를 직접 반영하는 매개와는 좀 다른 시간대를 걷는다. 변화는 더디지만 한번 바뀌면 의식의 저류를 결정하는 구조 또는 환경이 되어버리기 때문이다. 따라서 언어에 대한 고찰은 18세기 후반~19세기의 사상, 지식 변화의 양상을 일정하게 보완하거나 조정할 수 있다.

한편 이 글에서는 언어·문자와 관련한 '의식'을 주요하게 볼 예정이다. 현대인에게 언어는 말과 문자의 영역으로만 인식되기 십상이지만, 종교와 경전의 문자로 시야를 돌리거나 시간을 거슬러 올라가 보편언어, 예컨대 한자와 라틴어가 왕성했던 시기를 떠올리면, 언어는 '일상·속세'와 '신성神性·진리'라는 가치가 첨예하게 대립·공존하는 영역임을 알 수 있다. 19세기까지 일반적 인식이었던 '진문眞文=한문漢文'과 '언문諺文=훈민정음'(이하 한글 혼용)의 대립은 문화 가치 의식을 대입하면 '이상적 문화인 아雅'와 '현실적 문화인 속俗'의 대립이기도 했다. 따라서 이 대립이 혼용되거나 분리되는 지점이 중세 언어의 종착과 이후 국어 형성이 교차하는 하나의 결절이라고 본다.

두루 알다시피 한국은 언어·문자 영역에서도 동아시아의 전통 시기에 독특한 위치를 점해왔다. 이 글 2절에서는 그 점을 살핀다. 훈민정음 창제 이래 새로 조성된 언어 체제가 만든 언어의식, 다시 말해 새 문자의 창제와 한문의 관계에 대한 의식은 조선 후기에 전개되는 언어의식의 큰 테두리를 정해놓았다. 그 자산이 한국 언어 환경의 연속성을 보여준다고 생각된다.

중세를 이끌어온 언어 체제가 흔들리는 현상은 18세기 중후반부터 나타났다. 오랫동안 지속한 한문의 독점적 지위가 흔들리기 시작했고 언문(한글)이 차츰 그 자리를 넘보기 시작했다. 한문의 영역이 침투당한 듯 보이지만 한문 역시 18세기 후반에는 오히려 조선의 구어 방면까지 진출했다. 이 상호 침투에 문화 의식을 대입한다면 아·속의 이분법이 무너지는 현장이라 할 수 있겠다. 그리고 한문이건 한글이건 그 변화는 언문일치言文一致를 지향했다는 공통점이 있었다. 소론계 학자들이 한문과 한글이 상호 보완하는 새로운 보편어를 구상한 사실도 상호 침투의 또 다른 일면이다.[3] 그렇지만 결과적으로 국한문혼용과 한글전용으로 정리되어 한문의 일상어 침투는 역사에서 사라졌다. '한글전용과 국어의 탄생'인 셈인데, 송호근은 이와 관련하여 훈민정음 창제가 불러온 새로운 세계관과 공론장의 창출에 주목하였다.[4] 하지만 필자는 한문이 누려온 고급문화, 즉 아雅의 영역으로 침투해 들어간 한글의 동향을 더욱 주목하고 싶다. 천주교의 몇몇 급진적 시도가 흥미롭고 홍대용洪大容(1731~1783)의 장편 한글 연행록인『을병연행록乙丙燕行錄』또한 흥미롭다. 이상이 이 글 3절의 내용이다.

4절과 5절에서는 19세기 언어와 문자 의식을 다뤘다. 19세기 전반기에는 이전에 활발했던 언어의식을 뛰어넘는 성과는 그다지 눈에 띄지 않는다. 한문과 한글의 보완을 꿈꾸는 몇몇 학자의 저술이 주목되지만 그것은 18세기 후반의 그림자일 뿐이다. 이 점은 국가의 경화硬化가 뚜렷해지고, 지식인의 급진적 사고가 수면 아래로 가라앉는 지식계의 동향을 반영한다고 볼 수 있다. 그러나 19세기 후반, 특히 1880년 이후 3년 정도는 18세기 후반처럼 국문 또는 국어를 향한 다양한 실험과 견해가 나온다.[5] 마치 100여 년 전의 실험이 반복되는 듯한데 필자는 『이언易言』의 번역과 보급은 그 실험의 적절한 사례이며, 그 경험이 1890년대 언어의 거대한 변화에 상당한 영향을 미쳤다고 전망한다.

한문·한글·서구어가 한글을 중심으로 혼종, 재편되는 과정의 기시감을 우리는 적어도 18세기 후반과 1880년 이후 몇 년에서도 느낄 수 있는 것이다.

2 훈민정음의 다양한 속성

조선 초기까지는 이두가 중국과 말 차이를 해소하거나 보완하는 역할을 했지만, 한국 언어 역사에서 중세의 이중적 언어 체제, 즉 보편어와 지역어 체제를 결정적으로 구축한 계기는 훈민정음 창제였다. 그러나 표의문자인 한자가 진眞·아雅의 위상을 확고히 한 상태에서 새로 만든 표음문자의 개념과 지위에 대해서는 논란이 생기지 않을 수 없었다. 그 논란은 지금도 진행형이지만, 대체로 훈민정음을 새로운 문자로 간주하여 독자성을 강조하는 견해와 보편문자인 한문의 음운을 표기하는 보조 수단으로 여기는 견해로 나뉜다.

'새로운 28자' 창제를 주도한 세종의 견해는 정인지가 작성한 「훈민정음 서訓民正音序」에 잘 나타나 있다. 서문의 골자는 '소리[聲]로 인하여 글자[字]가 생긴다, 풍토에 따라 소리[聲氣]가 다르므로 중국의 글자를 빌리면 소통에 장애가 생긴다, 훈민정음을 배워 글[書]을 해석하면 뜻을 알 수가 있다, 세상의 모든 소리를 쓸[書] 수 있다[6] 정도이다. 말과 글이 일치해야 하고, 조선과 중국의 풍토가 달라 따로 문자가 필요하며, 새 문자는 글을 해석하고 모든 소리를 형상할 수 있다는 요지는 지금의 국어의식과도 크게 다르지 않다. 세종이 신숙주申叔舟(1417~1475)에게 밝혔던 또 다른 구상 역시 비슷하였다.

임금(세종)께서 우리나라의 음운이 비록 중국말[華語]과 달라 …… 나라마다[列國] 모두 나라말소리[國音]를 기록하는 문자[文]가 있어 나라말[國語]을 기록하는데 유독 우리나라가 없으므로 언문의 자모 28자를 만드셨다.[7]

여기에서는 '나라마다 국음을 기록하는 문자가 있어 국어를 기록한다'는 표현이 주목된다. 사대질서 속에서 '열국' 또는 '국'은 제후국을 지칭하지만, 본국의 음운과 화어가 다르다는 전제는 제후국의 나라말을 표현하는 복수 문자들의 존재를 가능하게 한다. 훈민정음과 한자의 동등성이 보장될 수 있는 것이다. 이 때문에 조선이 명 중심의 사대질서 안에서 훈민정음을 제후국의 독자성을 보장하는 장치로 여겼다는 견해 또한 가능

하다.[8]

복수의 가능성은 조선 후기에 조선이 유일한 유교 문명국이라는 고유성과 독자성에 대한 강조가 더해지자 '성인 세종의 한자 발명에 버금가는 업적'으로 재정의되었다.

> 아아 성대하다, 성인(세종―필자)의 큰 업적이여. 복희가 팔괘를 만들고 창힐이 문자를 만든 일과 공덕이 같구나. 이를 쓰면 중국말[華音]과 통하고 아악에 부합하니 우리 동방 문물의 성대함이 중화와 나란하게 되었네.[9]

하지만 새 문자의 지위를 강조한다 해도 한자의 지위에 올라가 병렬하는 것이었지, 한자의 특권을 박탈하여 개별 문자들의 지위를 끌어내리는 평등화는 아니었다. 위 인용글 후반의 지적대로 훈민정음은 보편(중국)의 지위로 이르게 하는 조선의 특별한 문화 기제일 따름이었다. 그 점에서 문자들의 평등으로 향하는 경로보다는 한자와 상호 보완한다거나, 한자의 보조 수단으로 여기는 인식이 더 손쉽고 보편적이었다. 성삼문成三問(1418~1456)의 인식처럼 '세종과 문종이 (한자음에 익숙지 못한 사실을) 염려하여 훈민정음을 지었고', '훈민정음으로 한자를 번역하게' 한 기능이 더 친숙하였다.[10]

이 경향이 강해질수록 훈민정음의 문자로서 지위나 조선 풍토의 독자성은 희박해졌다. 다음은 19세기 지식인 홍한주洪翰周(1798~1868)의 저술이다.

(세종은) 훈민정음을 창제하시어 한문[文字]을 해석하셨다. …… 항상 우리 나라의 의관이 대략 중국을 모방했지만 언어는 오랑캐말을 면하지 못한다고 여겼다. …… 모두 영을 내려 중국말[華語]을 가르치고 익히게 하였다. …… 그러나 여러 신하가 임금 앞에서는 그나마 중국말을 사용하지만 막 합문을 나서면 또한 모두들 우리나라말[朝鮮語]로서 서로 수다스럽게 떠들기를 그치지 않았다. …… 풍속을 옮기고 바꾸는 것은 성인도 또한 어려운 일이니 탄식할 만하다.[11]

19세기 지식인에게 훈민정음의 제일 기능은 한문 해석이었다. 세종은 소리마저 중국말에 맞추려 했던 인물이 되었다. 이 같은 인식은 고려 후기 이래 독자성을 견지하며 중국과 이질적인 풍토를 강조하였던 고려 말~조선 초의 상황을 상당히 굴절시킨 것이다. 16세기 중반 명 문물의 수용을 중화의 조건으로 삼은 조헌趙憲(1544~1592)의 인식, 17세기 중후반 유일한 유교국가 조선에서 주자학이 그대로 적용되어야 한다는 송시열宋時烈(1607~1689)의 인식, 그리고 18세기 후반 조선의 낙후함과 북학의 당위를 강조하고 소리마저 중국에 맞추려 했던 박제가朴齊家(1750~1805)의 인식 등을 뒤따르는 것이었다.

사실 두 경로는 보편어를 지역어로 국한하지 못한 채 보편문자로 나아갔던 훈민정음의 태생부터 내재한 것이기도 했다. 그 이중성을 문자의 가치·진리 담지 기능과 관련하면 어떨까. 이것은 이른바 '공동문어共同文語'와의 관계를 묻는 작업이다. 공동문어는 공동어와 문어라는 두 개념의 복합어로서, 공동어는 민족어·지역어의 상대적 개념이고, 문어는 구어의 상대적 개념이다. 중세에 압도적이었고 지금도 경전 등에 자취를 남기고 있는 한문, 라틴어, 산스크리트어, 고전아랍어 등의 언어는 다른 문자로 표기되거나 번역을 허락하지 않는 속성을 상당 기간 공유했다. 그들 다수가 신과 소통하거나 진리를 나타내는 경전의 언어로 기능했기 때문이다.[12)

훈민정음이 공동문어와 흡사한 기능을 수행했다는 사실은 그 점에서 앞으로 생각해볼 문제이다. 잘 알다시피 훈민정음은 창제 직후 왕조의 창업을 기리는 신성한 노래인 용비어천가龍飛御天歌의 가사로 쓰였을 뿐만 아니라『월인석보月印釋譜』를 비롯한 불경, 시성詩聖 두보杜甫(712~770)의 한시, 유교 제반 경전의 번역어로 쓰였다. 왕조 찬가, 경전, 최고의 문학작품을 훈민정음으로 표현하는 작업이 언어의 실험이나 교화의 필요 정도로만 설명될 수 있을까. 교敎와 문文의 정상에 위치한 글을 담을 수 있는 문자라는 인식이 병행되고 있다는 가설을 조심스럽게 제기해본다.

하지만 16세기 유교 경전에 대한 언해가 마무리되는 시점에서 언문의 위상이 더 올라가지는 않는다. 16세기 이후에는 음운 부호로 위상 저하와 일상으로 확대가 두드러진다. 한자 음운에 대한 기능이 강화되는 작업은 종속성의 심화로 볼 수도 있지만, 소리에 대한 고찰이 깊어질수록 중국말과 한국말의 차이를 감지하는 과정을 피할 수 없었다. 또 일상으로 침투하면서 이중언어 체제의 구조화가 환경처럼 조성되었다.[13)

18세기 후반의 언어의식과『을병연행록』

18세기 중반 무렵 조선은 이전에 없었던 새로운 사회현상과 마주하게 되었다. 도시화가 진전되며 도시민의 일상이 다양하게 분화하고 전문화하였다. 이를 반영하여 아雅와 고古를 기준으로 삼았던 이념의 긴장이 완화되고 속俗과 금今을 긍정하는 세태가 전개되었다.[14] 특히 서울을 중심으로 새 유형의 지식장이 열려 미시, 감각, 유희 등에 몰두하는 개인들의 글쓰기가 시작되었다.

세속화, 당시 용어를 빌리면 유속流俗과 시태時態의 범람이 가져오는 의미를 여기서 길게 언급할 필요는 없을 듯하다. 이 같은 경향이 언어 영역에서는 아의 영역에 속한 문과 속의 영역에 속한 언의 일치를 추구하는 노력 또는 진문인 한자와 언문인 한글의 보완에 대한 시도로 나타나기 시작했다는 점이 중요할 것이다. 전자인 언문일치의 예로는 박제가처럼 한문의 구어 침투를 꾀한 경우가 있겠고, 후자의 예로는 신경준申景濬(1712~1781)·정동유鄭東愈(1744~1808) 등이 구상한 한자와 한글이 각기 뜻과 발음의 보편문자가 된다는 견해를 지적할 수 있다.[15]

그렇지만 서문에서 지적했듯이 한글이 국문國文, 국자國字로 자리 잡는 미래를 고려한다면 한글이 한문에 버금가는 문자로 확보되거나 보편문자인 한문의 지위를 상대화하는 인식을 더 주목해봐야 한다. 그 점에서 가장 유의할 만한 언급을 남긴 인물이 이옥李鈺(1760~1815)이다. 이옥은 문제작『이언俚諺』의「일난一難」과「이난二難」에서 시간과 공간에 따라 다양하게 존재하는 사물의 개체성과 개인의 정념을 중시하였다. 그들의 상대성은 경전인 『시경詩經』의 보편권위를 대체하는 정도로까지 관철되었다. 상대적 시야의 확보는 「삼란三難」에서 언어에 대한 진전된 선언으로 제시되었다.

> 중국은 자신들이 이름[名]하는 것으로 이름을 삼고, 우리는 우리가 이름하는 것으로 이름을 삼는다. 중국의 이름이 물건의 이름이라 할 수 없듯이 우리의 이름도 물건의 이름이 아니다. …… 중국이나 우리나 본래의 이름이 아닌 것은 같다. …… 우리가 왜 우리의 이름을 버리고 저들의 이름을 따라야 하는가.[16]

우리가 당연시하는 이름은 나라마다 자기 소리를 따라 이름붙인 기호일 따름이지 만물에 앞서는 근원적 기호·소리는 없다. 한자를 포함한 모든 언어는 각 사회가 자의적으로 선택한 약속일 따름이므로 한문은 특별한 지위에서 내려진 기호에 불과하게 되었고, 그 점에서 보편문어를 중심에 놓은 중세의 언어관이 깨질 가능성이 열렸다. 하지만 아직은 물명物名을 따지는 어휘 차원이라는 한계는 남았다.[17]

그러나 예민했던 이옥은 물명 차원에서 빚어지는 갈등조차 끝내 해결될 수 없으며, 비록 어휘 차원에 국한되긴 했지만 사람의 진정을 표시할 수 있는 문학은 결국 언문으로 해결되어야 함을 감지하고 있었다.

> '푸른 깃'을 가리켜 '비취'라 하고, 슬픈 울음소리를 듣고서 '두견새'라 하는 데 이르러서는 내가 비록 솜씨가 둔하고 혀가 어눌하여 언문시[諺文之詩]를

짓는 데 이르더라도 결코 '법유'를 사고 '청포묵'을 먹지는 않을 것이다. 그러니 내가 어찌하여 토속이름[鄕名]을 쓰지 않을 수 있겠는가?[18]

한문으로 정감이 표현될 수 없는 시어에서 차라리 언문으로 달려가겠다는 선언에서 언문시의 가능성이 펼쳐진다. 적어도 언문불일치 문제를 해결하는 방향에서 이옥은 박제가와는 정반대로 나아갔다.

언문일치만큼이나 중요한 가치 영역에서 표준은 한글이 16세기 이래 통념처럼 굳어진 '부녀와 아동의 글'이라는 기층성에서 벗어나 고급스러운 가치와 정보를 담을 수 있느냐였다. 教 차원과 관련해서는 18세기 후반에 천주교가 언문을 활용하여 전파된 양상이 주목된다. 1788년(정조 12)에 이경명李景溟은 천주교의 위험성을 알리는 상소를 올렸다.

오늘날 세속에는 이른바 서학이란 것이 진실로 하나의 큰 변괴입니다. …… 서울에서부터 먼 시골에 이르기까지 돌려가며 서로 속이고 유혹하여 어리석은 농부와 무지한 촌부까지도 그 책을 언문으로 베껴 신명처럼 받들면서 죽는다 해도 후회하지 않으니 이렇게 계속된다면 요망한 학설로 인한 화가 끝내 어느 지경에 이를지 모르겠습니다.[19]

심심찮게 전해지는 '백성, 언문, 서학서'[20]의 위협은 '사대부, 한문, 유경儒經'과 절묘한 대칭을 이루고 있었다. 천주교의 위험성을 경고하고 나선 이경명이 '큰 변고'로 수식한 것이 과장만은 아니었던 것이다.

천주교 초기 지도자 이벽李蘗(1754~1785) 등이 천주교 교리서를 언해하고 「천주공경가天主恭敬歌」 같은 한글 가사를 지었던 것은 훈민정음이 왕실 예찬가와 경전의 언어로 백성에게 드러난 일에 버금가는 사건이 아니었을까. 밤낮으로 언문 기도를 외우고 믿었던 이들에게 언문은 일상어가 아니라 경전의 진리를 내재한 신성한 언어였다. 천주교 교리서와 그에 대한 믿음은 국가의 간헐적인 박해를 견디어냈다. 그리고 19세기 후반에 동학의 『용담유사龍潭遺詞』에서 백성의 마음을 대대적으로 사로잡게 되었다.

천주교와 동학 경전의 언문은 진리성과 신실함에도 아직은 기층의 언어였다. 필자는 이 언어가 비록 인민의 공론장 창출에 기여할 수는 있어도[21] 국문, 국자의 기제를 만들기에는 모자란다고 본다. 19세기 후반 역사에서 보듯이 지식인들의 계몽을 통한 사회화 노력 속에서 국한문혼용, 국문전용의 길이 열렸기 때문이다. 따라서 일상을 장악하지는 못했지만, 한글을 활용해 정보와 담론을 장악하려 했던 지식인들의 노력 또한 살펴보아야 한다. 그 점에서 홍대용의 『을병연행록』은 18세기의 문제적인 실험 사례이다.

『을병연행록』은 장편 한글 연행기이다. 작자인 홍대용은 한문으로 저술된 『담헌연기湛軒燕記』(이하 『연기』)만으로도 연행기의 정상에 올랐다는 평가를 받아왔다. 그런데 한문본 『연기』를 분량과 내용 양면에서 뛰어넘는 한글 연행록을 또한 남긴 것이다. 『을병연행록』은 최근에 본격적으로 연구되기 시작했으므로[22] 언문 담론의 의미는 아직 지적 단계에 머물고 있다.[23] 어휘, 통사구조 등 기초적인 국어학 연구와 함께 소설이나 일상 편지 등이 대다수였던 당시 언문 독서계에 매우 불온한 서학, 화이관華夷

觀의 수정을 요하는 정보 등이 만연한 장편 언문 연행기는 이색적이지 않을 수 없다.

『을병연행록』의 작성 시기는 대개 홍대용 말년으로 여겨졌으나, 최근 들어 홍대용의 연행 기록 중 초기에 저술되었으며 특히 『연기』보다 먼저 완성되었다고 추정되었다.[24] 홍대용은 한문 기록에 앞서 또 다른 작품을, 비록 독자적 기록물을 의도했는지는 아직 단정할 수 없지만, 작성하였다. 왜 형식도 다르고 분량도 다른 한글 연행기를 저술했을까. 통설은 여성을 위한 작품이라는 것이다. 이 주장은 『을병연행록』을 최초로 소개한 최익한崔益翰(1897~?)의 추정에서 비롯했는데 최근에는 내용 분석까지 더해져 보완되었다. 중인과 평민까지 염두에 두었다는 견해도 있으나 소수이다.[25]

홍대용의 저술 의도와 독자층은 본인이 취지를 밝히지 않은 이상 단정하기는 어렵다. 전승 과정이나 내용 일부가 가족과 여성을 위했음은 확인되지만, '그들이' 유력한 독자였음을 증명하더라도 '그들만'이라고 단정할 수 없기 때문이다. 특히 사대부 일반과 논쟁을 염두에 둔 듯한 대목이 연행기에 산재한다. 가장 중요한 대목은 바로 『을병연행록』의 첫머리다.

『을병연행록』 서두는 크게 세 부분으로 되어 있다. 요약하면 ① 편협함을 버리고 넓은 도량과 원대한 뜻을 품기 위해 천하를 알아야 한다. ② 그러나 문화의 중심인 중국에 청이 들어서자 이상적인 문물이 사라지게 되었다. ③ 결국 중국의 현실을 인정하고, 오랑캐의 땅을 밟고 오랑캐의 복식을 입은 인물과 수작해야 한다는 것이다.[26] 자신의 연행과 연행기의 의의를 과감하게 설파하는 이 서두는 화이관에 문제를 일으킬 수 있음을 대비하여 김창협金昌協(1651~1708)의 시, 장자莊子(기원전 369~기원전 289 년경)의 구절을 인용하여 시세를 따라야 한다는 주장을 뒷받침한 전략적 인 서술이다. 게다가 그 선진성은 본문을 압도할 뿐만 아니라 연행에서 얻게 된 인식을 총결산하는 결론으로 여겨도 무방할 정도다. 홍대용의 저술 전체에서 따지더라도『의산문답醫山問答』에서 실옹實翁의 입을 빌 려 나오는 시세관이나 역외춘추론域外春秋論 등에 비견될 만하다. 사실 『을병연행록』을『연기』이후 저작으로 추정한 근거도 이 서두의 영향이 컸 다.[27]

본문 중에도 연행에서 얻은 충격과 홍대용의 견해를 생생하게 전하는 대목이 많다. 예컨대 학문에 대한 견해다. 홍대용은『을병연행록』에서 의 리학이 허명을 숭상하고, 문장학이 부화浮華를 숭상하고, 경세학이 공 리를 숭상하면 세상을 속이는 일이라고 비판하였다.[28] 그러나 이 부분은 『연기』에서 의리에 기반을 둔 문장과 경제학에 대한 강조로 논점이 달라 졌다.[29] 서학과 중국의 문물 소개 역시『연기』에서 삭제된 부분이 많다. 『을병연행록』의 일부 내용이 생략되거나 조정된『연기』조차도 이후 이본 異本들에서 민감한 부분이 삭제·개정되었음을 감안하면『을병연행록』의 풍부하고도 급진적인 내용은 더욱 부각된다.[30]

이상을 고려하면『을병연행록』은 당대의 어느 저서보다 논란의 소지가 많았던 문제적 저서임이 분명하다. 따라서 세계관의 변화를 가져올 수 있 는 담론 체계가 언문으로 작성되었다는 측면은 간과할 수 없는 숙제인 셈 이다. 이와 관련해서 그의 언문관을 볼 필요가 있는데 짧은 글에 해석의 여지를 남기고 있다.

동국에는 별도로 언자諺字가 있습니다.[음音은 있고 뜻은 없으며 글자의 수는 200자 미만이지만 자모子母가 서로 반절되어 만 가지 음이 갖추어져 있습니다. 부인과 서민 가운데 한자를 알지 못하는 자들은 언자를 병용하여 지방말[土話]로 글을 만듭니다. 대개 서찰, 장부, 문권文券의 내용이 분명하게 드러나니 한문[眞文]보다 혹 나은 점도 있고, 비록 전아典雅한 점은 부족하지만 알기 쉽고 쓰임에 적절하여 반드시 인문人文에 도움이 되지 않을 수 없습니다.] 모든 경서의 자음字音에 모두 언해가 있으므로, 경서에 있는 한문 글자들의 음은 온 나라가 같고 세월이 흘러도 변하지 않습니다.[31]

짧은 이 글의 요지는 세 가지다. ① 언문은 부인 및 서민층의 문자이므로 한문과 동등한 위상이 아니다. ② 모든 음을 갖추었을 뿐만 아니라 경서의 음도 고정한다. ③ 일상과 실용에 적합하여 사대부가 아닌 이들의 계몽에 도움이 된다. ①, ②가 전통적 사대부의 인식, 한자와 한글의 보완 의식이라면 ③은 한글이 지식 전달과 인민 각성의 효과적 도구라는 내심을 읽을 수 있다.

결론적으로 18세기 후반 조선에서는 언문일치, 한문과 한자의 조화, 언어·문자에 대한 상대적 인식, 가치·세계관의 변화를 내장한 언문 저술의 출현까지 경험한 셈이다. 특히 불온한 언문 저술은 보수적 유학자가 이단을 공격할 때 동원한 '무분無分' 논리에 정면으로 저촉되었다.[32] 이 같은 성과는 19세기 전반기에 어떤 형태로든 잠재하였다가 19세기 후반 달라진 언어 환경이 전개되자 다시 분출되었다.

19세기 전반기의 언어의식

19세기 초반 신유박해辛酉迫害를 계기로 정부는 서학을 대대적으로 탄압했다. 신유박해는 18세기 중후반에 성행했던 이단적·급진적 사상 전반에 대한 통제를 의미하였기에 지식인들의 자발적 검열 또한 심심찮게 확인할 수 있다.[33] 그러나 통제 주체인 정부는 세도가문의 과두성이 짙어지면서 지식 전반에 대한 장악력이 오히려 쇠퇴하였고, 지식의 총량이나 중국과 교류는 금기를 범하지 않는 선에서 오히려 확장되었다.[34] 언어와 문자 의식은 이 같은 외부 동향에 어떻게 반응했을까.

언어의식과 관련하여 먼저 지적할 수 있는 것은 한문과 한글이 뜻과 음에서 상호 보완 관계라는 인식인데 유희柳僖(1773~1837)의 『언문지諺文志』에서 그 지속성을 알 수 있다. 한편 이옥처럼 문자의 한계를 지적한 경우가 없지는 않았다. 최한기崔漢綺(1803~1877)는 "문자는 말을 글로 펼쳐놓은 것이라 습속에 따라 변화되어 사물의 실상에서 점점 멀어진다"라고 하였다.[35] 하지만 이 맥락은 글이나 의견이 지나친 형식에 사로잡혀 실상을 반영하지 못하는 한계를 지적한 것이었으므로 문자들의 평등성으로 나아간 것은 아니었다.

18세기와 연속성이 가장 긴밀했던 인식은 한자에 대한 한글의 종속 또는 중국말에 대한 조선말의 종속으로 선진문명인 중화로 다가서고자 하는 열망이었다. 일상에서 접하는 물명의 차이를 지적한 조희룡趙熙龍(1789~1866)은 한자음으로 물명을 정확히 구분해야 한다는 점에서 이옥의 주장을 뒤집었다.

우리나라 사람들이 물명物名에 소홀한 것은 대개 말 때문이다. 중국 사람들은 어린아이에게 까마귀와 까치를 말할 때 검은 것은 '오烏', 흰색·검은색이 섞인 것은 '작鵲'이라 할 따름이다. 그러나 우리나라 사람들은 까마귀를 가리키건 까치를 가리키건 곧 우리말로 부른다. 아이가 장성해서 까마귀나 까치를 보면 문득 우리말로 부르고 '오'자나 '작'자가 있음을 모른다. …… 조수 초목뿐만 아니라 기구와 만사가 또한 이와 같다.[36)]

문명의 기준을 중국에 두었던 문물 수용 담론, 이른바 북학 담론에서도 조선의 소리, 언문 등은 중국의 문자와 중국말로 교정되어야 하는 대상이 되었다. 박제가의 『북학의北學議』와 대강이 흡사한 이희경李喜經 (1745~1805 이후)의 연행기 한 대목이다.

중국에서는 비록 아녀자라 할지라도 입에서 나오는 말이 모두 글자가 되니 어찌 말과 글자가 다르겠는가. …… 천지의 바른 소리가 따로 있는 것이다. 우리는 말과 글자가 각각 다르니, …… 우리 세종대왕께서 우리나라의 한자음을 중국의 소리에 맞출 생각으로 언문을 만들어 …… 언문은 우리의 독특한 문자일 뿐 중국과 글자의 음을 같게 하려던 애초의 의도가 살아나지 않고 있는 것이다. 더욱 안타깝다. 지금 만약 중국을 배워 풍속을 크게 바꾸고자 한다면 가장 먼저 중국말을 할 줄 알아야 하니 그렇게 하면 나머지는 모두 저절로 될 것이다.[37)]

'천지의 바른 소리가 따로 있다'는 이희경의 선언에서 한자는 단순한 기호가 아니라 실존에 앞서는 근원적 의미로 격상되었다. 일상에서 쓰이는 말의 영역까지 침범당한 조선의 말과 문자는 홍한주의 경우에도 마찬가지였다.

> 우리나라 사람들은 뜻을 가지고 스스로 글자를 만드는 경우가 많은데 이는 가소롭다. …… 우리나라 사람들이 사물에 대한 생각이 거친 것이 대체로 이와 같다. …… 모든 나라가 이와 같다면 천하의 문자가 같다고 말할 수 있는가. …… 대개 글자를 만들 때 어머니가 자식을 낳아 젖을 먹이는 데서 법칙을 취하기 때문에 육서에 모두 오묘한 뜻이 담겨 있다. [38]

홍한주에게 한문은 천하의 문자였고 문자의 제정 원리는 한자의 제정 원리만으로 존재할 따름이며 이것이 자연법이었다. 사물을 규정하는 용어 역시 한자라는 형식 외에는 가능하지 않았다. 말하자면 '하느님'은 거칠고 텅 빈 기호이고, 오로지 '천주'만이 인식될 따름이다.

19세기 일부 지식인들의 견해는 물론 일상을 지배하지 못했고, 조선말은 굳건했으며 언문 저술은 더욱 널리 퍼졌음이 사실이다. 다만 언어의식의 측면에서 본다면 19세기 전반기에 보수화된 한글 인식이 19세기 중후반의 새로운 상황, 문명의 복수화와 국자·국문 의식의 형성과 더불어 더는 진전되지 못하고 새로운 언어 실험이 시도된다는 점일 것이다.

1883년 『이언易言』의 언해

한글이 국자·국문으로 확고해지고 국한문혼용과 국어전용이 정착되는 시기는 1890년대 중반을 넘어서다. 그런데 눈여겨봐야 할 시기가 1880 년대 초반이다. 시기는 비록 짧았지만 개화 지식인과 일부 관료들은 이때 서양과 일본을 의식하고 새로운 국가를 만들기 위한 의미 있는 실험을 전 개하였다. 어문과 관련해서도 파격적인 시도들이 있었는데, 이 시도가 나 타난 배경에는 외부의 충격뿐만 아니라 이전 경험이 또한 주요했다.

이 시기에 한글 사용과 관련해서 많이 지적된 것은 유길준兪吉濬 (1856~1914), 박영효朴泳孝(1861~1939) 등이 애초 『한성순보漢城旬報』 를 국한문으로 기획했다는 점이다. 그러나 한성순보는 한문으로 발간되 었고, 뒤이은 『한성주보漢城周報』에서 몇몇 기사가 국한문으로 쓰여 이 의도는 부분적으로 실현되었다. 이때 『한성주보』에 사용된 한글 활자는 김옥균金玉均(1851~1894)이 주문하여 일본에서 제작되고 김윤식金允植 (1835~1922)이 들여온 것이었다.[39]

한글을 조선을 대표하는 문자로 외국에 알린 시기도 이때였다. 1882 년 수신사의 일원이었던 박영효는 유길준이 작성한 것으로 추정되는 국한문혼용 송사에서 '만방의 나라의 언어와 문자가 다르다'고 하였다. 1883년 미국을 방문한 보빙사報聘使 일행은 더 의미 있는 작업을 하였다. 1883년 9월 18일 민영익閔泳翊(1860~1914)이 신임장을 제정하는 자리 에서 남긴 국서는 원래 한문이었는데, 누군가가 한글로 번역해 9월 29일 자 『뉴욕헤럴드』에 소개했다.[40]

1880년대 한글을 국문으로 재발견하는 구상이나 담론은 이전 언해에 대한 이해와 지식, 담론과 단절적이지 않을 듯하다. 『이언』 간행을 둘러싼 정황은 그 점과 관련해 의미 있는 시사를 준다. 『이언』은 청의 개혁가 정관 잉鄭觀應(1842~1921)이 1880년에 간행한 초판을 수신사 김홍집金弘集 (1842~1896)이 황준헌黃遵憲(1848~1905)을 통해 받아 조선에 소개되었 다. 1883년 정식으로 간행되었는데 한문본이 간행될 즈음 언해본도 반포 되어 관료와 지식인 사회에 폭넓게 알려졌으며 긍정과 반발을 동시에 불 러일으켰다.

이 정도로 영향력이 있는 개혁서를 신속하게 한글로 번역한 전례는 없 었다. 이 점에서 100여 년 전에 홍대용이 장편 『을병연행록』을 한글로 작 성한 과감함을 연상시킨다.

그러나 아쉽게도 『이언』의 언해자는 강위姜瑋(1820~1884), 김윤식 정 도로 추정될 뿐 확실하지 않다.[41] 이 글에서는 조심스러운 추정을 더해보 겠다. 1894년 모리스 쿠랑Maurice Courant(1865~1935)은 『한국서지韓國書 誌』를 저술하면서 『이언』과 관련한 정보를 남겼다.

조선이 외국에 문호를 개방할 때 조정은 이 저술의 중국판 2책과 여기서 언 급한 한글번역판을 간행했으며 조정의 배려로 두 가지 모두 경외의 관리와 행정기관에 배포되었다. 이들은 오늘날에는 찾아볼 수 없다.[42]

쿠랑의 언급을 보면 정부에서 『이언』의 언해와 배포는 정부가 주도했 는데 한문본과 한글본을 함께했다는 점 또한 주목된다. 또 하나의 기록은 이노우에 가쿠고로井上角五郎(1860~1938)의 회고이다.

> 1883년 11월 『한성순보』 제1호를 발행했다. …… 제1호가 세상에 나타나
> 자 이에 대한 의견과 평판이 구구했다. 특히 청국 사람들의 비난은 극심하기
> 이를 데 없었다. 그들은 이 신문을 서양의 종교를 전파하기 위한 도구로 쓰기
> 위하여 또는 일본을 찬양하기 위하여 만들었다고 꾸며대고, 또 『이언易言』은
> 청국인이 쓴 책으로서 서양의 문물을 논한 것이다. 그러나 그 가운데 「해방편
> 海防篇」이 있는데 그곳에는 작은 나라 일본이 이미 류큐를 훔치고, 또한 호시
> 탐탐 고려를 엿보고 있다는 등 일본을 대단히 나쁘게 기록하고 있다. 6책을
> 조선말[소위 언문을 말한다]로 번역하여 국내에 배포하는 것을 그 목적으로
> 하고 있다고 모함했다. 그러나 나는 조금도 굴하지 않고 계속해서 제2호 이하
> 를 발행했다.[43]

이노우에의 회고는 4책을 6책으로 하고, 「논변방」을 「해방편」이라 하
는 등 착오가 있다. 그러나 중요한 정보 또한 전해준다. 첫째, 1883년 11
월(양력) 무렵에 이미 언해본에 대한 소문이 상당히 돌았다는 점이다. 언
해본이 이미 배포되었는지, 번역 중이었는지는 위 기록만으로는 단정하
기 어렵다. 만약 언해가 돌았다면 정부에서 1883년 음력 3월에, 『이언』 교
간校刊에 힘쓴 공로로 사역원의 감인관 김재신金載信 등 5인에게 가자加
資했던 일이 새삼스럽다.[44] 쿠랑이 '정부에서 한문본과 함께 언해본을 돌
렸다'는 기록을 감안하면, 정부에서 『이언』의 공간公刊을 명시한 이 시점
에 한문본과 언해본을 함께 간행했고 역관 5인이 언해 당사자였다는 가

능성을 배제할 수 없기 때문이다.

둘째, 이노우에는 『이언』의 내용에 동의하지 않고 발간 의도를 부인했지만 『한성순보』 발간에는 자부심과 의지를 가졌다는 점이다. 이 점을 보면 『한성순보』 발간에 적극적이었던 박영효, 김옥균 등을 비롯한 개화파 등과 『이언』 언해의 연관성이 적어진다. 아울러 이들이 주도해 박문국에 비치하고 이후 광인사로 넘어간 한글연활자 역시 『이언』 간행에 쓰인 활자가 아닐 수 있다. 이에 대해 최근 국어학계에서는 『이언』을 인쇄한 활자는 1857년 이후 주조된 '재주 정리자 병용 한글자' 또는 그 이전 활자일 수 있다고 보고, 언해 역시 대체로 전통적인 언해의 영향을 받았다고 지적하고 있다.[45]

조선 지식인 일부의 국가 만들기는 상당 부분 이전 성과를 활용하는 차원에서 진행되었는데, 앞으로 연구가 더 필요하긴 하지만 『이언』의 언해는 언어 영역에서도 그와 같은 경로를 걸었음을 보여준다. 그러나 『이언』에 대한 언해가 단발로 그쳐 1890년대 중반까지 언해본을 찾아볼 수 없게 되고, 『한성주보』의 국한문혼용이 한문전용으로 바뀐 사실은 이 같은 실험이 더는 정부 차원에서 진행되기 어려웠음을 보여주었다.

1880년대 중반 이후 『성경』의 번역이나 1890년대 이후 민간 지식인들의 국한문, 한글 저술이 활발해지는 것은 언어, 국가를 둘러싼 새로운 패러다임이 전면화한 것이었다.

6 언어와 문자가 보여주는 조선의 변화

이전 세대가 남긴 다양한 성과와 경험은 새로운 상황에서 추려지고 재구성된다. 사상과 이념의 영역에서는 흔히 볼 수 있는 일이지만, 일상적으로 사용하는 언어는 마치 공기처럼 환경화되어 있으므로 재구성 과정을 포착하기가 쉽지 않다. 이 때문에 19세기 후반 한문에서 한글로 문자가 변화한 것은 더욱 도드라져 보인다. 이 글에서는 19세기 후반의 급격한 변화 역시 오래된 변화와 장구하게 집적된 성과들과 연계되어 있었음을 시론적으로 제기해보았다. 주로 살펴본 대상은 언어와 문자에 대한 의식 측면이었다.

15세기 훈민정음은 태생부터 다면적이었다. 문자 창제라는 자부심과 함께, 진문眞文(한자)을 보완하는 음성기호라는 의식 또한 있었다. 왕실의 공덕을 예찬하는 언어이자 진리를 담은 경전의 번역어였는가 하면, 부녀자·아동들의 일상어이기도 했다. 이 같은 다양한 의미는 '제후국 조선'이 발명한 새로운 문자의 태생적 특징이었고, 후대에 다양하게 조합되어 새로운 의미로 기능할 수 있는 근거가 되었다.

그중 중요한 시점은 문자와 부호, 이상적 문화와 일상 문화 사이가 보완·각축하는 수준을 지나 임계치를 넘어가버렸을 때다. 한글이 문자와 일상어의 지위를 확고하게 차지한 시기를 우리는 결론적으로 알 수 있지만, 이 글에서 주목한 것은 그 변화는 이전의 시도와 무관하지 않았다는 점이다. 그 최초 계기로 주목되는 시기는 18세기 후반이다. 도시화의 진전과 주자학적 세계관의 완화는 세속적 일상을 재조명하는 분위기를 만들었다. 그리고 한글은 일상어로서는 물론, 고귀한 진리 또는 지식담론을 담을 수 있는 그릇으로도 종종 사용되었다. 한편 조선이 유교문명을 실현했다는 의식의 강화에 따라 표의를 담당하는 한문과 표음을 담당하는 한글의 보완의식도 있었다. 어느 길을 택하든 한글은 훨씬 높은 위상으로 진전하였다.

이 흐름은 비록 굴곡은 있었지만 19세기 전반기에도 유지되었다. 한글 읽을거리는 계속 확대되었고, 19세기 중반경에는 동학에서도 한글경전이 출현하여 진리를 담은 언어로서 기능도 더욱 왕성해졌다. 19세기 중반 이후 이른바 개화기에는 상층 관료, 지식인들이 일본, 미국을 방문하며 국가어와 관련한 자극을 받았다. 이 흐름에 기반을 둔 지식인들은 1880년대 초반 국어 창출을 위한 다양한 실험을 전개할 수 있었다. 구상으로만 끝난 한글본 『한성순보』, 짧지만 강렬했던 『이언』의 언해와 보급 등이 그것이었다. 비록 국어 창출에는 실패했지만 조만간 닥칠 언어와 문자 의식의 전복을 예고하는 징검다리 같은 실험이었다.

그러나 이 실험을 더 명징하게 증명하기에는 아직 갈 길이 멀다. 18세기 후반의 언어 실험으로 주목했던 홍대용의 『을병연행록』은 작성 취지가 아직도 모호하고, 19세기 후반의 『이언』은 언해의 주역조차 확실하게 밝히지 못했기 때문이다. 게다가 이 주목할 만한 점들을 확실하게 연결하는 연속적인 계선 또한 불충분한 점이 많다. 이 때문에 필자의 작업은 아직은 시론적 수준이다. 이 글에서 천착하지 못한 이 점들은 추후 연구에서 밝히기를 기약한다.

이경구

한림대학교 한림과학원 HK교수. 서울대학교 국사학과를 졸업하고 동 대학원에서 석사·박사 학위를 받았다. 조선 후기 사상사와 정치사를 공부하면서 『조선후기 安東金門 연구』(일지사, 2007), 『17세기 조선 지식인 지도』(푸른역사, 2009), 『조선후기 사상사의 미래를 위하여』(푸른역사, 2013) 등을 출간했다. 지금은 19세기 이전의 개념이 그 이후의 변화에 조응하는 양상을 공부하고 있다.

집필경위

이 글은 2007년 정부(교육과학기술부)의 재원으로 한국연구재단의 지원을 받아 수행된 연구 결과물이다(NRF-2007-361-AM0001).

⑥
연암그룹 지식인들의 천天 인식

◎

조성산

¹ 연암그룹 사유에 대한 이해와 천天 인식의 중요성

조선 후기 주자학적 사유구조의 혼란과 변화 속에서 연암그룹 지식인들은 중요한 위치를 차지했다. 이 글은 연암그룹 지식인들이 지녔던 천天에 대한 인식을 살펴봄으로써 이 시기에 등장한 사유 변화와 혼란 양상의 한 단면을 조명하고자 한다.[1]

연암그룹은 주지하듯이 홍대용洪大容(1731~1783)과 박지원朴趾源

(1737~1805)을 중심으로 형성된 지식인 모임이며, 많은 부분에서 같은 문제의식과 사유를 공유하였다.[2] 이 글은 연암그룹 지식인들 가운데 주로 홍대용, 박지원, 성대중成大中(1732~1809), 홍길주洪吉周(1786~1841) 등을 중심으로 천天 인식에서 그들이 공유한 부분들이 어떠한 것이었는지 살펴보고자 한다. 연암그룹 지식인들의 천 인식에 대한 탐구는 다음과 같은 점에서 중요성이 있다.

첫째, 기존 연구에서 지적되었듯이 연암그룹의 천 인식은 북학사상의 핵심논리 가운데 하나였던 인人과 물物, 중화中華와 이적夷狄의 차이를 무화無化하는 객관적인 제3의 관점을 제시해주었다.[3] 다시 말해서 제3의 관점이란 사람의 관점에서 동물을 폄하하고 중화의 관점에서 이적을 멸시하는 주관적이고 편향적인 시각이 아닌, 천이라는 객관적 위치에서 균등하고 공평하게 사물을 인식하는 것이었다. 그러한 점에서 연암그룹 지식인들이 천에 대하여 구체적으로 어떻게 생각하였는지를 밝히는 것은 그들이 사유한 인물화이무분人物華夷無分의 내용을 좀 더 상세히 말해줄 수 있을 것이다. 그들의 천에 대한 인식은 또한 연암그룹 지식인들이 명청교체와 청나라의 정통성 여부와 같은 역사적 문제를 해석하는 데에도 중요한 사유의 전제였다.

둘째, 주자학, 천주교 등 다른 사유들과의 관련성 속에서 연암그룹이 차지하는 위상을 좀 더 구체화해줄 수 있다. 18세기 후반부터 조선사회에 도래한 천주교의 주재적主宰的인 인격천人格天 인식과 이에 대한 대응은 당시 사상계의 중요한 화두였다. 이 과정에서 지식인들은 엄격한 척사론과 온건한 척사론을 각각 제기하였다. 연암그룹의 지식인들은 이정관李

正觀(1792~1854) 등에게서 보이는 것처럼 교화 중심의 비교적 온건한 척사론을 주장한 것으로 알려져 있다.[4] 그렇다면 이러한 논의가 어떠한 사유 속에서 발현되었는지를 살펴볼 필요가 있다. 그러한 점에서 연암그룹 지식인들의 천 인식에 대한 연구는 천주교, 불교 등에 대해서 그들이 어떠한 대응자세를 지녔는지를 살펴보는 데 도움을 줄 수 있다.

그동안 연암그룹 지식인들이 천을 구체적으로 어떻게 인식하였는지에 대해서는 연구가 부족하였다고 생각한다. 이와 관련하여 박지원이 천주교의 주재적인 인격천 인식을 비판하는 논리를 「상기象記」에서 보였다는 지적과[5] 박지원의 천 인식이 주자학적 초월론을 극복하고 천기론天機論의 지평 위에 서 있다고 지적한 연구가 있었다.[6] 이 연구들은 박지원의 천 인식을 이해하는 데 많은 시사점을 주었으며, 천을 상제上帝로 본 정약용丁若鏞(1762~1836)과 달리 인격천적 요소를 띠지 않았다는 점을 말해주었다.

하지만 이 연구들은 박지원이 가졌던 복합적인 천 인식들 가운데에서 한 측면만 다루었으며, 박지원 한 개인에 머물고 있어서 다른 연암그룹 지식인들은 주목하지 못했다. 따라서 연암그룹 천 인식의 전체적 면모를 살펴보는 데는 한계가 있었다. 이 글은 이러한 연구사적 문제의식 속에서 연암그룹 지식인들이 지녔던 천 인식의 성격을 분석함으로써 그들이 내세웠던 천의 제3자로서 객관성이 어떠한 것이었는지 살펴보고자 한다. 또한 이와 함께 당시 천주교의 도래 등으로 주재적 인격천 문제가 제기되는 상황에서 연암그룹 지식인들이 여기에 어떻게 대응해나갔는지에 대한 문제들도 살펴보고자 한다. 이 논의들은 조선 후기 천에 대한 연구가 근기남인 지식인들의 천주교 신앙을 중심으로 진행되면서 연암그룹뿐만 아니라 노론 측의 천 인식에 대한 연구가 많이 부족하다는 점에서 볼 때, 연구사적 의미가 있을 것으로 생각된다.

2 소옹邵雍의 기수론적氣數論的 천관天觀과 천주교의 주재적 인격천 비판

연암그룹 지식인들은 자신들의 천 인식을 직접 피력하지는 않았다. 따라서 그들의 천 인식은 그들이 천에 대해서 간접적으로 언급한 부분들을 토대로 유추해볼 수밖에 없다. 그러할 때, 우선적으로 주목되는 것은 연암그룹 지식인들의 소옹邵雍(1011~1077)과 천주교의 천 인식에 대한 비판이다. 그 비판 속에는 연암그룹 지식인들이 의도했던 천 인식이 들어 있을 것이라고 생각된다. 우선 소옹에 대한 비판을 살펴보면 다음과 같다.

소옹은 인사人事를 자연의 일부분으로 보고, 자연질서 속에서 인간의 질서도 함께 살펴보고자 하였다. 이는 주자학에서도 보이는 현상이었지만, 주자학과 중요한 차이는 소옹이 인간의 일을 자연의 일에 좀 더 종속시켜 이해하고자 하였다는 점이다. 그러할 때, 자연과 구분되는 인사가 갖는 독특성은 상당 부분 사라질 수밖에 없었다. 이러한 이유 때문에 소옹의 세계관은 사물에 내재한 자연적 원리를 강조하였다.[7] 소옹에게서 이理는 독립적으로 존재하는 추상적인 것이 아니라 '사물의 이'였다.[8] 이것은 주자학자들에게 기수氣數를 강조하는 것으로 비춰질 수 있었다. 소옹을 계승한 서경덕徐敬德(1489~1546) 또한 "세계의 틀이 스스로 그러하다[機自爾]"라고 할 만큼 우주자연의 자체 운동성을 강조하였고,[9] 이것은 기수를 강조하는 것으로 이해될 수 있었다.

조선시대 퇴계·율곡 학파 지식인들 사이에서 소옹과 서경덕에 대한 비판은 이러한 '기의 강조'에 맞추어져 있었다.[10] 초월적인 이를 강조하는 입장에서 보면, 소옹과 서경덕의 세계관은 당위적인 이보다는 시세와 형세를 강조하는, 즉 기수를 강조하는 듯하게 보였을 수 있다. 이것은 사실 어느 정도 오해라고 생각되기도 하지만,[11] 소옹학에서는 그러한 것으로 흘러갈 소지가 많았던 것도 사실이다. 훗날 많은 이가 소옹학이 운명론으로 흘러갈 가능성이 많다고 경고했던 것은 이러한 이유 때문이었다.[12] 홍대용과 박지원의 소옹 비판 또한 이러한 측면과 관련성이 깊지 않나 생각한다.

홍대용은 박지원이 지적하였듯이 학문성격상 천문가天文家라기보다는 역상가曆象家에 가까웠다.[13] 즉, 천의 운행원리 자체를 순수하게 탐구하는 학자이지 미래를 예측하고 점술을 논하는, 좀 더 상세히 말해서 천의 운행원리와 인간의 일을 연관지어 논하는 학자는 아니었다. 그러한 점에서 사물의 흥망성쇠를 논하여 한역漢易의 음양재이陰陽災異와 일견 다르지 않았던 소옹에[14] 대한 홍대용의 평가는 혹독했다. 홍대용은 은둔자로서 소옹에 대해서는 긍정적으로 평가하였지만,[15] 별다른 근거 없이 무리하게 자신의 논의를 전개하던 소옹에게는 매우 비판적이었다. 홍대용은 「의산문답醫山問答」에서 소옹을 허탄한 지식인으로 보았다.

소요부邵堯夫는 달사達士였다. (하지만) 이理를 구하다가 깨닫지 못하고서는 이에 말하기를, "천天은 지地에 의존하고 지는 천에 의탁한다"고 하였다. 지가 천에 의탁한다고 말한다면 가능하지만, 천이 지에 의지한다고 말한다면, 혼혼渾渾한 태허太虛가 어찌 한 흙덩이에 의지하겠는가? 또한 지가 밑으로 떨어지지 않는 것도 스스로 그러한 형세가 있어서이며 천과는 관계가 없다. 요부는 지식이 여기에 미치지 못하고서는 곧 억지로 크게 말하여 그것으로써 한 세상을 속였으니 이는 요부가 스스로를 속인 것이다.[16]

실옹實翁은 웃으면서 말하기를, "소요부는 천지에는 개벽이 있다고 여겼다. 일원一元인 12만 9,600년으로써 개벽의 기한으로 삼고서 스스로 크게 보았다고 여겼다. 세상 사람들 또한 크게 보았던 것으로 기대하였다. 그대는 어떻게 생각하느냐?" 하였다. 허자虛子가 말하기를, "개벽의 기한은 그 설을 들었지만 그 이는 믿을 수 없습니다"라고 하였다. 실옹이 말하기를 "그러하다. …… 오직 천이란 것은 허기虛氣여서 한없이 크고 넓고 형체도 조짐도 없는데 열려 이루는 것이 무슨 물物이겠으며, 닫혀서 이루는 것이 무슨 물이겠는가? 생각하지 않음이 심하다……" 하였다.[17]

두 인용문에서 보면 홍대용은 소옹의 주장이 근거가 부족하며, 또한 허황된 것이라고 인식하였다. 홍대용의 소옹 비판을 보면, 박지원이 언급한 역상가로서 홍대용이 소옹을 어떻게 보았는지를 엿볼 수 있다. 아마도 홍대용이 생각하기에, 소옹은 견강부회가 많고 근거 없는 무리한 해석을 전개하였다고 여긴 듯하다. 박지원의 소옹 비판 또한 이러한 점과 관련이 있다.

> (곡정鵠汀이–필자) 인하여 산연潸然히 눈물을 흘리다가 또한 다시 크게 웃
> 더니, "소요부는 매사에 사주四柱를 풀이하였으니 크게 막혀 있었습니다"라
> 고 하니 나는 "(그는) 분盆을 살 경우, 그것이 깨질지를 점쳤습니까?"라고 물
> 었다.[18]

　앞서 언급했듯이 소옹에게는 '이理를 무력화한다는 의미에서의 기수
학'에 빠져서 인륜도덕에 정진하기를 소홀히 하고 오직 길흉화복만 논하
는 운명론으로 변질될 수 있는 요소들이 내재되어 있었다. 박지원이 소옹
과 사주학의 관련성을 지적한 이유는, 그가 소옹학이 사주와 같은 운명론
적인 기수학으로 변질될 것을 염두에 두었기 때문이 아니었나 생각한다.
박지원은 사주학에 매우 비판적이었다.[19] 박지원은 미리 사물을 점치고
알려고 할 필요가 없다고 하였다. 그는 미리 헤아린다는 것은 사실 거스
르는 것[逆]이라고 하면서 명命에 순응하라고 말하였다.[20] 이는 그가 점
술학과 운명론에 경도될 개연성이 있었던 소옹학을 바라보는 관점을 보
여준다. 이처럼 홍대용과 박지원은 소옹이 이루어낸 상수학적 세계관에
반대하였다. 홍대용 자신이 생각하기에 그것은 합리적 근거가 없는 세계
관이었으며, 박지원에게는 운명론적 세계관이었다. 박지원은 『화담집花
潭集』이 그다지 볼 것이 없다고 평가함으로써 소옹을 계승한 서경덕도 높
이 여기지 않았다.[21]
　다음은 천주교의 주재적인 인격천 인식에 대한 연암그룹 지식인들의

관점이다. 홍대용은 천주교가 우리 유학의 상제上帝 명칭을 몰래 취하고 불가佛家의 윤회설로 장식한 것이라고 여겨서 천주교에 비판적이었다.[22] 박지원 또한 주재적인 인격천 인식을 다음과 같이 비판적으로 바라보았다.

> 조급한 사람이 있어서 오늘 한 가지 선善한 일을 행하고서 천에 좋은 운명이 내리기를 구하고, 내일 한 가지 선한 말을 하고서 상대방으로부터 반드시 응답받기를 취하고자 한다면 천도 장차 그 수고로움을 이기지 못할 것이며, 선한 일을 하는 자도 진실로 또한 장차 지쳐서 물러나고 말 것이다. …… 천이 어찌 일찍이 그 신뢰를 세우고자 하는 것에 뜻을 두고서 애써 사물마다 견주어 가지런히 한 적이 있었는가![23]

위 인용문에서 박지원은 천주교를 직접 명시하지는 않았지만, 천주교의 주재적인 인격천을 염두에 둔 듯한 발언을 하였다.[24] 그는 조급한 사람은 한 가지 착한 일을 하면 기필코 천이 보답을 주리라고 생각하지만, 그럴 경우 천은 장차 그 수고로움을 이기지 못할 것이라고 비판하였다. 그러면서 천이 어찌 그 신뢰를 세우고자 하는 것에 뜻을 둔 적이 있었느냐고 지적하였다. 이 인용문이 반드시 천주교만을 겨냥했다고 볼 수는 없다. 천주교를 포함해서 여타의 주재적인 인격천을 상정하는 논의 전반을 반대한 것으로 볼 수도 있다. 하지만 당대 천주교 문제의 사회적 파급을 생각해보면, 천주교를 상당 부분 의식한 것이 아닌가 생각된다. 그러한 이유로 이 글에서도 당대 주재적인 인격천 인식을 대표하는 천주교를 상정하여 이 문제를 다루었다. 다음 인용문에서도 박지원은 주재적인 인격천 인식을 비판하였다.

> 아! 세간 사물事物 중에 은미한 것으로 겨우 털끝과 같은 것이라도 천이라 고 칭해지지 않는 것이 없다. 천이 어찌 일찍이 하나하나 명령했겠는가! …… 나는 천이 캄캄하고 안개 낀 듯한 속에서 만들어낸 것이 과연 어떠한 사물인 지 아직 알지 못하겠다! 맷돌에 밀을 갈 때에 작고 크거나 가늘고 굵거나 뒤섞 여 바닥에 흩어지니 대저 맷돌의 공功은 도는 것뿐이니 애초에 어찌 일찍이 가루의 가늘고 굵은 것에 대하여 뜻을 둔 적이 있었겠는가![25]

박지원은 우주자연 질서를 주재하는 상제가 있어서 어떠한 의도를 가 지고 우주자연 질서를 창조하고 운영하는 것이 아니라고 말하고 있다.[26] 홍길주에게서도 주재안배主宰按排하는 천에 대한 비판이 보인다.

> 천天에는 천의 이理가 있고 인人에게는 인의 이가 있으며, 곤충과 초목에 게는 곤충과 초목의 이가 있고 물과 불과 흙과 돌에는 물과 불과 흙과 돌의 이 가 있다. 그 이는 모두 천에 근본하지 아니한 것이 없다. 그러나 천은 본래 크 고 푸르며, 지극히 높아서 아래를 덮을 뿐이다. 또한 어찌 일찍이 주재안배의 자취를 보인 적이 있었는가? 그러므로 이를 일러 천이라고 한 것 또한 그것이 진실로 그러한 것인지 감히 아직 알지 못하겠다.[27]

홍길주는 천에는 천의 이가 있고 인에게는 인의 이가 있다고 하였다.

그 이는 모두 천에 근본을 두는 것이지만 천은 그저 크고 푸르며 지극히 높이 아래를 덮고 있을 뿐이니, 어찌 일찍이 주재안배한 적이 있느냐고 말하였다. 그러한 이유로 과연 이를 일러 천이라고 해야 할지도 모르겠다고 하여 주자학의 '천즉리天卽理' 주장에도 의문을 표시하였다.

소옹학과 천주교의 천 인식은 차이점과 공통점을 동시에 가졌다. 소옹의 논의는 기의 자체적인 작동원리에 따라 천지자연 질서가 운행되고 그것에 상제와 같은 인격성이 개입되거나 강조되지 않는다는 점에서, 천주교는 상제가 천을 주재한다는 측면에서 각각은 자연천과 인격천이라는 커다란 차이가 있다. 하지만, 또 한편으로 소옹학과 천주교 모두 내재적이든 외재적이든 사물에 대하여 어떠한 선험적 방향성을 설정할 수 있다는 점에서 공통점이 있다. 소옹학은 기에 내재되어 있는 이가 이미 선험적으로 확정된 상황에서 사물은 항상 예측 가능한 운명의 길을 가게 될 것이며, 천주교는 상제의 주재의도主宰意圖라는 선험성이 사물에 내재될 수 있었다. 선험성에 대한 비판 문제는 홍대용과 박지원의 천 인식을 이해하는 데 매우 중요하다.

3 자연천 인식의 면모와 이理의 개방성 주장

소옹의 기수론적 천관과 천주교의 주재적인 인격천 인식을 비판하면서 연암그룹 지식인들은 어떠한 천 인식을 지녔는가. 우선 주목해야 할 것은 그들이 자연천自然天에 대한 인식을 기본적으로 지녔다는 사실이다. 다음 글에서 자연천은 천의 인격성보다는 물질성을 강조하는 이론으로 인식하였다.

> 천은 본래 넓고 깊으며 형체가 없고 그 스스로 그러함에 맡겨둔다. 사시四時는 그것을 받들어서 그 순서를 잃지 않으며 만물은 그것을 받아서 그 분수에 어긋나지 않을 따름이다.[28]

"그 스스로 그러함에 맡겨둔다"라는 표현에서 박지원의 천 인식을 짐작할 수 있다. 이것은 자체적으로 운행되는 천을 상정한 것으로 볼 수 있다. 여기에는 천주교의 주재적인 인격천 인식과 같은 어떠한 선험적 의도성이 개입되어 있지 않았다. 다음 홍대용의 천 인식 또한 천의 물질성을 강조하고 있다.

> 태허太虛는 비어 있으며, 채우는 것은 기이다. 안도 없고 바깥도 없으며 시작도 없고 끝도 없는데, 쌓인 기가 일렁거리고 엉켜 모여서 질質을 이루며 허공에 두루 퍼져서 돌기도 하고 멈추기도 하니 이른바 땅과 달과 해와 별이 이것이다.[29]

이 글은 홍대용이 우주 발생의 모습을 묘사한 것이다. 상제 혹은 인격적인 존재가 개입되지 않은 우주 자연 자체의 변화와 생성을 볼 수 있다. 박지원과 홍대용의 글에서 보면 그들이 생각한 천은 물질적인 모습을 띠고 있으며 어떠한 의도나 가치가 외부에서 개입되지 않은, 차라리 무심한 존재처럼 보인다. 다음은 기존의 연구에서 천이라는 객관적인 제3자로 중화와 이적의 논의를 무화했다고 인식되는 자료들이다.[30]

사람이 처한 바로 본다면 중화와 이적은 진실로 구분이 있겠지만, 천이 명령한 바로 본다면 은나라의 후관帿冠이나 주나라의 면류관冕旒冠은 각각 시제를 따른 것이니 어찌 유독 청인淸人의 홍모紅帽만을 의심하겠는가![31]

천으로부터 본다면 사람과 사물은 균등하다.[32]

천이 명한 바로 본다면 호랑이와 사람은 사물 가운데 하나이다.[33]

사람의 처지에서 본다면 중화와 이적은 차이가 있지만, 천의 관점에서 본다면 구분 없이 하나라는 것이다. 이것은 중화와 이적을 가름해내서 각각 이에 화복을 내리고 인사에 적극적으로 개입하는 주재적인 인격천의 모습이 아니었다. 오히려 천은 인간의 일에 관여하지 않는 무심한 모습이었다.

그렇다면 이러한 모습은 사실 자연천을 강조한 소옹의 그것과 흡사할지도 모른다. 하지만 양자 사이에는 중요한 차이점이 있었다. 이것은 박지원이 앞서 언급한 천문가와 역상가의 차이에서 찾아볼 수 있다. 소옹은 천문과 인사를 연결해 이해함으로써 이미 확정되고 닫혀버린 운명론적인 이를 추구하였다. 천문과 인사가 연결됨으로써 불가피하게 견강부회하는 것이 생길 수밖에 없고 그럼으로써 그의 이치 탐구 또한 한계에 부딪치게 되는 것이다. 즉 천문은 인사의 문제에, 인사의 문제는 천문의 해석에 각각 규제됨으로써 근거 없는 무리한 이론들이 산출될 수밖에 없는 것이다.

또한 홍대용과 박지원이 보기에 소옹의 이론대로라면 사물의 이 자체는 더는 구체적으로 연구될 필요가 없었다. 이미 이는 선험적으로 존재하는 것이며, 이를 현재와 미래에 응용하고 해석하는 것만이 과제였다.[34] 소옹의 도상학圖像學은 우주자연의 원리를 연역적으로 상정하는 데에서 시작하였으므로 객관 사물의 실제에 충실하지 못하였고, 이러한 이유로 필연적으로 견강부회로 갈 수밖에 없는 근본적인 문제가 있었다.[35]

하지만 역상가는 열린 이를 추구할 수 있었다. 역상가가 열린 이를 추구하는 예는 역법이 계속해서 변화해가는 과정과 이에 역상가가 보여준 대응에서 그 단서를 찾아볼 수 있다. 역법에서 이념적인 것을 제거하고 실제 천문의 변화에 충실해야 한다면 대통력大統曆에서 시헌력時憲曆으로 변화하는 것은 자연스러운 일이었다. 하지만 조선에서 대통력에서 시헌력으로 변화하는 것은 대명의리론이라는 이념의 문제와 연관되면서 순탄하지 않았다.[36]

이 과정에서 시헌력을 주장한 이들은 실제 사물의 이치에 충실하고자 하는 객관적 사물인식을 보였다. 박지원이 언급한 역상가는 시헌력을 주장한 이들을 의미할 수 있었다. 즉, 어떠한 고정적인 선입견에서 벗어나 아직 우주의 이를 완벽히 알 수 없다는 열린 태도를 보이는 이들이었다. 이러한 관점에서 홍대용은 「심성문心性問」이라는 글에서 초월적이고 선험적인 주자학자들의 이 인식을 비판하였다.[37] 또한 홍대용은 「의산문답」

에서 실옹實翁의 말을 빌려 "음양 학설에 얽매어 이에 막히고 천도를 살피지 않은 것은 선유先儒의 허물이다"[38]라고 지적하였다. 홍대용은 선험적인 음양학이나 상수학과 같은 것이 아닌 경험적인 방식으로 우주자연의 이치를 탐구하고자 하였다고 할 수 있다. 박지원도 홍대용과 같은 입장이었다.

> 나는 크게 웃으면서 말하기를, "자네들이 말하는 이理라는 것은 이에 소·말·닭·개일 따름이다. 천天이 이를 준 것은 반드시 구부려서 사물을 씹도록 한 것이다. 지금 대저 코끼리라는 것은 무용無用의 어금니가 심어져 있어서 장차 땅에 머리를 숙이면 어금니가 이미 먼저 땅에 걸리니 이른바 물건을 씹는 것도 저절로 방해가 되지 않겠는가!" 하였다. 혹자는 말하기를, "코 있음에 의지할 따름이다"라고 하였다. 나는 말하기를 "긴 어금니로 코에 의지하느니 차라리 어금니를 없애고 코를 짧게 하는 것이 낫지 않겠는가!"라고 했더니, 이에 말하는 자는 처음 주장을 지키지 못하고서 점차 배운 바를 굽혔다. 이는 정량情量이 미치는 바가 오직 소·말·닭·개에만 있고, 용·봉황·거북·기린에는 미치지 못하기 때문이다. …… 대저 코끼리는 오히려 눈으로 볼 수 있는 것인데도 그 이가 알 수 없는 것이 이와 같으니, 또한 하물며 천하의 사물이 코끼리보다도 만 배나 복잡한 것에 있어서랴! 그러므로 성인이 『역경易經』을 지을 때 '코끼리 상자象字'를 취하여 드러낸 것은 만물의 변화를 궁구하기 위함이었던가![39]

박지원의 「상기」는 세 가지 대상을 겨냥한 것이었다고 생각된다. 그것은 천주교의 주재적인 인격천 인식이며,[40] 선험적인 이만을 주장하고 그 것으로 세계를 협소하게 설명하고자 하는 주자학자와 소옹학자들이었 다. 주자학은 주자학대로, 소옹은 소옹대로, 천주교는 천주교대로 모든 우주현상을 정합적으로 설명할 수 있다고 자부하였다. 하지만 박지원은 그렇게 생각하지 않았다. 그는 우주의 무궁한 변화는 아직 모두 온전히 설명되지 않았다고 생각하였다. 선입견 없는 이의 탐구를 주장한 것은 홍 길주에게서 가장 정리된 형태로 보였다.[41]

> 유자儒者들은 이理가 하나인데 여러 사물에 흩어져 천千이 되고 만萬이 되 고 억조億兆가 된 것이 나뉘어 달라진 것이라고 여긴다. 그 뜻은 대략 가령 옛 날에도 듣고 본 적도 없었던 일이 생겼다고 하더라도 가부득실의 결판은 이 미 천지가 생겨난 처음에 정해져 있었고, 가령 옛사람이 아직 만든 적이 없는 물건일지라도 그 이는 세상이 생겨나기 이전부터 갖추어져 있는데, 단지 그 형체가 오늘에서야 비로소 이루어졌을 뿐이라고 말한다. 이러한 설說에 대하 여 나는 삼가 의심하였다.[42]

홍길주는 '세상의 모든 일은 이미 천지가 생겨난 처음에 정해져 있다' 는 결정론적인 태도에 의심을 품었다. 이 결정론적 태도는 이理의 선험 적 인식을 통하여 얻은 것이었다. 이일理一을 통하여 마치 세상의 모든 일을 알 수 있다는 태도는 학문의 방향을 선험적이고 결정론적으로 이끌 가능성이 있었으며, 구체적이고 실증적인 학문탐구와는 상당한 거리가 있었다. 다음에서 홍길주는 이러한 이일 중심 공부방법론의 문제점을 지적하였다.

> 지금 만약 이 이가 하나에 근본한다고 말한다면, 이를 탐구하는 자는 어찌
> 장차 이미 드러났거나 아직 드러나지 않은 이를 끝까지 연구하여서 천백억년
> 후까지도 예상 밖을 벗어나지 않게 해야 한다는 것인가! 아니면 장차 단지 그
> 이른바 하나라는 것을 연구하고서 천하의 이를 다 궁구했다고 스스로 말해
> 야 하는가! 이 이른바 하나라는 것은 무엇인가? 텅 비고 아득한 하나의 태극
> 인 것인가? 이미 그것을 하나라고 했다면, 또한 장차 무슨 방법으로써 그것을
> 궁구하려고 하는 것인가? 하나의 원을 종이에 그려놓고 이것이 태극太極이
> 라고 하고 태극은 본래 무극無極이라고 말하면서 그 논설을 장황하게 하고 그
> 뜻을 오묘하게 만들어 천 마디 만 마디 말들을 떠들면서 허황 망상의 가운데
> 를 출입하며 이것이 궁리窮理의 학문이라고 말한다.[43]

홍길주는 위 인용문에서 주자학자들의 태극 탐구를 비판하였다. 이 비
판은 소옹학자들에게도 똑같이 적용될 수 있는 문제였다. 그 비판의 핵
심은 태극 연구의 선험성이었다. 실제 사물의 이치를 탐구하는 것이 아
니라, 선험적인 태극을 연구하고서 이로써 마치 세상의 모든 진리를 안
것처럼 인식하는 세태를 비판한 것이다. 홍길주는 다음과 같이 결론을
맺었다.

> 이理는 일에 존재하지 않음이 없으며 사물에 존재하지 않음이 없고 아직
> 일찍이 하나에 근본한 적도 없다. 사事에 즉하여 그 시비를 궁구하면 사의 이

가 드러나고, 물物에 즉하여 그 공용功用을 보면 물의 이가 밝혀진다. 또한 하나하나 미리 구할 수 없다. …… 대저 이 가운데 알 수 없는 것과 같은 것은 곧 천지의 이변異變이다. 돌이 말을 하고, 나무가 피를 흘리고, 남자가 변하여 여자가 되고, 사람이 잉태하여 새를 낳고, 일곱 살 난 아이가 임신을 하는 것이다. 이와 같은 것은 그 경우들을 이루 다 셀 수 없다. 혹은 사서史書에서 보이고, 혹은 직접 보고 듣기도 했으니 거짓은 아니다. …… 이에 이는 모두 궁구할 수 없음을 더욱 알 수 있고, 이에 이는 하나에 근본한 적이 없다는 것을 더욱 믿을 수 있게 되었다.[44]

홍길주는 이를 미리 구할 수 없다고 하였다. 그는 선험적이고 연역적인 이 탐구에 반대하고 실생활에서 실제 부딪치는 일에서 구체적이고 개별적인 이를 구해야 한다고 하였다. 그러한 점에서 흥미롭게도 천지의 이변도 인정하였다. 그것은 그가 지녔던 이 탐구의 개방적 태도와 관련이 있다. 여기에서 이 탐구의 개방성은 어떠한 선험적 전제나 선입견 없이 사물에 내재하는 고유한 원리를 있는 그대로 연구하는 태도를 의미한다. 그는 그러한 점에서 어떠한 거대한 형이상학적 체계를 미리 상정하지 않았다.

이러한 사물에 대한 태도는 서양의 학술에도 열려 있었지만, 그 이외의 다른 기이하고 신비한 일에도 똑같이 적용될 수 있는 문제였다.[45] 박지원은 북극 사람들의 기이한 이야기를 담은 흑진국黑眞國 이야기를 소개하면서 천하가 크다는 것과 세상에는 없는 것이 없다는 사실을 또 한 번 알게 되었다고 확인하였다.[46] 홍길주와 재종형제 간이었던 홍한주洪翰周

(1798~1868) 또한 『지수염필智水拈筆』에서 신령 이야기들을 소개하면서 신령한 일들을 "이 또한 무슨 이인가. 우주는 광대하여 있지 않은 것이 없다"[47]라고 평가하였다.

박지원과 홍길주는 기이하고 신비한 이야기에도 이를 개입시켰다. 이와 같은 맥락에서 홍길주는 신령하고 기이한 이야기들을 일방적으로 무시하지 않고 엮어서 책을 내려고도 하였다.[48] 이러한 사례들은 연암그룹 지식인들이 지녔던 개방적인 자세가 서학뿐만 아니라 기이하고 신비로운 것들에 대한 관심에도 영향을 미쳤음을 보여준다. 다시 말해서 연역성과 선험성을 배제한 학문의 태도는 선입견 없는 개방적인 학문성향으로 나타났으며, 이것은 서학과 신이神異한 것 모두에 해당되었다. 그러한 점에서 성대중은 불교는 신의 무리라고 하면서 『주역』관괘觀卦의 성인이신도설교聖人以神道設敎라는 말을 근거로 신교는 본래 유가에 있었다고 말하기도 하였다.[49] 또한 박지원의 손자로서 이후 온건한 척사론을 전개한 박규수朴珪壽(1807~1877)는 천주교를 배척하는 글에서 귀괴鬼怪의 존재를 부정하지 않았다.[50] 즉 무귀론無鬼論의 입장이 아닌, 그 존재 자체는 인정하면서 천주교 배척의 논리를 전개한 것이다.

4 인격천人格天의 가능성과 인과보응론因果報應論의 전개

앞서 언급했듯이 박지원에게 기본적으로 천은 자연천이었다. 그러하기에 천은 자체의 이를 통하여 운행되는 것이었다. 하지만 홍대용과 박지원은 선험적이고 연역적인 이를 부정하고서 이 의미의 무한성과 미가지성을 인정하였다. 그 과정에서 홍대용과 박지원을 포함해서 일부 연암그룹 지식인들은 세상의 신이한 것에 대해서도 일방적으로 부정하지 않고 '아직 알 수 없는 것[未可知]'의 영역으로 놓아두는 유보적인 자세를 보였다. 그러한 태도는 흥미롭게도 천이 흡사 어떠한 의도를 갖고 있는 듯한 인격천과 같은 모습으로 나타나기도 하였다. 박지원은 다음과 같이 말했다.

> 나는 말하기를, "다만 기수氣數만을 말한다면 천지간 어디에도 손댈 곳이 없을 것입니다. 성인들은 천명이란 말을 드물게 하였으니 세상을 위하여 가르침을 세우는 데는 이와 같이 하지 않을 수 없었던 것입니다. 그러나 때가 오면 바람이 등왕각滕王閣으로 보내지고 운運이 가면 천복비薦福碑에 우레가 울린다고 하였으니, 천지간에는 모두 때가 오고 운이 가는 것이 있습니다" 하였다.[51]

박지원은 기수氣數로만 세상을 해석한다면 세상일은 모두 운명으로만 해석되어 인간의 노력은 가려지게 될 것이어서 성인聖人은 운명으로 오해될 천명이라는 말을 자주 하지 않았던 것이지만, 역사상의 사례를 보면 운에 따라서 신이한 일들이 많이 벌어졌다고 하였다. 계속해서 박지원은 다음과 같이 말했다.

> 나는, "사람들은 항상 천은 거짓을 용납하지 않는다고 말하지만, 바야흐로 일어나려 할 때에는 왕패王霸가 궤언詭言으로 얼음이 얼었다고 하였으나 천

은 또한 그 거짓을 따라주었고, 지성으로 기도하여도 반드시 소원을 성취해주지 않는데 바야흐로 망할 때에는 장세걸張世傑이 분향을 하면서 천에 빌었는데 그 정성에 통쾌히 부합해주었습니다. …… 천하에 크게 신뢰할 것으로 조석潮汐 같은 것이 없지만, 송조宋朝로 하여금 더 이상 버틸 수 없게 하고자 하니, 전당강錢塘江의 조수潮水가 사흘 동안 이르지 않았습니다. 흥하고 망하는 즈음에는 귀신조화의 자취가 또한 거짓과 진실이 서로 엇갈리며 성실과 흉계가 병행합니다. 천하를 주고자 하는 경우에는 분명히 천이 즐겨하는 바가 아니겠지만 몰래 묵묵히 북돋고 도와주어 곡진히 은혜로운 뜻이 있고, 천하를 뺏고자 하는 경우에는 분명히 천이 증오하는 바가 아니겠지만 잔인하고 참혹하기가 마치 깊은 원수에게 복수하는 것과 같은 것은 왜입니까?"라고 하니 곡정鵠汀은, "우리나라 패륵貝勒 박락博洛이 군사를 거느리고 절강浙江의 군영을 강 언덕으로 옮기는데 이때 조수가 또한 연일 이르지 않았습니다"라고 하였다. [52]

이 인용문에서 박지원은 "천이 천하를 누군가에게 줄 때에는 분명히 어떠한 의도를 갖지는 않았을 터인데도 마치 도와주는 듯하고, 천하를 빼앗을 때에는 특별하게 미워하는 것은 아닐 터인데도 마치 원수에게 복수하듯 참혹하니 이것은 무슨 의미인가"를 물었다. 인용문의 "천이 즐겨하는 바가 아니겠지만"과 "천은 증오하는 바가 아니겠지만"은 자연천의 모습이며, 이후 "몰래 묵묵히 북돋고 도와주어 곡진히 은혜로운 뜻이 있고"와 "잔인하고 참혹하기가 마치 깊은 원수에게 복수하는 것"은 천이 어떠한 인격과 의도를 갖고 있는 듯한 인격천의 모습이다. 이를 통하여 박지원이 지녔던 자연천과 인격천 사이에서의 입장을 엿볼 수 있다. 다음은 박지원이 자연천과 인격천 사이에서 갈등하고 혼란해하는 모습을 가장 잘 보여주는 대목이 아닌가 생각된다.

가) 지금 청이 천하를 다스린 지 겨우 네 대인데 문무를 갖추고 장수長壽를 누리지 않는 자가 없고, 태평한 세상의 백 년 동안 사해가 편안하고 고요하니, 이는 한·당에서도 없었던 것이다. 그 온전히 편안하고 부식扶植하는 뜻을 보면 아마도 상천上天이 세운 명리命吏일 것이다.

나) 옛날 사람 가운데 일찍이 순순諄諄한 천에 의심을 품고서 성인에게 질문하는 자가 있었다. 성인은 천을 체득한 뜻을 재삼 고하여 말하기를, "천은 말하지 아니하고 행行과 사事로 보여주신다"라고 하였다. 나는 일찍이 이것을 읽다가, 이에 이르러 그 의혹이 더욱 심하여졌다. '천이 행과 사로 보여준다'는 것을 감히 묻는다면, "이적으로써 중화를 변화시킴은 천하의 커다란 욕됨이다. 백성들의 원한과 고초가 얼마나 큰가! 향기로운 제물과 비린내 나는 제물은 각기 그들의 덕德에 따라 나뉠 것이다. 백신百神이 향응하는 바는 어떠한 것이겠는가!"

다) 그러므로 사람이 처한 바로 본다면 중화와 이적은 진실로 구분이 있겠지만, 천이 명령한 바로 본다면 은나라의 후관이나 주나라의 면류관은 각각 시제時制를 따른 것이니 어찌 유독 청인淸人의 홍모紅帽만을 의심하겠는가! 이에 천정天定·인중人衆의 설설說이 그 사이에 유행되고, 인과 천이 서로 함께 하는 이는 이에 도리어 기에 의하여 물러나 명령을 받게 되니 앞의 성인의 말씀에 체험하여 부합하지 않으면 문득 이르기를, "천지의 기수氣數가 이와 같

은 것"이라고 한다. 아아, 슬프다. 이것이 어찌 참으로 기수의 소치라고 이르고 말 것인가![53]

이것은 「호질虎叱」 후지後識의 일부분이다. 논의를 위해서 이 논문은 연속된 하나의 글에 가), 나), 다)를 표시하고 문단을 나누었다. 가)에서 박지원은 이적 청나라가 중원을 장악하고서 4대 동안 번성을 유지하였으니 이것은 청나라가 천이 명령한 제왕이라는 점을 증거하는 것이라고 말하였다. 여기에서 보이는 천의 모습은 주재적인 인격천의 모습이다. 이후 나)에서 박지원은 이러한 주재적인 인격천에 대하여 다시 회의하는 모습을 보였다. 과연 천이 어떠한 의도로 이적으로써 중화를 바꾸는 참혹한 행위를 했는지 의심한 것이다.

박지원은 이러한 의심에 명확한 해답을 내리지 못하자, 다시 천이 어떠한 의도를 갖고 있지 않다는 자연천 의식으로 선회했다. 박지원은 다)에서, 천의 관점에서 보면 은나라의 후관이나 주나라의 면류관이나 청나라의 홍모는 모두 같은 것이라는 점을 말하였다. 이 천은 인간의 일에 개입하지 않는 듯한 무심한 천의 모습이다. 하지만 그렇다고 하여 이것을 천정·인중의 설과 기수의 논의로 접근하는 것에는 다시 의문을 표시하였다.[54] 좀 더 상세히 논하면 '천이 정하면 인간이 막을 수 없다고 하던가,' '사람이 많으면 천의 뜻을 이기는 경우도 있다'는 등의 대결론적 견해,[55] 혹은 어쩔 수 없는 기수라고 하는 운명론적 논의에는 반대한 것이다. 그래서 그는 이것이 어찌 기수의 소치라고 이를 수 있겠느냐고 물었다.

이 글에서 박지원은 인격천 인식과 기수론적 운명관 모두를 비판하였다. 이것은 앞서 박지원이 천주교의 주재적인 인격천 인식과 소옹의 기수론적 천관 모두를 비판한 것과 같은 맥락이다. 그러면서 박지원은 새로운 대안을 찾고자 했다. 하지만 박지원은 여기에 명확한 해답을 내리지는 않았고, 이어서 인의仁義와 같은 본질적인 문제에 힘쓰기보다는 자신들의 의관衣冠만을 중시하는 청나라의 낮은 처신을 비판하였다. 그는 문제를 제기하는 데에 머물렀던 것이 아닌가 생각된다.

이와 같은 박지원의 문제의식을 계승하여 연암그룹 지식인들 가운데 자연천과 인격천의 혼용된 모습을 가장 잘 보여준 인물은 성대중이다. 그는 역사상의 여러 사례를 들면서 천도 어떠한 의도를 가지고 누군가를 편파적으로 도와주는 경우가 있지 않았느냐고 다음과 같이 물었다.

완안합달完顔合達이 원나라에 패한 이유는 눈 때문이었고 손부정孫傳庭이 이자성李自成에게 패한 이유는 비 때문이었다. 똑같이 눈과 비가 내렸지만 도리어 저들에게는 이익이 된 것은 무엇 때문인가! 그러나 오히려 일을 맡길 만한 사람들이었다. 진패선陳覇先이 건업建業에서 제齊나라 군대를 먼저 저지할 때에 해자 하나를 사이에 두고 처하였는데, 북쪽에는 장맛비가 내려 솥을 높이 걸어놓고 밥을 하였지만 남쪽에는 건조하여 먼지가 날리려고 하였다. 진陳나라가 이 때문에 승리하였다. 백안伯顔이 임안을 공격할 적에 군대가 강가에서 야영하였는데 조수가 이르면 전복될 것이어서 송나라는 이를 다행으로 여겼지만, 조수가 이르지 않은 것이 3일이었다. 송나라가 망하고서 조수가 이에 이르렀으니 이는 곧 천 또한 편벽되게 도와주는 것이 있는 것인가![56]

이 인용문에서 송나라가 망하는 사례는 앞서 박지원이 언급한 내용과 같다.[57] 성대중은 역사상에서 보이는 신이한 사례들을 들어 천이 마치 어떠한 의도를 가지고 있는 것은 아니냐고 물었다. 이것은 천의 인격천적인 모습에 주목한 것이다. 다음의 내용도 성대중의 인격천적인 모습을 보여준다.

> 내가 젊을 적에 벼슬하고 있을 때 잠시라도 상분常分에 어긋나면 번번이 낭패를 당하였는데, 다른 사람들은 아직 반드시 그렇지 않았다. 일찍이 이것으로써 취설공醉雪公 류후柳逅에게 고하여 이르기를, "천이 어찌 편벽되게 저를 쳐다보는지요! 어찌 벌주심이 다른 사람보다 심합니까!" 하였더니, 공은 크게 한숨을 쉬면서 이르기를, "과연 그러하다면 천이 아마도 자네를 아끼심이 두터우신 것이다! 수나라 양제 때에 어찌 천재天災가 있었다는 것을 들었겠는가!" 하였다. 내가 지금 늙으니 더욱 그 말에 뜻이 있음을 느낀다.[58]

하지만 성대중이 인격천적인 관점을 고수한 것은 아니다. 이 인식의 근간에는 오히려 자연천 인식에 기초한 인과보응의 법칙이 들어 있었다. 일찍이 박지원은 「황교문답黃敎問答」에서 만주인 파로회회도破老回回圖(자는 부재孚齋, 호는 화정華亭)의 인과설과 종교적 견해들을 소개한 바 있었다. 박지원은 파로회회도에게 인과因果라는 것은 불교의 윤회와는 다른 것이냐고 물었다. 이 질문에 파로회회도는 다음과 같이 주장하였다.

> 아닙니다. 인과설이란 단지 이러한 일로 인하여 이러한 공功이 있다는 것

입니다. …… 만약 올바름을 따르면 길하고 역리를 따르면 흉하게 된다고 말한다면 이에 우리 도의 인과입니다. 올바름과 역리는 인因이며, 길하고 흉한 것은 과果입니다. 길흉을 믿을 수 없다고 말하는 자는 말하기를, "그림자와 소리와 같으니 따르고 좇는 사이에 그 부응하는 영험이 이와 같이 빠를 수야 있겠느냐"고 합니다. 적선積善의 가문에는 반드시 남는 경사가 있고, 불선不善한 일을 쌓는 집에는 반드시 남는 재앙이 있을 것이니, 이것이 우리 도의 인과입니다.[59]

파로회회도의 대답은 유가가 가지고 있는 길흉화복의 인과 원리를 설명하는 것이었다. 그는 이어서 불교는 유가의 인과설을 빌려서 윤회설을 만들었고, 천주교는 유가의 상제설을 가져다가 자신들의 논의를 전개했다고 하였다.

불교를 하는 자도 처음에 인과를 말함이 지극히 고명했습니다. 우리 도의 보응報應에는 자취가 있다는 것을 보고는 이에 윤회설輪廻說을 만들어 인과설에 채워 넣었으니, 실상 우리 도는 그것을 병통으로 여깁니다. 만약 선한 일을 하면 백 가지 상서로운 것이 내려지고, 선하지 못한 일을 하면 백 가지 재앙이 내린다고 말한다면 이것은 우리 도의 인과입니다. 그 내려주는 자는 누구일까요? 태서泰西 사람들은 거경居敬함은 심히 돈독하고 불교를 공박함은 더욱 힘썼지만, 오히려 천당·지옥의 설을 만들었습니다. 그들은 우리 도道의 한마음으로 상제를 대한다는 말을 보고서 임臨, 감監, 시視, 청聽이라고 말하면서 명백히 주재하는 것이 있다고 하니 하나의 재앙과 상서를 내린다는 '내

릴 강降'자를 가지고서 스스로를 기망하고 있습니다.[60]

　파로회회도는 불교와 천주교가 유가의 인과, 상제의 논의들을 빌려갔다고 주장하였다. 하지만 어떠한 측면에서는 불교와 천주교를 통하여 그가 유가의 논의들을 재발견한 것으로 볼 수도 있다. 이러한 논의들에서 박지원은 단순히 소개 단계에 머물렀지만, 이후 성대중은 좀 더 발전적인 논의를 전개한다. 성대중은 천도에 대한 독특한 인식을 보여주었다. 그는 천지 사이에 가득 찬 것은 감응感應과 보복報復의 이라고 전제하였다.[61] 이 감응과 보복의 이를 통하여 성대중은 권선징악의 이를 『청성잡기青城雜記』의 많은 곳에서 설명하였다.[62]

　　진평陳平과 주발周勃은 일등공신이 되었다. 그러나 (진평과 주발은) 여씨를 주살함이 너무 가혹하였고 국가권력을 전단함을 너무 오로지 하였기 때문에 음화陰禍가 뒤에 미쳐서 두 집안이 모두 망하였다. 주아부周亞夫는 옥사하였으니 공이 그 허물을 덮기에 부족해서였던가! [이덕무의 평어─필자(이하 같음): "심하구나, 보복이 마치 그림자와 메아리와 같음이여!"][63]

　성대중은 진평陳平과 주발周勃이 여씨를 주살함이 지나쳤고 정권을 너무 독점하였기 때문에 마침내 화가 두 집안에 미쳐 두 집안이 모두 망하였다고 하였다. 그는 불교의 『능엄경楞嚴經』 어구도 인용하면서 진나라와 초나라가 서로 보복한 일들을 정리하기도 하였다.[64] 또한 성대중은 이자성李自成(1606~1644)과 주전충朱全忠(852~912)의 예를 들어서 천이 응징하고 보복하는 사례들을 기술하였다. 성대중의 논의에서 주목해야 할 것은, 천리의 정밀함과 교묘함으로 천이 마치 인격적인 존재가 된 듯한 모습을 띠었다는 점이다.

> 인人이 모이면 천天을 이길 수 있고, 기氣가 왕성하면 이理를 이길 수 있다. 그러나 마침내는 천이 인을 이기고 이가 기를 이긴다. 주전충과 이자성이 악을 쌓아갈 적에 천이 어찌 이들을 속히 죽이고 싶어 하지 않았겠는가! 그러나 아직 그렇게 할 수 없었던 것은 기가 이를 빼앗았기 때문이다. 그 화가 가득 차서 자신에게 미치면 마치 보복당하는 것과 같다. 천과 이가 이에 승리하는 것이다. 그러나 주전충과 이자성의 손에 죽은 자들 또한 천이 아니었겠는가! 이미 그들로 하여금 죽이게 하고서 또한 따라서 그들에게 보복하니 천 또한 교변巧變하구나![65]

천이 죽이고 살리는 것, 천의 응징과 보복은 성대중이 사유한 천의 인격적인 모습들을 보여준다. 이 밖에도 성대중은 많은 역사 사례를 인용하면서 천의 응징과 보복이 얼마나 신비롭고 정밀하게 진행되었는지 서술하였다. 이러한 인식 속에서 중화와 이적의 교체를 해석하는 독특한 시야도 마련하였다.

> 대저 이적과 중화의 구분은 사람이 한 것이지 천에는 똑같은 자식이다. (이적이) 중국을 어지럽힌다는 근심은 순임금 때부터 비롯되어 『춘추春秋』는 오로지 이적을 물리치는 것으로써 법으로 삼았으니 오나라 계찰季札 또한 중화

와 같은 반열에 들지 못하였다. 그러나 기수가 교대로 변화해가는 것은 성인
聖人 또한 어찌할 수가 없는 것이다. 초나라와 오나라와 월나라가 돌아가며
중국의 맹주가 되었고, 진秦나라가 천하를 합병하고 오호가 중국을 어지럽혔
다. 송나라와 명나라 이후로는 마침내 중국 전역이 오랑캐에게 복속되었으
니, 오랑캐가 본디 강했던 것이며, 중국이 바로 또한 그들의 보복을 초래하였
던 것이다.[66]

이것은 박지원이 앞서 「호질」에서 명확히 하지 못한 이적의 중화 지배
를 보응론과 인과론의 관점에서 제시한 것이라고 할 수 있다. 성대중은
명청교체를 포함해서 이적이 권력을 잡은 것은 중국이 격발해서 초래된
것이며, 천도의 보응원리에 따른 것이라는 점을 말했다. 박지원이 「호질」
에서 명확히 언급하지는 않았지만, 그 뜻은 성대중과 흡사하지 않았나 생
각한다. 위의 인용문을 「호질」의 맥락에서 살펴보면 박지원과 성대중의
의도가 한층 구체화된다.

사람이 처한 바로 본다면 중화와 이적은 진실로 구분이 있겠지만, 천이 명
령한 바로 본다면 은나라의 후관이나 주나라의 면류관은 각각 시제를 따른
것이니 어찌 유독 청인淸人의 붉은 모자만을 의심하겠는가! 이에 천정·인중
의 설이 그 사이에 유행되고, 인과 천이 서로 함께하는 이는 이에 도리어 기에
의하여 물러나 명령을 받게 되니 앞의 성인 말씀에 체험하여 부합하지 않으
면 문득 이르기를, "천지의 기수가 이와 같은 것"이라고 한다. 아아! 슬프다.
이것이 어찌 진실로 기수가 그렇게 한 것이겠는가![67]

앞의 글을 성대중의 처지에서 살펴보면, 우선 천의 관점에서 은나라의 후관이나 주나라의 면류관, 청나라의 홍모는 각각 자신들의 시제를 따른 것이라는 말은 성대중의 "이적과 중화의 구분은 사람이 한 것이지 천에는 똑같은 자식이다"라는 말과 대응을 이룬다. 박지원은 중화 이적의 교체를 기수가 그러해서 그렇다고 운명론적으로 말하는 이들에게 과연 이것이 진실로 기수 때문이겠는가 하는 질문을 던졌다. 박지원은 의문만을 던졌을 뿐, 사실 자신의 물음에 명확한 답변을 하지는 않았다. 이에 반해서 성대중은 그것이 천리의 보응 원리에 따른 것, 즉 중국이 초래한 것이라는 점을 다음과 같이 분명히 하였다.

정강靖康의 변란에 제왕의 자손과 왕손들, 관문官門의 사족仕族들이 금나라 오랑캐에게 잡혀가 노비가 되었다. …… 오랑캐는 유독 의원과 수놓는 공인工人들과 같은 부류를 좋아하였다. 그들은 평상시에는 땅바닥에 모여 앉아 지냈는데 속옷에 허름한 자리였다. 손님이 오면 연회를 베풀고 악기를 잘 연주할 수 있는 자를 끌어다가 주변에서 연주하게 하였다. 술자리가 무르익고 손님이 취하면 각각 처음 자리로 돌아가서 둘러앉아 수를 놓았다. 왕왕 굶주리고 병들어서 잇따라 죽으면 오랑캐들은 그들을 보기를 노새와 소가 역役에 지쳐서 죽는 것과 같이하였으며 더욱 살아 있는 자들을 고통스럽게 부렸다. 아아! 저들은 그 어떤 앙화를 쌓았기에 이 지경에 이르렀는가! 부귀의 보복에 불과하다. [이덕무의 평어: "측달惻怛의 뜻이 말에 넘친다."] 그러나 중화가 이적을 대한 것에는 필경 그 보복이 있는 것이 합당하다. 이적이 설령 우리와 같은 부류는 아니지만 또한 사람이다. 천이 그것을 볼 때에 중화와 이적으로 어찌 분별이 있었겠는가! 성인聖人이 함께 양육하고 싶어 하지 않은 것은 아니었지만, 단지 강역疆域이 멀었기 때문에 아직 중국과 더불어 상도常道를 베푸는 것에 이르지 못한 것이었다. 주나라는 오히려 명의名義로써 배척했지만 양한兩漢은 오로지 무력으로써 가하여 노로奴虜로 대하고 금수로 보아 반드시 섬멸한 이후에야 그치려고 하였다. 그들도 또한 중국을 원수처럼 보고 대대로 이를 갈면서 반드시 한번 보복하려고 하였는데 중국이 스스로를 닦는 것이 이에 도리어 그들보다 못하였다. [이덕무의 평어: "천고千古의 명쾌한 의론議論이니 세속의 유자가 아니다."] 천이 중국을 싫어한 지 오래되었으니 어찌 이러한 보복이 없을 수 있겠는가! 단지 그것에 당한 자가 불행할 따름이다. [이덕무의 평어: "이 '정강지변靖康之變' 장 및 아래의 '천동이지이天同而地異,' '춘추엄어양이春秋嚴於攘夷'는 얼마나 쾌활한가! 얼마나 명백한가! 이와 같은 논의는 예전에도 드물었다."][68]

박지원은 앞서 "이적으로써 중화를 변화시킴은 천하의 커다란 욕됨이다. 백성들의 원한과 고초가 얼마나 큰가!"[69]라고 하면서 중화가 왜 이적에게 치욕을 당해야 하는지에 의문을 품은 바 있다. 이에 대해서 성대중은 보복의 이치라는 측면에서 명확한 답변을 주었다. 성대중은 중화와 이적을 문화적·도덕적 선입견 없이 동등한 하나의 세력으로 설정하고 인과 보응론의 관점에서 중화의 몰락과 이적의 보복을 논하였다. 여기에 대해서 이덕무 또한 적극 인정하였다.

앞서 인용문에서 성대중은 천정·인중의 설을 소개하면서 결국 천과 이가 승리하는 상황도 서술하였다.[70] 또한 성대중은 천이 중화와 이적을 똑같이 자식으로 여긴다고 하는 등 박지원보다 좀 더 인격천적인 서술을 하였고, 천의 신묘한 보응의 원리를 더욱 선명하게 제시하였다. 성대중이 이렇게 천도의 정밀함을 언급했지만, 천도를 아직 모두 알 수 없다고 함으로써 천도의 무한함도 다시 한번 확인하였다.

> 망한 나라도 아직 일찍이 후손이 없지는 않았지만 진秦나라와 조나라만 유독 자손이 없는 것은 그들이 죽인 자들이 많았기 때문이었다. 그러나 원나라는 나라를 세울 적에 사람들을 죽임이 진나라와 조나라보다 많았지만 순제順帝가 북쪽으로 도망가서 후손들이 사막에서 번성하였으니 오늘날의 몽골蒙古이 이것이다. 천도는 또한 알 수가 없구나![天道亦未可知也] 아마도 순제가 명나라 태조에게 양보하여 피한 것이 마치 신라 경순왕이 훼국毁國하였으나 백성들을 보전하여 천우天佑를 받기에 충분한 것과 같아서였는가! 이것 또한 살리기를 좋아하는 덕이다. 주온朱溫이 흉학한데도 그 후손들이 이에 명나라를 세웠으니 이것은 또한 상리常理 밖이다. 명나라 태조가 엄함을 숭상한 것은 아마도 또한 주온의 남은 공렬功烈인가![71)

성대중은 천도를 아직 알 수 없다고 말함으로써 자기 논리의 한계를 제시하였다. '아직 알 수 없음'은 앞서 언급한 연암그룹 지식인들이 견지한 이 의미의 무궁함에 대한 자각과도 같았다.

이상의 논의로 보면, 성대중은 인과보응론과 같은 천의 신묘한 작용을 제시함으로써 천주교의 천당지옥론과 도교 계열 선서善書들의 복선화음福善禍淫 주장에 대응하려고 하지 않았나 생각한다.[72) 왜냐하면 선한 일을 하면 그에 상응하는 복이 오고 악한 일을 하면 그에 상응하는 화를 받게 된다는 인과보응론은 당시 유행하던 천주교와 도교 계열 권선서들의 주장과 맞닿아 있기 때문이다. 연암그룹 지식인들은 이단 사상에 비교적 온건한 태도를 취하였다. 별다른 근거 없이 불교와 도교를 함부로 배척하고자 한 유학자들을 비판하는 옹정제雍正帝(재위 1678~1735)의 교서를 박지원은 『열하일기熱河日記』에 소개하였고,[73] 이정관은 천주교에 온건한 교화의 태도를 보였다.[74] 성대중의 인과보응론은 이러한 온건한 견해와 관련이 있었다. 선한 행위에 대한 맹목적인 강조에서 벗어나 인과보응이라는 보상의 관점에서 이 문제에 접근함으로써 부분적으로 불교와 천주교, 도교의 주장과 비슷한 지점들을 갖게 된 것이다. 이것은 그들 주장에 대한 부분적 긍정으로 이어졌고, 앞서 이理 의미의 무한성과 미가지성을 근거로 신이한 것을 인정한 것과 함께 그들이 온건한 척사론을 주장하게 된 중요한 배경이 되었던 것으로 생각한다.

5 천 인식의 개방성: 자연천과 인격천의 절충

이 글에서는 연암그룹 지식인들에게서 보였던 천 인식을 살펴봄으로써 북학사상 화이론의 근거가 되었던 제3자로서 천 인식이 어떠한 사유에서 나왔는지 살펴보고자 하였다. 또한 소옹의 기수론적 천관과 천주교의 주재적인 인격천 인식을 비교하면서 연암그룹의 천 인식이 놓여 있는 위치를 살펴보고자 하였다. 이로써 다음과 같은 결론에 도달할 수 있었다.

연암그룹 지식인들은 소옹의 기수론적 천 인식과 천주교의 주재적인 인격천 인식에 반대하였다. 양자는 본질상 자연천과 인격천으로 차이가 많지만, 연암그룹 지식인들이 보기에 '선험적'이라는 점에서 일정한 공통점이 있었다. 전자는 기수라는 것에서, 후자는 상제라는 것에서 연암그룹 지식인들이 제시한 선험적인 이 인식을 배제하려는 열린 이의 관점과는 거리가 있었다. 이 열린 이의 관점에서 연암그룹은 주자 성리학의 태극론이 가졌던 선험성 또한 비판하였다. 그러한 점에서 박지원의 「상기象記」는 천주교와 주자학, 소옹학 모두를 비판한 것이었다. 그 이의 개방성 주장에는 서학의 탐구뿐만 아니라 신이하고 기이한 것, 그리고 다른 종교에 대한 개방적 태도도 보였다.

이 개방성은 연암그룹 지식인들의 천 인식에서 중요한 핵심사항이 아닐 수 없다. 이 이의 개방성은 그들의 천 인식을 단순한 자연천 인식에 머무르지 않게 하였다. 자연천적인 관점에서 천은 일견 무심하게 보일 정도로 작용하지만, 그것의 작동원리인 천리의 미가지성으로 인격천은 아니지만 인격천적인 의미를 가질 수도 있기 때문이다. 이를 역사와 사회에서 증명해주는 하나의 증례가 인과보응론이었다. 박지원이 「황교문답黃教問答」에서 만주인 파로회회도의 말을 빌려 소개한 인과의 논의를 성대중은 『청성잡기靑城雜記』 전체에서 상당 부분 강조하였다. 이것은 이 시기 화복을 중시한 권선서勸善書들의 논의와도 맥이 닿아 있는 것으로 생각된다. 신묘한 천리의 작용을 들어 선악에 대한 보응을 설명하면서 천은 마치 인격적인 면모를 띠는 듯하였다. 이것은 자연천과 인격천 사이에 있는, 좀 더 엄밀히 말하면 자연천 인식을 근간으로 인격천의 효과를 도모한 성대중의 천 인식을 보여주었다.

연암그룹 지식인들은 천의 관점에서 보면 중화와 이적의 구분이 없다고 말하였다. 이러한 해석이 가능했던 것은 그들이 인식한 천이 주자학자들처럼 '천즉리天卽理'의 관점에서 선악을 평면적으로 변별하는 천이 아니었기 때문이다. 연암그룹 지식인들의 천은 '크고도 푸르며, 지극히 높이 아래를 덮고 있는' 형체로서 무심한 천이었고, 그러한 이유로 '천즉리'라고 할 수 있는 관념적인 천이 아니었다. 이것과 관련해서 성대중은 평면적인 도덕적 관점에서 이해할 수 없는 이적이 중화를 장악한 사건 또한 천의 인과응보 작용이라고 말할 수 있었다. 또한 선험적인 이 인식의 배제는 신묘한 것에 대한 부분적인 인정으로 이어졌고, 인과보응에 대한 논의는 부분적으로 도교, 천주교, 불교의 주장들과 일부 흡사한 것으로 나타났다. 이것이 연암그룹 지식인들로 하여금 천주교와 불교 등에도 비교적 온건한 태도를 취하도록 하게 하지 않았나 생각한다.

조성산

고려대학교 한국사학과를 졸업하고 같은 대학원 사학과에서 석사·박사 학위를 취득했다. 고려대학교 민족문화연구원 HK연구교수를 거쳐 현재 성균관대학교 사학과 부교수로 있다. 주요 저서로는 『조선 후기 낙론계 학풍의 형성과 전개』(지식산업사, 2007)가 있고, 주요 논문으로는 「16~17세기 北人 學風의 변화와 事天學으로의 전환」(『조선시대사학보』 71, 2014), 「申欽의 학문형성과 古學의 영향」(『민족문화연구』 65, 2014), 「18세기 후반 李喜經·朴齊家의 북학사상 논리와 古學」(『역사교육』 130, 2014), 「조선후기 소론계의 古代史 연구와 中華主義의 변용」(『역사학보』 202, 2009), 「18세기 후반~19세기 전반 對淸認識의 변화와 새로운 中華관념의 형성」(『한국사연구』 145, 2009) 등이 있다.

집필경위

필자는 성균관대학교 동아시아학술원과 한림대학교 한림과학원이 공동주최한 "19세기의 동아시아-변화와 지속, 관계와 비교"(2015년 2월 13일) 학술대회에서 '18세기 후반~19세기 전반 연암그룹 지식인들의 天 인식'을 발표하였고, 이를 일부 수정 보완하여 같은 제목으로 『대동문화연구』 90(2015년 6월, 성균관대학교 대동문화연구원)에 게재하였다. 이 글은 『대동문화연구』 90에 실린 필자의 논문을 일부 수정한 것이다.

19세기 지식장의 변동과 문명의식-
홍한주, 이규경, 최한기를 중심으로

◎

김선희

19세기를 바라보는 시선

어쩌면 19세기는 우리에게 너무나 멀리 떨어져 있는지도 모른다. 호학의 군주로 알려진 정조正祖의 문화 정책, 성호星湖 이익李瀷(1681~1763)과 다산茶山 정약용丁若鏞(1762~1836)으로 이어지는 남인계의 학술적 약진, 북학론으로 대표되는 연암그룹의 중국 체험과 세계관의 변화 등 18세기의 사상 인자들은 선이 분명하고 성과가 확연하게 드러나는데 비해, 19

세기 조선의 지식장에서는 뚜렷하게 부각되는 선구자나 대표자를 찾기 어렵다. 이러한 인상의 원인 중 하나는 이 시기가 전 시대인 18세기가 아닌 미래인 20세기와 비교되기 때문일 것이다. 서구적 구도에 따라 삶의 거의 모든 조건을 바꾸어야 했던 20세기의 관점에서 보면 19세기는 자주 지연과 퇴락, 무능의 시대로 감지되는 것이다.

19세기에도 화서華西 이항로李恒老(1792~1868), 노사蘆沙 기정진奇正鎭(1798~1879), 한주寒洲 이진상李震相(1818~1886), 간재艮齋 전우田愚(1841~1922), 면우俛宇 곽종석郭鍾錫(1846~1919) 같은 정통 유학자들은 여전히 학맥의 중요한 자리를 차지하고 있었다. 그러나 이 가운데서 시대를 바꿀 새로운 문제의식을 보여주었거나 전대의 문제에 대한 날카로운 돌파와 패러다임의 전환을 이끌었다고 평가할 만한 대표적 인물을 꼽기는 어렵다. 19세기를 대표하는 학자 중 한 사람인 최한기조차 전 시대 인물인 정약용에 비해 지명도가 낮고 상당한 연구 성과가 축적되어 있음에도 여전히 대중적으로는 낯설다. 어쩌면 19세기 조선은 '실패한 조선'이라는 책의 마지막 장 같은 인상으로 남아 있었는지도 모른다.

19세기는 전통적 세계관이자 지배 이념으로서 유학이 기능하던 최후의 시대이면서 폭압적 근대화에 따른 극적 변화를 앞둔 전환의 시대이기도 하다. 이 시기 조선 지식인들은 내부의 동요와 외세의 위협을 동시에 처리해야 하는 사상적 과제를 담당해야 했다. 서구라는 타자가 시대적 위협으로 떠오르고, 그들의 담론이 밀려들던 19세기에 일군의 지식인들은 자기 체계의 축을 유지하면서 외래의 사유를 받아들여 새로운 방향을 모색하고자 하였다. 그러나 최근의 연구 경향에 따르면 단절된 듯한 19세기

가 복원되고 복기되는 인상이다.[1]

이 글에서는 19세기 중반에 활동하며 새로운 지식을 축적하고 배치하고 재구성함으로써 독자적 지식장을 형성했던 19세기 지식인 세 사람, 즉 홍한주洪翰周(1798~1868), 이규경李圭景(1788~1865), 최한기崔漢綺(1803~1877)의 지적 도전을 살펴보고자 한다. 이들의 생애와 사상은 이미 여러 연구에서 주목한 바이다. 선행 연구들과 달리 이 글에서는 이들의 지적 궤적 자체가 아니라 문명의식이라는 관점에서 외래 사유에 대한 이들의 지적 태도와 경향을 살펴보고자 한다.[2] 이때 문명의식이란 올바른 세계에 대한 동의 가능한 이념을 바탕으로 한 자기 인식과 타자의 배치 전략이라고 할 수 있다. 자신을 올바른 이념과 실제의 담지자 자리에 세워 정당성을 확보하고 타자를 하위에 배치하는 전략은 역사적 공동체에 나타나는 기본 관념이자 실천이지만 조선의 경우 이는 훨씬 복잡한 방식으로 내면화하고 실천해왔다. 올바름의 근거를 조선에서 발원하지 않은 '중화中華'에서 끌어오고, 이 중화가 상상된 이념과 긴장을 유발하는 실제의 국가로 분리되거나 중첩되는 방식으로 작동해왔기 때문이다.

선행 연구가 지적하듯 대보단의 설치, 명사변무 등 조선 후기에 본격화된 '소중화小中華'의 작동은 국가의 정통성과 통치이념을 정당화하기 위한 중요한 기제였다고 할 수 있다.[3] 그러나 조선 후기에 화이론華夷論은 서양이라는 새로운 오랑캐의 등장으로 더욱 복잡해졌다. 19세기의 중국과 조선인들은 전 시대와 다른 방식으로 화이론의 균열과 해체를 경험하게 된 것이다. 포교와 과학 기술 전달에 한정되지 않는 강력한 제국으로서 서양은 전통적인 중화 담론, 화이론으로는 상대할 수 없는 강력한 존재였다. 19세기 지식인들의 지적 도전과 실천에는 이처럼 전통적인 중국 외에 서양이라는 새로운 타자와 대면하는 긴장감이 담겨 있다.

중화라는 기표는 여전히 동아시아 지식장에서 작동하고 있었지만 지적 소통과 수용의 차원에서는 정통성을 확보하기 위한 자기 인식의 측면보다 강력한 타자를 수용하기 위한 타자 인식과 수용이 더욱 중요하게 부각될 수 있다. 이런 맥락에서 이 글은 19세기 지식장의 복잡성을 파악하는 방법으로 정통성 내지 정치적 주도권 확보라는 측면에서 작동하는 중화 대신 실질적 원리이자 이념인 '문명의식'을 제안하고 이러한 관점에서 19세기 지식인들의 지적 도전을 살펴보고자 한다. 여기서 문명의식이란 특히 지적 소통과 형성의 맥락에서 정통으로서 중화와 위협적인 외세였던 서양 모두를 감당하고 돌파하려는 논리의 고안을 의미한다.

이 글에서 다루는 세 사람은 19세기 지적 지형 안에서 영향력을 발산하던 중심인물이라기보다는 묻혀 있거나 주변적이었던 인물들이었다. 이들은 사상 공간을 공유하지 못했고 자신의 사상을 펼칠 사회적 장 역시 확보하지 못했다. 차라리 이들 각각이 하나의 개별적 지식장을 형성한 독립적 연구자들이라고 할 수 있다. 이들이 스스로 연구의 범위와 방법을 정하고 일관된 목표 아래 다양한 외래의 지식을 자신의 지적 계보와 체계 안에 배치하고 조정해나가면서 나름의 지적 실험을 진행했기 때문이다.[4] 이들의 학문적 관심과 이들이 택한 학문 방법 자체가 19세기 조선 지식장의 축소판과 같은 의미가 있다.

19세기 지식장의 변화

1) 장서와 독서, 지적 네트워크

경제력과 문화자본을 바탕으로 한 경화세족京華世族의 장서, 독서, 저술 문화는 당대 지식장을 조망하는 중요한 창 중 하나다. 조선 후기 지식인들의 심층 심리가 가장 잘 드러나는 예가 바로 서적의 수입이라고 할 수 있다. 전 시기를 통틀어 조선인들은 중국에서 들어오는 새로운 문물에 언제나 시야를 열어두었으며 어떤 목적에서건 큰 관심을 보였던 것이 사실이다. 특히 양난 이후 조선이 느낀 고립감과 좌절감은 조선사회를 재건하고 안정화하기 위한 새로운 지식을 요청했다. 새로운 문물과 학술에 대한 개방적 태도는 위기 상황에 능동적으로 대처하려는 주체적인 자각과 실천으로 이해할 수 있을 것이다.

조선 지식인들이 청의 학술적 동향과 출판 상황에 깊은 관심을 가지고 연행사절을 통해 이를 해소하고자 했음은 잘 알려져 있다. 연행길에 나선 조선인들은 대규모 상업 출판과 유통이 이루어지던 북경 서적 유통의 중심지 유리창琉璃廠을 통해 지적 욕구와 수요를 해결할 수 있었다.[5] 이런 배경에서 서울 지역을 중심으로 수만 권의 장서를 보유한 개인 장서가[6]가 출현하게 된 것은 자연스러운 현상이라고 할 수 있다. 물론 장서가의 출현에는 경화세족이라는 특수한 계층의 존재가 결정적인 배경으로 작용한다. 경제력은 물론 상당한 문화 자본까지 축적했던 경화세족은 연행에 직접 참여하거나 서적이나 견문 지식 등 연행의 효과에 쉽게 접근할 수 있었다. 이들이 농업을 토대로 향촌에 머물던 산림 유학자들과는 다른 학문적 개방성을 가지게 되었음은 충분히 예측할 수 있다.

물론 장서가의 존재가 곧바로 지식장의 성격 변화나 확장을 의미한다고 볼 수는 없다. 책을 수집하는 행위로써 장서藏書는 하나의 세련된 문화적 취미이자 과시적 행위로 끝날 수 있기 때문이다. 경화세족 중 일부는 지식을 축적하거나 학문적 진보를 이루기 위해서라기보다는 단지 취미로 서적을 수집했고, 그중 어떤 이는 독서벽에 가까울 정도로 다양한 서적을 탐독했다. 이런 맥락에서 이 시기 장서가들은 자신들이 수집한 서적을 공공재公共財가 아니라 사재私財화했다고 볼 수 있다.[7] 이들이 모은 책의 종류도 이런 성격을 더욱 강화했을 것이다. 패관소설부터 서학서, 박물학적 유서에 이르기까지 장서가들이 수입한 개별적 분야의 특수한 지식을 담은 책들은 정전正典, 즉 정치적 이념을 담은 경서經書의 공공재적 성격을 약화시키기 쉽다. 그런 의미에서 서적의 사재화는 사실 책을 돌려보고 필사하는 문화가 작동하는 한 정보의 독점보다는 하향적으로 지식의 분화와 지식생산층의 확대로 연결될 개연성이 높다.

이런 맥락에서 19세기 조선에는 외부에서 들어온 새로운 지식과 장서가와 독서 그룹 등 내적으로 축적된 지적 인프라가 작동했다고 볼 수 있다. 홍석주, 홍길주, 홍한주 등으로 연결되는 경화세족 풍산 홍씨 가문[8]이나 서유구, 서유본 등 달성 서씨[9] 가문의 독서 체험과 저술 활동에 대한 연구 성과들에서 이러한 19세기 지식장의 한 단면을 확인할 수 있다. 예를 들어 이규경의 경우 최성환, 최한기, 서유본 형제 등과 교류하며 서학서를 빌려보고[10] 토론하는 등[11] 서적의 출간, 필사, 토론으로 연결된 일종의 지적 네트워크를 형성했음을 확인할 수 있다.[12]

또한 19세기 지식장은 이런 인프라와 지적 네트워크를 통해 중인층까지 지식을 정리하고 가공하며 담론을 산출하는 지적 생산자의 위치에 섰던 시대라고 할 수 있다. 무관을 지내면서 경세를 논했던『고문비략顧問備略』의 저자 최성환崔瑆煥(1813~1891)이나 서양 수학을 연구하고 보완한『산술관견算術管見』의 저자 이상혁李尙爀(1804~1889),[13] 여기서 다루려는 이규경 같은 중인층이 중국이나 일본에서 유입된 서적을 바탕으로 상당한 수준의 지적 성취와 결과물을 보여준다는 점에서 19세기 조선은 지적 폭발의 시기였다고 볼 수 있다.

물론 이 지적 폭발의 기폭제가 된 것은 중국에서 유입된 서적과 그 속에 담긴 지식들이었다.[14] 관찬서들이 국가가 제안하고 지향하는 특정한 이념을 바탕으로 분류되고 배치된 지식이라면 중국에서 유입된 다양한 실용 분야의 서적들은 특정한 이념이나 체계에 갇히지 않는 다양성과 탄성을 제공했다고 할 수 있다. 조선 유학자들이 독서하고 활용한 고염무顧炎武(1613~1682), 모기령毛奇齡(1623~1716) 등의 경학經學 저술이 세부의 논쟁과 관계없이 여전히 온당한 지식의 경계 내부에 존재했다면, 정正의 경계를 넘어서서 이異 혹은 사邪의 경계에 속한 지식들 또한 다양하게 유통되었다. 이 안에는 명청대 소품류와 같은 문학작품도 들어 있지만 무엇보다 서양 과학 지식들을 담고 있는 서학서들이 포함된다.

이 이異의 스펙트럼에 맞닥뜨린 조선 지식인들은 스스로 책을 확보하고 필사하고 독서하고 비평함으로써 지식의 소비자가 아니라 생산자의 자리에 서고자 한다. 이러한 경향은 이미 18세기에도 확인할 수 있지만 전대에 비해 더욱 광범위한 정보에 접근할 수 있었던 19세기 중반까지의 지식인은 전대에 비해 더욱 생산적이며 능동적으로 지식 생산자의 위치에 설 수 있었던 것이다. 이 지적 생산의 한 양태가 바로 백과전서식 유서類書의 저술이다.

2) 서학, 서양, 서양 함대

홍한주, 이규경, 최한기는 모두 19세기 초반에서 중반에 걸쳐 비슷한 시기에 활동했던 지식인들로, 일종의 백과전서적 저술을 남겼다[15]는 공통점이 있다. 사실 이들의 학술적 작업은 전 시대의 사상적 유산을 계승한 결과라는 점에서 크게 새로울 것이 없다. 이수광李晬光(1563~1628)의 『지봉유설芝峰類說』이나 성호 이익의 『성호사설星湖僿說』로 대표되는 백과전서식 유서는 조선의 지적 전통 중 하나였다는 점에서 이들의 작업은 전통으로부터 이탈했거나 새로운 도전이라고 보기 어렵다. 또한 이들은 백과전서식 저술에 서학을 하나의 지적 자원으로 활용했다는 점에서 공통적이다. 이들의 유서 작업의 원천 중 하나는 새로운 지식들, 특히 서학의 이론과 서양 정보들이었다. 그러나 사실 서학의 수용과 활용 역시 변별적 특징이라고 보기 어렵다. 서학을 수용가능한 지적 원천으로 보고 활용하려는 경향은 이미 성호그룹에서 분명하게 나타나기 때문이다.

　미세한 차이는 학술의 진원과 수용 방식에서 온다. 서양을 실체가 아닌 서학이라는 사변적이며 지적인 통로로만 접한 18세기 조선 유학자들은 주도적인 자리에서 서학을 자기 철학 안에서 해석하고 수용할 수 있었다. 성호와 다산[16]이 좋은 예일 것이다. 최한기나 이규경은 천주교에 대한 공식적인 박해 이후에 활동했다는 점에서 성호와 다산과는 성격이 다른 도전을 받았다고 할 수 있다. 전 시대와 19세기의 결정적 차이는 '서양에서 온 지식'의 성격이 아니라 '서양'이라는 존재 자체에서 온다.

서학을 학술적 자원으로 활용했던 18세기 지식인 성호 이익의 지적 작업에는 책에서 수용한 지적 정보 외에 사실상 실체로서 서양 국가, 서양인들은 존재하지 않는다. 이에 비해 연행에서 서양인과 천주당같이 중국 내의 서양 세계를 접한 다음 세대, 즉 홍대용洪大容(1731~1783), 박지원朴趾源(1737~1805), 이덕무李德懋(1741~1793), 박제가朴齊家(1750~1805) 같은 18세기 중후반 지식인들의 학문적 태도에는 지식 체계로서 '서학'뿐 아니라 '중국의 서양인', '중국에서 실현된 서양 기술'과 같은 실질적 인자들이 영향을 미쳤다고 할 수 있다.

오로지 책에서 얻은 지적 자원이 성호 이익 같은 지식의 수용자에게 학문적 주도권과 자율성을 부여했다면 지적 소유권자인 서양인, 천주당으로 대표되는 그들의 공간, 각종 서양 기계들의 체험은 연암그룹 같은 18세기 후반 지식인에게 좀 더 강한 인상을 남겼을 것이다. 이런 직접적인 대면으로 이들이 경험한 것은 서'학學'이 아니라 '서西'학과 '서西'양일지도 모른다. 그러나 이 경험 역시 피상적일 확률이 높다. 중국에 들어와 있던 서양인은 여전히 소수였고, 이들의 본분 역시 종교 활동이었기 때문이다. 여전히 많은 사람이 이들의 존재를 위협적으로 느끼지 않았고 만약 그들이 진정으로 사도邪道라면 자연히 없어질 것이라는 낙관이 유효했다.[17]

19세기 중반까지의 지적 상황은 이로부터 한 단계 더 나아간다. 중국은 물론 심지어 일본에서까지[18] 서양 학술을 담은 새로운 정보들이 쏟아져 들어오는 지적 쇄도의 시기에, 19세기 지식인들은 서양에 대해 지식의 양과 종류뿐 아니라 강도와 영향력에서 충격을 받을 수밖에 없었다. 더구나 이들이 경험한 서양은 책 속의 지적 정보도, 머나먼 중국 수도 연경燕京의 천주당에서 조선인들에게 악기와 천문 관측기구를 보여주던 우호적 선교사들도 아니었다. 이들은 전쟁에서 중국을 압도하고 배를 끌고 와 조선에 압력을 행사하는 실질적인 외세였다.

"순조 16년(1816)에 영길리국英吉利國의 표류된 배가 호서 비인현 마량진 갈관 하류에 정박하였다"[19]고 기록한 이규경이나 "서양 배 날아가듯 지나며 나루를 묻지 않는데 고래 같은 파도 드넓어 가까이하기 어렵네. 패잔한 배와 함선을 장차 어디에 쓸 것인가. 해안 부대 열 지어 선 병사들만 가련하구나"[20]라며 유배지에서 서양 배의 위용을 눈으로 경험한 홍한주에게 서양은 이제 더는 새로운 지적 정보의 제공자, 책으로만 접하는 낯선 세계가 아니었을 것이다. 이들이 경험한 것은 동진해오는 실체로서 타자, 전쟁에서 중국을 압도한 막강한 무력, 조선 앞바다에서도 만날 수 있는 목전의 힘이었기 때문이다. 그럼에도 이들은 서구와 일제에 폭압적인 침탈을 경험하게 될 다음 세대 지식인들과 달리 여전히 조선이라는 국가를 세계 전체로 받아들였고, 나라를 잃을지도 모른다는 강력한 위기의식에는 이르지 않았다는 점에서 변별적이다.

19세기 중반까지 홍한주, 이규경, 최한기 등의 지식인들은 안전하게 자신의 위치를 고수하며 활용할 수 있는 '지적 자원'이 아니라 얼마든지 현재의 질서와 체계를 압도하고 장악할 수 있는 '힘 있는 타자'를 경험했다.[21] 19세기 중반에 활동했던 이들의 서학과 서양에 관련된 지적 태도에는 산발적이고 분과적인 학술적 인자들이 아니라 조선, 청, 영국, 프랑스 등 국가 단위의 대결과 갈등에 대한 불안이 포함된다는 점에서 전 시대 지식인들에 비해 좀 더 중층적이고 복잡한 요인이 담겨 있었다고 할 수 있다.

또 한 가지 19세기 중반의 지적 상황이 전 시대와 달랐던 점은 서양에서 유래한 지식이 좀 더 중층적이거나 복잡한 형태로 재가공되어 유입되었다는 점이다. 서양인이 한문으로 저술한 한역서학서 외에 서양 과학과 중국 철학을 절충하고자 했던 방이지方以智(1611~1671)의 『물리소지物理小識』 같은 지난 시대의 서적이 뒤늦게 유입[22]되어 활용되었을 뿐 아니라 『해국도지海國圖志』나 『영환지략瀛圜志略』처럼 서양 사정과 정보를 비판적으로 정리한 중국인들의 최신 저술이 등장했기 때문이다. 결과적으로 19세기 지식장은 전 시대와 연속되어 있었지만 동시에 좀 더 중층적이고 복잡한 요인에 따라 이탈의 각도가 조금씩 벌어지던 시대였다고 할 수 있다.

³ 홍한주, 지적 공간의 중첩

19세기 지식장은 새로운 지식의 축적, 분류, 배치가 시도되었던 역동적 시대였다. 홍한주의 『지수염필智水拈筆』은 19세기의 지적 경향을 보여주는 하나의 예이다. 홍한주는 오랫동안 알려져 있지 않았으나 최근 주목받기 시작한 인물이다.[23] 홍한주는 19세기 말까지 가세를 유지한, 경화세족 중에서도 손꼽히는 가문이었던 풍산 홍씨 가계에서 태어났다.[24] 재종형

홍석주나 홍길주 등은 모두 당대의 손꼽히는 장서가로 이들이 모은 장서 수만 권은 홍한주의 지적 자원이 되었을 것이다.[25] 재종형들이나 개인적 교유 관계로 누구보다 많은 책을, 또한 귀한 책을 볼 수 있었던 홍한주는 큰 시간차 없이 청대 지식장의 정보와 지식을 흡수할 수 있었던 것으로 보인다. 그로부터 나온 결과물이 말년에 유배지에서 완성한 『지수염필』이다.[26]

『지수염필』은 문체상 견문을 바탕으로 자유롭게 쓰이는 필기류 저작이면서 문헌에서 취한 지식들을 정리하는 한편 자신의 비판적 독해를 개입시키는 방식으로 다양한 항목을 체계적으로 분류하는 차기箚記 형식의 백과전서적 유서다.[27] 단순한 독서록이나 메모, 정보를 정리한 글이 아니라 주체적이고 능동적인 독해와 사유의 산물이라는 점에서 차기 형식으로 쓰인 필기류 저술들은 "기왕의 지식을 분류하고 재배치해 백과전서적 성격의 일단을 보여줌으로써 지식을 축적하고 재배치하며 새로운 지식 정보를 생성하고 기왕의 지식 체계를 일목요연하게 보여주는 데 일조하는 바 있다"고 평가된다.[28]

홍한주가 택한 저술 방식의 특징 중 하나는 중국의 학술과 서적, 인물에 대한 정보를 배치하고 이를 조선의 상황과 비교한다는 것이다. 중국의 사적을 이용해 서술의 정당성을 확보하는 것은 조선 유학자들의 일반적인 서술 방식이지만 홍한주는 경전의 사적이나 문장을 동원하는 것이 아니라 관련 정보를 총망라하며, 특히 당대의 서적과 인물들, 사실들을 상당한 비중으로 정리하였다. 유서라는 책의 특성상 축적된 지식을 배치하고 재구성하는 것은 당연하지만 『지수염필』은 조선의 인물이나 역사적 사실, 조선사회의 병폐를 논하는 글[29]을 제외하면 상당수 글이 중국 측의 전거를 과거부터 당대에 이르기까지 소상히 밝히고 여기에 조선의 사정이나 인물을 비교하는 방식을 취하였다.

특히 문헌과 출판에 관한 기사들로 되어 있는 권1의 경우 특정 책의 내용을 소개하거나 변증하기보다는 한 주제와 연결된 서명과 저자를 나열하는 경우가 많아[30] 중국 지식장의 상황을 중계하는 듯한 인상을 준다. 이러한 구성 방식에 따르면 청과 조선은 물리적 거리가 상당히 단축되어 두 지식장이 중첩되어 있는 듯 보인다. 홍한주가 조선과 청의 지식장을 가깝게 연결할 수 있었던 배경 가운데 하나는 청에 대한 그의 우호적 태도일 것이다.

> 중원과 우리나라를 막론하고 그 당시 (명·청 교체기의) 군자들은 마땅히 의리를 지키며 존왕양이尊王攘夷하는 것이 이로부터 정정당당한 대절이었지만 지금은 복종하여 섬긴 것이 이미 수백 년이고, 또한 청나라의 치교治敎가 때때로 탁월하여 전대에는 비록 옷깃을 왼쪽으로 여미는(좌임左袵) 오랑캐라 말했지만 그 땅에서 태어난 사람은 지금 모두 청나라의 백성이 되었다. 비록 오늘날 공자와 맹자께서 계셨더라도 반드시 나아가 벼슬했을 것이다. 이는 진정으로 (『중용』의) '이적에 처해 있으면 이적을 행한다'는 것이니 지금 도리어 존왕양이를 논하는 자는 「중용」의 도를 모르는 것이다.[31]

이 맥락에서 홍한주는 전통적인 존왕양이의 구도에서 벗어난다. 문화적 수준을 갖추었다는 점에서 일본이나 유구도 일종의 문명국으로 인정한다.[32] 더 나아가 그에게 청나라는 이제 더는 이적이 아니며 도리어 적통을 이어 중원을 경영하는 새로운 화華에 가깝다. 홍한주는 기본적으로 비록 청나라가 동쪽 오랑캐(동호東胡)로 불렸지만 정권교체가 정당했고 이후 정치가 안정되었다는 점에서 오랑캐가 아니라 정치적·문화적 정당성을 확보했다고 평가하며[33] 청의 정치적 운용 능력과 문화적 수준을 인정하였다. 물론 그렇다고 홍한주가 존왕양이의 구도를 완전히 폐기한 것은 아니다. 새로운 이적이 등장했기 때문이다.

서양 오랑캐(양이洋夷)가 북경을 함락하여 천자가 파천하였으니 이 또한 전고에 없던 일이다. 더구나 경술년(1850) 선종(도광제道光帝)이 붕어한 뒤로 홍수전·양수청이 계속하여 (태평천국의) 난을 일으키고 도적들이 잇따라 봉기하게 되니 강소, 절강성과 호남성은 인적이 끊기기에 이르렀다. ⋯⋯ 나라가 군비가 부족하고 창고가 텅 비어 그 형세가 거의 무너지는 데에 이르렀지만 14년이란 오랜 시간을 지탱했던 것은 그 역시 성조(강희제康熙帝)와 고종(건륭제乾隆帝)의 어진 정치의 효험 덕일 것이다.[34]

홍한주는 청의 황제들을 훌륭한 통치를 하는 모범적인 왕들로, 양이洋夷에 침탈되어서는 안 되는 경모의 대상으로 여겼다. 청은 정치적 정당성과 안정성을 확보해 그 어떤 왕조보다 안정한 통치질서를 구현하는 변화된 화이며, 서양이 곧 이적이다. 홍한주는 서양 세력을 양이로 부르며 양이의 침탈과 내분으로 쇠약해지는 청 황실을 걱정한다. 양이에 관한 정보와 인식은『지수염필』에서 양과 관계없이 중요한 비중을 차지한다.

구라파에는 영길리(영국)·홍모(네덜란드)·불란(프랑스)·삼불제[35] 등의 국
가가 있는데 처음에는 서역의 별종에서 나온 것이므로 서양쇄리[36]라 하였다.
각각의 국가들이 강대하고 배를 집으로 삼아 만 리를 날 듯 다니는 것이 평지
보다 쉬웠다. 그 사람들은 생각이 교묘하고 재주가 많으며 천문·역학·의약·
종수種樹·원예·농사·농기구의 제작·궁실의 건축 등은 기묘하지 않음이 없
어서 귀신도 예측할 수 없으니 전고에 없었던 일이고 만국이 하지 못한 것이
다. 또 수많은 사람을 현란하게 유혹하는 기술을 가지고 사람들로 하여금 재
화로 통상하게 하고 생사를 가볍게 여기도록 하여 …… 온 천하가 빠져서 돌
아오기를 잊을 지경이니 이 어찌 애통함이 매우 심하지 않겠는가.[37]

홍한주는 서양의 기술 수준이 중국에 비해 높다는 것을 인정한다. 그러
나 그 기술의 효과를 재화의 통상이나 생사의 초탈 정도로 축소하고 더 나
아가 이를 백성에 대한 해악으로 간주한다. 홍한주에게 천주교는 도교,
불교의 폐단을 열 배 뛰어넘는 가장 극단적인 이단일 뿐이었다.

근래에는 구라파의 예수에 대한 교설이 있으니 명나라 만력 연간
(1573~1620) 그 나라 사람 탕약망湯若望, Adam Schall(1591~1666), 육약한陸
若漢, Johannes Rodorigue(1561~1633), 리마두利瑪竇, Matteo Ricci(1552~1610)
가 차례차례 바다 건너 중국으로 들어와 천주의 도道로 사람들을 가르쳤다.
이는 또 이단 중에 가장 극단이어서 인륜을 없애고 상도를 어그러뜨려 그 해
가 하늘을 뒤덮는 것이 도교, 불교보다 10배나 더하였다.[38]

천주교가 왜 그토록 심한 해악인가? 홍한주는 천주교가 부모를 알지 못하고 죽을 때도 예수를 외친다는 점을 들며 사람의 상리와 인정을 뛰어넘는다고 비판하였다.[39] 그러나 사실 천주교가 나름의 윤리적 측면이 있으며 부모를 부정한 것이 아니라는 점과 박해받아 죽을 때 예수를 찾는다는 것은 원인이 아니라 결과라는 점에서 그의 비판이 타당하다고 보기는 어렵다. 홍한주는 또한 서양이 불교보다 더한 변괴라고 말하면서 서양이 원하는 바는 토지와 인민이 아니라 포교와 교역일 뿐이라고 평가하기도 했다.

자고로 이단은 단지 도를 해친다고 칭해질 뿐이었다. 비록 불교가 천하를 가득 채워도 어찌 일찍이 이와 같은 큰 변괴를 일으켰는가? 서양인들이 크게 원하는 바는 본디 토지와 인민에 있는 것이 아니라 단지 그 교설을 행하고 그 재화를 교역하기 위한 것이다.[40]

만일 서양의 목적이 토지와 인민이 아니라면, 포교와 교역 정도였다면 사실 이들의 존재와 활동을 불교의 해악을 몇 배나 뛰어넘는 '큰 변괴'로 볼 이유가 없을 것이다. 내부의 동요 역시 단속하고 통제하는 것이 가능했을 것이다. 그렇다면 어떤 의미에서 서양에 대한 평가와 경계의 수위가 맞지 않는다고 볼 수 있다. 홍한주는 중국과 조선 사이에 벌어진 당대의 지식 이동 속도와 양의 충분한 세례를 받았고 그 속에서 청조를 실질적인 강자이자 정통적인 존재로 승인했지만, 동시에 조선이 처한 특수한 상황을 예리하게 파악하지 못한 채 서양을 극단적으로 혐오하며 서양의 존재와 비중을 약화시키는 듯 보인다. 서양의 '기술'이나 그들이 제작한 '기계'의 뛰어남(奇技淫巧之物, 種種流出於西陽)[41]을 칭찬하기도 하지만 이를 어떻게 활용하고 도입할지에 대한 구상은 전혀 등장하지 않는다.

홍한주는 당대의 발전된 수준과 정치적 안정성을 기준으로 청을 존왕양이의 틀에서 구제한다. 일본이나 류큐도 문명국가라며 문명을 중국이나 조선 같은 특정 국가의 전유물로 파악하지도 않는다. 그러나 그는 전통적 화이론의 틀에서 벗어난 것이 아니라 새로운 이적을 배제하는 방식으로 초점을 돌린 것이다. 그는 전통적인 화이론에서 넘어갔으면서도 새로운 문명의 전망을 갖지 못했고 기술과 사람을 분리하지 않았으며 문화적 정통성의 이념에서 벗어나지 않았다. 이는 아마도 중국과 조선에 육박해 들어오는 서양의 힘을 목도했기 때문일 것이다. 중국의 패배 소식을 듣고, 유배지의 바닷가에서 본 서양 배의 위용과 중국의 함락 소식은 서양 기술의 유용성이나 제국주의의 위협 등 서양이라는 존재에서 비롯되는 다양한 상상을 막았을지도 모른다.

홍한주는 중국을 상대화하지 않았기 때문에 중국에 대한 어떤 위협도 결국 조선에 대한 위협으로 인식했을 확률이 높다. 중국과 지적으로 연동되어 있으면 있을수록 타자화하고 객관화하기가 어려웠을 것이다. 서양의 존재를 기술과 교역 수준으로 낮추어 보고자 하는 것은 서양의 존재가 중국을 중심으로 한 아시아의 국제질서를 깨기 때문일 것이다. 그는 대상이 바뀌었음에도 여전히 전통적인 화이론을 바탕으로 올바른 가르침(정교正敎)의 회복을 낙관했던 것이다.

이런 상황에서 그가 꿈꿀 수 있는 것은 오직 '어떤 진정한 대영웅이 한

번 휘둘러서 쓸어버리는[42]" 일뿐이었을지도 모른다.

⁴ 이규경, 지식의 복원

앞서 본 홍한주만큼은 아니지만 이규경 역시 20세기 중반에야 알려지기 시작한 인물이다. 지금 남아 있는 그의 주저『오주연문장전산고五洲衍文長箋散稿』는 20세기 초반 정인보鄭寅普(1893~1950) 등이 발굴하지만 1958년에 가서야 영인되었고 이에 대한 연구도 최근에야 활발해지기 시작했다. 생애 정보도 최근 들어 어느 정도 파악되기 시작했다.[43] 규장각 검서관이었던 이덕무의 손자로 태어난 이규경은 서얼인 증조부의 가계에서 서얼의 운명을 타고났다. 그 역시 검서관 취재에 응시했지만 낙방했고 이후 미관말직도 얻지 못한 채 평생 재야의 지식인으로 살았다.[44]『오주연문장전산고』는 만년에 이루어진 작업이다.

『오주연문장전산고』는 이수광의『지봉유설』을 필두로, 유형원柳馨遠 (1622~1673)의『반계수록磻溪隨錄』, 이익의『성호사설』, 서유구徐有榘 (1764~1845)의『임원경제지林園經濟志』등의 계보를 잇는 백과전서식 유서로 분류된다. 현재 정리된『오주연문장전산고』는 총 60권, 1,416항목에 이른다. 이 항목들은 모두 '변증설'의 형식을 취하고 있다. '변증'이란 고증과 유사하지만 유래와 내용에 대한 고증이나 정보의 정리뿐 아니라 자신의 의견과 비판을 개입시킨다는 점에서 일반적인 고증과는 성격이 다르다. 변증설 하나하나가 논문과 유사한 것이다. 이규경이 택한 '변증'

의 방식은 형성된 지식에 개입하고 자신의 사유 공간을 확보하려는 노력이라고 할 수 있다.

그러나 무엇보다 '변증'을 가능하게 한 조건은 박학에 대한 그의 열정에 있다. 박학은 그의 품성에서 비롯된 결과라고 할 수 있다. 이규경은 자신이 사물의 시원과 지류에 벽癖이 있다고 고백한 바 있다.[45] 언제나 책을 읽을 때 명물을 상세히 밝히고 본원을 끝까지 궁구한 뒤에야 그친다는 것이다.[46] 그러나『오주연문장전산고』는 단순히 천성에서 비롯된 결과로 보기는 어렵다. 박학을 추구하게 해준 것은 학에 대한 넓은 관심이 아니라 그 관심을 충족해줄 지적 자원과 매체이기 때문이다. 자료화된『오주연문장전산고』의 부록인 교감기校勘記에 따르면 이규경은『오주연문장전산고』에 총 660종의 서적을 전거로 이용했다.『오주연문장전산고』의 여러 글에서 그가 중국에서 출간된 최신 서적에 관심이 상당했음을[47] 쉽게 알 수 있다. 이 가운데서도 특히 그는 당대까지 나온 수많은 서학서를 읽었다.[48]

사실『오주연문장전산고』라는 저술 자체가 서양 학문으로부터 받은 지적 도전에 대한 대응의 성격이 강하다. 이는 그가 축적한 수많은 지식을 바탕으로 자신의 지적 체제를 '명물도수名物度數의 학'이라고 하며 그 연원을 밝히는 대목에서도 확인할 수 있다.

> 세상의 논자들은 명물도수의 학문이 한 대 이후 끊어진 지 이미 오래되었다고 여긴다. 그러나 내 견해로는 거의 그렇지 않다. 주나라의 문물이 이미 다하여 그 학문 역시 마침내 없어지고 말았다. 재주 있고 지혜로운 자들이 번갈

아 대대로 나타났지만 그 재주의 높고 낮음이 한결같이 않았으니 또한 옛사람들의 밝은 자취를 얻었으니 의장意匠이 저절로 경지에 이를 수 있었다. 그러므로 이른바 명물도수라는 것은 일찍이 끊어진 적이 없었다. 그 정수의 깊은 뜻을 드러내고 밝힌 이가 없어서 동류의 지식들이 인몰되어 전해지지 않은 것이다. 시대가 명나라 말기에 이르러 중국의 인사들이 점점 그 가운데로 들어가 습상을 이루어 그 도를 알지 못하는 것을 부끄럽게 여겼다. 현호玄扈 서광계徐光啓(1562~1633)와 규심葵心 왕징王徵(1571~1644) 같은 이들이 끊어진 학문을 뒤를 일으켜 계발한 바가 많았고 상수의 학문을 창시하니 명물도수는 찬연히 다시 세상에 밝아졌다. 이로부터 수준 높은 문하, 이름난 사람들이 점점 나타나게 되었다.[49]

이규경이 생각하는 명물도수의 학문이란 한 대 이후 끊어져 있었지만 명말에 비로소 부활한 전통적 학문이다. 그런데 이 문맥에 등장하는 두 이름이 중요하다. 이규경은 명물도수의 학문의 복원을 서광계, 왕징 두 사람으로 특정했다. 사실 이들은 단순한 유학자가 아니라 예수회를 통해 천주교에 입교한 이들이었고, 예수회원들을 도와 서양 과학을 한역한 과학자들이었다. 이렇게 주周로부터 발원한 명물도수의 학문이 마테오 리치Matteo Ricci(1552~1610)의 조력자로『기하원본幾何原本』등을 함께 저술한 서광계徐光啓와 테렌스Terrenz, 즉 등옥함鄧玉函(1576~1630)과 함께 기계의 원리와 역학적 이론을 담은『원서기기도설록최遠西奇器圖說錄最』를 펴낸 왕징, 즉 천주교도로서 서양 과학을 중국화한 '남서북왕南徐北王'의 두 주인공을 통해 재현된 것이라면, 이는 결과적으로 '서학西學'을 의미하게 된다. 이런 맥락에서 『오주연문장전산고』의 저술 자체가 사실상 서양의 과학에 의한 자극에서 출발한 것이라고 볼 수 있다.[50]

그러나 이규경은 마테오 리치와 테렌스 등 서광계와 왕징에게 서양 과학을 전수한 지적 소유권자들을 문맥에서 지우고 오직 이를 중국화한 서광계와 왕징의 이름만으로 학문의 정통성과 계보를 확보하고자 하였다. 이규경은 서학이나 서기西器라는 혐의를 지우고 자신의 학술적 행위를 오직 주나라에서 발원한 명물도수의 학과 연결하려고 한 것이다. 이렇게 이규경이 서학을 정당한 지적 자원으로 수용할 수 있었던 것은 서양의 도움을 받긴 했지만 궁극적으로 서광계와 왕징이 끊어진 중국의 명물도수지학을 이었다는 믿음 덕택이다. 여기에는 이른바 서학이 중국에서 발원했다는 서학중국원류설[51]이 작동하고 있다.

이런 맥락에서 『오주연문장전산고』는 처음부터 서학 중국 원류설 없이는 작동할 수 없는 기획이었다. 예를 들어 이규경은 서학 중국 원류설을 바탕으로 서양 수학을 중국 전통에 연결하였다. 이규경은 수학의 전승이 오랫동안 상실되어 한, 진 이래로 보존하는 자가 드물었는데[52] 명 만력 연간에 서양인이 중국에 들어왔고 그중 리마두利瑪竇, 목니각穆尼閣[53] 등이 산학을 익혀 『기하원본』, 『동문산지』 등의 책을 저술함으로써 대체가 갖추어졌지만 여전히 수리의 정미한 부분은 드러나지 못했다고 말하였다.[54] 청대에 이르러 중국에 들어온 서양인이 많아지면서 탕약망이나 남회인, 안다安多, Antoine Thomas, 민명아閔明我, Claudio Filippo Grimaldi 등이 산학을 천명하여 도수의 이치가 점차 상세하게 갖추어졌다는 것이다.[55]

그러나 이규경은 이러한 진보의 근원적 토대가 중국에 있다고 여겼다. 주나라가 쇠퇴하면서 융성했던 삼대의 서적 가운데 해외로 흘러간 것이 적지 않고(書籍流於海外者, 殆不一) 천문 역산가들이 관직을 잃고 흩어져 중원의 전장이 이미 일실된 것이 많았지만[56] 도리어 해외의 지류가 진정한 전승을 얻었기 때문에(而海外支流, 反得眞傳) 서학이 근본을 보유하게 되었다(此西學之所以有本也)는 것이다.

이규경은 서양인들에 의해 중국 수학이 완전해졌다는 것을 인정하면서도 그 뿌리는 본래 중국에 있다고 여김으로써 서양 수학의 우수성과 수용의 명분을 동시에 확보하고자 하였다. 결과적으로 이규경에게 수학의 역사는 '복원'의 역사를 의미한다. 완정한 원본이 있고, 이를 상실했다가 서양인들이 복원한 것이라는 발상이다. 사실 서양인이 중국의 원형을 가지고 있다가 단번에 퍼즐을 맞춘 것이 아니라 점차 발전시킨 것이라면 원형이 존재했고, 서양인이 이를 다시 중국에 전해준 것뿐이라는 말은 설득력이 약하다. 서양인이 전달한 뒤에도 중국인은 독자적으로 이를 발전시키지 못하고 서양의 지식에 의존해서 발전시킬 수밖에 없었다면 사실 그 기원과 관계없이 어디에도 중국의 지적 소유권은 존재하지 않는다.

그러나 서학 중국 원류설은 지식의 원류를 확인하려는 발상이 아니라 서양의 과학 기술을 자신의 전통에 접맥해 활용의 정당성을 확보하고자 한 중국인들의 서양 과학 이해의 노력이라고 할 수 있다. 중국과 조선의 지식인들은 서학 중국 원류설로 타자의 선진 기술을 수용하는 이질감과 부담감을 내려놓을 수 있었던 것이다.[57] 그런데 사실상 서학 중국 원류설은 이미 18세기 조선 학계에서 일부 지식인들에게 수용된 주장이다.[58] 그렇다면 이규경은 시헌력의 도입 등 서양 과학이 실질적으로 조선사회에 영향을 주던 한 세기 전의 관념에 여전히 머물러 있었을까? 꼭 그렇다고 보기는 어렵다.

이규경이 전 시대 학자들과는 다른 경로로 서양 지식을 수용했기 때문이다. 이규경은 중국 이름을 사용하는 서양인들이 직접 쓴 서학서가 아니라 서양 지식을 중국화하고 내부의 문맥으로 바꾸는 역할을 했던 중국인들의 절충적 서양 지식을 받아들일 수 있었다. 대표적인 사람이 17세기 중국 학자 방이지方以智(1611~1671)다. 방이지는 '서양 과학 지식을 중국의 고전적 자연인식의 틀로 중국화하고자 한'[59] 독특한 형이상학적 우주관을 전개한 인물이다. 방이지는 유예遊藝(1614~1684), 게훤揭暄(1613~1695) 등과 함께 학파를 이루어 활동하며 티코 브라헤Tycho Brahe(1546~1601)의 우주론을 거대한 회전 운동을 하는 기氣의 메커니즘으로 해명하고자 했지만 중국 내에서는 큰 지지를 받지 못해 결국 잊히고 말았다.

조선에 방이지 학파의 우주론이 전해진 것은 18세기 말에서 19세기 초라고 한다.[60] 조선에서 방이지를 가장 적극적으로 활용한 사람은 이규경이다. 이규경은 방이지의 저작『물리소지』와 그의 아들인 방중리方中履(1638~?)가 쓴『고금석의古今釋疑』, 서양 과학을 기론으로 절충하고자 한 유예의『천경혹문天經或問』그리고『천경혹문』에서 얻은 서학 지식을 포함하는 일본 유서『화한삼재도회』[61] 등을 빈번하게 활용[62]했다. 그렇다면 이규경은 서학서 자체가 아니라 중국인들이 절충하고 종합한 서양 지식을 수용했다고 할 수 있다.[63] 사실 이규경으로서는 서학을 중국화하고자 했던 방이지의『물리소지』나『물리소지』의 내용을 다시 수록한 방이지의 아들 방중리의『고금석의』에 담긴 지식을 온전히 서양 학술로만 받아들일 필요가 없었다. 이미 그 안에서 학술적 중첩과 종합이 발생하고 있었기 때문에 이를 명확히 분리하면서 서양과 중국 혹은 조선을 나눌 필요가 없었던 것이다.

이처럼 중국 지식장을 경유한 서양 지식은 서양의 지적 소유권을 약화시키고 현지화할 수 있다. 서학이 중국의 지적 전통과 연동되어 있다면 조선 지식인들이 전통적인 화이관을 넘어가지 않고도 이를 자신들의 지식장에 주어진 정당한 지적 정보로 활용할 수 있다. 더 나아가 19세기 중반에는 중국인들이 직접 서양 정보를 취합해 정리한 책들이 발간되는데, 이처럼 아예 지식의 주체가 바뀌면 그 속에 담긴 서양 정보나 지식 역시 지적 소유권이 모호해질 가능성이 높다. 이런 맥락에서 이규경은 전대의 지식인들보다 더욱 능동적이고 적극적인 태도로 서양 지식에 접근하고 이를 활용할 수 있었을 것이다. 서양 학술에 대한 그의 인식도 이로부터 비롯했다.

중국은 오로지 이기理氣 성명性命의 학만을 주로 하여 하늘과 동화되었으므로 이를 형이상의 도라 한다. 서양은 오로지 궁리측량의 기술만 다루어 신과 능력을 다투었으니 이를 형이하의 기라 한다. 그러므로 교묘하고 지나치게 정교한 물건이 종종 서역에서 나왔으니 우리가 그 오묘함을 처음 보고는 감히 따져볼 생각을 못 하니 어찌 그토록 스스로를 하찮게 여기는가. 기를 쓰는 이치를 살펴보면 기가 한가지임을 엿볼 수 있다. …… 형이상의 학문은 깨달아 얻기 어렵지만 형이하의 쓰임은 거의 배울 수 있다. 그러나 우리들이 몽매하여 깨닫지 못하니 통탄을 이길 수 없다.[64]

서양의 학문은 배울 수 있는 것일 뿐 아니라 배워야 하는 것이다. 그것은 서양의 지식이 박학의 존재 이유인 학문의 유용성을 담보한 지식이기 때문이다. 이런 맥락에서 이규경은 동서의 지적 소통이 문자가 같고 수레의 궤적이 같다는 「중용」의 대의를 체현하는 것과 같다고 의미를 부여했다.

대저 서양과 중국, 그리고 우리나라는 마치 바람 난 말과 소도 미칠 수 없는 거리인데 배를 타고 와서 정박하였으니 매우 기이한 일이고, 동양과 서양이 왕래한다 해도 그 문자나 언어는 서로 통하기 어려운데, 우리나라에 들어온 수사修士들이 중국의 경전을 환히 익혀서 마치 전세부터 약속이라도 한 듯하며, 중국에서도 서양의 글자 23자를 해득하여 이리저리 문장을 형성하니 아름다운 일이다. 이는 「중용」에서 말한 '서동문 거동궤書同文車同軌'의 대의大義이다.[65]

이규경은 중국의 패배로 끝난 중영전쟁 소식을 들은 뒤에도, 또한 1846년 프랑스 동양 함대의 조선 진입 시도를 경험한 뒤에도 이러한 인식을 철회하지 않았다. 이는 이규경이 서양 지식뿐 아니라 서양과의 통상에 기대를 가지고 있었기 때문일 것이다.[66] 배와 바다, 통상에 관심이 많았던 이규경은 서양과 무력 충돌을 걱정하느라 통상을 감히 시도하지 못해 가장 가난한 국가가 되었다고 지적하며[67] 오직 인의仁義로 대하고 하늘

에 맹세하게 하면 반드시 다른 근심이 없을 것이라고 낙관했다.[68]

이 낙관의 배후에는 모종의 믿음이 깔려 있다. 이규경은 "하물며 나라를 다스리는 데는 본래 마땅한 도가 있다. 능히 국가를 잘 다스릴 수 있으면 장차 멀리 떨어진 사람들이 사모하고 경외할 것이니 어찌 단지 허실을 피할 뿐이겠는가"[69]라는 유형원의 말을 인용해 국가 내부의 기강과 안정이 외부의 위험을 줄일 수 있을 것이라고 생각했다. 도道의 운영, 즉 문명의 실현이 소중화 조선의 위상을 확보하게 해줄 것으로 믿었던 것이다.

사실 이규경은 '중화'라는 개념을 강력한 화이론의 지표로 사용하지 않은 듯 보인다. 이규경은 중화, 중원, 중국 등의 표현을 사용하지만 대체로 명대 이전까지를 중화로, 지리적 중국을 중원으로, 청을 포함할 때는 중국으로 사용하는 것으로 보인다.[70] 그는 화華와 이夷란 도덕성이냐 패권이냐의 차이에서 갈리는 것으로(聖人以德服人, 夷狄以力制人, 華夷之別, 於此可見)[71] 일상생활에서는 화이의 차이가 없다(人生日用衣食, 無古今無華夷)[72]고 생각했다. 지식과 기술의 유용성에 의미를 두고 이를 적극적으로 활용하려면 기존의 제약과 한정에서 벗어날 필요가 있었을 것이다.

이규경은 전통적 질서에 복무하는 경우에만 중화, 문명의 이름을 부여하며 명말에 서양인들이 다시 가져와 부활했다는 고대 중국의 지적 전통에 대한 신뢰를 바탕으로 조선의 벽지에 앉아 자신의 사상 공간을 중원 전체로 확대했다. 그리고 그 안에 한 개인이 감당하기 어려운 거대하고 광범위하며 잡박雜駁하고 박학한 정보들을 배치하고자 했다. 그러나 그는 이로써 어떤 세계를 만들지, 어떤 사회를 위해 이 정보와 지식 이론을 활용할지는 크게 고민하지 않았던 것으로 보인다. 문명의식이 올바르고 이상적인 사회에 대한 이념이라면, 문명의식이 바뀐다는 것은 어떤 사회가 올바른 사회인가에 대한 동의 가능한 기준을 설정하고 제안한다는 것이고, 지식이란 문명으로 나아가기 위한 전략적 수단이어야 한다.

이규경은 서학을 중국에 연접하는 전략으로 활용의 정당성을 확보하고 화이의 구도를 유연하게 활용하지만 엄밀히 말해 쇄도한 지식의 배치와 재구성으로 국가와 사회를 어떤 지향으로 이끌어갈지 전략을 세우는 단계까지 나아가지 못한 것으로 보인다. 그가 서양의 위협에도 그토록 중시했던 통상과 무역을 활용한 이재의 획득 역시 주체와 효과가 모호한 추상적 구상에 그칠 확률이 높다. 그는 자신이 집적하고 재구성한 수많은 지식이 사회적으로 쓰이기를 바랐지만 그가 추구한 격물과 박학은 동시대에도 다음 시대에도 결국 시대를 바꿀 자원으로 쓰이지 못하고 말았다.

⁵ 최한기, 보편 문명의 구상

> 최한기의 자는 운로芸老이고 삭녕朔寧 사람이다. 진사로서 재주와 기예가 무리를 뛰어넘어 일찍이 『통경通經』, 『통사通史』, 『예서禮書』와 율수律數, 역상歷象 등에 대한 글과 『회집휘고彙集彙攷』를 저술하였다. 기억력이 좋고 박학한 사람으로 세속의 선비에 비할 수 없다.[73]

최한기에 대한 이규경의 평가다. 최한기는 조선 유학사에서 독특한 사상가 중 한 사람이다. 특별한 사승 관계없이 스스로 터득한 학문으로

1,000여 권에 이르는 놀라운 저술을 했을 뿐 아니라 학문을 독자적인 체계로 쌓아올렸기 때문이다. 개성의 한미한 가문에서 태어난 최한기는 생애 대부분을 서울에서 살며 독서와 저술에만 몰두한 재야학자였다. 이건창李建昌(1852~1898)이 저술한 「혜강최공전惠崗崔公傳」에 따르면, 최한기는 당대 최고의 장서가이자 독서가로 평생 1,000여 권의 책을 지었다고 한다. 특히 그는 중국에서 들어온 새로운 책을 사느라 가산을 탕진할 정도였다. 최한기가 특히 보고 싶어 한 책은 서양 과학서들이었다. 이 책들은 이후 최한기의 저술 대부분에 다양하게 활용된다.[74]

최한기는 전통적인 유학의 학문적 지향과 가치를 공유했지만 그 내부는 다른 방식으로 채워나갔다. 무엇보다 이들과 달랐던 것은 그가 활용한 지적 자원이었다. 그는 동서양을 회통하려는 포부로 서양의 과학과 문화, 정치를 연구했다. 특히 그는 서양 과학에 매료되었고, 이를 자기 학술의 중요한 자원으로 활용했다. 그의 저술은 천문학, 수학, 의학, 화학, 광학, 물리학, 농업정책과 기술, 기계 일반 등 당시까지 중국에 전달된 서양 과학의 개별 분과들을 광범위하게 포괄했다. 더 나아가 최한기는 당시 개신교가 중국에서 활발히 활동한 덕택으로 상당히 세분화된 분야까지 새로운 과학적 정보들에 접근할 수 있었다.

최한기 역시 앞선 사람들처럼 다양한 서학 이론을 자신의 저술에 활용하고 재배치했다. 그러나 최한기의 태도는 홍한주나 이규경과는 달랐다. 예수회원들이 전한 서양 과학보다 100여 년 이상 뒤에 나온 최신 지식을 담은 개신교 선교사들의 한역서학서나『해국도지』,『영환지략』처럼 서양을 이기기 위해 중국인 스스로 배우고 익혀 정리한 중국인의 서양 지식을 수용한 것은 이규경[75]을 비롯한 당대 지식인들과 크게 다르지 않다. 그러나 최한기가 상상한 지식의 유통 범위는 앞선 두 사람보다 훨씬 광대하다. 밖으로 진출하려는 유럽의 야심과 발달된 항해술이 만든 세계 일주의 성공으로 최한기는 세계의 구석까지 연결된 새로운 공간을 상상하게 되었다. 그는 16세기 초 마젤란 탐험대의 항해사로 필리핀, 인도, 대서양을 돌아 세계일주에 성공한 후안 엘카노Juan Sebastián Elcano(1476~1526)의 세계일주 소식에 고무되어 전 세계가 하나로 연결될 수 있다는 희망을 품었다.

> 대개 천하가 두루 통한 것은 중국의 명나라 홍치弘治 연간의 일이다. 구라파歐羅巴 서해西海의 한 모퉁이에 있는 포로아布路亞 사람인 가노嘉奴가 처음으로 지구를 한 바퀴 돌았으니, 이것은 바로 천지가 개벽開闢한 것이라 하겠다.[76]

최한기는 "지금은 바닷길이 더욱 익숙하여 서양의 선박이 동으로부터 서로 가거나 서쪽에서 동으로 돌아 지구를 돌기도 하는데, 8~9개월이면 지구를 한 바퀴 돌 수 있으니, 모두 앞사람들이 발명한 공"[77]이라고 말하며 상상의 범위를 전 지구로 확장했다.

> (세계일주 길이 열리자) 상업하는 선박이 널리 통행하고 사신들이 잇달아 전하므로, 진귀하고 진귀한 산물과 편리한 기계들이 원근에 널리 전파되었다. 또 예법과 풍속, 가르침과 글을 전파자들이 연역하고 첨부하여 모두 다 이용

할 수 있는 자원으로 만들었다.[78]

최한기는 바닷길이 열리며 세계가 하나가 되면 물산이 이동하고 풍속
이 바뀔 뿐 아니라 예교禮敎까지 변할 수 있다고 생각했다. 예교는 조선
지식인들에게 영원한 위상을 부여받은 문화적 정통성이었다. 그러나 최
한기는 이를 뛰어넘어 과감하게 예교가 변화할 수 있다고 믿었다. 그가
이렇게 낙관한 것은 고정된 문화적 정통성은 없으며, 시대의 변화에 따라
점차 실제적인 것만 남을 것이라고 믿었기 때문이다.

> 교敎라는 것은 각국의 풍속에 물들어 변하고 또 뒷사람의 교리 통달 정도
> 에 따라 달라지는 것이니, 물들어 변형되는 중에 점차로 허망한 것을 버리고
> 실제적인 것을 취하는 것이다.[79]

그에게는 전통적인 예교의 고수보다 더 중요한 것이 있었다. 그것은 오
직 실용과 이익이었다.

> 필경 이기고 지는 것은 풍속이나 예교에 있지 않다. 오직 실용에 힘쓰는 사
> 람은 이기고 헛된 글을 숭상하는 사람은 지며, 남에게 취하여 이익을 얻는 사
> 람은 이기고 남을 그르다 하여 고루한 것을 지키는 사람은 진다.[80]

최한기는 실용적 차원에서 이익이 있을 만한 것들을 최대한 받아들이
고자 했다. 세계를 열고 사회의 변화 가능성을 열어 최한기가 확보하고자

하는 것은 실용과 이익이다. 따라서 좀 더 실용적이고 이익이 되는 기술을 보유한 서양 지식을 수용하고 활용하는 것은 필수적이다.

> 서방의 나라들은 기계의 정교함과 무역의 이득 때문에 비로소 전 세계를 두루 다니게 되었다. …… 측량하고 계산하는 학문 그리고 (수력·화력으로 바퀴를 돌리는) 방직기, (목화씨를 제거하는) 풍차, 배와 대포 등의 기계는 더욱 실용적인 것이다.[81]

실용을 추구하고 이익을 취하려면 결국 달라진 상황에 변화로 대처해야 한다.

> 여기에 이르러 세상의 경영이 일변하여, 물산을 만국에 교역하여 통하고 모든 가르침이 천하에 뒤섞이고 육지의 시장이 변하여 바다의 시장이 되고 육전陸戰이 변하여 수전이 되었다. 이러한 변화에 대처하는 방법은 마땅히 변한 것을 가지고 변한 것을 막아야 하고, 불변한 것을 가지고 변한 것을 막아서는 안 된다.[82]

불변하는 것에 정체되지 않는 것, 변화하는 것에 변화로 대응하는 것 중 가장 중요한 것은 발전된 기술과 실용적 지식을 확보한 서양을 배우는 일이다. 천주교의 교세 확장을 사회적 위협으로 여기는 사람들에게 "서교가 만연함을 걱정할 것이 아니라 실용적인 것을 다 받아들이지 못함을 걱정해야 한다(是以西敎之蔓延天下, 不須憂也, 實用之不盡取用, 乃可憂

也)"고 전한다. 그는 이미 개방되어 있는 세계에 조선도 적극적으로 참여해야 한다고 생각했다. 그러나 이 참여는 낙후된 존재로서 우월한 자를 뒤쫓는 과정이 아니다. 중국에도 한계가 있고 서양에도 한계가 있다. 중국이건 서양이건 자기 것만 고집하면 막히고 치우치게 될 뿐이다(學中國者, 不願學西法, 學西法者, 不願學中國, 是皆有偏滯無周通之學). 이처럼 최한기는 동양과 서양을 상보적인 관계로 파악했다.

> 넉넉하고 모자라는 것은 그 자질을 헤아려 진퇴시키고, 공허하고 성실한 것은 증험에 따라 취사하며, 중국과 서양의 법을 기화氣化를 통해 절충하면, 우내宇內의 모든 학도가 같은 문생門生이 되고 만사를 재어裁御하는 데는 일통의 법칙이 있게 된다.[83]

그가 중국과 서양을 상보적으로 회통시킬 수 있다고 믿는 것은 자신이 이들을 회통시키고 변화시킬 더 근본적인 체계를 구축했다고 믿었기 때문이다. 그것이 바로 '기학氣學'이다. 기학은 최한기 자신에게 부여한 거대한 사상적 과업이었다.

> 천인운화의 기학은 온 천하 사람들이 보고 들은 것을 종합하여 귀와 눈으로 삼고 온 천하 사람들이 경험하고 시험한 것을 통괄하여 법도로 삼아서, 천하 사람들에게서 그것을 얻고 천하 사람들에게 그것을 전하는 것이다. 따라서 이것은 온 천하 사람들이 함께 배우는 것(천하공학天下共學)이지 혼자서 배우는 것이 아니다. 이 천인운화의 기학을 집대성하는 것은 한 사람이 감당하

겠지만 이것을 널리 전파하는 것은 멀고 가까운 곳의 여러 사람에게 달려 있는 것이다.[84]

최한기의 기학은 단순히 이기론에서 기의 차원을 더욱 강조하는 '기의학'이 아니다. 최한기의 기 개념은 성리학의 전통적인 기 개념에서 벗어나는 독특한 층위와 문제의식에서 발현된 개념이기 때문이다. 최한기가 구상한 기학은 이미 '통천하가행지교通天下可行之教'를 표방하는 포괄적 학문 체계로, 최한기는 이에 유, 불 그리고 서법西法을 중요한 사상축으로 통합하고자 하였다. 기학으로 통합하는 것은 단순히 전통적인 의미의 '기'를 학문의 중추로 삼아 유물론적이거나 자연학적으로 세계를 재구성하려는 의도에 국한되지 않는다.

동시대 유학자들과 마찬가지로 중국에서 간행된 서양 과학서적들을 탐독하며 연구했지만 그들과 달리 최한기는 이를 단순히 수용하거나 도입하고자 하는 데 머물지 않았다. 그가 그토록 열정적으로 서양 과학 지식들을 수용하고 재구성하고자 했던 것은 그 이론과 지식들을 바탕으로 자신이 세운 '기학氣學'의 분과를 구성하고자 했기 때문이다. 기학은 최한기가 구상한 동서 회통의 보편학Universal Science[85]이었고 서양 과학은 보편학의 세부를 구성할 사상적 자원이었다.

최한기는 기학을 가장 상위체계에 두고 서양 과학을 개별 이론과 실증적 증거로 삼아[86] 분과 학문을 배치하고자 하였다.[87] 최한기는 개별 분과 위에 천하의 공학으로서 보편학을 구상하고 이로써 동양과 서양이 하나가 될 수 있다고 믿었다. 이렇게 확대된 공간을 그는 일종의 보편 문명으로 상상했다.

중국 성현의 경전을 만일 서양의 현명하고 지혜로운 자가 읽는다면 반드시 취하고 버리는 것이 있을 것이며, 서양 성현의 경전을 중국의 현명하고 지혜로운 자가 읽는다면 반드시 취하고 버리는 것이 있을 것이다. 그 취하는 것과 버리는 것을 총괄해서 그 까닭을 분별하면, 취한 것은 천하에 통행하는 도道이고, 버린 것은 천하에 통행하는 도가 아닐 것이니, 이것이 곧 중국과 서양의 대강大綱의 취사取捨이다. …… 오직 이 중국과 서양의 대강의 취사라야 반드시 볼 만한 공론과 본받을 만한 천도天道가 있을 것이다.[88]

최한기는 모든 헛된 것은 저절로 사라지고 실제가 그 자리를 차지할 것이며 궁극적으로는 일통의 준칙에 모두 수렴되리라는 낙관을 바탕으로 동서의 회통을 확신했다. 최한기는 엄밀히 말하면 문명의 소유, 진리의 선취 근거를 유학에도 두지 않았다.[89] 그가 동서 학문을 취사하고 보편 문명을 구상할 수 있었던 근거가 진정한 일통一統의 학문, 기학氣學에 있었기 때문이다.

보편학으로서 기학의 차원에서 보면 모든 것은 시의에 따라 변화해나가는 과정에 불과하다. 그가 "좋은 법제나 이로운 기기들, 양질의 토산품 등 진실로 우리보다 나은 것이 있으면 나라의 도를 위해 마땅히 취해 써야 한다"[90]라고 말할 수 있었던 것도 궁극적으로는 '서양에서 익힌 것은 모두 우리의 쓰임이 될 것이니 설령 저들에게 미치지 못하는 단서가 있다 해도 주객의 형세에서 가히 그 부족한 것을 보상할 수 있으므로 진퇴 조종이 모두 우리에게 달려 있을 뿐[91]이라고 생각했기 때문이다.

최한기는 여전히 유학자로서 사명감과 세계 인식을 지닌 인물이었지만 전대의 학자들에 비해 더욱 과감히 기존의 틀에서 벗어나 유학을 변용하고 세계관을 넓히고자 했다. 그는 기학을 새로운 보편학으로 선언하고 서양 과학으로 내부를 실증하며 지향과 원칙과 가치와 방법론까지 갖춘 자신의 기학이 모든 학문과 문명을 통합하는 틀임을 의심하지 않았다. 그는 전통적인 화이론에 갇히지 않았으며 중국과 서양에 똑같은 거리를 둘만큼 둘 다 상대화했다. 그에게 올바른 사회의 이상으로서 문명은 오래된 정통으로서 중국에 속한 것도, 발전된 기술을 가진 서양에 속한 것도 아니고 오직 변화에 따라 실實을 향해 나아가는 일통의 체제, 즉 자신의 기학에 있었다. 그는 기학을 통해 동서양이 회통하고 상보하는 보편 문명을 꿈꾸었던 것이다.

최한기는 올바른 사회에 대한 청사진을 구축하고 이 사회가 동서가 서로 회통하고 보완하며 협화하는 보편 문명이 되어야 한다고 제안하며 서양 학술들을 그에 따른 전략으로 사용하고자 했지만 그가 구상한 올바른 사회 역시 유가적 이상에 머물렀다. 그의 기학은 여전히 유가적 가치체계와 이념들로 구성되어 있다는 점에서, 무엇보다 자기뿐 아니라 세계에 대한 책무를 자임하는 유학자의 세계관을 떠나지 않았다는 점에서 여전히 확장된 유학이라고 말할 수 있다. 이 확장된 유학이 꿈꾸는 보편 문명은 날렵한 배가 세계를 일주하듯 동서양이 하나로 연결된 협화協和의 세계였을 터이지만 이 낙관적 구상만으로는 급변하는 당대의 정세나 제국주의적 야욕으로 육박해오는 서양의 힘을 돌파하거나 극복할 만한 힘을 확보하기 어려울 것이다.

　최한기는 간명하고 체계적인 지적 재배치의 방식으로 박학을 추구했던 홍한주는 물론, 양적으로나 다루는 주제 면으로 보나 홍한주보다 훨씬 큰 기획으로 지식장을 구성했던 이규경 역시 뛰어넘는 지적 규모와 포부를 보여주었다. 이 지적 규모와 포부를 담으려면 그만큼 더 큰 그릇이 필요했을 것이다. 따라서 최한기가 기학을 담을 그릇으로서 동서의 문명이 융합하고 조화된 일종의 보편 문명을 꿈꾸었던 것은 자연스럽다. 그의 기학은 지나치게 호한浩瀚했고 구체적인 실증을 위해 그토록 매진했던 서양 과학 이론은 동아시아의 지식과 모호한 형태로 절충되면서 그 맥락을 이탈해버렸기 때문이다. 최한기는 중국, 서양, 조선 간의 당장의 경쟁과 갈등이 자연스럽게 일통 상태로 수렴될 수 있다고 믿었지만 그의 낙관적 보편 문명의 구상을 실현할 수 있는 실질적 돌파력과 설득 논리는 충분히 계발되거나 제안되지 못했던 것이다.

6 유학의 확장 가능성

엄밀히 말해 19세기는 분란과 소요, 힘의 편중에도 불구하고 명백한 정치적 단절이나 사상적 단절이 발생하지 않았던 시대다. 연속과 불연속이 공존했던 19세기에 청은 타자이면서 중화의 흔적과 함께 정당한 지식을 발생시키는 지적 공간이었고 서구 역시 타자지만 이미 오래전 중국에 들어와 다양한 방식으로 공인된, 유용한 지적 원천이었다. 영국이나 프랑스의 동점은 위협적이었지만 홍한주나 이규경, 최한기 같은 지식인들은 제국주의의 야욕과 전면으로 대면하는 다음 세대와 달리, 여전히 국가를 잃을 것이라는 분명한 징후를 감지하지는 못했다. 이런 상황에서 이들의 사상적 작업은 서양에서 발화된 지식들의 쇄도를 경험하고 이를 어떻게 도입하고 내면화하며 활용할지의 논리에 대한 사유 실험이라고 할 수 있을 것이다.

사실상 지적 맥락에서 문명의식이란 지식의 추동력이자 제한점이자 방향등으로서 가치와 이념이 작동해야 한다는 점에 대한 합의이지 가치나 이념의 실질적 내용은 아닐 것이다. 결국 지식을 문명의식의 관점에서 성찰한다는 것은 지식이 의미 있는 가치와 동의 가능한 이념 위에서 작동하기를 바라는 이상적 발상일 수도 있다. 그러나 적어도 문명한 세계를 꿈꾸었던 조선 유학자들에게는 이 이상과 낙관이 삶의 전제였고 방향이었다.

홍한주와 이규경은 그러한 이상과 낙관을 바탕으로 실제로는 분리될 수 없음에도 위협적인 힘으로 압박해오는 국가 및 사람들의 심성과 삶을 전환하는 종교로 대표되는 '제도'로서 서양과, 중국이나 조선에 비해 앞선 지식과 기술을 확보한 '학술'로서 서양을 분리함으로써 학술의 주도권을 유지하고 안전한 위치를 확보하고자 했다. 이들과 달리 최한기는 제도로서 서양의 압박과 위협을 실제보다 축소하고 약화시키며 '학술' 혹은 '기술'로서 서양 역시 이용 가능한 자원으로 객관화하고 대상화했다.

이들은 서로 정도는 다르지만 모두 서양에서 들여온 지식을 재구성·재배치하고 힘으로써 서양과 심리적 거리를 두고자 했다. 그러나 엄밀히 말하면 이들이 모두 지식이 뿌리내리는 토대인 가치와 이념에 대한 새로운 구상으로 나아갔다고 하기는 어렵다. 그것은 아마도 이들이 이미 올바른 가치와 이념의 담지자, 즉 문명의 선취자였기 때문일 것이다. 이들의 진정한 관심과 학술의 목적은 전통적 문명의 세계를 보존하는 방법이었다. 공자의 가르침이라는 초역사적이고 초시간적인 이념 앞에서 이들은 어쩌면 다른 가치에 따라 작동하는 '다른' 문명을 꿈꿀 필요가 없었을 것이다. 만일 이들의 선택이 정체와 답보로 보인다면 그것은 우리가 더는 공자와 유학을 보편적 이념으로 받아들이지 않기 때문일지도 모른다.

그런 맥락에서 19세기를 관통하며 살았던 세 사람은 아마도 이 역전의 직전, 주도권을 상실하고 외부의 규율을 묵수墨守하도록 강요받기 직전에 전통적 유학 세계가 어디까지 스스로 확장될 수 있는지, 어떤 사유와 이념까지 수용할 수 있는지를 보여주는 하나의 창과 같을 것이다.

김선희

이화여자대학교 인문과학원 HK연구교수. 동서비교철학과 한국 유학을 전공했으며 근대 동서양의 사상적 접촉과 변용에 대해 연구하는 한편 한국 근대 지식장의 변동에 관한 연구를 진행하고 있다. 『마테오 리치와 주희 그리고 정약용』(심산, 2012) 등의 저서와 『하빈 신후담의 돈와서학변』(사람의 무늬, 2014) 등의 역서, 「격물궁리지학, 격치지학, 격치학 그리고 과학−서양 과학에 대한 동아시아의 지적 도전과 곤경」 「예와 자연법: 크리스티안 볼프의 유교 이해를 중심으로」 「근대 문헌의 公권과 근대적 호명−근대 계몽기 지적 公認의 변화」 등의 논문을 썼다.

집필경위

이 글은 2015년 2월 13~14일에 성균관대학교 동아시아학술원과 한림대학교 한림과학원이 공동으로 주최한 학술회의 "19세기의 동아시아−변화와 지속, 관계와 비교"에서 발표되었으며, 『한국사상사학』 49집(2015년 4월 30일 간행)에 수록되어 있다.

이 글에서는 전 시대 지식인들과 달리 서학서 속의 지식으로서 서양이 아니라 정치적 위협 속에서 '서양과 대면해야 했던 19세기 지식인들의 지적 응전과 변화를 추적하고자 시도했다. 박학의 태도로 지식을 축적해 유서類書류의 저술을 남겼던 이규경, 홍한주, 최한기가 서양과 대면하고 대결하는 과정에서 보여준 지적 태도와 전략을 '문명의식', 즉 올바른 세계에 대한 동의 가능한 이념을 바탕으로 한 자기 인식과 타자의 배치 전략으로 평가해보고자 한 것이다.

⑧ 근대 계몽기 신문과 추리소설 -『신단 공안 神斷公案』을 중심으로

◎

박소현

1 추리소설과 근대문학

한국문학사에서 추리소설[1]이 차지하는 위치는 어떤 것인가? 19세기 말 일본이나 중국사회에서 그랬듯이 개화기 한국사회에서도 그것은 근대적 문화현상이나 되는 양 신문과 잡지라는 근대매체에 어김없이 출현했다. 개화기와 식민지시기를 거치면서 원작이 불확실한 수많은 외국 추리소 설이 번역·번안되어 대중적 인기를 누렸지만, 정작 한국 작가들의 추리소설 창작은 1930년대 김내성金來成(1909~1957) 이후로는 부진을 면치 못했다. 그럼에도 한국근대문학사에서 추리소설의 의미를 쉽게 과소평가할 수는 없다. 서구 열강의 압박 아래 근대화를 추진했던 동아시아사회에서 추리소설의 출현은 근대문화의 시작을 알리는 지표라 해도 지나친 말이 아닌 까닭이다.

추리소설이 근대 동아시아사회에서 오락적 읽을거리 이상의 의미를 지녔다는 사실은 서구 추리소설이 전파된 경로만 살펴보아도 쉽게 알 수 있다. 동아시아에서 서구 추리소설을 제일 먼저 대중에게 소개한 나라는 메이지明治(1868~1912) 초기 일본이었다. 1880년대 서구문학의 번역이 전성기를 이루면서 이 시기에 이미 앨런 포Edgar Allan Poe(1809~1849)의 『모르그가의 살인The Murders in the Rue Morgue』을 비롯해 많은 서구 추리소설이 번역 또는 번안되어 신문과 잡지에 소개되었으며, 이러한 배경을 바탕으로 출현한 구로이와 루이코黑岩淚香(1862~1920)의 번안추리소설은 엄청난 대중적 인기를 끌었다. [2] 사실 구로이와를 비롯한 당대 번역가들에게 소설 번역은 단순히 상업적 성공만을 의미한 것은 아니었다. 그들은 가장 먼저 서구화된 선구적 지식인이었으며, 문학으로 대중을 계몽하는 '경세제민經世濟民'의 포부를 실현하고자 했다. [3]

이처럼 추리소설의 유행에 내포된 야심찬 근대적 기획은 메이지 일본에 뒤이어 서구 열강의 강압에 개항과 근대화의 길로 들어선 중국에서도 찾아볼 수 있다. 중국 독자에게 소개된 최초의 서구 추리소설인 '셜록홈스Sherlock Holmes' 시리즈는 그중 네 편이 1896년부터 1897년까지 량치차오梁啓超(1873~1929)가 발행한 정론지 『시무보時務報』에 연재되었다.[4] 주지하는 바와 같이 '소설계혁명小說界革命'을 주창한 량치차오를 비롯한 개혁파 지식인들은 서구의 과학지식과 기술, 근대문화의 대중적 전달매체로서 소설의 대중성과 교육성에 주목했고, 이런 맥락에서 볼 때 추리소설은 중국 대중을 계몽하기 위해 번역할 만한 가치가 충분한 장르였다. 이러한 관점은 확실히 오늘날 추리소설을 보는 우리의 관점과는 거리가 있다. 오늘날 추리소설의 본질은 가장 대중적이고 오락적인 장르라는 데에 있으며, 우리는 망설임 없이 추리소설에서 읽는 재미를 추구한다. 그러나 근대 동아시아 지식인들에게 서구 추리소설은 오락적 읽을거리를 넘어 '근대적 사유와 과학을 내면화하고 있는 전형적인 근대소설'[5]이었다. 그들은 분명히 이 장르가 근대 이성의 대중문학적 해석이자 새로운 문화적 상상이라고 할 수 있을 만큼 근대문화에서 중요한 위치를 차지한다고 보았던 것이다.

근대 한국사회에서도 예외 없이 추리소설은 대중에게 근대정신을 깨우치고자 하는 계몽을 기획할 수 있는 장르로 여겨졌다. 따라서 한국 근대 추리소설의 기원을 어떻게 설정하는가는 한국문학사를 다시 쓰는 작업을 의미할 만큼 결코 간과할 수 없는 문제이다. 이런 점에서 볼 때 근대 계몽기 신문에 출현한 최초의 범죄소설이면서도 여전히 전통적 형식에 얽매인 『신단공안神斷公案』 같은 작품은 단선적인 문학사의 재구성을 방해하는 '골칫덩이'가 아닐 수 없다.

『신단공안』은 개화기 한국에서 발행된 『황성신문皇城新聞』(1898. 9. 5~1910. 9. 14)에 1906년 5월 19일부터 12월 31일까지 총 7화 190회에 걸쳐 연재된 신문연재소설이다.[6] 『신단공안』은 근대 신문에 최초로 연재된 범죄소설인데도『신단공안』을 한국 근대 추리소설의 기원으로 보는 데는 대체로 주저하는 반면, 빨라야 이해조李海朝(1869~1927)의『쌍옥적』(1908)을 그 기원으로 보는 것이 일반적이다. 이러한 평가는『신단공안』이 서구소설의 영향을 수용했다기보다는 청대(1644~1912)에 간행된『용도공안龍圖公案』을 저본으로 하여 중국 공안소설의 영향을 직접적으로 수용한 맥락을 우선적으로 고려한 결과라 할 것이다. 게다가 문체 또한 국문 또는 국한문 혼용체를 사용한 것이 아니라 한문 어순을 따르는 한문현토체漢文懸吐體를 사용한 사실이 결국 우리로 하여금『신단공안』을 근대소설이라고 부르는 것을 포기하게 만든다.

따라서『신단공안』은 기껏해야 한국 송사소설訟事小說의 전통에서 신소설新小說로, 신소설에서 근대 추리소설로 이어지는 한국문학사의 맥락에서 송사소설에서 신소설을 이어주는 연결고리 정도로 평가되는 데 그쳤다.[7] 그러나 한편으로는 같은 해인 1906년 7월 최초의 '신소설'로 일컬어지는 이인직李人稙(1862~1916)의『혈의 누』가『만세보萬歲報』에 발표된 사실을 고려할 때,『신단공안』과 공안소설의 연관성은 과도기적인 것을 넘어 시대착오적인 것으로 여겨지는 측면도 있다. 즉, 기존의 연구는 송사소설의 전통에서 신소설로 직선적인 '장르적 진화'의 단계를 거친 것이 아니라 어째서 공안소설로 '우회'적 단계를 거쳤는지, 이를 작가의 시대착오적 한계로 해석해야 할지에 관해서 적절한 해답을 제시하지 못함으로써『신단공안』을 여전히 곤혹스러운 존재로 남겨놓고 있는 것이다.

예를 들면, 김찬기는『신단공안』제4화「김봉본전金鳳本傳」과 제7화

「어복손전魚福孫傳」에 주목하여, 이 이야기들이 전통적인 '전傳' 형식을 계승하면서도 '자율적 존재로서 인간의 가치를 자각한 근대적 인간'을 그려냈다고 본다.[8] '전'이라는 전통적인 문학 양식으로도 '근대적 개인'의 내면을 그려내는 것이 가능함을 강조한다는 점에서 김찬기의 주장은 주목할 만하다. 그러나 그의 연구에서는 '전'이라는 형식에 주목할 뿐 공안소설과 상관성에 관해서는 아무런 언급이 없다. 이러한 문제점을 고려할 때 『신단공안』의 근대성을 강조하기보다는 장르적 기원에 천착한 정환국의 관점은 주목할 만하다.

> 1906년이면 우리는 아직 본격적인 근대의 장場으로 들어와 있지 않았다. 그에 따라 엄청난 격변의 와중에도 낡은 형식은 여전히 활개를 치고 있었다. 이 점에서 『신단공안』은 근대성에 견인되어 탄생한 결과물이 아니라 전통적인 방식의 유형이 자기변화를 한 사례로 먼저 볼 필요가 있다. 그럼에도 기존 논의에서 다루어졌듯이, 문체나 표현 따위 면에서 과도기적인 형식임은 분명하다. 그렇다고 내용마저 과도기성으로 설명할 순 없다. 전통서사인 송사소설과 공안소설을 매우 독특한 방식으로-그것을 굳이 한국적인 방식이라고 할 수 있을지 모르겠지만-결합시켜 새로운 유형의 범죄소설로 탄생했다는 점에서 그렇다.[9]

정환국은 『신단공안』은 전형적인 공안소설작품이라기보다는 '공안소설의 외피를 쓴 조선적 범죄소설의 유형을 창출'[10]한 새로운 유형의 범죄소설이라고 주장했다. 이러한 주장은 『신단공안』이 결코 '시대착오적'인

작품이 아니라 오히려 근대적인 문제의식으로 탄생한 실험적 작품임을 강조한다는 점에서 상당한 의미가 있다. 그럼에도 '근대성에 견인되어 탄생한 결과물이 아니라'고 그 근대성을 애써 부정한다. 『신단공안』의 근대성을 부정할 때 절대로 설명할 수 없는 부분이 바로 공안소설의 재탄생을 가능하게 한 신문이라는 근대매체의 역할이다. 이렇게 본다면 지금까지의 『신단공안』에 관한 연구는 주로 텍스트 분석을 중심으로 문학사적 의의를 살펴보는 데 국한되었으며, 매체 연구를 포함한 폭넓은 문화사적 접근은 제대로 시도된 적이 없었다고 볼 수 있다.

결국 『신단공안』의 문화적 위치를 제대로 파악하려면 중국 공안소설의 전통이 근대매체와 결합하여 어떻게 변형되었으며, 이러한 변형으로 어떤 새로운 문화적 의미를 창출했는지에 천착하지 않으면 안 된다. 즉, 공안소설과 근대매체라는 이질적인 문화적 양식mode 양자를 모두 고려할 때에만 비로소 『신단공안』의 과도기성 또는 경계성을 둘러싼 의문을 해결할 수 있다고 생각한다. 이 글에서는 기존의 『신단공안』 연구에서 충분히 다루지 않았던 부분에 초점을 맞춤으로써 전통과 근대가 합류하는 과도기 문화의 역동성을 비교문학적 시각에서 새롭게 조명해보고자 한다.

2 공안과 추리소설의 사이: 비교문학적 관점에서 바라본 『신단공안』

1) 『신단공안』과 추리소설의 기원

『황성신문』에 소설로는 최초로 연재된 『신단공안』은 공교롭게도 범죄소설이지만, 근대 추리소설의 기원으로 보기는 어렵다는 것이 중론인 듯하다. 공안의 전통에 기댄『신단공안』은 '근대정신을 일깨우는 계몽의 기획'과는 한참 동떨어져 보이는 것이 사실이다. 이에 반해『제국신문』에 연재된 이해조의『雙玉笛』(1908. 12. 4~1909. 2. 12)은[11] 작가 스스로 이 소설의 장르를 '명탐소설', 즉 탐정소설이라고 밝힌 점에서 확실히 근대 추리소설의 기원이라 일컬을 만하다. 또한 한국 대중에게 서구 추리소설이 언제, 어떻게, 그리고 얼마나 광범위하게 소개되었는지 분명히 알 수 없는 상황에서 이 장르에 대한 인식의 확산을 확인할 수 있다는 점에서도 그 의미가 크다.[12] 신소설 작가 안국선安國善(1878~1926)의 아들 안회남安懷南(1910~?)은 자신의 부친이 코난 도일Arthur Conan Doyle(1859~1930)의 소설을 번안한 사실을 고백하기도 했는데,[13] 이처럼 당시 상당수 문인이 추리소설을 즐겨 읽었을 뿐만 아니라 가명 또는 익명으로 서구 추리소설을 번역 또는 번안해 소개한 정황을 포착할 수 있다. 조성면의 지적대로 이해조의『雙玉笛』이 출현하기 이전에 "이미 탐정소설이 하나의 독서문화로, 문화적 현상으로 정착되어가고 있었다는 증거"[14]라고 볼 수 있겠다.

　그러나 탐정소설임을 공식적으로 내세운『雙玉笛』조차도 실제로는 서구 추리소설과 상당한 거리가 있었다. 조성면에 따르면,『雙玉笛』은 송사소설의 세계에서 벗어나 자아와 개인주의를 추구한 의의가 있지만 인과관계가 취약한 서사구조와 함께 작품의 논리와 무관한 계몽 이념을 역설하는 등 많은 결함을 내포한 소설이다. 이런 점에서 볼 때『雙玉笛』은 진정한 의미의 추리소설이라고 하기에는 무리가 있고, 본격적인 추리소설은 김내성에 이르러서야 출현한다는 것이다.[15] 반면 이동원에 따르면,『雙玉

적』은 도시라는 근대적 공간을 바탕으로 정순금이라는 '계약 탐정'을 등장시킴으로써 '새롭게 세워질 근대국가의 상징적인 아이콘'을 형상화했다고 본다. '탐정은 사유재산의 적극적인 수호자이고, 부르주아사회의 근간을 유지하는 요소가 되기' 때문이다.[16) 따라서 『쌍옥적』이야말로 근대적인 국가의 성립 순간을 묘사한 크로키인 셈이다.'[17)

　『쌍옥적』에 대한 이러한 상반된 평가는 그 대립적 관점에도 불구하고 서구 추리소설의 서사구조와 근대성 이데올로기에 얼마나 근접하는지를 공통 기준으로 삼고 있다. 그러나 중요한 것은 서구 추리소설을 얼마나 잘 모방했느냐가 아니라, 근대 한국사회에서 추리소설이라는 새로운 장르의 문화적 함의가 무엇이었는가 하는 것이다. 당시 한국사회에서 부르주아의 등장을 언급하기에는 명백한 시기상조라는 점에서 『쌍옥적』은 분명히 '근대 부르주아사회의 형성'을 알리는 표지로 읽힐 수는 없지만, 그럼에도 근대 계몽기 한국사회의 새로운 사회적 가치의 형성과 인식의 변화를 반영했다는 사실을 결코 간과할 수는 없다. 이런 점을 고려할 때 『신단공안』에 대해서도 서구 추리소설과 유사성이라는 기준에만 국한되어 부정적 평가를 내리기보다는 근대 계몽기 한국사회의 특수성과 관련해 그 사회적 맥락을 좀 더 살펴볼 필요가 있다. 중요한 것은 『신단공안』이 사회비판적 메시지를 전달하려고 공안이라는 전통적 '범죄소설'의 틀을 빌렸다는 점이다.

　범죄는 근대 유럽과 동아시아를 통틀어 '로맨스'와 함께 가장 인기 있는 근대소설의 제재였다. 서구 추리소설도 기존의 범죄소설crime novel과 완전히 구분되는 장르가 아니라 범죄소설의 일종이었다. 다만 당시 유행한 수많은 범죄소설 가운데 가장 낯선 방식으로 범죄를 이야기한 소설이었을 뿐이다. 대중의 선택을 받은 장르가 친숙한 방식으로 범죄 이야기를 전개한 소설이 아니라 앨런 포와 코난 도일의 낯선 ―역행적 서사구조와 퍼즐 기법의― 추리소설이었다는 사실은 문학사에서도 불가해한 획기적 사건이라고 할 수 있다. 당시에는 상당히 실험적이었던 서사기법을 과감하게 사용한 추리소설이 전대미문의 상업적 성공을 거둔 배경에는 여러 가지 요인이 복합적으로 작용한 것으로 보이지만, 가장 눈에 띄는 것은 역시 추리소설이 근대문화의 핵심이라고 할 수 있는 대중매체를 통해서 각광받게 되었다는 사실이다. 앨런 포와 코난 도일의 추리소설들은 모두 잡지에 연재되면서 대중에게 알려지게 된 것이다.

근대 서구사회에서 유독 추리소설이 각광받은 이유는 어디에 있을까? 가장 상식적으로 유추해볼 수 있는 사회적 요인으로는 근대 자본주의와 부르주아의 등장, 도시의 발달, 계몽주의 경향, 근대 과학기술의 대두 등이 있다. 특히, 추리소설의 구심점인 아마추어 탐정의 등장은 실제 사립 탐정이나 근대 경찰제도의 성립을 직접적으로 반영한다기보다는 개인주의와 근대적 이성지상주의 경향을 상징적으로 반영한 것으로 해석되어왔다. 시먼스Julian Symons(1912~1994)의 주장대로 "조직적인 수사대가 출현한 후에야 비로소 탐정소설이 창작되었다는 생각은 논리적으로는 설득력 있게 보이지만 사실이 아니다. 왜냐하면 앨런 포가 쓴 최초의 탐정소설은 스코틀랜드 야드Scotland Yard에 형사계Detective Office가 설립되기도 전에, 그리고 미국 도시에는 경찰제도가 아직 확립되지 않았던 시절에 나왔기 때문"이다.[18] 오히려 나이트Stephen Knight(1951~1985)의 지적대로 '시간과 교육, 그리고 돈을 소유한 부르주아 계급의 형성'[19]이라는 사회현상과 더 밀접한 연관성이 있었다고 할 수 있다.

한편 서구사회에서도 추리소설이 근대에 출현한 유일한 범죄소설 장르가 아니었으며, 추리소설 이외에도 다양한 형식의 범죄소설이 공존했다는 사실을 인식할 필요가 있다. 이미 18세기 말부터 영국의 『뉴게이트 일지The Newgate Calendar』(1773) 같은 사형수의 범죄기록, 이른바 '교수대 문학gallows literature'으로 일컬어진 죄수의 수기가 출간되었다. 이러한 사실적 범죄기록은 대중의 관심을 끌었을 뿐만 아니라 디킨스Charles Dickens(1812~1870), 위고Victor Hugo(1802~1885) 같은 위대한 작가들에게도 영감을 불어넣음으로써 『올리버 트위스트Oliver Twist』(1838)나 『레미제라블Les Misérables』(1862) 등 사실주의 소설에 중요한 모티프를 제공했다. 근대 경찰제도가 확립되면서 경찰의 활약상에 대한 보고문학reportage 또는 경찰의 회고록도 대중적 인기를 끌었다. 예를 들면, 비독Vidocq이라는 실제 경찰의 기록인 『비독의 회고록Les Mémoires de Vidocq』(1828~1829) 같은 작품이 대표적이다. [20] 추리소설이 출현하기 전 사실과 허구의 경계를 넘나드는 다양한 범죄소설이 오래도록 대중을 사로잡았다는 사실은 근대 서구사회에서 추리소설의 부상이 돌연한 사건이 아니었음을 보여준다.

이러한 사실을 고려할 때 한국문학사에서 근대문화의 지표로서 추리소설 장르만을 거론해온 기존의 연구가 지나치게 편벽된 것은 아닌가 하는 의문을 가질 만하다. 근대 한국사회에서 신문이 정보의 전달매체로뿐만 아니라 오락을 위한 읽을거리로 부상했을 때, 범죄소설은 추리소설과 마찬가지로 신문의 사회문화적 지위에 걸맞은 장르였다. 그것은 대중성과 계몽주의, 선정주의sensationalism와 교훈성을 담보하는 장르였고, 때마침 이러한 요구에 부응해 출현한 작품이 『신단공안』이었다. 『신단공안』은 그 전근대적 외피에도 불구하고 과거와 현재를 넘나드는 방식으로 과도기 사회의 독자를 사로잡았다. 『신단공안』의 '시대착오적' 출현에 당황한 것은 당시 독자가 아니라 단지 근대문학의 단선적 진화의 행보를 믿었던 현재의 문학사학자뿐이었다.

2) 『신단공안』과 공안소설의 전통

『신단공안』은 별다른 갈등 없이 공안소설의 전통을 수용한 작품처럼 보인다. 『신단공안』의 저자가 누구인지는 알 수 없지만 분명히 원작인 『용도공안』을 잘 알고 있었다. 독립적인 이야기 일곱 편으로 구성된 『신단공안』중 제1, 2, 3화는 확실히 『용도공안』을 개작한 이야기이고, 제5, 6화도 '법서法書'로 분류되어온 『당음비사棠陰比事』나 『절옥귀감折獄龜鑑』의 '판례'를 바탕으로 한 이야기이다.[21]

『포공안包公案』 계열 소설인 『용도공안』은 이미 17세기 초 우리나라에 유입된 사실이 확인되는데, 이러한 사정으로 말미암아 아마도 우리나라 독자층에 가장 널리 알려진 중국의 범죄소설이 되었을 것이다.[22] 따라서 조선 후기에 들어와 송사소설이 활발히 창작된 정황을 고려한다면 『포공안』과 영향관계를 추적할 만하지만, 특별히 눈에 띄는 것은 없다. 다만 19세기 말에 이르러서야 우리나라 독서계에 미친 『포공안』의 영향이 구체적으로 포착된다. 『용도공안』 100회 중 80회를 번역한 한글필사본 『포공연의包公演義』도 19세기 후반에 완성된 것으로 보이며, 『용도공안』의 주인 공 포공을 내세운 『염라왕전』과 『포염라연의包閻羅演義』는 20세기 초에 창작된 작품들이다.[23]

그런데 『용도공안』 이외의 청대 공안소설로 『시공안施公案』과 『팽공안彭公案』 등 7종과 『포공안』의 변종으로 '협의공안俠義公案'이라는 장르로 개작된 『삼협오의三俠五義』 시리즈가 16종이나 국내에 유입된 사실을 확인할 수 있다.[24] 포공보다는 강호 의협들의 활약상에 초점을 맞춘 『삼협오의』 시리즈는 중국의 설화說話 전통과 결합되어 19세기 말 중국에서 대중적 인기를 많이 누린 소설들 중 하나였다. 다른 『포공안』 계열 소설들과 마찬가지로 국내에 얼마나 많은 공안소설 독자층이 존재했는지 알 길이 없지만, 적어도 19세기에 와서 『포공안』을 비롯해 중국 공안소설이 상당수 국내에 유입되었고 이로써 일정한 독자층을 확보하는 것이 가능했다고 추측해볼 수 있다. 다만 『신단공안』은 중국 독자층을 사로잡았던 협의공안류의 '활극'과는 아무런 연관성이 없다는 사실을 분명히 인식할 필요가 있다.

정환국은 "조선 후기엔 뜸했던 공안류가 오히려 근대로 접어들면서 활성화"되었으며, "공교롭게도 『신단공안』도 이런 흐름 안에 있었다"고 지적하면서도 이 시기에 들어와서야 공안류가 활성화된 이유에는 분명한 해답을 제시하지 못하고 있다.[25] 다만 "조선 후기에 활성화됐던 송사소설은 그 말기적 징후에서 더 이상 시의성을 찾지 못한 것으로 판단된다"는 조심스러운 추측을 내놓았을 따름이다.[26] 다시 말해서 『신단공안』의 출현은 결코 시대착오적인 것이 아니라 오히려 시대적 요구에 따른 결과였다는 것이다. 주로 추리소설의 출현에만 주목해온 대부분 근대문학 연구자들과는 완전히 상반되는 결론이다. 사실 공안은 중국에서도 명말 청초 출판시장의 호황과 함께 상당한 인기를 끌다가 청대에 와서 오랜 침체기를 겪은 후 19세기 말 협의공안소설로 재탄생되면서 폭발적 인기를 누린 장르였다. 만청晚淸 시기 공안소설의 활성화와 함께 새로운 공안소설작품이 국내에 유입된 것이 근대 계몽기 독자층에게 어떤 간접적 영향을 미쳤을 가능성을 생각해볼 수 있다.

만청 협의공안소설은 공안소설과 협의소설, 즉 무협소설을 결합한 새로운 형식의 장르였지만, 그 내용마저 새로운 것은 결코 아니었다. 루쉰魯迅(1881~1936)은 일찍이 『중국소설사략中國小說史略』에서 협의공안소설은 구성이 졸렬하고 천편일률적이며 내용마저도 봉건주의에 대한 순응으로 귀결된다고 혹평한 적이 있다. "대개의 협의소설 가운데 영웅은 민간에서는 모두들 극히 거칠고 다듬어지지 않은 인물들이지만 결국에는 고관 밑의 수하가 되어 부림을 받는 것을 영광으로 알게 된다. 이것은 대개 마음에서 우러나와 복종하고 신하가 되는 것을 즐거이 받아들이는 시대가 아니고는 나올 수 없는 것이다."27) 루쉰의 지적대로 협의공안소설은 지극히 민중적이면서도 전제적 봉건주의의 한계를 벗어나지는 못했다. 이러한 한계는 협의공안소설뿐만 아니라 당시 선풍적 인기를 끌었던 원앙호접파鴛鴦胡蝶派나 루쉰이 말한 이른바 '견책소설譴責小說' 장르에서도 공통적으로 나타나는 현상이었다. 더구나 견책소설은 중국의 정치 현실을 폭로한다는 비판적 태도를 견지하면서도 지나치게 노골적인 경향을 보이는데, 그것이 상업적으로 성공한 것은 바로 대중의 기호에 영합한 선정주의 덕분이었다. 이러한 장르들은 모두 구소설의 전통에서 분리되기는커녕 적극적으로 그것을 수용하면서도 새로이 출현한 대중매체와 시대적 요구를 무시하지 않는 '근대성'도 보여준다는 점에서 역시 『신단공안』의 경계성 또는 과도기성에 비교할 만하다.

『신단공안』이 출현할 무렵 중국 출판시장의 상황을 돌이켜보면, 공안소설의 전통이 퇴보일로를 걷기는커녕 오히려 새로운 전환기를 맞이했음을 알 수 있다. 당시 출판시장을 선도했던 견책소설 장르도 공안소설의 전통과 무관하지 않은데, 협의공안소설과 풍자소설, 새롭게 등장한 정치소설, 심지어 서구 추리소설의 영향까지도 수용한 새로운 '범죄소설' 장르의 경계를 실험했기 때문이다. 이러한 공안소설의 '화려한 변신'을 가능하게 만든 결정적 요소가 신문과 잡지라는 근대매체였음은 새삼 강조할 필요도 없다. 루쉰이 '4대 견책소설'로 언급한 이보가李寶嘉(1867~1906)의 『관장현형기官場現形記』(1903~1905), 오옥요吳沃堯(1866~1910)의 『이십년목도지괴현상二十年目睹之怪現狀』(1906), 유악劉鶚(1857~1909)의 『노잔유기老殘遊記』(1904), 그리고 쩡푸曾樸(1872~1935)의 『얼해화孽海花』(1904)는 모두 신문이나 『신소설新小說』, 『수상소설繡像小說』, 『소설림小說林』 등의 소설 잡지에 발표된 연재소설이었다. 이 소설들은 당시 정치적 사건이나 실제 인물들의 비화 또는 '가십거리'를 소설이라는 양식을 빌려 재현함으로써 뉴스 보도와 최신 정보의 전달이라는 신문의 기능까지 포괄했다.[28] 물론 『신단공안』의 출현이 중국 문단의 변화에서 직간접적인 영향을 받았다고 말할 수 있는 어떤 근거도 없지만, 적어도 공안이 시대착오적인 낡은 형식이라는 생각이 편견임은 확실하다.

근대에 와서 공안은 구시대 봉건 이데올로기를 재현한 서사 형식으로 폐기된 것이 아니라 오히려 데이비드 왕王德威, David Der—Wei Wang이 말한 이른바 '억압된 근대성들repressed modernities의 서사'로 재탄생되었다. 데이비드 왕은 중국 근대문학사가 5·4운동 이후로 19세기 서구 리얼리즘을 모델로 한 일원주의적 근대성modernity의 지배를 받아왔으며, 이로써 중국 근대문학사는 소수의 정전正典만으로 구성된 단선적 진화의 역사로 환원되었다고 주장한다.[29] 근대문학사를 단선적 진화의 역사로 재구성한 결과는 참담하다고 말할 수 있다. 이미 루쉰이 언급한 원앙호접파, 협의공안, 견책, 협사狹邪, 신마神魔 등 풍부한 서사 전통을 재해석한 수많은 통속소설의 존재는 단선적 문학사에서 설 자리를 잃고 삭제되거나 억압되었으며, 그 자리는 온전히 공백으로 남았다. 그리하여 만청소설은 '진정한 근대문학'인 5·4문학이 출현하기까지 근대문학의 '전주곡' 정도로만 인식되었다.[30]

그러나 사실상 그들의 존재감은 간단히 억압될 수 있는 정도를 이미 넘어섰다. 1898년 무술정변부터 1911년 신해혁명에 이르는 동안 중국에서는 2,000종이 넘는 통속소설이 생산되었다.[31] 당시 200~300만 명에 이르는 것으로 추정되는 대중적 독자층을 대상으로 170개 이상의 출판사가 있었다. 이런 상황에서 소설 장르는 독자층의 관심을 끌어들이는 강력한 오락성과 대중성을 지닌 장르로 부상했다. 이미 1870년대부터 『신보申報』와 같은 신문에 정기적으로 소설이 연재되었으며, 1890년대에 새롭게 출현한 오락적 대중매체인 '소보小報'의 연재소설이 큰 호응을 얻었다. 본격적인 소설 잡지가 등장한 것도 이때였는데, 1890년대까지 소설 간행을 전문적으로 취급한 출판사만도 약 30개에 이르며 1911년까지 적어도 21종의 소설 전문잡지가 발행되었다. 이 시기 근대매체의 사회적 역할이 급격히 부상한 가운데 가히 폭발적으로 생산된 수많은 통속소설을 모두 진정한 '근대문학'의 출현을 저해한 장애물이거나, 아니면 기껏해야 근대문학의 전주곡으로 여기는 것은 전환기 사회의 문화적 역동성을 인식하지 못하거나 지극히 과소평가하는 결과를 초래한다. 이는 다시 근대 동아시아사회가 갖고 있었을 자생적인 변혁의 가능성을 부정하는 심각한 결과로 이어질 수 있다. 데이비드 왕을 비롯해 두아라Prasenjit Duara[32] 같은 역사학자들도 서구 근대성 담론을 강력하게 비판하고 '복수의 근대성'을 주장한 지 상당한 시간이 흘렀건만, 일원주의적 근대성 담론이나 전통단절론을 극복하는 작업은 끝나기는커녕 아직도 계속되고 있다.

이러한 맥락에서 볼 때 『신단공안』은 근대성 담론을 착실히 추종하는 추리소설사의 틀 안에서는 억압될 수밖에 없는 텍스트였지만, 공안소설사의 틀 안에서는 공안의 사회적 의미를 근대적으로 재해석한 텍스트였다고 할 만하다. 전통 시기에 공안소설은 근대적 의미의 범죄소설로만 읽힌 것이 아니라 판례집, 법문서 모음집인 '송사비본訟師秘本' 등을 포괄한 법서의 일종으로 읽히기도 했다. 실제로 공안소설 중에는 송사비본의 구성을 본떠 법조문을 삽입하고 송사비본의 사례를 그대로 베껴 실은 『고금률조공안古今律條公案』 같은 작품도 있었다.[33] 공안을 대중적 법서의 일종으로 볼 때 공안의 장르적 경계는 실제 범죄사건의 재판기록 또는 일종의 사례기록case literature과 범죄소설 사이에서 불분명하다. 조선 후기 지식인들도 『용도공안』을 비롯한 중국 공안소설을 일종의 대중적 법서이자

재판의 참고서로 읽었을 가능성이 있는데, 이러한 대표적 사례로는 정약
용丁若鏞(1762~1836)의 『흠흠신서欽欽新書』가 있다.[34] 정약용은 공안소
설이 허구임을 분명히 인식했으면서도 소설의 허구성과 실용성, 오락성
과 교훈성이 특별히 괴리되는 것이라고 여기지 않았던 것 같다. 앞에서
언급했듯이 『신단공안』은 『용도공안』뿐만 아니라 판례집의 일종인 『당음
비사』, 『절옥귀감』 등의 사례를 각색한 이야기를 포함했다. 이는 『신단공
안』의 저자가 공안의 장르적 경계를 근대적 의미의 범죄소설에 한정하여
이해했다기보다는, 여전히 대중적 법서로서 전통적 역할을 포괄하는 것
으로 이해했다는 증거가 된다.

 이러한 전통을 고려한다면 근대적 대중매체와 전근대적 공안은 오히
려 가능한 조합이라고 할 수 있다. 사실과 허구를 교묘히 넘나드는 공안
의 장르적 특성은 범죄 기사와 보고문학, 역사 이야기가 뒤섞여 실제로는
사실과 허구의 구분이 불분명한 근대 신문의 구성과도 맞아떨어지는 것
이었다. 일찍이 근대 추리소설 장르도 근대매체를 통해 탄생되었으며, 근
대 중국에서도 기존의 공안이나 협의공안 장르를 '개량'한 새로운 범죄소
설을 근대매체에 발표해 독자의 큰 호응을 얻었다는 것은 결코 우연이 아
니다. 만약 신문의 선정주의, 범죄와 신문의 불가분의 관계, 그리고 범죄
의 폭로를 통한 사회비판의 가능성을 미리 읽어낸 『신단공안』의 작가가
의도적으로 공안이라는 전통적 장르를 선택해 신문이라는 대중매체와
결합하는 실험을 시도했다면, 『신단공안』은 확실히 시대착오의 산물이
아니라 근대를 지향하는 시점에 나타난 전환기의 산물임이 틀림없다. 게
다가 『신단공안』은 형식보다 내용 측면에서 구시대의 잔재를 스스로 털어

내고 있다. 이는 데이비드 왕의 주장대로 만청소설이 단순히 근대문학의 전주곡이 아닌 것처럼 『신단공안』도 근대 추리소설의 전주곡이 아니라고 당당히 주장할 수 있는 근거가 된다. 근대성의 징후는 흔히 근대 추리소설의 기원으로 여겨지는 『쌍옥적』보다도 『신단공안』에서 더욱 은밀하게 나타나고 있었음을 확인할 수 있다. 이에 관해서는 다음 장에서 좀 더 자세하게 분석해보고자 한다.

3 『신단공안』의 세계: 욕망과 감시의 권력

1) 근대 신문과 『신단공안』

『신단공안』은 『황성신문』에 신설된 소설란에 처음으로 실린 작품이다. 1906년 5월 19일자 『황성신문』 3면 3단에 '신단공안神斷公案—소설小說'이라는 제목으로 제1화를 실었다. 당일 신문에는 1면에 논설은 빠진 채 관보官報, 외보外報, 잡보雜報 기사를 차례로 배치했는데, 특히 1면 하단에 '대동고사大東古事'라는 우리나라 역사 이야기를 실은 것이 눈에 띈다. 2면에는 잡보와 함께 기고 및 '사조詞藻'라는 한시 투고란이 있고, 3면에는 잡보란에 '역사의독歷史宜讀—일본유신삼십년사日本維新三十年史'를 3단에 걸쳐 실었다. 『신단공안』은 이 『일본유신삼십년사』 하단에 배치되어 있다.

　『신단공안』은 근대 계몽기 신문에 '연재물'이 큰 비중을 차지하기 시작할 때 발표되었다. 『신단공안』이 처음 발표되었을 때에도 『황성신문』은

『대동고사』와 『일본유신삼십년사』라는 역사물을 이미 연재하고 있었다. 그런데 『황성신문』이 역사물을 연재하기 시작한 것은 1906년 4월부터였으니까 『신단공안』이 발표된 지 겨우 한 달 전쯤 일이다. 『황성신문』에서 소설을 비롯한 서사연재물이 큰 비중을 차지한 시점이 1906년인 것은 사실 우연이 아니다. 『황성신문』을 비롯해 『대한매일신보』, 『만세보』, 『제국신문』, 『경향신문』 등 주요 신문에 소설란이 신설된 것은 모두 1906년 이후의 일이었다. 신문 소설란의 신설과 서사물 연재는 을사조약 이후 사전 검열제도의 강화와 밀접한 연관성이 있었다.[35] 『황성신문』도 장지연張志淵(1864~1921)의 논설 「시일야방성대곡是日也放聲大哭」의 게재로 편집진이 투옥되고 수개월 간 정간당한 것은 잘 알려진 사실이다. 따라서 검열의 주요 대상인 논설과 잡보가 삭제당할 경우 이를 언제든지 대체할 수 있는 소설과 역사 이야기 등 서사연재물이 필요했던 것이다. 이처럼 언론의 자유가 탄압받던 상황이 『신단공안』의 출현과 내용 전개에 상당한 영향을 미쳤을 것이라는 점은 의심할 여지가 없다. 『신단공안』이 역사연재물과 나란히 게재되었을 뿐만 아니라 소설의 시대 배경도 조선시대인 '고소설' 형태를 취한 것도 아마 부분적으로는 검열과 연관성이 있었을 것이라고 추측해볼 수 있다.

한편, 『신단공안』의 주제가 범죄인 것은 신문이라는 근대매체와 구체적으로 어떤 연관성이 있었는가? 신문이 발행되기 전에 동아시아사회에서 범죄기록이라든가 사건보고서가 관부를 제외한 민간에 정기적으로 공개된 적은 없었다. 그러나 신문은 범죄사건을 고정화된 뉴스거리로 만들었다. 범죄는 이제 통제의 대상일 뿐만 아니라 대중의 기억을 구성하는 이야기의 주요 대상이 되었다. 『황성신문』만 해도 관보에 고등재판소의 판결문을 실었으며, 범죄사건의 보도도 잡보에 빈번하게 나타난다. 갑오 개혁의 주요 사안 중 하나였던 경찰제도의 시행으로 말미암아 범죄를 통 제하는 주체도 포도청 및 지방 관아에서 경찰(경무청警務廳)로 바뀐다. 경 찰은 단순히 범죄를 통제하고 치안을 유지하는 것을 넘어서 민중의 일상 생활을 감시하고 훈육하는 새로운 근대적 권력으로 확립되었다.

…… 제삼보통행정경찰第三普通行政警察이라 홈은 일반국민一般國民의 안녕질서安寧秩序를 보지保持홈으로 그 행위行爲가 홀노 법률法律에 위배 違背혼 자者를 강제强制ᄒ고 공공公共의 대對혼 위해危害를 예방像防홀 쑌 외外라 인민人民의 발달부강發達富强홈을坐한 모謀ᄒᄂᆞ바의 경찰警察이 라 고故로 개인個人, 위생衛生, 경제經濟, 교육敎育, 풍속風俗, 영업營業, 산 림山林, 도로道路, 화재火災, 건축建築, 외인外人, 선박船舶, 등제반경찰等諸 般警察을 설설設혀야 행정각부府行政各部府에 수의열치隨宜列置ᄒ야 인민人 民의 위해급천연危害及天然의 재화災禍를 겸병방알兼併防遏ᄒ고 지어외국 至於外國을 대對ᄒ야 그 체면體面과 이익利益을 물실勿失케 ᄒᄂᆞ 배라 유차 관지由此觀之ᄒ면 경찰警察의 직무職務ᄂᆞ 행정전부行政全部에 반반伴홈을 가 히 확인確認ᄒ리로다 시이是以로 구주각국歐洲各國은 그 정무政務의 발달發 達홈으로써 자언경찰정계自言警察政界라 ᄒᄂᆞ 배라 我國은 상자개국이래上 自開國以來로 승평昇平의 치국治國홈이 오백유여년의五百有餘年矣로디 일 즉이 경찰警察노써 치화治化홈은 문聞치 못혼 배라 연然이나 금일경무청今 日警務廳을 치置ᄒ고 경찰법警察法을 설설設홈은 다만 고금세태古今世態가 부

동不同호 쑌 외外라 열국列國에 비교比較호야 일충진보一層進步 홈을 위為
홈이니 편更히 왕석往昔과 ㄱ치 관습慣習을 숭상崇尙홀 진된 이의已矣어니
와 현금제도現今制度에 기진旣進 혼 바인즉 필야必也에 개명발달開明發達 홈
을 면려勉勵아니치 못홀 지라 고故로 내이부청內以府廳과 외이부서군外以府
署郡에 지至호야 경찰警察의 제도制度룰 일정一定호고 규제規則룰 실시實
施호야 간정姦情을 발각發覺호고 범죄犯罪룰 처벌處罰호며 불량不良혼 인
민人民이 유有호나 그 위황危慌혼 의사意思룰 감히敢히 맹생萌生치 못호게
호면 자연생업自然生業에 안도安堵호야 선량善良혼 백성百姓이 될지니 엇
지 오민吾民에 이익利益이 아니며 국가國家에 홍복洪福이 아니리오 경찰警察
이 비비備혼 후後에 법률法律이 행행行호고 법률法律이 행行한 후後에 민심民心
이 정定호고 민심民心이 정定한 후後에 정치政治가 명明호고 정치政治가 명
明한 후後에 국내안녕國乃安寧호리니 엇지 경찰警察의 제도制度룰 민면黽勉
호야 학學지 아니홀 빅리오.[36)]

이처럼 근대 경찰은 범죄의 예방뿐만 아니라 교육과 풍속, 위생 문제에
이르기까지 일상 구석구석을 감시하고 통제하는 역할을 하게 되었다. 물
론 시대배경이 과거의 조선인 『신단공안』에 근대 경찰이 등장할 리 만무
하지만, 범죄가 신문 독자에게 낯선 소재는 결코 아니었던 것이다.

그러면 『신단공안』에 초점을 맞추어 그 전체 구성을 살펴보자.

제1화 미인경변일명美人竟抃一命 정남서부재취貞男誓不再娶(총6회)
제2화 노부낭군유학老父郎君遊學 자비관음탁몽慈悲觀音托夢(총12회)

제3화 자모읍단효녀두慈母泣斷孝女頭 악승난도명관수惡僧難逃明官手(총 16회)

제4화 인홍변서봉仁鴻變瑞鳳 낭사승명관浪士勝明官(총45회)

제5화 요경객설재성간妖経客設齋成奸 능옥리구관초공能獄吏具棺招供(총 21회)

제6화 천사약완동령흉踐私約頑童逞凶 차신어명관착간借神語明官捉奸(총 20회)

제7화 치생원구가장룡궁痴生員驅家葬龍宮 얼노아의루경악몽孼奴兒倚樓 驚惡夢(총70회)

제1, 2, 3화는『용도공안』의「아미타불강화阿彌陀佛講和」,「관음보살탁몽觀音菩薩托夢」, 그리고「삼보전三寶殿」을 차례로 각색한 이야기이며, 제5, 6화는 남송대(1126~1279)에 편찬된『당음비사』의 판례 중「이걸매관李傑買棺」,「자산지간子産知奸」을 각색한 이야기다. 이 다섯 편의 이야기는 모두 여성을 대상으로 한 강간, 납치, 살인, 간통 등의 '성범죄'를 묘사한 이야기라는 공통점이 있다. 제4화와 제7화는 공안소설과 직접 연관성은 없지만, 당시 대중에게는 친숙했을 민담적 전통에 바탕을 둔 이야기들이다. 그럼에도 이 두 이야기가 전체『신단공안』의 반 이상을 차지한다는 점에서 주목할 만하다. 제4화는 봉이 김선달[金仁鴻] 이야기를 각색해 양반층의 부패와 무능을 신랄하게 비판하였으며, 제7화는 노비 신분에서 벗어나려고 발버둥치는 어복손의 처절한 욕망과 복수극을 그리고 있다. 70회나 연재된 제7화는 처음에는 어복손이 온갖 기발한 속임수로 주인을 골탕 먹이는 일화들이 쓴웃음을 자아내지만, 회를 거듭할수록 어복손의 어두운 욕망이 드러나면서 신분 갈등이 표면화된다. 마침내 어복손은 양반층의 무능과 시대착오를 완벽하게 형상화한 인물인 주인 오진사 집안을 집단 자살로 몰아가고, 그의 범죄는 양심의 가책에 시달린 어복손 자신에 의해 밝혀진다.

『신단공안』 중에서도 근대문학사 연구와 관련하여 최근까지 주목을 받은 이야기는 바로 제4화와 제7화였으며, 공안 전통에 바탕을 둔 나머지 이야기는 상대적으로 주목받지 못했다. 그러나 이 중에서 원작인 『용도공안』을 충실하게 베낀 이야기는 제1화와 제2화뿐이다. 제3화부터 『신단공안』의 작자는 원작에서 벗어나 동시대적 문제의식을 과감하게 반영한다. 『신단공안』의 시공간적 배경은 과거의 조선으로 설정되어 있지만, 제4화와 제7화에서 보여준 양반층의 위선과 무능에 대한 신랄한 풍자가 『신단공안』 전체를 관통한다는 점에서 더는 과거의 유교적 가치관이나 사법전통에 얽매여 있다고 할 수 없다. 이 글에서는 지금까지 심층적으로 다루어지지 않았던 『신단공안』의 제5화에 초점을 맞추어 '억압된 근대성'의 측면을 살펴보고자 한다.

그런데 『신단공안』의 제5화를 분석하기에 앞서 또 한 가지 짚고 넘어가야 할 문제가 있다. 어째서 『신단공안』의 작자는 성범죄사건만 골라 각색했을까? 원작인 『용도공안』에서도 성범죄사건은 비교적 비중 있게 다루어진 편이지만 이외에도 강도살인 등 다양한 범죄사건이 다루어진 것을 보면 원작의 편향성이 주요 원인이라고 말할 수는 없을 것 같다. 아마도 신문의 선정주의적 경향이 더 큰 영향을 미쳤을 것이다. 다른 한편, 앞에서 언급한 근대 계몽기 소설의 부각과 검열제도의 상관성을 고려해볼 만하다. 이러한 상황에서 소설의 내용도 검열제도의 영향에서 자유로울 수 없었을 것이며, 범죄사건 중에서도 성범죄사건은 독자의 흥미를 끌 수 있을 뿐만 아니라 정치성이 약한 '세태비판'과 '사회풍속 교정' 정도로 간주되어 검열을 피할 수 있었을 것이다. 원인이야 어찌됐든 결과적으로 『신단공안』은 선정주의적이라는 인상을 짙게 풍기게 되었지만, 그 내용은 단순히 선정적이라고 하기에는 예사롭지 않다.

2) 욕망과 감시의 권력

이제 제5화에 초점을 맞추어 살펴보겠다. 앞에서도 언급했듯이 제5화는 『당음비사』의 「이걸매관」을 모티프로 한 이야기다. 원래 줄거리는 매우 간략하다. 한 과부가 이걸의 관아에 아들의 불효를 고발했다. 이걸이 조사해보니 불효 사건이 아닌 것 같아 과부를 심문했다.

> "그대는 과부가 되어 십 년 동안 홀로 살았고, 슬하에 아들 하나를 두었을 뿐이다. 이제 그대가 아들을 고발하여 사형을 당하게 되었는데, 그래도 후회하지 않겠는가?"
>
> 그러자 과부가 말했다.
>
> "아들이 불량하여 어미에게 순종하지 않으니, 어찌 조금이라도 애석하겠습니까?"
>
> "정녕 그대가 그렇다면, 관을 사다가 아들의 시신을 거두어 가거라!"

이걸이 아전들을 시켜 과부의 뒤를 밟게 했는데, 과부가 어떤 도사를 만나는 것이 발각되었다. 도사를 문초하자 과부와 사통한 사실이 밝혀졌고, "도사와 과부는 장살杖殺에 처해졌고 결국 자신들이 산 관에 나란히 입관되었다."[37] 제목에서 짐작할 수 있듯이 『당음비사』의 모든 사례는 판관을 소개하는 것으로 시작해 사건을 담당한 판관이 판결을 내리는 것으로 끝난다. 이러한 구조는 서사적 질서narrative order의 중심이 어디까지나 판관에 있음을 상기시킨다는 점에서 중요하다. 판관은 정의와 사회질서를 유지하는 권력의 주체이며, 확신에 찬 판관의 존재감은 권력 주체의 확고한 사회적 위치를 반영한다.

따라서 간통 사실을 은폐하기 위해 친아들을 무고한 가증스러운 여인을 묘사하면서도 여인의 '간악함'이 특별히 강조되지는 않는다. 절제의 미학을 따르기라도 하듯 감정 묘사가 철저히 배제된 것이 눈에 띈다. 사실 『당음비사』와 같은 판례집부터 공안소설에 이르기까지 전통적인 법문학legal literature 장르에서 '감정'은 진정 사치스러운 것이다. 사건의 '경제적' 기술과 합리적인 법적 추론은 사건보고서로서 '공안公案', 즉 공문서로 공안에서 가장 핵심적 요소이다.[38] 사건의 문학적 기술보다는 법률 수사legal rhetoric를 적절히 활용한 사실적이고도 정확한 기술이 중요한 이유이다.

『신단공안』의 제5화는 이 짤막한 이야기를 총 21회 분량으로 늘리면서, 늘어난 분량의 대부분을 판관(사또)의 활약이 아니라 과부 윤씨와 아들 정계동鄭癸童의 갈등 구도에 할애하고 있다. 모자간의 갈등 구도에 초점을 맞춘다는 것 자체가 이 이야기에서 감정의 절제는 더 불가능함을 전제한다고 하겠다. 줄거리는 이러하다.

서른도 채 안 된 나이에 과부가 된 윤씨는 죽은 남편의 명복을 빌기 위해 불
경을 잘 읽는다는 경객經客 황경黃經이란 자를 집 안에 들인다. 욕정에 눈이
먼 윤씨는 황경뿐만 아니라 황경의 제자인 경동經童들과도 놀아나게 되는데,
몇 년 후 열네댓 살이 된 아들 계동도 윤씨와 황경의 불륜을 눈치챈다. 계동은
어머니의 불륜행위를 막기 위해 그녀를 몰래 감시하는 한편, 황경을 골탕 먹
이는 수법으로 그들의 왕래를 방해한다. 그러자 어떻게든 방해꾼인 아들을
제거하지 못해 안달이 난 윤씨는 황경과 모의해 아들을 불효죄로 고발하기로
한다. 윤씨의 불륜행위를 눈치챈 사또는 불효죄로 맞아죽게 되는 계동의 시
신을 수습하라면서 짐짓 관을 준비하게 한다. 관을 지고 온 황경은 간통죄로
체포되어 사형되고, 윤씨는 계동의 지극한 효성에 감동한 사또의 사면으로
사형을 면한다. 이후로 윤씨와 계동은 모자간의 정을 회복한다.

원작인 『당음비사』에서도 천륜을 저버린 과부의 극단적 일탈행위가 암
시되지만, 어머니의 불륜행위를 막으려고 적극적으로 방해공작을 펴는
아들의 행위는 온전히 『신단공안』의 창작이다. 윤씨도 유교문화에서 강
조하는 모성과는 거리가 멀지만, 어머니의 불륜을 감시하는 계동도 확실
히 순종적인 효자의 전형이라고 할 수 없다. 『신단공안』은 독특하게도 계
항패사씨桂巷稗史氏와 청천자聽泉子라는 두 화자話者를 내세워 이중 평
어評語를 도입하였는데, 이 두 화자도 어머니 윤씨의 행위보다 오히려 계
동의 행위가 일탈적임을 지적한다.

청천자왈시운개풍자남聽泉子曰詩云凱風自南으로 취피극심吹彼棘心이로
다 극심요요棘心夭夭어날 모씨구로母氏劬勞삿다 유자칠인有子七人호듸 막
위모심莫慰母心가홍 얏스니 오호嗚乎라 윤씨지자尹氏之子여 혹불독차편호
或不讀此篇아 이칠자지모以七子之母로도 불능안기실不能安其室호니 위칠
자자爲七子者ㅣ 안능무원호安能無怨乎리오만은 단문칠자지여시자책但聞七
子之如是自責이오 미문칠자지분한여하未聞七子之憤恨如何호니 인지무량人
之無良을 아이위모운운我以爲母云云도 차역시인此亦詩人에 통원지사야痛
怨之辭也로듸 위자지도爲子之道는 단당여칠자이이但當如七子而已어날 윤
씨지자尹氏之子는 기역태심의其亦殆甚矣로다 이수류심찰청爾雖留心察聽이
나 장내이모將奈爾母에 하재何哉리오.[39] (『황성신문』, 1906. 8. 28)

화자는 『시경詩經』을 인용하여 어머니를 편안하게 모시지 못해 자책하
는 자식 얘기는 들었어도 그들의 원망하는 소리는 듣지 못했다면서 "네가
비록 유심히 살피고 듣더라도 장차 네 어머니를 어떻게 하겠는가?"라고
한탄한다. 또 다른 화자도 계동의 행위를 "효인 듯 효가 아닌 것이 많다"
라고 평한다.

계항패사씨왈윤씨지간악桂巷稗史氏曰尹氏之奸惡은 고무족도固無足道어
니와 석재惜哉라 계동癸童이여 분황憤黃 경지자사經之自肆호고 치기모지
불안어실恥其母之不安於室호야 불능옹용규간不能雍容規諫호고 반촉기모
지노反觸其母之怒호며 지인관정至人官庭에 치창기모지악致暢其母之惡호
니 수기고두지정雖其叩頭之情은 애연시효藹然是孝이나 전후행차前後行車

에 사효비효자似孝非孝者ㅣ 다의多矣니 희희라 기년천지고여豈年淺之故歟
아.[40] (『황성신문』, 1906. 9. 14)

따라서 원작은 모성마저 거부한 채 가부장질서를 위협하는 여성적 욕
망의 위험성을 강조함으로써 여성성의 통제에 초점을 맞춘 반면, 가족의
위계질서를 지탱하는 효 이데올로기는 그대로 유지된다. 반면 『신단공
안』에서는 여성성을 통제하고 억압하는 주체가 다름 아닌 아들이라는 점
에서 유교윤리의 중심이자 가부장질서의 근간인 효 이데올로기는 근본
적으로 흔들린다. 이 이야기의 초점은 여성성의 통제와 감시에서 해체 위
기에 봉착한 위태로운 가족관계로 이동한 듯 보인다. 가부장의 부재, 즉
아버지의 부재로 끊임없이 어머니에 집착하면서 밤낮으로 감시하는 아
들의 행태는 효성의 '도착적' 형태라고나 할까? 그리하여 모자간의 갈등
은 서로에 대한 애증을 넘어 기괴하다 못해 공포스럽기까지 하다.

윤씨尹氏가 호언好言으로 안위계동도아자자安慰癸童道我兒子아 이야사
료爾爺死了에 아지시정정량안我只是睜睜兩眼으로 간득이일개看得爾一個ᄒ
야 이두야통爾頭也痛에 아두야선통我頭也先痛ᄒ고 이신야작고爾身也作苦
에 아신적백골我身的百骨이 여소如銷ᄒ야 조반朝飯에 감시減匙ᄒ면 아종일
우려我終日憂慮ᄒ고 석반夕飯에 감일시減一匙ᄒ면 아종야불매我終夜不寐
ᄒ더니 이금년차장성爾今年且長成에 범사凡事을 여아노강與我努強ᄒ니 각
시하고却是何故오 계동癸童이 도아자道兒子가 상무부上無父ᄒ고 하무형제
下無兄弟ᄒ니 단단시모자량개單單是母子兩個가 상의위명相依爲命이라 이

차령정신세以此零丁身世로 수시위생誰恃爲生이완딩 감부종양양적명敢不從孃孃的命이리오만은 지위외변인只爲外邊人이 유사언삼어사有些言三語四ᄒ니 아소이불복기兒所以不伏氣로소이다ᄒ고 설파說罷에 누여우하淚如雨下라 윤씨회진작희도아불만이尹氏回嗔作喜道我不瞞爾ᄒ리니 아당일我當日에 는 실시년기소적實是年紀小的라 유사불로성有些不老成ᄒ야 견득외변見得外邊에 야출저등언어惹出這等言語어니와 아금년我今年에 이시삼십유여적已是三十有餘的라 오회전사무급懊悔前事無及이니 자금이후自今以後는 입정주의立定主意ᄒ야 지수착이只守着爾ᄒ고 청정과일淸淨過日ᄒ리라 계동癸童이 견시회과적설화見是悔過的說話ᄒ고 수루도약득양양收淚道若得孃孃의 여차如此면 아자兒子가 종신유행終身有幸이로소이다 윤씨만짐일배주尹氏滿斟一盃酒ᄒ야 여계동도이신아설與癸童道爾信我說이어던 수만음차배須滿飮此盃ᄒ라 계동癸童이 흘료일경吃了一驚에 상도막불시양양想道莫不是孃孃이 회착불호의懷着不好意ᄒ고 파저배주독아마把這盃酒毒我麽아(모자적정母子的情으로 시의지차猜疑至此ᄒ니 가발일탄可發一嘆이로다).[41] (『황성신문』, 1906. 9. 5)

아들의 경계심을 늦추기 위해 아들에게 술을 권하는 어머니의 술잔을 선뜻 받지 못하고 어머니가 자신을 독살하려는 것은 아닌지 의심하는 아들의 모습은 모자간의 갈등이 회복 불가능한 극단적 상태로 치달았음을 보여준다. 가족이 서로 감시하는 '경찰'이 되고 집 안은 '감옥'이 된다. 이러한 비정상적 모자관계는 밀러D. A. Miller가 디킨스의 『황폐한 집Bleak House』을 분석하면서 "경찰과 가족이 서로 경계가 모호한 채 뒤섞인다"라고 평한 것을 연상시킨다.[42] 밀러는 근대 추리소설이나 디킨스의 소설에 일찍이 미셸 푸코Michel Paul Foucault(1926~1984)가 말한 '편재遍在하는 감시권력disciplinary power'이 형상화되어 있다고 주장한다. 밀러에 따르면 추리소설의 주인공은 경찰이 아니라 비교적 자유로워 보이는 아마추어 탐정이지만, 감찰권력policing power의 은밀한 작용은 이미 추리소설의 주요 테마가 되었다. 한편 디킨스의 소설은 교도소 공간과 자유주의사회 또는 부르주아 가족의 공간을 대비하지만 실제로는 양자 모두 보이는, 혹은 보이지 않는 수많은 규율에 지배되는 공간이며, 그런 점에서 그 경계는 불분명하다.[43]

『신단공안』을 가리켜 근대적 감시권력을 재현한 서사라고 한다면, 이는 확실히 지나친 분석일 것이다. 근대 계몽기 한국사회뿐만 아니라 근대 동아시아사회 전체가 개항 이후 전대미문의 충격과 혼란 상태에 빠진 사실을 상기한다면 말이다. 그러나 그럼에도 『신단공안』은 특별히 유교적 법질서와 사회정의의 재현에 중점을 둔 공안이라는 전통적 서사형식에 의존하여 전통의 해체와 근대의 불안을 이야기한다. 따라서 『신단공안』에서 원래의 공안과 달리 유교적 사회질서의 수호자인 판관과 관아가 희미한 배경으로 물러나고 범죄 이야기가 전면에 부각된 것은 어쩌면 자연스러운 변화일 것이다. 특히, 제5화는 동심원적 유교질서의 중심인 가족의 붕괴, 그러나 이를 회복할 어떤 대안의 논리도 없는 공황상태를 보여준다.

효를 이야기한다는 점에서 제5화는 『신단공안』 제3화와 비교할 만하다.[44] 제5화와 정반대로 제3화는 자기희생을 통한 효의 극단적 실천을 충실히 이야기하는 것처럼 보인다. 제3화의 주인공 혜낭蕙娘의 자기희생은 아버지를 구하기 위해 인당수에 몸을 던진 심청을 연상시킬 만큼 순수하고 무조건적이다. 그녀의 자기희생은 아버지 최창조崔昌朝의 무기력과 위선, 판관이 상징하는 부패한 권력과 극명한 대조를 이룬다. 그러나 그럼에도 그녀의 이야기는 신체 절단과 같은 극단적 방법으로 효를 실천한 효자·효녀 서사전통과는 괴리된 채 괴기스러운 세기말적 정서[45]를 드러낸다.

일일一日은 황씨취료석반黃氏炊了夕飯ᄒ고 자주입방自廚入房ᄒ니 지견혜낭只見蕙娘이 쌍안돌출雙眼突出ᄒ고 설토반촌舌吐半寸ᄒ딕 양수兩手로 긴액항자사료緊扼項子死了라 황씨黃氏ㅣ 대호오녀사료일성大呼吾女死了一聲에 안혼기새眼昏氣塞ᄒ고 정신精神이 비산飛○ᄒ야 도와료방중倒臥了房中ᄒ고 양구불능동良久不能動ᄒ다가 수습심신收拾心神에 방재기좌方纔起坐ᄒ야 휴포사시携抱死屍ᄒ고 간신출성도여경여차참사마艱辛出聲道汝竟如此慘死麼아.[46] (『황성신문』, 1906. 6. 25)

혜낭의 자기희생은 "두 눈이 불쑥 튀어나오고 혀는 반 마디 정도 삐져나와 있었으며 양손은 목을 꽉 조른 채 죽어 있다"는, 전에 없이 자세하고 충격적인 자살 시신 묘사로 이상적 의미를 상실한 채 일상적 죽음으로 격하된다. 이러한 묘사는 원래의 『용도공안』뿐만 아니라 공안소설을 통틀어 찾아보기 어려운 생경한 것이다. 또한 원래 공안소설에서는 찾아보기 어려웠던 감정이 『신단공안』에서는 쉽게 과장되는 경향이 있다. 『신단공안』이 재현하는 대안 없는 충돌과 갈등의 결과가 결국 분노, 증오, 혐오 같은 극단적 감정으로 표출되는 경향이 있기 때문이다.

일일一日은 재서당리在書堂裏하야 여동반희학與同伴戲謔이라가 홀일개
학동忽一個學童이 규타시소경객叫他是小經客이라ᄒ 거늘 계동癸童이 검아
통홍臉兒通紅ᄒ 며 주회가래走回家來ᄒ 야 향윤씨도유일구화대양양설向尹
氏道有一句話對孃孃說ᄒ 노니 저개숙씨這個叔氏ᄂ 불요갱도가래不要ㅇ到家
來니이다 윤씨도별안간심마화尹氏道瞥眼間甚麼話오 계동癸童이 도유인道有
人이 규아시소경객叫我是小經客이라ᄒ 니 향비저개숙씨向非這個叔氏가 상
상래아가常常來我家면 나득유여차화那得有如此話리오 윤씨청료尹氏聽了ᄒ
더니 양점홍兩点紅이 직종이근후항자변直從耳根後項子邊ᄒ 야 투도량검透
到兩臉ᄒ 며 장우수향계동좌검將右手向癸童左臉ᄒ 야 파죽성破竹聲으로 차
지도하허구자此之道何許狗子가 향이설차화向爾說此話오 아심착타我尋着他
ᄒ 야 결료구抉了口ᄒ 고 단료설斷了舌ᄒ 리라.[47] (『황성신문』, 1906. 8. 25)

제5화에서 계동이 남들이 자신을 '작은 경객'이라고 놀린다며 황경이 집에 내왕하지 않으면 좋겠다고 어머니에게 말하자, 어머니는 '파죽성破竹聲', 즉 대쪽이 갈라지는 소리가 나도록 아들의 뺨을 후려치면서 간담 서늘한 독설을 쏟아낸다. "어떤 개자식이 너에게 그런 말을 하더냐? 내 그놈을 찾아 입을 찢고 혀를 잘라버릴 테다."

그런데 데이비드 왕도 만청소설에 나타나는 이러한 무절제한 감정의 폭발을 지적한 것은 매우 흥미로운 사실이다. 정情 또는 인정人情을 통

제하는 유교적 방식이 불가능한 상황에서 범람하는 정은 '욕欲'으로 치닫거나 아니면 반대로 '무정無情', 즉 심각한 감정의 결핍 상태로 남게 된다. "과도하게 범람하는 정은 그 사회가 감정의 수위를 조절하는 능력을 상실했음을 알리는 신호일 수 있다."[48] "감정에 대한 과도한 논의는 감정 장애, 심지어 감정 결핍을 초래할 수 있다."[49] 정서적으로 유사한 상태에 있었던 근대 중국과 한국사회가 유사한 정서의 문학을 생산했다는 것은 어쩌면 당연한 결과일지도 모른다. 무미건조한 공안소설과 달리 『신단공안』은 분노와 증오, 비통의 감정을 쏟아내지만 그럼에도 공감하기 어려운 까닭을 여기에서 찾을 수 있다. 공감할 수 없는 감정의 범람은 우리에게는 단지 기괴하거나 정신분열적인 것으로 비쳐진다. 결국 『신단공안』이 보여주는 현란한 감정의 표출은 채울 수 없는 결핍과 공백의 다른 표현이라고 할 수 있을 것이다.

4 비교문학적 관점에서 본 『신단공안』

만청문학은 자주 정신분열적인 것으로 묘사된다. 전통적인 것은 죽어간다고 하지만 여전히 목숨을 부지한 상태이고, 근대적인 것은 곧 도래한다고들 하지만 아직 보이지 않는다. 자신의 시대를 묘사한 칸트Immanuel Kant(1724~1804)의 표현을 빌리면 계몽의 시대an age of enlightenment이나 계몽된 시대an enlightened age는 아닌 것이다.[50]

만청문학을 가리켜 정신분열적이라고 한 데이비드 왕의 표현은 근대 계몽기 한국문학에도 그대로 적용될 수 있을 것이다. '신소설'을 통해서 계몽을 실현하고자 한 야심찬 문화적 기획은 구호만 요란했을 뿐 실제로 근대적 창조로 이어지지는 못했다. "신소설은 태어난 순간 스러지고 말 았다. 그 새로움을 대중이 흡수하기도 전에 과거가 되어버리고 말았던 것 이다."[51] 따라서 근대매체와 같은 새로운 형식을 수용했음에도 그 내용 은 과거와 현재, 전통과 근대, 이성과 비이성 사이에서 분열과 혼란을 벗 어나지 못했다. 근대 동아시아사회에 팽배했던 이 현상을 일원주의적 근 대성의 전형적 징후라고 말할 수는 없지만, 그럼에도 데이비드 왕이 말한 '억압된 근대성'으로 전통과 구분할 필요가 있다. 근대 계몽기 문학은 전 통으로부터 완전히 단절된 것은 아니면서도 다시는 전통으로 복귀할 수 없는 뿌리 깊은 괴리감을 표출하고 있기 때문이다.

『신단공안』은 억압된 근대성을 보여주는 전형적인 근대 계몽기 문학이 라고 할 수 있다. 『신단공안』에서 우리는 전통과 근대가 충돌하면서 일으 키는 고통스러운 분열 현상을 관찰할 수 있다. 그것은 단순히 전통단절론 이나 이식문화론으로는 설명할 수 없는 현상이며, 따라서 근대 계몽기 문 화를 새롭게 조명할 수 있는 현상으로 주목할 만하다. 그러나 기존 연구 는 『신단공안』을 시대착오적인 것으로 바라보는 경향이 있었으며, 기껏 해야 송사소설에서 『신단공안』으로, 『신단공안』에서 신소설로, 신소설에 서 추리소설로 이어지는 단선적인 한국문학사를 구성하는 연결고리 정 도로 평가했을 뿐이다.

이 글에서는 기존 연구의 폐쇄적 관점에서 벗어나 『신단공안』을 비교문학적 관점에서 바라보고자 했다. 비교문학적 관점에서 볼 때 『신단공안』의 출현은 결코 시대착오적인 현상이 아니라 근대적 문화현상으로 이해할 수 있다. 오히려 근대 추리소설의 기원을 따지는 것이 한국문학사 또는 동아시아 문학사의 이해와 관련해 어떤 의미가 있는지 반추해볼 필요가 있다. 단순히 근대 추리소설의 모델에 의거하여 『신단공안』을 비롯한 근대 범죄소설 장르를 이해하려고 할 것이 아니라, 근대 계몽기 문화 속에 자리한 근대 범죄소설 장르의 문화적 의미를 살피는 것이 더 합리적인 시도일 것이다. 이런 점에서 근대매체와 범죄소설의 상호 영향관계, 예를 들면 범죄기사와 범죄소설의 영향관계 등을 좀 더 깊이 있게 다룰 필요가 있다고 본다.

박소현

서울대학교 동양사학과를 졸업하고 서울대학교 중어중문학과에서 석사학위를, 미국 미시건대학교(The University of Michigan)에서 박사학위를 받았다. 현재 성균관대학교 동아시아학술원 HK교수로 있다. 주요 관심 분야는 한·중 비교문학 및 비교문화이며, 최근에는 비교사적 시각에서 동아시아의 법문화를 연구 중이다. 주요 저서로는 『중국 근대의 풍경』(그린비, 2008, 공저), 『능지처참』(너머북스, 2010, 번역), 『당음비사』(세창출판사, 2013, 공역)가 있고, 논문으로는 "Law and Literature in Late imperial China and Chosŏn Korea," "Thinking with Chinese Cases: Crime, Law, and Confucian Justice in Korean Case Literature," 「18세기 동아시아의 性(gender) 정치학—『欽欽新書』의 배우자 살해사건을 중심으로」 등이 있다.

집필경위

이 글은 2015년 『중국어문학논집』 제90호에 게재한 논문을 수정한 것이다.

18, 19세기 농서에 나타난 경험적 지식의 의미 변화와 분화

안승택

1 현장 대 실험실이라는 대립구도

참 이상하게도, 18, 19세기 조선의 농서農書에서 '실제의 경험적 지식'의 중요성이 증대되고 있었다는 점은 이상하게 느껴지지 않는다. 그런데 또 한 이상하게도, 그때 '실제'나 '경험'이 과연 무엇을 가리키는 것인지에 대해서는 잘 알려져 있지 않다. 이 글은 그 점에 대한 탐구를 기획한 것으로, 그 안에서 '현장'에 중심을 주는 분권적分權的 지향과 '실험실'에 중심을 두는 집권적集權的 지향 사이의 대립이 20세기를 향해 전개되고 있었음을 드러내려는 것이다.

이 기획은 또한 한국 그리고 동아시아를 서구인의 시각에서 문화적 타자cultural others, 즉 '어떤 점에서 낯선 존재인지 잘 알려진 존재'로 재현해온 서구/근대 중심적 인식론을 극복하려는 것이기도 하다. 이른바 지식 영역에서의 '과학성'과 '합리성'을 근대성의 지표로 삼는 서구/근대 중심적 인식론의 지배 아래 비서구/근대적 사고체계들은 비과학적·비합리적 사고로, 혹은 (다소 '뒤처진' 채 같은 궤적을 따라) 과학적·합리적 사고를 발전시키고 있던 것으로 표상되어왔다.[1] 이는 하나의 이데올로기로서, 서구/근대가 지적으로 그와 같이 과학적·합리적 세계가 아니었다는 사실을 은폐하는 것일 뿐 아니라,[2] 비서구 세계가 자신을 문화적으로 타자화·식민화하는 역사적 자아관을 스스로 생산하고 또 부과하는 것이기도 하다.[3]

이러한 타자관과 자아관을 극복하기 위해 적어도 현 시점에서는, 서구/근대 중심적 시각에서 보았을 때 근대적이라고도 전근대적이라고도 하기 어려운 비서구/근대적 현상들이 어떤 원리와 방식으로 상호 관련되어 있었는지를 유기적·내재적으로 이해하는 일, 그리고 '전근대적 경험'을 그 이후의 역사전개와 적극 연결해 파악하는 일이 필요하다.[4] 이 문제의식에 따라 18, 19세기는 물론 20세기를 거쳐 현재까지도 이어지는 지적·실천적 경합의 싸움터로서, 이 글은 '현장'에 기반을 둔 분권적 농업론과 '실험실'에 기반을 둔 집권적 농업론 사이의 대립에 주목한다.

다소 단순하지만 가장 두드러진 예를 들면, 서로 상대 이야기를 '현실에 무지하다'고 폄하하며 귀담아듣지 않는 지역 농촌지도소(농업기술센터)와 현장 농민 사이의 괴리·대립이 그 대표적 사례이다. 단지, 이 괴리와 대립이 우연히 발생했거나 근래 들어 생긴 일이 아니라 역사적이고도 구조적인 대립의 일부라는 인식이 첨가될 필요가 있겠다. 전근대와 근대를 막론하고 한국에서 농업은 '천하의 큰 근본'으로서 경제뿐 아니라 사회 전체의 근간이자 중심을 이루는 영역이었다. 따라서 위와 같은 지적 전환의 존재와 의미를 유기적·내재적·연쇄적으로 검토하는 작업에서도 적절한 재료가 될 수 있을 것으로 기대한다. 이하에서는 이 글의 문제의식이 놓인 위치를 크게 세 가지 맥락에서 검토하겠다.

첫째는 사상사·지성사의 맥락에서 파악하는 자리다. 조선 후기 소농들의 실상과 이해관계에 준거를 둔 현장 중심의 분권적 농업론은 1798년 정조가 내린 「권농정구농서윤음勸農政求農書綸音」에 호응하여 올린 이른바 응지농서應旨農書[5] 속에서 집중적으로 나타났다. 이는 일차적으로 그러한 현장기원의 지식과 의견을 수합하여 새로운 농서를 편찬하려고 했던 정조의 의도에 따른 결과였다.[6] 그 결과 변변한 벼슬경력도 없는 향촌지식인들을 중심으로 일부 전현직·노소관료들까지 가세해 상당한 양의 농서가 수합될 수 있었다. 응지인應旨人 중에는 글도 쓸 줄 몰라 아들에게 구술을 받아 적게 한 이가 있는가 하면, 변변한 책도 갖추지 못한 시골 사람들의 글을 주워 모은들 무슨 쓸모가 있겠냐고 냉소하는 이도 있었다.

흥미로운 것은 후자의 부정적 경향이 일반적으로 '실학사상가'로 잘 알려진 저명 인물들에게서 주로 나타났다는 점인데, 지금까지의 연구는 이 점에 크게 주목하지 않아왔다. 가령 응지농서를 체계적으로 검토한 김용섭은 '박지원·박제가·정약용·서유구 등 실학파의 대가'와 '일반지식인' 사이의 견해 차이와 양측의 사상적 토양을 확인하는 것을 주요 목적으로 삼았으면서도 "양자가 기본적으로 취향, 방향, 성격을 같이하고 있었다"고 결론을 내린 바 있다.[7] 그러나 농사현장에서 경험적으로 검증된 지식을 상소케 하여 농서를 편찬하려는 마당에, 그 '현장'의 소재가 어디이며, '경험'의 내용은 무엇이고, '검증'과 '상소'를 할 주체가 누구인지를 놓고 이견이 있었다면, 이는 결코 작은 문제가 아니다. 이 글은 이와 같은 인식의 한계를 지적하고 다음 단계로 나아가려는 것이다. 이 문제의식에 따르면, 흔히 말하는 '이용후생利用厚生 대 경세치용經世致用'이나 '주자학적 대 반주자학적' 같은 구도와는 다른 지점에서 다른 내용으로 나타나는, 이른바 '실학사상' 내의 또 다른 대립구도가 18, 19세기 농서들 안에 있었다. 이 글은 이 점을 확인하려는 데에 일차적 목적을 둔다.

둘째는 농업사와 경제사의 맥락에서 이들의 지식과 사상을 이해하려는 자리다. 이는 결국 조선 후기 이래 한국농업사에서 소농적 기술체계의 위치와 의미를 어떻게 설정할 것인가 하는 문제로 집약된다. 농업사에 대한 규범적 이해를 정립한 초기 단계 연구에서 노동집약적·자본절약적인 소농적 기술체계는 조선 후기에 이미 구시대의 유물로 전락한 것처럼 취급되는 경향이 있었다.[8] 그러나 현실을 보면, 19세기는 물론 20세기 내내 소농적 체계는 한국농업사의 지배적인 흐름이었으며,[9] 오늘날에 이르기까지도 소농경영과 대농경영 사이의 각축은 (일견 대세가 기운 것처럼 보임에도) 아직 끝나지 않은 상태다.

위에 거론한 초기 단계의 연구를 정초한 김용섭의 논의에서 소농적 기술체계의 입지가 애매해졌던 것이 이른바 '경영형부농'이나 '광작'을 부각하려는 의도와 관련이 있었다는 이해는 이제 점점 더 보편적인 것이 되어가고 있다. 그럼에도 남아 있는 문제는, 연구사 초기 단계에 성립한 지배적 학설이 워낙 강력했고 또 근래 농업사 연구가 성행하지 않다보니, 연구 초기에 배태된 학문과 현실 사이의 괴리가 잘 메워지지 않는다는 점이다. 이와 같은 문제의식 아래, 이 글은 '현장' 중심의 분권적 농업론과 '실험실' 중심의 집권적 농업론 사이의 대립에서 소농적 기술체계가 지닌 의미에 대한 설명에도 일정한 지면을 할애할 것이다. 현재로서는 대개 분권적 농업론이 농업현장의 다수를 점하는 소농들의 실상과 이해관계에 준거를 두었던 반면, 집권적 농업론은 (미약하게 존재했던) 대규모적 농업의 실재와 발전전망을 배제하지 않으면서 때로 이를 지향했던 것이 아닌가 생각된다.

마지막으로 잠시 한국학의 맥락에서 벗어나 사태를 보면, 좀 더 포괄적인 비교연구의 지평들이 이 문제와 관련된 또 다른 맥락을 이룬다. 현대 한국어에서 실험實驗은 대개 ① 실제로 해보다, ② 과학에서 관찰하고 측정하다, ③ 새것을 해보다 등 세 가지 의미로 정의된다. 영어에서는 ①이 experience에, ②와 ③은 experiment에 해당하는데, 근래 한국어에서도 ①의 뜻으로는 점차 실험 대신 경험經驗이 지배적으로 쓰이는 양상이다. 이는 결국 '엄격히 통제된 환경에서의 관찰과 측정'을 뜻하는 실험=experiment와 구별하여, ①의 뜻에서 쓰는 실험을 '변수들에 대한 통제와 현상에 대한 설명이 불가능한 단순 체험'이라는 의미가 부과된 경험=experience로 격하하는 일이라고 평해야 할 것이다.[10]

이러한 의미 변화와 분화는 우연의 소치이거나 단순한 용어 수입의 결과라고 할 수 없다. 즉, 유사한 시기 조선뿐 아니라 동서양의 이른바 '문명세계' 각처에서 진행된바 실험에 대해, 특히 집권적인 그것에 대해 점차 우월한 인식론적 가치를 부여하게 된 연쇄적인 지적 전환의 결과로 이해되어야 한다. 가령 유럽에서 과학은 17세기 후반 들어 직업적으로 전문적인 영역이 되기 시작했고, 이 과정이 이후 3세기 동안 이어져 20세기에는 고도로 전문화된 엘리트들의 배타적 영역이 되었다.[11] 이웃한 일본에서도 『농업전서農業全書』(1697)가 성공한 이래 각지마다 농사현장에서 경험으로 입증된 지식에 대한 관심을 지역농서 간행으로 분출하였고, 메이지유신 직후에도 10~20년간은 '노농老農의 시대'라 불릴 정도로 농업근대화 현장을 노농들이 주도하는 시기가 있었다. 그러나 점차 농사개량의 주도권은 서구/근대적 과학의 세례를 받은 실험실적 농학에 내주고, 현장지향성은 저변에서 복류하게 된 것으로 평가된다.[12]

이러한 과정을 거쳐 '근대과학'의 특징이 된 실험적 방법은, 실은 소수 엘리트 학자들의 마음이나 머릿속에서가 아니라 수천에 달하는 익명의 기술 전문가들의 일상적 실천 속에서, 그들 자신의 재료와 도구를 동원한 무수한 시행착오를 거쳐 탄생했다.[13] 또한 이는 제국으로 성장한 '문명국가'에서만 일어난 현상도 아니었다.[14] 그럼에도 그 기본적 지식을 생산한 현장의 전문가들은 어디에서나 과학적 창조와 통제의 역할에서 배제되어갔으며, '근대과학'은 정부의 통제에서 벗어난 일상적 실천현장의 독립적 과학 활동에 대한 반동이자 대중적 무질서와 하류계층의 위협에 맞선 엘리트층의 대응이라는 성격을 띠게 되었다.[15] 이는 단지 과학과 지식의 문제로 국한되지 않는다. 17세기 잉글랜드에서 이들의 과학공동체와 실험실은 자연법칙, 신의 행위, 국가 정체政體에 대한 논쟁을 종결시킴으로써 '근대적'으로 재정의된 자연, 신학, 왕실을 만들어냈다.[16] 즉 엘리트층의 배타적 직업 영역으로서 실험실 중심의 과학공동체가 탄생하고 지적 패권을 확립해가는 과정은 정치와 사회, 사상과 문화 등 세계의 모든 것을 빨아들여 '현장'들을 복속해감으로써 사회 전체를 재편하는 과정이기도 했다.

경험적 지식에 대한 지배권을 '현장'에서 '실험실'로 가져오려는 기획은 이처럼 과학과 사회, 기술과 문화를 통째로 엮어 들여 세계 전체를 변화시키려는 활동이며, 이는 이른바 '근대세계'로 전환하는 데에서 핵심적인 계기가 되었다고 할 수 있다. 경험적 지식의 내용과 성격에는 분명히 차이가 있었지만, 이를 둘러싼 '현장적 접근'과 '실험실적 접근' 사이의 대립은 18, 19세기 조선에서도 관찰된다. 따라서 이에 대해 '비과학적·비합리적' 지식이라 일축하거나 반대로 '과학적·합리적' 지식이라며 자족하는 것을 넘어, 이 흐름을 유기적·내재적·연쇄적으로 설명해내는 일이 중요해진다. 우리가 살아왔고 살아가는 '근대세계'의 중층적 성격을 그 현장에 선 '진정한 주역'의 시점에서 설명하는 일, 최선의 경우에도 '제국사'에 머물기 십상이었던 동아시아사를 '지역사'로 격상해 재구성하는 일이 이로써 가능해질 것이기 때문이다.

2 경험적 지식의 정당성에 대한 이해의 분화

1) 경험적 지식의 특수성 강조: 향촌지식인

정조의 윤음綸音에 부응해 향촌지식인들이 지어올린 응지농서들에는 지역마다 다른 농업환경의 특색에 주목하여, "촌촌村村마다 이종異種이고 읍읍邑邑마다 수농殊農"이라 평해지던 지역농법의 특색을 거론한 글들이 다수 포함되어 있었다.[17] 이는 무엇보다도 윤음을 내린 정조 자신의 의중에 따른 결과였다. 그 윤음 중에는 "남쪽에 심기 적합한 것은 북쪽에 심기에 적합하지 않고 골짜기에 심기 좋은 것은 들에 심기 좋지 않다"면서, "고금이 각기 다르고 풍토가 하나같지 않으며 빈부가 가지런하기 어렵고 사력事力이 미치지 못하니 굳게 정해서 단단히 지킬 수 없었다"라는 상황 인식이 보인다.[18] 이를 토대로 정조는 "조정에 들었거나 만리萬里에 퍼진 사람들 모두가 각기 좋은 방책을 올리면 나는 이를 받아서 절충해 쓸 것"이니, 특히 "기이한 풍속이라 해서 흐리지 말고 오래된 방법이라 해서 거리끼지 말며 산골이나 물가, 기름진 곳과 메마른 땅에서 각처마다 마땅한 바를 아뢰라"고 강조한 것이다.[19]

이에 따라 농서를 지어올린 응지인들은 저마다 자신의 상소내용이 구체적 현장의 직접적 경험을 바탕으로 획득한 생생한 지식임을 강조했다. '일찍이 이 방법을 시험해보았다'거나,[20] '근래 경기 지역에 머물며 청하여 귀와 눈이 미친 것'이라는[21] 정도는 기본이었다. 나아가 이들은 농부들이 해마다 되풀이 이득을 얻는 것을 일찍이 목격한 바라거나[22] 자신이 직접 실험하여 여러 농가에 전한 것이니 추진해볼 만하다는 식으로,[23] 반복적으로 관찰하거나 실험한 결과임을 내세우기도 하였다. 또 때로는 응지한 내용을 '들판에 있는 말로 집성했음'을 강조하는 경우도 있었다.[24] 심지어 '농서에 담긴 이로움을 놓치는 것은 그 농서가 믿기에 충분하지 않기 때문'이라거나[25] '마을의 한 농부가 농서에 실린 방법을 따라 했다가 목화 종자는 온통 썩어서 나지도 않고 볏모는 불탄 끝에 말라비틀어져 농사를 망쳤다'면서[26] 이전에 금과옥조처럼 여기던『농가집성農家集成』이나『색경穡經』등 농서 속 지식들을 공격하기도 했다. 반면에 만일 그와 같은 직접적 체험의 결과가 아니라면, 그에 못지않은 가치를 지닌 것임을 호소하지 않을 수 없었다. 응지농서의 내용이 "말은 비록 농부의 것이 아니지만 뜻은 농민을 위한 것입니다"[27]라고 응지인의 '진정성'을 강조한 것이 그러한 예다.

따라서 응지농서의 내용들 중에는 각처 현장마다 환경과 농법의 차이를 강조하는 서술들이 다량으로 포함되지 않을 수 없었다. 농기구의 이로움과 불리함은 동서남북이 서로 다르니 부지런한 농가에서는 각자에 알맞게 호미를 고쳐서 쓴다거나,[28] "산골과 늪지와 벌판은 토성이 다를 뿐 아니라 때의 적절함 또한 같지 않아서 혹은 한 순旬이 앞서거나 뒤지기도 하고 혹은 한 절기가 어긋나기도 합니다"라는 식이다.[29] 상소된 농서들 중 현재의 농업사·농기구 연구자들도 제대로 시야가 미치지 못한 지점을 탁월한 안목으로 짚어낸 서술들이 포함된 것은 그 자연스러운 귀결이었다.

반면, 그저 형식적인 수사로만 환경과 기술의 차이에 대한 언급이 동원되는 것으로 보이는 경우들도 있었다. 원래 다르기 마련이니 각지마다 하던 방식대로 그냥 놔두면 된다는 식으로 사태 전체를 뭉뚱그려 논단해버리는 상소들이 이에 해당한다. "산골 사람들이 벌판을 좋아하지 않는 것은 또한 벌판 사람들이 산골을 싫어하는 것과 같아서 오직 그 형세로 인한 이로움이 이를 이끄는 것이니 굳이 할 수 없는 것을 강요하여 책망할 필요가 있겠습니까?"라거나,[30] "온 나라 안의 팔도 가운데 토성이 서로 다르고 농법도 각기 다르니 만약 혹 그 땅에 알맞음을 잃고 그 습속을 바꿔버린다면 큰일을 이룰 수 없습니다"라고 적은 것[31] 등이 그러한 경우다. 이들은 지역마다의 환경과 농법 차이가 왜, 어떻게 나타나는지에 대해 통찰은커녕 별다른 설명도 없이 그저 서로 다르다는 점만을 적는 것으로 그쳤기 때문이다.

응지농서들을 다소 벗어나 사태를 바라보면, 몰락한 양반집안의 후손으로 과거공부를 포기한 후 어려운 생계를 꾸리기 위해 직접 농사를 짓고 살다가 정조의 윤음에 응하여 농서를 지어 올리기도 했던 화성 사람 우하영禹夏永(1741~1812)의 『천일록千一錄』이 참고할 만하다. 우하영이 밝혀놓은 지역농법의 특색은 그 체제와 구성이 다른 응지농서에 비해 훨씬 방대하고 정밀하다고 평가되는데, 특히 토성土性의 기름지고 굳셈[沃堅]과 인력의 부지런하고 게으름[勤慢]을 결합해 그 차이로부터 지역농법 분화의 기반을 찾는다는 특징이 있다.[32]

그 기술적 특성을 살피면, 우선 농업환경의 차이에 따라 서로 다른 농법과 농기구가 구사되어야 했다. 가령 토성이 굳고 거친 곳은 다스려 삶음[治熟]으로써 곱고 매끄러워지고, 낮고 습한 곳은 다스려 삶음으로써 말랐으면서도 기름지게 된다.[33] 인가人家가 산에 있으면 풀을 베어 비료로 쓸 수 있지만, 들판에서는 그렇게 할 수 없으므로 짚이나 곡식껍질은 물론 황토, 뗏장, 구벽토(오래된 벽의 흙) 등 풀이 많지 않은 곳에서도 흔히 구할 수 있는 것들로 대체되어야 했다.[34] 같은 동네라 할지라도 기름진 논에서는 모침을 적게 쥐고 모 포기 사이의 간격을 벌려 드물게 이앙하고 메마른 논에는 모침을 많이 쥐고 간격을 좁혀 배게 꽂아야 했으며, 좋은 밭은 두둑과 파종처의 간격을 넓게 떼고 메마른 밭에서는 좁게 떼어야 했다.[35] 이와 같이 환경에 따른 차이는 꼼꼼히 분별되어야 했고, 그에 따라 농법과 농기구가 달라져야만 하는 것이 당연하였다.

또 농업환경의 차이에 따라서만 아니라 재배작물에 따라 또는 작업의 시기와 성격에 따라, 외견상 유사해 보이는 일일지라도 서로 기술과 도구가 달라져야 했다. 가을보리를 심을 때는 깊게 갈아야 하지만 봄보리를 심을 때는 얕게 갈아야 하고 콩과 팥은 깊게, 기장과 조는 얕게 심어야 했다.[36] 논에서 가을갈이[秋耕]와 봄갈이[春耕] 두 차례 갈고 또 모내기 전에 덮어갈고[掩耕] 뒤집어가는[飜耕] 등 '갈이의 횟수'를 채우는 것만으로는 부족하고, 작업마다 마땅히 깊게 갈 일과 마땅히 얕게 갈 일이 나뉘어 있어 '갈이의 깊이'까지 신경을 써야만 했다.[37] 같은 쟁기질이라도 두 마리 소를 메워 넓고 큰 보습으로 쟁기질을 해야 하는 곳과 한 마리 소를 메워 좁고 작은 보습으로 쟁기질을 해야 하는 곳이 서로 달리 있음은 널리 알려진 일이나, 갈이용 쟁기 외에 따로 제초용 쟁기인 극쟁이[後庤]로 해야 할 작업이 있었다. 곳에 따라 또는 같은 곳에서도 일의 성격에 따라, 때로는 동일한 작업을 호미로 하는가 하면 또 때로는 농법과 농기구를 달리해서 고무래로 이를 대신하기도 했다.

이와 같이 향촌에 거주하면서 직접 농사를 짓거나 아니면 그렇게 직접적으로 농사에 관여하지는 않더라도 적어도 그들의 존재와 방식의 의의를 인정하던 이들의 생각은 분명했다. 서로 다른 환경과 작물, 작업시기와 작업성격에 따라 저마다 그에 알맞은 서로 다른 농법과 농기구가 동원되어야 했던 것이다.

2) 경험적 지식의 보편성 강조: 엘리트층 농서편찬자

앞에서 검토한 지역과 작업마다의 농법·농기구 분화에 대한 강조는 그 자체로 중요하고 또 흥미로운 현상이기는 하지만, '낮은 생산력 수준상 농사현장마다 지역환경에 민감하지 않을 수 없다'는 견지에서 평가하면 당연한 일이라 여길 수도 있다. 그러나 상황은 그와 같이 단순하지 않았다. 사태의 전개를 모두가 이와 같이 바라보지는 않았으며, 실학사상가로서 이름이 널리 알려진 인물들, 특히 정조의 윤음에 부응해 농서를 지어 올렸던 북학계열의 농서편찬자일수록, 이러한 지역농법의 분화현상에 부정적인 생각이 강했다는 점 때문이다. 이들의 응지농서에서 '마을마다 이종이요 고을마다 수농' 상태인 조선의 농속農俗, 즉 농업민속은 이를테면 '후진적'인 조선농업의 표상이었고, 따라서 극복해야 할 대상이었다.

[요동에서—인용자] 소와 사람과 농기구는 모두 그 규격이 서로 맞으며 또한 파종방법은 고르게 조화를 이루어 겹치거나 편벽되지 않으니, 길 것은 모두 길고 짧을 것은 모두 짧아 들쭉날쭉하고 가지런하지 않은 일이라고는 전혀 없다. 우리나라에서 두류를 심고 맥류를 심는 것은 멋대로 규격을 나누고 각자 스스로 헤아려 모으고 맺으니, 이로써 바람을 받는 것도 고르지 않고 별

들고 응달 지는 것도 모두 다르다. 높은 것은 결실을 맺어 거의 익었는데 낮은 것은 바야흐로 이제 막 꽃을 피우려 하니, 이는 모두 근사하지만 제대로 맺지는 못하는 해를 입힌다.[38]

지금 농기구에 대해 말하는 자들은 고금이 다른 것이 당연하다거나 남북의 규격이 서로 다르다면서 한마디 말로 모든 문제를 때우려고 한다.…… 대체로 보습의 너비가 일정한 연후에 두둑과 고랑이 이루어질 수 있고 김을 매고 덮는 일이 수월해지는 법이다. 산골에서 겨리를 사용하고 벌판에서 호리를 사용하는 것은 모두 이로써 흙을 갈아 일으키는 것인데 흙을 일으킨 후에는 별다른 도구가 없으며, 산골의 쟁기들이 모두 서로 다르고 벌판의 쟁기들도 각자 서로 달라 도랑과 두렁, 고랑과 두둑이 모두 억측으로 만들어지고 있다. 혹은 세 번 쟁기질하여 한 두둑을 만들고 혹 다섯 번 쟁기질하여 한 두둑을 만들며, 두둑이 넓으면 즉 흩뿌려서 파종하고 흩뿌려 파종하면 즉 곡식의 행렬은 어지러우니, 그 김매기에 이르러서는 힘이 열 배로 더 든다.[39]

우리나라는 파종법에 전적으로 우매하여 밭을 갈 때 세 번 쟁기질로 한 두둑을 짓기도 하고 다섯 번 쟁기질로 한 두둑을 짓기도 하는즉, 장차 종자는 손으로 집어 흩뿌린다. 고로 혹 빽이고 혹 드물어 고르게 펼쳐지지 않으니 싹 나는 것이 산만하고 어지러우며 호미질 또한 어렵다.…… [요동에서는—인용자] 싹이 자라면 줄을 짓고 그 줄은 마치 악기의 줄과 같으니 조금도 기울거나 굽음이 없다. 또한 두 고랑의 사이 역시 넓거나 좁음이 없어 가지런하고 아주 고르니 호미질을 하고 김을 매는 일이 따라서 또한 어렵지 않다.[40]

이들에게서 '마을마다 이종이요 고을마다 수농'인 농법과 농기구의 지역화한 상태는 전적으로 '제멋대로의 억측과 우매함'의 결과이며, '근사하지만 제대로 못 맺고' '산만하고 어지러우면서 힘만 더 드는' 농업현실의 원인으로 파악되었음을 알 수 있을 것이다.

앞서 향촌지식인들의 논의를 검토했던 방식을 따라, 이런 일반론으로부터 좀 더 구체적인 문제로 들어가 본다면 혹시 지역현장의 농법에 대한 긍정적 평가가 있지 않을까? 그렇지 않다. 가령 박지원朴趾源 (1737~1805)은 쟁기 만듦새 및 쟁기질 방법의 지역차에 대해 '땅의 증감을 헤아린 것으로 풍속에 따라 달라지는 것이지만 그 만듦새가 심히 거칠고 미련하여 완전히 짐작으로만 이루어진 결과'라고 적기까지 하였다.[41] 이는 "관동에서는 산이 두꺼워 지력이 깊이 감춰져 있으므로 소 두 마리를 가로로 매서 깊게 갈고, 호남에서는 흙이 두꺼워 지력이 단단하고 실하므로 소 두 마리를 세로로 매서 깊이 갈며, 경기는 산천이 드러나 지기 地氣가 겉에 떠 있어서 깊이 갈면 오히려 지력이 녹아 흩어지므로 소 한 마리에 쟁기를 메워 얕게 가니, 노련한 농사꾼은 이를 알아서 토성에 따라 적당히 경작하여 땅으로부터 이익을 얻는다"고[42] 응지농서에 적었던 향촌지식인의 태도와는 전혀 성향이 다르다고 할 것이다.

쟁기질뿐 아니라 호미질과 관련해서도 이들 엘리트층 실학파 농서편찬자들은 조선식 호미에 대한 극도의 불신감을 나타냈다. 박지원은 "우리나라의 심는 자들은 넓은 두둑 위에 흩뿌려 심어 싹이 나도 줄이 맞지 않으니 하는 수 없이 자루가 짧은 작은 호미[小鋤短柄]로 일을 하고, 종일토록 쪼그리고 앉은 채 옮겨 다니면서 뿌리마다 하나씩 북을 주니, 일은 배로 하지만 공은 반밖에 되지 않는 것"이라고 혹평을 했다.[43] 박제가 역시 "지금의 자루가 짧은 수수잎호미[蜀黍葉短柄鋤]가 언제부터 비롯된 것인지 알 수 없으나, 그 호미질할 때를 보면 왼손으로 잎을 잡고 오른손으로 호미를 쥐며, 등을 구부리고 꽁무니를 빼고 앉아 뿌리를 헤아려가며 북돋고 쫓아가면서 풀을 뽑으니, 하루에 장부 한 사람의 힘으로 5, 6묘畝작업을 하는 데에 불과하다"라고 평하였다.[44]

이들의 논리를 요약하면, 중국식의 긴 자루 호미[長柄鋤]와 조선식의 짧은 자루 호미[短柄鋤]를 대조하고, 고단하면서 효율이 떨어지는 후자를 편하면서 효율이 높은 전자로 대체해야 한다는 주장이라고 할 수 있다.[45] 그리고 이 배경에는, 이러한 농기구와 농작업 개혁을 위해서는 단지 호미만 아니라 농업기술체계 전체를 중국식으로 바꾸어야 한다는 생각이 깔려 있다. 지역마다 다른 쟁기의 만듦새를 하나같이 성인의 옛 밭농사 방법인 대전법代田法에 따라 통일적으로 개혁해야 한다거나,[46] 중국식 긴 자루 호미를 도입하려면 단지 농기구를 따라서 만드는 것만으로는 부족하고 땅갈이와 씨붙이기를 포함해 모든 농사작업 전체를 바꾸지 않으면 곤란하다고 썼던 것[47] 등이 그러한 인식을 보여준다.

이렇게 중국식 농기구로 조선 재래의 농기구를 대체하려는 태도는 특정 당색이나 특정 학파(이용후생 대 경세치용 또는 주자학적 대 반주자학적 등)의 경계를 초월하여 나타났다. 곡산부사로 재직 당시 지어올린 응지농서에서 정약용丁若鏞(1762~1836)은 세 가지 농정방침 중 첫째로 '농민을 편하게 함[便農]'을 들고 농법 및 농기구 개선방안을 논한 바 있다. 그중에는 호남에서 예부터 활용되던 '나무홈통 관개법[木筧法]'의 확산을 주장하는 등의 내용도 있지만, 그 중심은 논의 못말[秧馬]이나 밭의 파종수레 [耬車] 등 중국 농서에 나오는 농기구를 도입·확산하고, 들쑥날쑥 불규칙한 조선식 밭이랑을 중국처럼 고르고 반듯반듯하게 바꾸자는 주장에 있었다.[48] 이는 북학사상가들의 전형적인 주장과 전혀 차이가 없는 것으로, 이런 성향을 특정 당색이나 학파에 한정하기 곤란한 이유가 여기에 있다.

당색을 초월하여 존재하던 엘리트층 실학사상가들의 이러한 태도가 응지농서를 지어 올리던 향촌지식인의 조선식 호미에 대한 태도와 종을 달리하는 것임은 물론이다. 앞서도 인용했던 『천일록』의 저자 우하영은 도처에서 호미질로 뿌리까지 제거하는 제초방법의 중요성을 강조했다. "잡풀을 매는 법은 논과 밭을 막론하고 초벌로 맬 때부터 때를 놓치지 말고 그 뿌리까지 영구히 제거해야 하니, 마땅히 두 번 매고 세 번 매야 바야흐로 그 효과가 크고 힘을 아낄 수 있다"[49]라거나 "논과 밭을 막론하고 호미질은 아무리 많이 해도 해로울 것이 없다. 호미질을 많이 하면 흙덩어리가 부드럽게 삶아져서 곡식의 뿌리가 퍼지기 쉽다"[50]라는 것이 그 예다. 또 다른 응지인인 홍천 유생 이광한李光漢은 "벌판의 고을에서는 호미의 쇠날이 길고 자루가 짧아야 하며 산골의 땅에서는 쇠날이 짧고 자루가 곧아야 한다"라며, 도리어 지역현장마다 환경에 따라 농기구가 다른 것이 바람직하다고 주장하였다.[51] "중국식의 긴 자루 호미로 제초도구를 통일해야 한다"고 주장한 북학파 실학사상가들의 태도와 정면으로 배치되는 견해라고 할 것이다.

물론 향촌지식인들이 중국식 긴 자루 호미를 평하거나, 자루가 긴 호미와 짧은 호미를 비교하지는 않았다.[52] 아마도 긴 자루 호미의 존재 자체를 모르는 이가 대부분이었을 것이다. 그러나 긴 자루 호미는 기본적으로 지표면 위의 풀을 긁어서 제거하고, 이 과정에서 표토를 움직여 토양 내 수분 증발의 통로가 되는 모세관을 차단하면서도 표토 아래의 흙은 건드리지 않음으로써 땅속의 수분을 유지하려는 농기구다. 당연히 땅을 파 엎음으로써 '잡초를 뿌리까지 제거'하거나 '흙을 속에서부터 물러지게 하는' 효과는 얻을 수 없다.

실은 밭에서 사용되던 짧은 자루 호미를 논으로까지 가지고 들어가서, 잡초의 뿌리는 물론 아직 싹도 올라오지 않은 어린 풀까지 제거하고, 이로써 제초횟수를 줄이며, 흙을 뒤집어엎어가며 벼의 뿌리를 자극해 그 성장을 촉진하는 조선식 논호미의 제도는, 이웃한 중국이나 일본에서는 찾아보기 힘든 제초방법이다.[53] 그 이후 한국 농촌에서 근현대를 경과하며 살아남아 지배자가 된 것은 긴 자루 호미와 짧은 자루 호미 중 어느 쪽이었던가. 이는 오늘날 전문적인 농군뿐 아니라 새로 일을 시작하는 도시민들조차 우선 들고 나서는 호미가 어떤 것인지만 보아도 쉽게 알 수 있는 문제다. 북학파들이 제기했던 강력한 농기구 개혁론에도 불구하고, 오늘날까지 한반도의 농업에서 대세를 이루는 것은 단연 조선식 짧은 자루 호미다.[54]

3 경험 및 개혁의 주체에 대한 이해의 분화

1) 엘리트층 농서편찬자의 노농 불신과 집권화된 실험실 지향성

앞에서 검토한 바와 같이 각지에서 저마다 다른 농법과 농기구를 구사하는 조선의 농업현실을 못마땅하게 여기며 중국식의 농법·농기구로 통일화·규격화하자고 주장한 엘리트층 실학자들의 태도는 다시 각지마다 할거하는 노농老農들에 대한 불신과도 연결되었다. 다음은 1800년에 적어올린 응지농서 중에서 박제가朴齊家(1750~1805)가 '노농'이라는 표제 아래 적은 내용이다.

> 오늘날의 노농은 믿을 수 없다. 식견을 가지고 들판에 나선 자가 아니라 어리석기로 밑바닥이면서 힘만 쓰는 자들에 불과하다. 만일 지금 요강이 땅에 묻힌다면 천 년이 지난들 골동이 될 수 없음은 분명한 일이다. [노농들이―인용자] 정월 대보름날 달의 높낮이로 점을 치는 일은 온통 아무런 근거가 없다. 이월 초엿새에 묘성昴星이 앞에 서든 뒤에 서든 대체 무슨 의미가 있겠는가. 단지 마땅히 지혜와 식견이 있는 자로 하여금, 옛사람들의 방책 중 하늘의 때를 살피고 땅의 적절함을 헤아리며 사람의 힘을 다하는 세 가지를 따르도록 한다면, 모든 일이 만나고 통하게 될 것이다. 땅이 높고 내가 낮으면 수차를 만들어 물을 퍼 올리고, 땅이 몹시 메마른 자갈밭이라면 진흙으로 덮어 땅을 기름지게 하며, 토성이 들뜨고 성기다면 거듭 갈아낸 다음 고무래질로 땅을 다스리고, 높은 지대의 황무지라면 구획된 밭[區田]으로 만들어 작물에 물을 대는 것, 이것이 그 방책의 대략이다.[55]

여기서 박제가는 정월 대보름날 달의 높낮이와 이월 초엿새날 별의 위치로 그해 풍흉을 점치는 노농들의 비과학적 사고방식을 공격 대상으로 삼았다. 특히 응지농서 중 일부러 '노농'이라는 표제항목을 만들어 당대의 노농은 옛 노농들과 달리 무식하고 어리석으며 가진 것이라고는 그저 힘밖에 없는 자들이라고 굳이 강조한 점이 주목된다. '노농'과 같은 표제는 다른 농서들에는 좀처럼 등장하지 않는 서술항목이기 때문이다.

이러한 항목 설정과 거의 조롱에 가까운 비판이 의도하는 논점은, 현장의 농민들이 따라야 할 것은 노농들이 주도하는 당대 농사현장의 농속農俗이 아니라 농서나 고전에 나오는 옛사람들의 농법 그리고 이를 계승하여 현재도 지속되는 중국식 농법이라는 것이다. 이에 따르면, 환경과 작물의 차이에 따라 노농들이 구사하는 현장 농법의 다양성은, 그저 마른 땅에 물을 대고, 자갈땅에는 객토하며, 파삭한 땅은 갈아서 눌러주고, 비탈에서는 구획해 심으라는 단순명료한 논리로 대체되어야 했다. 메마른 자갈 토양의 환경에서 객토客土에 충분한 만큼의 많은 진흙을 어디에서 어떻게 구할지, 왜 어떤 산화전山火田에서는 구획해 심지 않고 흩뿌려 심게 되는지에 대한 고려도 결여되어 있다. 이런 면모는 앞서 확인한바, 조선식 짧은 자루 호미를 혹평하던 박지원의 서술에서 포착된 기획 그대로다.

이 점은『임원경제지林園經濟志』를 저술함으로써 정조의 꿈이던『농서대전』(또는『농가대전』)을 사적私的으로 완성한 것으로 평가되기도 하는[56] 서유구徐有榘(1764~1845) 역시 예외가 아니었다. 그는 젊어서 순창군수로 재직하며 올린 응지농서에서 "농서를 구하는 교지는 나무꾼에게도 방법을 물으시는 지극한 뜻이지만, 시골에 서적도 갖추지 않은 사람들로부터 글을 주워 모아 책을 만든들 쓸모가 없을 것이니, 차라리 글과 학식이 많으면서 방법과 기술을 잘 아는 선비들을 뽑아 현장의 농부를 찾도록 해서 보고 들은 바를 적어 올리게 하여 책으로 편찬하는 것이 낫겠다"라고 적었다.[57] 특히 그는 "시골 사람의 말 백 가지, 천 가지 중에 하나 있는 유용한 것을 얻자고 그것을 모두 모은들 무슨 쓸모가 있겠느냐"고까지 썼다. 이것이 "천 가지 말씀 드린 중에 하나쯤 쓸모가 있다면 기꺼이 지어 올리겠다"라는 뜻에서 『천일록』이라는 제목의 책을 저술한 화성 유생 우하영의 문장과 절묘한 대조를 이룸은 결코 우연이 아닐 것이다.

노농에 대한 젊은 시절 서유구의 이러한 불신은 노년기 저작인 『행포지杏蒲志』(1825)에서도 드러난다. 서유구가 밭 이모작 농법을 구사하는 노농과 벌인 문답의 기록인데, 일반 농민으로서는 너무나 '고매한 학식'을 지니고 있어 서유구가 지어낸 가상의 문답으로도 보인다. 만일 그렇더라도 이는 오히려 그가 가지고 있는 노농에 대한 속생각을 엿보는 창이 될 것이다. 이에 따르면, 중국식 옛 고랑밭[畎田]—아마도 하나의 두둑 위에 작은 고랑을 세 개 만들어 거기에 파종하는 대전법을 말할 것이다—의 방법을 도입하면 어떻겠느냐는 서유구의 제안에, 대화 상대인 농민은 '일손이 적은 집에서는 그렇게 할 수 없다'고 부정적으로 답했다. 이에 서유구는 '말로는 땅을 놀리기 아까워서라고 핑계를 대지만 실은 그저 힘든 일하기를 싫어할 뿐'이라고 맹비난했다.[58] 역시 중국에서는 일이 쉽고 효율은 높은 농법이, 왜 조선에서 그대로 따라 하려면 힘과 시간만 더 드는 농법이 되고 마는지에 대한 고려가 결여되어 있는 셈이다.

이렇게 농사현장을 주도하는 노농의 경험적 지식에 대한 회의적인 입장은, 다시 '농사현장을 누가 어떻게 이끌어갈 것인가'와 관련한 입장의 차이와도 결부되어 있던 것으로 보인다. 가령 박제가는 중국식 농기구를 도입하는 문제와 관련하여 "지금 사람들은 하던 대로의 방식에 안주하여 관청에서 (중국식) 농기구를 팔아도 사지 않으려 할 것이니, 마땅히 먼저 둔전에서 시험을 하여 그 효력을 보인다면 몇 해 지나지 않아 반드시 이를 따르게 될 것이다"라고 적었다.[59] 둔전을 모범농장화하여 그곳에서 중국식 농법과 농기구를 사용해 농사를 지음으로써 우위를 보이고, 그 목격과 체험을 바탕으로 현장 농민의 농속을 바꿔가자는 제안이다.

서유구는 이를 더욱 발전시켜 모범농장으로서 좀 더 구체적인 둔전 운영방안을 제시했다.[60] 이는 한 두둑 세 고랑의 중국식 대전법과 가장 흡사한 방식으로 조를 경작하는 조선의 관서·해서 지방 농민들을 데려다가 둔전에서 밭농사를 짓도록 하고,[61] 여기에 각처의 일 잘하는 농군들을 데려와 교육하며, 이들이 다시 고향으로 돌아가 여기에서 배운 방법을 퍼뜨리도록 하려는 것을 내용으로 한다.

이러한 구상들은 결국 중앙으로 집중된 집권적 농업기술 보급체계를 세우려는 것으로, 각지마다 지역적으로 차별화된 농업기술체계를 이 집권적인 체계의 조직적인 힘으로 깨부수려는 구상이라고 할 수 있다. 서유구는 심지어 둔전에서는 조선 팔도 각처의 일소[役牛] 중에서도 일을 가장 잘한다고 그가 평가하는 영남소를 데려다가 농사를 짓도록 함으로써 이를 전국적으로 보급하자고 적을 정도였다.[62] 일소마저도 전국적으로 한 지역 소산의 것으로 통일하려는 그의 기획에서 우리는 하나의 '실험실'이자 '보급기지'로서 농사시험장을 세워 특정 기술을 확산하려는 거대한 근대적 중앙집권화의 기획을 읽어내게 된다.[63]

물론 서유구의 방식은 박지원이나 박제가의 방식보다 한 발 더 앞서나가 있었다. 박지원이나 박제가의 논리에는 밭농사라면 옛 성인의 방법인 대전법을 따르는 중국(화북)의 앞선 방식에 대한 확고한 신념이 배경에 있다. 현장에서의 경험을 바탕으로 생산력적인 우위를 입증하는 일은 이미 화북의 밭에서 끝나 있는 셈이다. 이 경우 밭농사 기술 개혁과 보급 프로그램은, 기술과 도구에서 뒤져 있는 조선으로서는 화북의 기술체계를 그대로 도입하기만 하면 되는 것으로 설정된다. 조선 정부로서는 중앙집권적인 기술체계를 확립하여 조선 각지의 농민들을 불러들여 화북식 밭농사를 교육하고, 농민들은 여기에서 배운 것을 각자 고향으로 돌아가 실행에 옮기면 되었다.[64]

반면 서유구의 경우 이들과 달리 화북의 밭농사 기술체계를 그저 그대로 도입하자는 것은 아니며, 그 우월성에 대해 때로 공들여, 때로 윽박질러가며 설명한 후 그와 가장 가까운 조선 내의 밭농사 방식—조농사라면 관서와 해서의 방식—을 각지에 보급해야 한다고 했다.[65] 그러나 조선 정부가 중앙집중적인 보급체계를 통해 그 기술과 도구를 전국적·통일적으로 보급해야 한다고 보는 점에서는 같은 의견이다. 조선에서의 변용이라는 차원을 생각은 하되 '현장경험을 통한 입증'의 정당성은 역시 중국 화북으로부터 기원하여 조선을 향해 뻗어와 집권화된 둔전에서 맺어지는 형국이다. 농민들로서는 역시 기존의 농속을 폐기하고 그것을 배워 와서 자기 고장에서 그대로 따라 실행에 옮기기만 하면 되는 것으로 설정된다는 점에서 본질적으로 차이가 없다.

2) 향촌지식인들의 분권화된 현장 지향성과 그 사회적 좌표

앞서 박제가가 당대 노농의 어리석음이 확인되는 근거로서 달과 별의 위치로 풍흉을 점치는 현상을 들었음을 보았다. 그런데 마침 경기 화성의 향촌지식인인 우하영의 농서『천일록』의 점풍속방占豐俗方 서술은 "상원 일上元日(정월 대보름)의 달과 2월 초엿새의 별, 2월 20일의 비로 그해의 풍흉을 시험하는 것은 즉 팔도에서 통용되는 대동大同의 풍속"이며, "2월 초엿새에 삼태성[參星]이 달 앞에 몇 자 떨어져 있고 또 약간 남쪽에 있으면 좋다"라는 문장으로 시작한다.[66] 향촌지식인들의 이러한 설을 대하는 엘리트층 농서편찬자들의 반감이 어떠했을지, 또 그것이 당대 농사현장의 감각과 얼마나 멀리 떨어진 것인지 충분히 짐작이 간다.

그 외 여러 응지농서에서도 마찬가지 조롱에 직면했을 법한 서술들이 관찰된다. "7월의 홍수와 가뭄은 정월을 관찰하고, 6월의 비오고 맑음은 12월을 관찰하며, 사철의 변화는 매달 초하룻날의 흐리고 맑음을 관찰하라"거나,[67] '오목五木은 오곡五穀에 선행한다'는 6세기 중국의 농서『제민요술齊民要術』의 구절을 인용하여 "신이 작년에 대추나무와 늙은 버드나무가 무성한 것을 보았으니 올해는 벼농사를 권할 만합니다"라고 적는 식이다.[68]

게다가 이런 경향은 별다른 벼슬경력이 없는 향촌지식인들에게만 한정된 일도 아니었다. 영월부사로 재직하면서 응지한 이경오는 "농민이 하는 말을 들어보면 그 사람됨이 어리석고 무지해서 하나와 둘도 구별 못할 것 같지만……토성에 따라 적절한 바를 구별할 수 있고 홍수와 가뭄의 징조를 미리 점칠 수 있다"라고 적었다. 이는 옛 성인의 방식에서 얻은 지식은 아니지만 지난 일들에서 징험함으로써 얻은 자생지각自生知覺이라는 것이었다.[69]

이런 식으로 이른바 '자생지각'의 가치를 인정하기 시작하면, 문제는 복잡해지지 않을 수 없다. 그 내부에는 다섯 별[五星]을 살피고 다섯 제사[五祀]를 돈독하게 하며 하늘이 주는 때[天時]를 받들라는 그럴듯한 설명과 함께, "아침에 무지개가 뜨면 비가 오고 저녁에 무지개가 뜨면 맑으며, 학이 언덕에서 울면 그날 안에 비가 오고 닭이 지붕에 오르면 정오 무렵 맑아지며 제비새끼가 둥지에서 떨어지면 큰 홍수가 난다"는 식의,[70] '과학적'이라고도 아니라고도 하기 어려운 '경험적' 지식들이 뒤섞여 있었기 때문이다. 이를 "살구를 쳐다보고 부들을 살피면 제때를 놓치는 일이 없다고 했으니……어찌 나라의 명으로 일일이 시켜서 강제할 일이겠습니까"라는[71] '과학적'으로 지당해 보이는 설명과 분별해내기가 쉽지 않음은 물론이다.

나아가 윤음을 내린 정조 자신도 "무릇 농사일이란 위로 중성中星에 속하고 곁으로 기운에 맞도록 해야 한다.……오늘은 축일丑日이고 내일은 축월丑月이라 미시 정각에 절후節侯가 교차하니 토우土牛를 만들어 한 해를 기원하는 것이 바로 이때"라고 적었다.[72] 상황이 이렇다면, 위로는 임금으로부터 아래로는 각처의 노농들에 이르기까지 공격할 대상과 옹호할 대상을 갈라내는 기준이 모호해지지 않을 수 없다. 따라서 '근거 없는 믿음'을 솎아내려는 엘리트층 농서편찬자들로서는 경험적 지식의 내용에 앞서 그 '출처', 즉 지식의 기원을 따짐으로써 더욱더 '노농의 어리석음'에 대한 비판의 날을 세우는 방향으로 나아가지 않을 수 없었을 것이다.

그 반대편에서, 노농의 경험적 지식에 대한 옹호는 분권적 현장지향을 향해 나아가지 않을 수 없다. "노농은 땅의 이치를 알아 그에 알맞게 경작을 할 수 있으니, 각 고을에서 나고 자라 어느 밭 어느 논에서 어떤 곡식과 종자를 심어야 하는지도 알고 있는 이들로 하여금 스스로 그 고을마다 기준을 정해서 따르도록 하자"는[73] 분권적 현장 지향의 논리가 도출되는 것이 자연스러운 일이었다. 그리고 이와 같은 향촌지식인들의 분권적 현장 지향은, 앞서 검토했던바 '농사현장을 누가 어떻게 이끌어갈 것인가'의 문제와 관련해서도 엘리트층 농서편찬자들의 생각과는 성향을 달리하는 의견 표명으로 나타났다.

가령 우하영은 '동洞에 거주하는 사족 중에서 지체와 명성이 있고 일에 해박한 사람'으로 농관農官을 임명하고,[74] 15호가 단위가 되는 1린隣마다 '농사에 부지런하고 책임감 있고 일에 해박한 사람'으로 인장隣長을 임명하여 이들로 하여금 촌락 단위에서 농사는 물론 농촌의 사회생활 전반을 이끌어가도록 하자고 주장했다.[75] 앞서 노농들로 하여금 고을마다 기준을 스스로 정해 농민대중을 이끌도록 하자는 주장과 상통하는 견해다. 또 그는 농관의 선정 및 대우는 향교와 서원의 임직자에 준해서 하며, 봄가을로 이들을 불러 술자리를 마련하여 서로 절목과 현실을 논의하고, 이들에 대해서는 성과에 따라 상벌을 부과하자고 했다.[76] 특히 그중에서도 성과가 두드러진 자에 대해서는 각 도에서 관찰사와 암행어사가 추천하여 국가로부터 이들을 치하하도록 하면, 저절로 농관에 대한 사회적 인식이 올라가게 될 것이라고도 했다.[77] 이와 유사한 주장들은 여러 응지농서에서 나타나는 것이기도 하다.[78]

물론 이들 향촌지식인에게도 농관의 제도는 중국 주대周代의 전준제田畯制나 국초國初의 권농관勸農官 제도 등 옛 참조지점들이 있었다.[79] 그럼에도 '모범'의 보급·확산방식에서 '현장 중심'이라는 지향 그리고 '아래로 부터 위로'라고 하는 방향의 차이는 분명하며, 이는 엘리트층 실학파 농서의 그것과는 확연히 구분된다. 또한 '경험을 통한 입증'이라는 가치는 엘리트층 실학파 농서들이 지향하던 그것과 공통되는 것이었다고 할 수 있다. 이 점은 18, 19세기 전환기에 나타난 공통의 학문적 경향이라고 해야 할 것이다. 그럼에도 그 안에는 동시에 분명한 차이가 있었다. 향촌지식인들이 파악하는 '경험적 입증'을 해야 하는 실험의 공간은, 중국 화북은 물론 국가적 모범농장으로서 중앙집권화된 둔전이 결코 아니었다. 오로지 '자신이 태어나 살아가며 농사짓는 자기 고장'으로서 '현장'이었다는 점에서 전혀 다른 성격을 지니고 있었던 것이다.

물론 향촌지식인들의 이러한 분권적 농업론이 지니는 '현장 중심'의 지향과 '아래로부터 위로'의 방향이라는 것이 보이는 한계에 대한 지적도 불가피하다. 『천일록』을 예로 들면, 우하영의 구상에서 수령이 봄가을로 불러 술자리를 마련하여 대접하면서 함께 토론하고, 향교 및 서원 직임의 예에 준하여 임명과 대우를 해줘야 했던 농관은 '동에 거주하며 일에 해박한 사람'이라고는 하나, '지체와 명망이 있는 사족' 중에서 선임되어야 했다. 사족이 아닌 자라면 '농사에 부지런하고 책임감이 있고 일에 해박한 사람'이라 할지라도 농관이 아니라 그 아래에서 실무를 지휘하는 인장隣長 지위에 머물 수밖에 없었다. 또 이들에 대해 상벌이 행해지는 경우, 상은 농관이 받고 또 그 업적이 뛰어날 경우 전국적으로 떠받들어질 수도 있었지만, 벌을 받을 때면 농관은 창피만 당하고 부임관副任官이 대신하여 수령의 회초리를 맞아야 했다. 단지 '분권적'일 뿐만 아니라 '평등적'이기까지 한 제도의 구상은 아직까지는 새로운 단계의 도래를 기다려야 했다고 할 수 있다.

그런 의미에서 보면 '면이나 리의 부로父老로 으뜸인 자',[80] '고을 내의 사부士夫',[81] '지체와 능력이 있고 들에 거처하며 농사를 짓는 선비',[82] '각 읍면리에서 지체나 위력이 있는 자'[83] 등으로 (권)농관의 자격을 제안하는 향촌지식인들의 응지농서들은 모두 이런 한계 안에 있었다고 할 수 있다. 이 점에서는 유배에서 막 풀려난 정약용이 '신분에 구애됨이 없이 우수했던 농민' 중에서 권농관을 임명하자고 했던 것이 오히려 일반 농민의 권력 참여를 보장하는 제도가 된다는 점에서 좀 더 주목할 만하다.[84] 단지 여기에도 또 다른 단서가 필요하다. 철저하게 '중앙집권적'인 지향 아래 강력한 '실험실적' 농업기술 보급체계를 세워 '위로부터 아래로'의 방향 아래 농법과 농기구의 개혁을 이루려던 서유구 역시, 둔전의 경영책임자에 해당하는 전농관典農官에는 능력이 뛰어난 농민이라면 누구나 임명될 수 있도록 하는 제도를 구상했기 때문이다.[85]

그렇다면 이 글에서 다룬 문제는 단지 '신분의 구별을 뛰어넘어 일반 농민들도 기회적 평등의 전제 아래 양반과 구별 없이 대우받는 사회'를 구현하는 것만으로는 해결을 볼 수 없는 성질을 지닌다고 할 것이다. 우리가 '근대세계' 안에서 목도해왔듯이, 중앙으로 집중된 집권적 사회체제 안에서의 기회적 평등을 전제로 한 '향촌민 발탁'은 더 나은 중앙집권화를 위한 장치일 뿐일 수도 있기 때문이다. 이 경우 '향촌민 발탁'에도 불구하고 '현장의 경험적 지식'이 폄하되거나 폐기대상으로 간주되는 상황이 얼마든지 일어날 수 있다. 우리는 19세기 말 이후의 역사과정에서 이에 대한

2부 | 문화와 사상

추적을 할 수 있게 될 것인바, 이에 대한 분석은 향후 과제로 넘긴다.

$\overset{4}{}$ 대립하는 두 농업론에서 현장의 문제

이 글의 기획 의도는 18, 19세기 농서들에서 실험으로 입증된 경험적 지식의 인식론적 지위가 강화되고 있었음에 착목하여, 그 안에서 나타나던 내적 분화의 양상을 드러내고, 그 사회사상사적·민중지성사적 의미가 무엇인지를 정리해내려는 것이다. 이를 위해 우선 둘째 절에서는 경험적 지식의 지역적 특수성을 강조하는 향촌지식인들의 입장과 그 보편적 입증 가능성, 특히 중국(밭농사라면 화북)에서의 입증 여부에 지적 준거를 두려는 견해를 구별해내고, 이 두 가지 경향이 경험적 지식과 진리의 소재를 둘러싼 주도권을 두고 상호 경합·각축했다는 점을 드러냈다.

이어서 셋째 절에서는 이 두 가지 경향을 각기 현장 지향성과 실험실 지향성이라는 개념으로 정리하고, 경험적 입증의 준거지점에 대한 이와 같은 견해 차이가 어떻게 농업기술 및 사회체제의 존재방식과 개혁방안에 대한 견해 차이로 연결되었는지를 분석하였다. 이는 이 시기 조선에 존재하던 경험적 지식 및 그에 관한 지성사적 논쟁구도를 '전근대적 비과학'으로 치부하거나 '서구/근대 과학의 맹아'로 둔갑시키지 않으면서 유기적·내재적·연쇄적 과정으로 재구성하려는 기획의 일환이었다. 이하에서는 이 분석의 함의를 '지식'과 '주체'라는 두 차원으로 나누어, 근래의 연구성과와 관련지어 간략히 짚어봄으로써 논의를 정리하겠다.

우선 '지식'에 관한 문제로, 경험적 입증의 준거지점을 다양한 지방적 특수성 속에서 찾을지, 아니면 (밭농사라면) 중국 화북에서 입증된 것을 (그대로 또는 한 번의 변형/매개를 거쳐) 국내에 들여오는 것으로 상정할지를 둘러싼 문제들이다. 이 글에서는 이러한 두 경향이 18, 19세기 농서들 안에서 상호 경합·각축했으며, 전자가 주로 향촌지식인들의 농서 속에서, 후자가 주로 엘리트층 농서편찬자들의 농서 속에서 나타났고, 전자가 분권적分權的인 현장 지향을 가지는 것으로, 후자가 집권적集權的인 실험실 지향을 가지는 것으로 이해하였다.

이와 관련된 논의로 근래 문중양은 『농사직설』을 포함하여 15세기 조선의 풍토부동론風土不同論이 조선의 고유성을 인식하고 드러내려는 담론이었다기보다는 중화적·보편적 지식의 한 부분으로 조선에 대한 지역지식local science을 위치 지으려는 기획이었다고 정리한 바 있다.[86) 중국과 조선의 풍토가 다르기 때문에 조선에 고유한 제도를 창제하려는 생각이 아니라, 다른데도 중화의 보편적 제도를 적용하기 위해 그 방법을 모색하려는 노력이었다는 것이다. 문중양도 강조하였듯이 영조는 세종의 업적을 계승하려는 생각이 분명했고,[87) 정조는 다시 선왕의 정책을 계승하려는 뜻을 표명했다. 따라서 15세기의 풍토부동론에 대한 문중양의 재평가는 지역마다 농업기술지식을 수집하려던 정조 그리고 그 시대 엘리트층 농서편찬자들의 의중을 이해하기 위해서도 중요한 시사가 된다.

이 글에서의 제한적인 검토를 토대로 평가하면, 정조가 「권농정구농서윤음」을 내리며 밝혔던 『농서대전』(또는 『농가대전』)의 편찬기획에 관련된 인물 중 전부는 아니라도 적어도 그 대부분은 전국 방방곡곡 농사현장에서 통용되는 모든 기술과 지식을 그 자체로 존중하고, 또 그것을 모두 긁어모아 책으로 편찬, 보급하겠다는 생각까지 하지는 않았던 것으로 보인다. 아마 그런 현장지식의 권위를 기본적으로 인정하는 견지에 서 있던 향촌지식인들조차 거기까지 생각하지는 않았을 것이다. 그렇다면 결국 『농서대전』이 실제 편찬될 수 없었던 것은, 단지 정조 자신이 돌연 급서急逝했기 때문만이 아니라[88] 해당 지식의 본성상 여과되어 하나로 통합될 수 없는 것들(현장마다 존재하는 특수한 지식)을 하나로 통합해 엮으려 했기 때문에 혹은 애초부터 그렇게까지 통합할 의도가 없었기 때문에 그리 되었을 가능성을 염두에 둘 필요가 있다.[89]

한편 비슷한 시기 간행된 또 다른 논문에서 문중양은 15세기 조선의 역서간행이 중국 역서=보편적 역서universal calendar에 부속된 향력鄕曆, local calendar의 성격이었으나, 18세기에는 동력東曆=자국력自國曆, national calendar에 대한 지향을 분명히 갖게 된다는 분석을 수행하였다.[90] 이 논의, 특히 15세기에 만들어진 향력이 원래 의도에서 벗어나 18세기적 맥락에서 자국력 창출의 기반이 된다는 분석틀은 유사해 보이는 사물의 본질적인 차이와 본질적으로 다른 사물이 연결되어 새것을 만드는 연쇄관계를 함의한다는 점에서 대단히 흥미롭다. 근래 활발히 검토되고 있는 행위자네트워크 이론Actor Network Theory, ANT[91]의 역사적 적용, 특히 수백 년을 건너뛴 연쇄를 통해 연결되어 작동하는 인간-사물 동맹의 포착과 관련해서 대단히 유의미한 참조지점이 될 것으로 보이기 때문이다. 물론 농서와 역서의 상황이 같아야만 할 까닭은 없지만, 이는 현장 중심의 분권적 특수성 지향과 실험실 중심의 집권적 보편성 지향의 경합·각축이라는 대립구도를 18, 19세기 농서에 대해 설정하는 이 글의 논의와 관련하여 함께 검토할 여지가 있다고 생각한다.

그의 이러한 파악 한편에는 전근대사회에서는 결여되어 있던 자국의 고유한 정체성에 대한 인식이 근대사회 및 민족국가의 등장과 함께 강화된다는 인식이 깔려 있는 것으로 보인다.[92] 그러나 이와 동일한 문제의 다른 측면에서 반대 방향으로 작동하는 논리로서, 중세적인 과학기술은 지역성과 민족성을 강하게 띠는 반면 근대적인 과학기술은 범용성과 보편적 지식을 강력히 추구한다는 파악이 있을 수 있다.[93] 그런데 이렇게 상반된 것처럼 보이는 논리들이 둘 다 참의 파악일 수 있고, 실상을 보면 모순된 논리가 병존하는 것이야말로 오히려 우리가 살아왔고 살아가는 이른바 '세계'와 '지식'의 본성이라고 생각할 필요가 있지 않을까 한다.[94]

만일 사태가 이와 같다면, '향력에서 동력으로'라는 문제틀의 설정은 이 혼종적인 운동을 포착하기에는 일면적일 수 있다. 이 글에서는 보편주의와 민족/국가주의라는 극점極點 외에 현장주의라는 또 다른 극점을 경험적 지식의 준거로서 설정하고자 하였다. 그리고 여기에는 그것들의 역사를 어느 하나에서 다른 하나로 대체·극복되는 과정이 아니라 혼종화하는 과정으로 파악하자는 제안이 예비되어 있다. 이때의 혼종성이란, 그저 뒤섞인다는 의미에서가 아니라 자동차의 하이브리드 엔진이 두 동력원을 함께 또는 번갈아 사용하는 것처럼 각축·경합하는 관계로 병존하면서 필요에 따라 선택·조장되는 상태이다.[95]

현재 시점에서는 아직 잠정적인 예단이지만, 이 논의는 이 글에서 전혀 다루지 못했던 또 다른 논점의 전개를 지시해주는 것이 아닌가 생각한다.[96] 문중양이 '향력에서 동력으로'라는 포착을 하게 된 배경에는, 15세기와 18세기 사이의 차이와 함께 그 지적 구도가 지녔던 유사성이 있었다. 이 글이 다루는 국가적인 농서 집대성의 문제에서도, 또 이 책에 실린 이경구의 글에서 다루는 언어/문자 의식의 문제에서도[97] 유사한 구도가 관찰된다. 그렇다면 15세기와 18세기 사이에 차이와 함께 나타나는 유사성을 어떤 틀로 이해할 것인가. 만일 그것이 어떤 일방향적인 운동이 아니라면, 두 시기의 지적 구도 사이에는 어떤 관계가 있을까?

아쉽지만 현재로서는 현장 지향과 실험실 지향 사이의 대립과 각축 그리고 그 배경에서 공통되는 '경험적인 것의 중시'라는 지적 기반이 그저 '근대적'인 현상이 아닐 수 있다는 점을 지적해두는 데에 그칠 수밖에 없다. 이 경우 세종대에 그리고 정조대에 시도된 현장의 경험을 반영한 국가적 농서편찬의 기획이란, '현장경험'을 지렛대로 삼아 어떤 지적 위기에서 탈출하거나 지적 혁신을 이루려는 기획의 소산이라고 평가될 수 있을 것이다. 뒤집어 말하면, '현장'은 지식을 생산하거나 검증하는 일종의 운동장과 같이 존재하는 것이 아니라, 특정한 지식체계의 정당성을 주장하기 위해 동원되는 적극적인 생산수단 또는 그것을 만들어가는 행위자actor일 수 있다. 보편주의나 민족/국가주의 외에 현장주의가 또 하나의 지적 극점일 수 있는 이유가 여기에 있는 것이 아닐까?

다음은 '주체'와 관련한 문제다. 이 글에서는 경험적 지식을 실험해 입증하고, 기록하거나 전승함으로써 확산하며, 이로써 농사현장을 이끌고 바꾸어나가는 주도세력이 누가 되어야 (한다고 주장)하는가와 관련한 문제로서 이를 다루었다. 이에 따라 농사현장을 주도하는 노농들의 권위와 역할을 부정하고 집권화된 실험실 지향을 추구하던 엘리트층 농서편찬자들과 노농들의 권위를 인정하며 이에 의거하면서 좀 더 분권화된 현장지향의 농업론·농업개혁론을 추구하던 향촌지식인들 사이의 대립구도를 검출해냈다. 그리고 이를 '위로부터 아래로', '아래로부터 위로'라고 하는 대립 방향을 지닌 농업기술 보급체계 구축의 시도라고 이해했다.

이와 관련하여 이 글에서 또 한 가지 중요하게 다루고자 했던 문제는, 그런 대립구도를 넘어 대립축의 양편 모두에서 '실제'나 '현실'에 대한 '관찰'이나 '전문(傳聞)' 그리고 '실험', '증험'의 중요성에 대한 인식이 전면에 떠오르고(또는 15세기 이래 재생하고) 있었다는 점이다. 여기에서 오해를 피하기 위해 확인해두고 싶은 문제는, 향촌에 산재하는 노농들에게만 현실에서 실험이 중요했고 그들의 현실과 실험만이 '진정성'을 지녔다고 이해되어서는 곤란하다는 점이다. 이 글이 향촌지식인들이 주로 제기하던 소농적·집약적 농업론의 의의를 부각하다 보니, 이 글의 취지 자체가 이렇게 오독될 소지도 있을 것이다.

따라서 우선은 노농들에게는 노농들대로, 엘리트층 농서편찬자들은 그들대로 각자 중요하게 보는 현실과 실험이 존재했으며, 자신이 인식의 기반을 둔 현실과 실험의 '옳음'에 대한 믿음의 '진정성'이 있었다고 해야 할 것이다. 단지 그 준거와 지향이 어디에 있는지가 달랐고, 따라서 서로 다른 세계를 그리고, 또 원했을 따름이다. 물론 이 글에서는 엘리트층이 추구했던 중앙집권적인 농업기술개혁론이 근본적인 한계를 지니고 있었다는 점을 드러내는 데에도 주력하였다. 그들의 농지제도와 농기구 개혁론이 그대로 실현되지 않았다는 점이 그 주요한 근거였다. 그러나 그것에 한계가 있었다는 논의와 그것이 진정성이 없었다는 논의가 별개라는 점이 충분히 이해될 수 있을 것으로 기대한다.

또한 더는 공식화된 권력기반을 갖지 못했던 향촌의 유생이나 노농들이 그들이 살아간 농촌세계 전체의 이해와 인식을 대변한다고 보아서도 곤란할 것이다. 이 글에서는 아직 본격적으로 다룰 겨를과 능력이 없었지만, 그들 역시 엘리트층 농서편찬자들처럼 나름의 방식으로 농촌과 농업, 농민을 재현하며 그들이 알거나 원하는 모습을 드러냈을 뿐이다. 이들은 국왕 정조의 윤음에 호응하여 농서를 지어 올리고, 여기에서 향촌지식인들을 농촌과 농업의 주도세력으로 인정했으며, 그러한 인정에 부합하는 공식적인 지위와 역할을 주도록 주장함으로써 자신들의 이해를 관철하려는 기획을 보였다. 이 점에 대해서는 향후 논의에서 보완해야 할 지점들이 존재한다. 이를 포함하여 이 글이 제기하는 문제는 아직 덜 여문 논의지점과 더 설명되어야 하는 한계들을 다수 포함하고 있다. 본인의 작업뿐 아니라 향후 많은 선후배 동료의 작업에서 그 한계와 가능성이 남김없이 개척되고 탐구될 수 있기를 바란다.

문제를 이렇게 상정할 경우, 엘리트층 농서편찬자들과 응지농서를 지어 올리던 향촌지식인들이라는 대립구도의 양편에는, 이 대립구도만으로는 온전히 포착되지 않는 (이 글에서 본격적으로 분석되지 않은) 농사현장의 농민들이 남게 된다. 즉, 엘리트층 농서편찬자들 저편의 화북에서 밭농사를 짓던 (강남의 논농사는 여러 모로 조선인에 의한 '관찰'의 대상조차 되지 못했다고 봐야 할 것이다) 농민들, 향촌지식인 이편의 조선 농민들, 그리고 다시 그 너머에 존재하면서 그들이 맞닥뜨렸던 화북과 조선의 농사현실과 자연환경이 그것이다. 이 글에서 다룬 경험적 지식의 문제와 관련하여, 이들에 대해서는 어떤 논의를 할 수 있고 또 해야 할까?

엘리트층 농서편찬자들이 밭농사 도구로 높이 평가하던 양각파종수레[兩脚耬]나 삼각파종수레[三脚耬]는 작업인원이 많이 필요하고 특히 평야가 아닌 산간이나 구릉지 경사지형에서는 쓰기에 부적합한 농기구다.[98] 중국의 밭갈이·파종도구도 대소 편차가 있고 이에 따라 당연히 작업인원에도 차이가 생기지만 기본적으로 긴 술바닥[床]을 가진 늡쟁기[長床犁]가 지배적이라고 알려져 있다. 이는 깊이갈이[深耕]가 어렵지만 작업 후 밭 지표면이 다리미질을 한 것처럼 매끄럽다는 특징이 있다.[99] 본문 중 인용한 글에서 박지원이 "요동의 밭은 싹이 자라면 줄을 짓고 그 줄은 마치 악기의 줄과 같으니 조금도 기울거나 굽음이 없다"라고 아름다움을 묘사했던 경관은 이 상태를 가리킬 것이다.

1940년경의 보고에 따르면, 중국 동북 지역의 재래농법에서는 3~6두의 말과 농부 4인이 한 조가 되어 기경, 정지, 파종, 복토, 진압을 동시에 진행하여 15일간 10헥타르에 대한 작업을 마치는 속도로, 때로 수십 헥타르에 달하는 대규모 경영까지도 이루어졌다.[100] 이런 양상은 1호당 경작면적이 넓고, 토양이 점성이면서 단단하며, 파종적기가 짧은 화북 건조지대의 농업환경 특성과 관련된 것이다.[101] 물론 광활한 중국 화북·동북 지방의 농업에 대해 한두 마디로 정리하기는 조심스럽다. 그러나 이를 호당 경작면적이 좁고, 대개 평지에 논이 들어서고 밭들은 비탈진 경사지에 위치하며, 평탄화가 어렵고 토양 특성도 상이한 조선에 적용하는 것은 여러모로 무리가 따를 수밖에 없다.

그렇다면 사정이 이러한데도 조선식의 소농적 기술체계에 대해 지극히 부정적으로 생각한 엘리트층 농서편찬자들의 의중에는 무엇이 있었을까? 이들이 그린 것은 작부체계作付體系의 단순화, 재배농가의 전업화, 경영의 대규모화, 재배농지의 공간적 구획 및 질서화 등을 추구하면서 노동생산성을 높이는 농업이었다.[102] 바꿔 말하면, 그들이 어느 정도 이 지점을 의식했는가와 별도로, 오늘날 우리가 잘 알고 있는 근대적 상품생산체제와 잘 부응하는 농업에 대한 이상을 가지고 있었다. 그렇다면 이들이 보였던 중앙으로 집중화된 집권적·실험실적 농업기술 보급체계 확립시도는 그와 결부되었거나 그를 향한 전망(또는 욕망)을 내포한 현상이라고 이해해야 할 것이다.

반대로, 이들과 대립하며 작부체계의 고도화(복잡화), 가족노동에 기반을 둔 소규모 영농, 다품종 소량생산 체제를 유지한 조선의 소농들은[103] 이러한 상업화·대규모화·단작화·규격화의 대립물이었다. 역시 어느 정도 서로 이 지점을 의식했는지와 별도로, 이들이 엘리트층 농서편찬자들에게서 조롱과 비난을 면치 못했던 것은 그 자연스러운 귀결이라 할 수 있다. 김건태에 따르면, 19세기에는 200여 마지기를 소유하고 30여 마지기를 가작家作하는 양반가에서조차 상품화보다는 자가소비를 목적으로 집약화·다각화 영농을 추구했으며, 이는 증산과 소비, 즉 상업이윤 추구를 미덕으로 삼는 '자본주의적' 농업과는 지향과 성격을 달리하는 것이었다.[104] 소유나 경작 규모가 훨씬 작은 일반 병작농민은 더 말할 나위가 없으니, 이런 소농적인 다품종 소량생산체제는 대규모 시장경제 발전의 대립물로 작용한다고 이해된다.[105]

문제는 경제적 실체로서 이들 소농과 근현대 자본주의 발전 사이의 관계를 어떻게 설정하는가 하는 점이다. 소농이 추구하는 생산에서 분권적인 현장지향성이 18세기 이래 계속 발전하면서도 지속적으로 사회 안팎으로부터 위협이나 조롱에 처해왔던 것, 비단 우파 사상에서만 아니라 좌파인 마르크스Karl Marx 또한 농민을 '감자부대 안의 감자'처럼 좀처럼 뭉쳐서 조직되지 않는 존재라며 불편해했던 것 역시 이와 관련해 다시 설명할 필요가 있다. 대규모 생산의 요구에 부응할 수 없었던 생계 지향적 집약화·다각화 원리가 자본주의적 또는 마르크스주의적 발전 전망의 대립물로서 조선식의 소농적 체계가 지녔던 근본적 한계였다는 점은 우선 인정할 수 있다. 그러나 그것이 현실적으로 자본주의적 발전과 원활히 공존하면서 서로 지탱해왔다는 점에 대해서는 충분히 인정하고 재평가함이 마땅하다. 이 경우 이 글이 많은 빚을 지고 있는 김건태의 논의까지 포함하여 소농적 생산체제를 전자본주의적 또는 '잔존적'이거나 '퇴행적'인 부문으로 전제하는 이론적 구도에 전면적인 조정이 요구될 수 있다. 그 한계의 인식도 포함해서 이 소농적 생산체제의 기본형태가 21세기까지 이어지는 점과 관련하여 향후 더 많은 논의가 필요할 것이다.[106]

문만용은 1960~1970년대 일기를 토대로 농촌에서 진행된 '과학화' 현상을 분석한 바 있다. 이에 따르면, 국가 주도의 '농촌과학화 사업'이 물질영역에서의 근대화·과학화를 추진해나갔음에도, '위로부터의 강제'에 일방적으로 의존함에 따라 농민들로서는 이를 그대로 수용하기 어려웠고, 그들에게 '과학'은 부담스러운 용어에 머물렀다. 그럼에도 오히려 매일매일 일기를 적으며 생활과 생업을 기록하던 농민들, 자신의 실제 경험을 바탕으로 기후나 토양을 나름대로 평가하고 영농계획을 설계하거나 때로 위로부터 강제되는 농사개량에 반발하기도 하던 농민들이야말로 전형적인 '과학 하는 농민'의 모습을 보였다.[107]

이 논의가 의미하는 바는 '현실' '경험'과 '실증'의 중요성에 대한 공통된 동의 아래 '현장적 분권론'과 '실험실적 집권론'으로 대립하며 조선/한국의 농업을 움직여온 지성사적 엔진이 20세기 후반에도 아직 그 내연內燃을 멈추지 않았다는 점이라고 할 수 있다. 소농들로서는 실험실적 농학이 지닌 지적 주도권을 충분히 수긍하더라도, 결국 최종적으로 그 유효성의 판단은 자신이 생활을 영위하는 농사현장에 근거를 둘 수밖에 없다. 이들이 현장에 존재하는 한 이러한 종류의 지적 대립구도는 계속 모습을 바꿔가면서도 유지·변형·재생될 수밖에 없다고 이해해야 할 것이다.

안승택

서울대학교 인류학과 및 동 대학원 졸업(인류학박사). 전공은 역사인류학이며, 식민지 시기를 중심으로 그 전후 시기를 오가면서 식민화 이전의 재래적인 농업기술과 농민사회가 외래의 식민자들과 만나 어떤 지속과 변화를 겪었는지 연구해오고 있다. 지역문화연구소 연구원, 역사문화연구소 특별연구원, 전북대 쌀·삶·문명연구원 HK교수 등을 지내고 현재 서울대학교 규장각한국학연구원 HK연구교수로 있다. 주요 논저로『식민지 조선의 근대농법과 재래농법』(신구문화사, 2009),「해방전후 한국농촌의 공동노동과 호락질」,「한 현대농촌일기에 나타난 촌락사회의 계(契) 형성과 공동체원리」등이 있다.

집필경위

이 글은 2015년 2월 성균관대학교 동아시아학술원과 한림대학교 한림과학원이 공동으로 주최한 학술회의 "19세기의 동아시아: 변화와 지속, 관계와 비교"에서 발표하고『한국사상사학』 49호(2015)에 실렸던 논문을 일부 수정한 것이다.

3

재정정책

18, 19세기 납세조직의 활동과 지방 재정 운영

◎

손병규

1 중앙과 지방이 만나는 곳, 면리面里

『경상도단성현호적대장慶尙道丹城縣戶籍大帳』에 나타나는 현縣－면面－
리里 편제는 17세기를 전후한 군현제와 면리제의 변화상을 그대로 보여
준다.[1] 1606년도 호적대장에 단성현은 '산음현임현山陰縣任縣'으로 산청
의 속현으로 존재했고, 산하 행정단위는 '리里'로 표기되어 있다. 단성이
산음과 동등한 행정체계로 독립하여 지방관이 파견되는 것은 1630년대

이후의 일이다. 이 시기를 전후하여 고려시대 말부터 줄어들던 '속읍'이 거의 사라지고 모든 군현이 행정체계상 횡적인 관계를 가지게 되었다. 속현의 독립과 더불어 17세기 중엽에는 산하 행정체계로 면리제가 편제되기 시작했다.[2] '면面'은 이후 토지조사 양전量田과 호구조사의 기본 영역으로 설정되었다.

17세기 경상도 단성현에는 여타 지역과 마찬가지로 이른바 동서남북의 사방면四方面 체제가 시도되었으나, 지역의 유력자들이 할거하여 세력을 나누던 8개 지역(기존의 '리')으로[3] '면'을 설치했다. 지방 세력의 자치성을 수용하면서 군현 내부로 지방통치를 위한 국가 권력을 침투시킨 것이다. 1678년 단성현의 호적대장에는 면마다 '도윤都尹'과 '부윤副尹'이 기재되었는데, 호적작성을 감사한 면 단위의 '호적도감戶籍都監'으로 대부분 『단성향안丹城鄉案』에 입록된 지역 유력자들이다.[4] 그러나 그 가운데 일부의 면에 호적도감을 한 자들은 끝내 군현 단위 자치체인 향약鄉約=향안조직鄉案組織에 입록入錄되지 못했다. 면 단위로 호적작성을 주도한 자들은 관청의 업무상 동등한 지위를 부여받은 데에 지나지 않았던 것이다.

향안조직에 등재된 유력 '양반'들은 거주하는 주변 몇 개 동리에 미치는 영향력에 기반을 두고 양반 네트워크의 유대관계를 동원해 군현 전체를 망라하는 지배력을 확보했다.[5] 이들의 엘리트주의 자치체 결성은 지방수령의 행·재정 업무를 보좌하고 실무자인 향리를 감시하여 중앙의 집권적 통치를 지지함으로써 가능했다.

국가는 이들에게 지방관청의 재정운영에 개입하도록 자율성을 보장함으로써 오히려 재정의 중앙집권화를 진행할 수 있었다. 또한 수령에 의한 지방재정의 집권적 운영은 향안조직만이 아니라 군현 하부 자율적 납세조직의 지지에 크게 의지했다.[6] 일찍이 군현의 재정업무는 말단의 납세조직에 분산적으로 위임되고 실무자인 향리에게 군현 단위로 총괄되는 과정을 거쳐서 수행된다.

조선 왕조의 중앙집권적 군현제는 내부의 상호견제를 포괄하는 주민의 자율성을 인정 – 현실적으로는 '묵인'이다 – 함으로써 실현되고 있었다. 조선 왕조의 19세기 역사는 내부 견제의 균형이 깨지고 주민의 자율성이 무시되었을 때, 통치이념의 재고와 군현제 자체의 재구성이 요구되었음을 보여준다.[7]

이 글에서는 조선 왕조 재정의 운영원리와 이념적 지향을 18~19세기 납세조직의 활동에서 관찰한다. 특히 주목하고자 하는 것은 지방재정의 운영현실이 지향하는 집권적 재정이념과 괴리가 느껴지는 점이다. 그것은 국가재정 안에서 지방재정 자체의 위상이 독자적일 뿐만 아니라 그러한 지방재정이 그 주체들의 '자율적' 합의에 따라 운영된다는 점에서 그러하다.

그러한 조선 왕조 지방재정의 운영원리가 어떠한 이념적 근거를 확보하면서 19세기에 대응해갔는가? 특히 주로 지방재정 운영에 관여한 자들의 일기자료에서, 운영주체들이 재정과정에서 어떻게 현실적으로 대응하고 이념의 실현을 추구했는지에 주목하고자 한다.

<u>2</u> 지방경비의 할당과 동계洞契 활동

전라도 운봉현 준망동에 거주한 18세기 인물 유희천柳希天은 여러 지방 경비, '관납전官納錢'을 충당하기 위한 동계를 조직했다.[8] 1732년 그의 부 친부터 신구 지방관을 영송迎送하기 위해 말을 동원하는 대신에 납부하 던 '입마전立馬錢'을 해당 동리에서 충당한 적이 있다. 그해 수령으로 부 임하는 이희하李喜夏가 그 부담을 덜어주기 위해서 자신이 타던 준마를 팔아 각 동리에 나누어주고, 그 돈을 밑천으로 '취식取殖'하여 이자를 가 지고 수요에 충당하도록 한 것이었다.[9] 이때 지방관아가 활용하는 '취식' 이란 40% 정도 이자를 취하는 것이지만, 금융이라기보다는 세부담을 분 담하기 위한 하나의 방법이었다. 본래 이러한 지방경비 부담은 지방관 이 특정 호에 호역戶役으로 '분정分定'하거나 토지부가세로 부과하는 것 이 일반적이다. 이것은 조선 왕조 최대의 조세부담 − 전세田稅의 3배 − 인 '공납貢納'을 부과하는 방법에서 유래했다고 할 수 있다.

관아가 취식의 본전을 면리 행정구역을 단위로 분급한 것은 '균세'의 이 념 아래 세부담을 할당하는 빌미를 제공한 것에 지나지 않는다.[10] 지방관 이 기부금을 제공한다는 '관용'의 명분을 가지고 이른바 '공동납'이라고 하 는, 지역주민의 자율적 납부를 유도한 것이라 할 수 있다.[11] 지방경비를 마련하기 위한 이러한 관아의 취식 활동은 임시로 일시적인 수요재원을 일정 기간 분할 상환하는 방식으로 확보하는 방법이기도 하다. 불시에 과 도한 세부담이 부과되는 사태를 피하고자 한 것이다. 이러한 재원확보 방 법은 중앙상납재원이 지역별 총액으로 확정되어 지방재정의 독자적 운영이 확보되는 18세기 후반 이후에 활발해진다.

그러나 아무리 정당하고 균등한 분담이라 하더라도 이러한 세부담이 일방적으로 할당되는 것을 좋아할 주민은 없다. 유희천은 이에 대해 "(관官)인人들이 돈을 울타리 위에 걸어놓고 갔다가 그믐이 되면 눈을 부릅뜨고 이자를 독촉하므로, 온 경내가 소란스럽고 백성은 그 생업을 잃었다. 혹은 이로 인하여 급히 숨기도 하고, 혹은 이로 인하여 집안이 망할 만큼 혹심했다. 당시의 속담에 '입마전立馬錢은 큰 길에 버려도 주어가는 사람이 없다'고 하였는데, 사람들이 이 돈을 얼마나 두려워하였는지를 이 속담에서 알 수 있다"[12]라고 비판했다. 그래서 그의 부친은 몇 년간 환곡을 주관하여 전곡錢穀을 모아 확보한 공동토지의 소출로 좀 더 장기적으로 관납에 응대하는 방법을 취했던 것이다.

유희천은 토지재원을 기금으로 하는 부친의 경험을 이어받아 여러 다른 종류의 관납에도 대처했다. 감영과 지방관아에 대한 납부를 우선적으로 지출하여 그 마을에 '가징加徵'이 더해지는 것을 막고자 한 것이다. 운봉현은 서울에서 전라도와 경상도로 넘어가는 길목에 있어 신구 관원이 오갈 뿐만 아니라 관료의 관구棺柩가 빈번하게 지나갔다. 유희천은 농번기에도 이 마을 저 마을에서 수시로 상여군을 차출하는 '민역民役'을 막기 위해 재물을 모아 취식한 이자로 토지를 마련하여 일꾼을 사는 비용으로 납부케 했다.[13]

이러한 관납 대응 이외에 교량수리를 위한 노역 차출에도 첨지 박환일朴環一이 친지들에게서 돈을 모아 논을 9두락 사서 기금으로 삼아 '방역防役'한 사실과 이후의 지속 사업을 소개했다. 운봉현 서쪽의 수성교는 인접한 권포동과 준망동이 수리를 분담해왔다. 그런데 1780년의 홍수로 다리가 떠내려갔을 때 권포동 주민들이 감당하기 어려워져 관에 호소하자 준망동에 부담을 더하는 조정이 이루어졌다. 흘러들어와 우거하는 양반과 노역에 참가하지 않는 호가 모두 노역에 동원되자 이듬해부터는 전토를 10두락 구매하여 그 소출로 노역을 감당하도록 했다.[14]

각종 관납의 부담은 동계의 영향력이 미치는 몇몇 동리 내부에 분담이 조정되었다. 가령 관에서 내려오는 각종 호역戶役은 다섯 마을을 묶어 큰 동네를 이룬 준망동이 맡았는데, 교량과 관구官柩의 역은 그중에 두 마을을 묶은 적이 있는 곳에서 분담했다. 신영新迎, 쇄마刷馬, 구관태가舊官駄價 등 신구 지방관의 교체에 따른 노역 차출은 엄준동 두 마을이 반씩 분담했는데, 논 6두락을 사서 방역하고 관리하는 유사를 두도록 했다. 관납의 종류에 따라 분담 방법과 재정 회계를 별도로 하여 내부에서 이해관계가 상충되는 여지를 줄이고자 배려한 것으로 보인다.

유희천이 주도한 동계의 전답은 모두 30두락에 이르렀는데, 신구 지방관의 교체, 관구의 운반, 교량수리에 따른 민역 부과에 대신하는 방역, 관에서 파견된 검독檢督과 이임里任의 급료, 공유하는 촌답의 전세, 그리고 선산의 금양禁養 비용을 마련하는 데에 사용되었다. 관납과 관련한 이러한 공유 전답 가운데에는 상납 조세가 부과되지 않고 지방관아 산하의 토지관리 기구인 서원청 등으로 소출이 직접 납입되는 경우가 많았다. 지방관아와 주민 사이에 지방경비를 마련하기 위한 비공식적인 '담합'이 존재했다고 할 수 있다. 중앙정부는 18세기 후반 이후 이러한 토지도 '은결隱結'로 규정하고 색출을 강요했지만, 일정 규모에 그치고 19세기에는 더 증가하지 않았다.

한편, 동계에서 운영하면서 동계답의 소출에서 부담하지 않는 관납도 존재했다. 고립전雇立錢, 통혜전通惠錢, 우포전牛脯錢, 양로전養老錢, 배패전陪牌錢 등 지방경비 수요가 그것인데, 본전本錢을 민호民戶에 뿌려두고 이자를 해마다 거두어 납부했다. "관역이 전보다 배로 늘어 민호가 책임지고 응하는 것이 실로 어렵게 되었다"라고 했듯이, 이것들은 지방경비 지출의 증가에 따른 관납이다. 특히 18세기 후반에는 지방관아의 재정 및 군역 운영권이 제고됨에 따라 지방업무가 세분화되고 산하기구가 증설되었으며 재정수요도 늘어났다. 조세 징수 시에 향리들의 비공식적인 추가 징수를 억제하기 위해 향촌 유력자의 감시 아래 지방재정 보전을 감당하는 '민고民庫', '구민청救民廳' 등이 신설되었다. 이러한 기구들의 회계항목이 향촌의 면리에 할당된 것으로 보인다. 유희천은 어차피 감당해야 할 관납이라면 동계를 운영해 처리하고자 했는데, 상기 항목들은 미처 토지소출로부터 안정적인 납부에 이르지는 못했지만, 후일의 도모를 기대하고 있다.

주목되는 것은 유희천이 주도하는 동계가 관납에 자발적으로 대처하는 데에 그치지 않고 그로부터 연유하는 공동기금을 증식하여 공동체의 상호부조에 사용하는 등 자치성을 강화하는 방향으로 운영되었다는 점이다. 계원들의 초상, 혼인에 부조하고 절기마다 음식물을 나누어 경제적인 상호부조를 도모했다. 이와 더불어 봄가을로 강회를 열어 주자朱子(1130~1200)와 남전여씨향약藍田呂氏鄕約의 뜻을 설파하여 충신과 효자가 나기(生忠臣出孝子)를 기대했다. 또한 1779년에는 동지 두세 명과 뜻을 모아 수십 민緡의 엽전을 출자하여 서실을 짓고, 토지를 15마지기 마련하여 '양사養士'의 수요에 충당케 했다. 과환의 획득만이 아니라 '장진후학奬進後學'의 도리를 실천하고자 함이었다.[15] 더구나 남은 돈으로 『소학小學』과 『통감通鑑』 등의 책을 사서 보관하고, '칠서七書'와 '경전經傳'을 사들여 후생을 교육할 방도를 '권면勸勉'하는 일로 이어졌다.

『소학』은 일찍이 조선 왕조 전반기 동안 정치이념의 실천서로 활용되어, 신유학의 혁신성을 실현하는 사상적 기반을 제공했다.[16] 군현 단위 향약을 결성해 유교 지식인들이 향촌사회에서 충효의 정치이념을 실현하도록 권유한 것도 이 『소학』을 학습한 중앙의 정치 무리였다. 조선 후기에 『소학』은 교육서로 대량으로 인쇄되었으며, 소학을 학습하는 모임인 이른바 '소학계小學禊'는 19세기 후반에도 지속적으로 나타났다.

유희천이 결성한 동계는 분담과 혜택의 대상에 상·하민 전 계층의 주민을 포괄했는데, 유교적 재정이념의 소양을 지닌 양반이 주도하여 향촌사회에서 실천하고, 그러한 경험을 공유한다는 점에 새삼 주목할 필요가 있다. 유희천은 동계의 결성에 머무르지 않고 1787년에 당시 수령 한광적韓光迪과 함께 운봉현에 향약을 설치했다. 이 향약은 "무너져가는 풍속을 바로잡고 후학을 장려하며, 자주 백일장을 설치하고 강회를 열었는데, 교원의 전각과 객관에 장막을 치고 상벌을 향약대로 하며 봐주지 않으니, 풍속의 교화에 도움이 되었다"[17]라고 평가되었다. 향약에 근거를 두는 '향안조직'의 형성은 16세기부터 왜란, 호란 양란으로부터 회복하는 일과 병행하여 성행했다. 18세기 후반 이후의 향안조직은 지방통치 및 지방재정 운영상의 변화와 깊은 관련을 가지고 결성되었다.[18]

3
지방재정의 역할과 위상

지방의 주도적인 세력들이 지방재정 운영에 관여하는 현상은 18세기 중엽을 전후하여 변화하였는데, 이후의 성향은 19세기에도 기본적으로 지속되었다. 18세기 중엽에 중앙정부는 징수 및 분배 재원의 '총액總額'을 설정하여 중앙재정에 대한 집권적 운영체계를 확립했다. 중앙재정의 안정적 확보를 목적으로 하는 재정 집권화의 대상은 왕실과 각종 국가기관의 개별적인 재원 확보활동이었다. 군현 단위 지방관청도 국가기관의 하나로서 개별적인 재정운영이 통제되어야 했으나, 위임받은 중앙재정의 징수와 상납 업무를 완수하기 위해 운영권이 보장될 필요도 있었다. 18세기 후반과 19세기는 지방재정 운영의 '자율성' 보장과 '자의성'의 경계 사이에 긴장관계가 견지되는 시기라고 할 수 있다.

대동법大同法은 다양한 공납물품의 수납이 지방과 중앙기관 사이에 개별적으로 번잡스럽게 이루어지는 것에 대해 토지에 일괄 부과하여 몇 가지 단일 품목으로 하나의 중앙재무기관을 거쳐 일원적으로 수행되도록 한 것이다. 군역에 대한 소속별 역종별 정액定額 사업은 개별 기관의 인적 재원 확보활동을 통제한 것이고 균역법均役法은 그러한 과정에서 군역부담을 반감하는 대신에 그만큼을 토지에 일괄 부과하여 또 하나의 중앙재무기관을 통해 징수, 배분하는 것이다. 중앙재정 수입이 토지 징수로 집중되면서 수세 '실결實結'도 안정적인 총액으로 확보하고자 했다(비총제比摠制).

이러한 재정정책은 재원의 근거로서 토지 및 군역의 군현별 총액을 확정하여 좀처럼 변경을 허락하지 않는 결과를 가져왔다. 지방 군현은 중앙의 각사군문各司軍門과 지방의 감영 및 군영의 개별적 징수 증액을 거부하고 상납할 재원을 총액에 따라 마련하기만 하면 된 것이다. 지방에 소재하는 토지 및 군역 재원에 대한 독자적 운영권을 확보할 뿐 아니라 상납재원 총액 이외의 재원을 지방 군현 자체의 재정수요로 확보할 수 있게 되었다.

지방재정의 '자율성' 보장은 징수에서 수송납부와 분배에 이르는 재정과정상 업무를 중앙정부로부터 위임받은 지방재정의 역할에 기인하는 것이기도 하다. 정규재정의 총액은 수요처의 소비를 위해 분배되는 액수다. 징수하여 수요처까지 수송하는 부대비용은 지방재정이 마련해야 한다. 이러한 '원액주의原額主義'의 재정은 납세자가 수요처까지 재원을 가져다바치는 것을 원칙으로 한다. 말하자면 개별 납부 비용을 절감하기 위해 지방관아가 조직적으로 공동수납을 대행한 것이다. 정규의 재정부분으로 수요 원액을 징수할 때에 비정규의 부가적 징수를 더함으로써 그 비용을 충당했다. 지방관아의 지방경비는 으레 납세자가 부담해야 할 몫이었던 셈이다.

그런데 중앙집권적인 재정정책을 편 결과 중앙재무기관에 의한 일원적인 조세징수를 완료하지는 못했다. 왕실이나 각종 국가기관에 징수할 수 있는 권리 자체, 이른바 '수조권受租權' 분여가 일정 정도 유지되는 등 독자적인 재정운영이 지속되는 하나의 이유는 중앙집권화로 징수와 납부 비용이 절감된다는 점에 있다. 더구나 시장을 국가가 주관하는 현물경제의 재분배체제에서 재정을 중앙집권화하기에는 재정 규모가 너무 비대하고 비효율적이라고 여겨졌다. 조선 왕조의 재정이 '왕토사상'에 입각하여 모든 재원이 왕권 아래 일원적으로 집중되고 재분배되는 중앙집권적 운영체제를 이념으로 집권화 방향을 추진하면서도, 국가재정 규모를 억제하기 위해 개별 분산적인 재정운영이 병존했던 것이다. 그 가운데 지방재정은 오히려 소규모로 억제되는 국가재정의 중앙집권적 재분배체제를 완수하기 위해서도 보장되어야 했다.

지방재정에는 상납재원의 징수와 수송을 위한 인건비, 서류처리비 등의 중간비용만이 아니라 생산력을 유지하기 위한 재원 근거의 관리, 상납 및 분배 재원을 보관하기 위한 수요도 포함된다. 또한 지방관청 산하에 행·재정 업무를 수행하기 위한 통치 및 재무기구를 설치함에 따라 건물 관리비와 향리·관속 인건비가 지불되어야 했다. 여기에 신구관료의 교체, 왕래 등에 민역이 동원되거나 그에 대신하는 역가가 지불되었다. 앞에서 본 바와 같이 노역동원을 연원으로 하는 징수재원이 특정 호구나 지역공동납 형태로 할당되기도 했다. 이렇게 소비량이 일정하지 않은 재원들을 '불항정식不恒定式'으로 분류하는데, 일반적으로 재원이 지출되는 일이 아니라 갑작스럽게 많은 돈이 드는 일이 발생할 때에 대비하는 재원이다. 지방재원으로 비축된 재원이 적기 때문에 이러한 일에 대응하기 위해 산하의 여러 재무조직이 조금씩 나누어서 지출하여 부담을 분산하는 방법이 취해졌다.

지방경비의 충당은 우선, 상납되는 정액의 토지재원에 대해 그 수송비용의 일부가 대동여미大同餘米와 같이 중앙재원에서 할애되는 것이 있었다. 균역청여전均役廳餘錢은 지방관청의 식료수요를 위해 육고肉庫에 주어졌다. 군역부담이 반감된 대가로 토지에 부과되어 균역청으로 상납되어야 하는 결전結錢의 일부가 지방유치분으로 지방경비에 할애된 것이다. 그리고 화세전火稅錢의 지방유치분地方留置分이 있다.

토지세로서 이외에도 '민결수봉民結收捧'은 지방관청 수요를 위하여 호역으로 행해진 현물납부와 인력동원을 토지에 부과하는 것이다. 감영 및 지방관청 본관의 연분年分 보고 용지의 납부, 물품 저장·운반용의 얼음 채집, 지방관아의 수요 물품으로 연료나 말의 먹이인 시탄柴炭·시탄고초가柴炭藁草價, 지방관청의 공적인 식사 제수인 꿩·닭·생선·과일 등의 어과잡종가魚果雜種價·치계가雉鷄價, 업무용 물품 공고잡물가工庫雜物價, 그리고 공지사항의 전달 비용 전관전傳關錢 등이 이 토지부가세로 지출되었다. 요역을 포함한 지방 잡세의 토지세화는 말단 납세조직인 호수戶首로부터 지방관에 이르기까지 지방재정과 관련되는 전 계층의 동의를 얻어서 군현의 독자적 재정운영으로 실시되었다.

중앙재정이 토지에 집중되고 정규의 군병이 정액定額되면서 지방재정은 호역을 비롯하여 기타 인구로부터 노동력을 직접 동원하는 부분이 큰 비중을 차지했다. 지방관청의 군역운영이 독자성을 갖게 되고 여분의 인력들을 군역에 준하여 군현에 소속시킨 인원들을 '읍소속邑所屬'이라 한다. 경상도 단성 호적에서 '읍소속'으로 등재된 자들을 집계해보면 그들은 18세기 후반에 급증하여 19세기 전반까지 증가한다. 이 읍소속에는 사노私奴가 많았는데, 소유자들이 자신의 군역을 노명奴名으로 부담하거나 무언가의 반대급부로 제공한 자들이다.

특히 19세기에는 비상시의 군량과 구휼곡 등의 비축곡물을 보관하려고 고안된 '환곡'의 운영이 문제시되었다. 환곡은 비상시에 대비해서 반은 창고에 보관하고 나머지 반은 민간에 나누어주었다가 추수 후 신곡으로 거두어 구곡을 바꾸는(개색改色) 운영을 한다. 그때 관리운영비와 감모분減耗分을 충당하기 위해 출자 원곡元穀의 10%를 모곡耗穀으로 환수하는데, 문제는 환곡이 구휼을 위한 소모성·소비성 재원이라는 성격에 따라 분급 후 다시 회수하기가 어려웠다는 것이다. 미납이 발생하면 10%의 모곡분을 원곡에 더해서 다음 해 부담으로 누적하고, 곡식을 받지 않고도 매해 부세와 같이 모곡만 징수하는 사태가 진행되기도 했다. 그러나 조선왕조 재정이 공공업무 수행비용을 충당하는 이외에 민에 대한 구휼을 목적으로 하는 만큼 환곡운영을 포기할 수는 없었다.

1830년대에 경상도 단성현의 재정은 환곡의 미회수로 말미암은 적자운영이 문제시되었고, 주민과 합의하여 이것을 메우기 위한 부가적인 지방세를 '요호전饒戶錢'이라는 이름으로 거두었다.[19] 이 요호전은 호당 일정 액수로 책정되었는데, 징수대상이 되는 면리별 호수는 당시 호적대장에 등재된 호수와 거의 일치했다. 호적대장에 등재된 호들만이 요호전을 낸다는 것이 아니라 면리별로 그 정도 할당한다는 말이다. 중앙에 보고되는 호적대장의 면리별 호수가 지방세의 면리 간 할당에 활용된 것이다. 이러한 지방재정 적자의 보전은 납세자 주민의 동의 위에 실현될 수 있었다. 또한 주민들의 지역 간 조정도 상호 협의해온 오랜 경험이 있었기에 가능했다. 당시 단성현 수령 이휘부李彙溥(1809~1869)는 단성현 전체의 각 면리에 할당하는 손쉬운 방법으로 오랫동안 호적작성 과정에서 조정이 합의된 면리별 호구총수에 기초하여 요호전을 부과했다. 그렇게 할당된 부담은 동리 내의 실제 주민들 사이에서 다시 분담되었을 것이다.

정약용丁若鏞(1762~1836)은 수령의 호적 파악에 대해 "호적에는 두 가지 방법이 있으니 그 하나는 핵법覈法이요, 다른 하나는 관법寬法이다. 핵법이란 것은 1구 1호도 장부에서 누락하지 않아, 호적에 등재되지 않은 자는 피살되어도 검험檢驗치 않으며 겁탈을 당해도 송사할 수 없다. 호구의 실제 수를 밝히기에 힘써 엄한 법으로써 단속하는 것이다. 관법이란 구마다 반드시 다 기록하지는 않으며 호마다 반드시 다 찾아내지는 않는다. 동네에 자체의 사적인 장부를 두고 요역과 부세를 할당하고, 관에서는 그 대강을 파악하여 도총都摠으로 파악한다. 형평성을 갖추도록 하여 너그러운 법으로 이끌어가는 것이다"[20]라고 제안했다. 이휘부의 호적파악은 후자의 관법을 사용한 것이라 할 수 있다. 거기에는 지역주민들 사이의 자율적인 호역 부담 조정이 전제가 된다.

사욕에 따른 것이든 재정운영상의 실패로 인한 것이든 재정적자가 발생하면 그것은 곧바로 중앙재정 수입의 불안정을 초래했으며, 지역 납세 주민의 부담으로 되돌아왔다. 적자재정의 원인은 본래 주민이 부세나 환곡을 미납한 데에서 출발하는데, 지방재무를 담당하는 향리의 운영상 실수를 포함하여 지방관의 정책 실패에도 원인이 있었다. 그러므로 수령, 향리, 납세 주민 사이에 지방재정 운영상 합의가 원활하지 않으면 문제가 발생했다.

진주민란의 계기가 된 단성민란의 주무자主務者 김인섭金麟燮(1827~1903)은 '단성전정언김인섭단자丹城前正言金麟燮單子'를 제시하여 민란의 정당성을 주장했다.[21] 여기에서 그는 단성현 재정정책의 최고 골칫거리인 '환다민소還多民少'의 환곡 문제와 그 실무를 담당하던 향리의 적자운영을 신랄하게 비판했다. 재정운영을 둘러싸고 '이포吏逋'를 '민포民逋'로 돌리는 작태가 용서되지 않았던 것이다. 환곡 자체의 속성에서 유래하는 운영상의 불합리와 더불어 재정운영을 둘러싼 수령-향리-주민 간의 불협화음이 경상도 전역으로, 그것을 넘어서 민란이 촉발된 최대의 이유였다.

경상도 지역의 민란에 대한 보고서는 환곡과 관련한 재정문제에 '작전作錢'의 폐단을 지적하였다. '경상도 환곡의 폐단은 시가를 따른다든지 지역 간 곡물을 사고팔거나 운영수단에 화폐 비중을 더해가는 일(一路還弊, 曰時價也, 曰移貿也, 曰加作也)'이라 지적하고 화폐로 전환할 때 관에서 가격을 정하여 대처하고 이무移貿나 가작加作은 허용하지 말도록 조치했다. 국가재분배를 보완하기 위해서 설치된 시장에서 계절적·지역적 시가의 차이를 재정적자 보완 수단으로 삼는 '지역이기주의'적인 재정운영이 비판받은 것이다.

황주민란에서는 주민들로부터 환곡만이 아니라 이 지역 재정운영상의 특징과 관련한 구체적인 개선요구 조항이 제시되기도 했다. 주민의 향회논의에 기초하여 제시된 '민막이십오조民瘼二十五條'는 궁방토·각양위토와 지방경비의 징수 및 운영에 대한 시정요구가 대부분을 이뤘다.[22]

김인섭은 1862년에 향회가 열리고 향원들이 운집한 가운데 향사당에서 소장을 작성하는 것으로 단성민란을 시작했다.[23] 그러나 당시 단성에는 하나의 향회만이 존재한 것은 아닌 듯하다. 민란의 와중에 지방관은 단성의 여러 층차의 향회조직과 협상을 시도했음이 보고되어 있다.[24] 어떠한 향회이든 주민과 합의나 회유에 따르지 않고는 지방재정이 독자적으로 운영될 수 없었음은 분명하다.

'삼정三政'은 토지세 징수 및 상납의 운영에 대한 '전정田政', 군역운영에 대한 '군정軍政', 환곡의 출납과 모곡 운영에 대한 '환정還政'을 가리킨다. 이 용어는 18세기부터 나타났지만 주로 19세기 지방재정 운영의 핵심적 문제를 일컬어 사용되었다. 주요 재원에 대한 지방재정 운영상의 문제점을 중앙정부와 당시 지식인들은 '삼정문란三政紊亂'이라고 인식했다. 그것은 총액으로 경직된 중앙재정 수입과 반대로 지방재정은 주요 재원의 운영에 융통성을 발휘할 수 있었기 때문이 아닌가 한다. 중앙 상납 재원이 미납될 때에는 지방재정의 독자적 운영으로 비축된 지방재원이나 지역주민과 합의한 추가 징수로 보전했다. 그러나 지역마다 독자적이고 다양한 운영방법이 고안되어 지역 간의 조정이 어려웠고 내적으로도 재정운영 안건마다 지역주민 내부의 합의가 요구되어 논란이 분분함으로써 지방재정 개혁이 불가피하다고 여겨진 것이다.

지방관은 임지의 지방재정 문제를 해결하려고 정치력을 최대한 발휘하지만, 대부분 임지의 조세 미납에 대해 거듭되는 탕감요청을 공적으로 여기는 한편, 과환科宦을 획득하고 지속시키는 개인의 영달에도 민감하게 반응했다. 요호전을 징수하여 단성의 재정적자를 해결하던 상기의 이휘부는 1854년에 영주군수로 있면서 "수령을 그만두었어야 했는데 그만두지 못하다가 가혹한 일을 만났다"라며 향리와 주민의 다툼에 개입된 일을 친족인 이만기李晩耆(1825~1888)와 주고받은 서간문에서 밝혔다.[25] 그러나 그는 다른 서신에서 자신과 친족들의 관직이나 과거와 관련하여 걱정하고 수시로 청탁하기를 일삼았다.

중앙정부와 상부기관은 자체 재정규모가 확대되어 불법적으로 '무명잡세無名雜稅'를 거두는 상황에서 그나마 고정된 조세수입을 줄일 수 없었다. 따라서 고정된 세액을 규정대로 '본색本色'으로 상납하도록 지방관청에 요구해왔다. 동전으로만 받는다면 수요 물품을 구매하기 위해 물가변동에 일일이 대응하기가 쉽지 않았기 때문이다. 재정의 중앙집권화는 징수업무를 수행하려고 국고에서 모든 징수비용을 지출하여 지방재정 운영상의 '중간적 수취'를 배제함으로써 궁극적으로 완성된다. 그러나 모든 재원이 왕권으로 상징되는 국가로 수렴되고 재분배되는 오래된 재정이념을 궁극적으로 실현하려면 막대한 국고 비용이 필요했다. '자의적'으로 운영되는 지방재정의 다양성을 중앙재정으로 획일화할지, 아니면 지금까지와 같이 지방재정의 자율성에 의거하는 재정체계를 유지할지 고민이 아닐 수 없었다.

4 지방재정 개혁의 방향과 현실

1894년 7월 1일 군국기무처는 지방에 소재하는 군현을 비롯하여 감영 및 군영에 소속된 '서역군졸안부총액胥役軍卒案附總額'과 '각양상납명목실수各樣上納名目實數', '각해공용지방사례各該公用支放事例'를 일일이 성책成冊하여 보고토록 했다.[26] 지방재정의 내역을 일괄적으로 파악하고자 함이었는데, 1895년에 걸쳐 각 군현의 읍사례邑事例('신정사례新定事

例)와 읍지邑誌가 감영에서 취합되어 중앙으로 보고되었다.[27] 그와 동시에 7월 12일 전국 규모의 향회제도가 '향회설립에 관한 것'으로 공포되었다.[28] 향회는 군 단위 자치회로 각 면 대표로 구성되며, 이들에게 의결권이 부여되었다.

그해 8월에는 지방소재 상납 재원이 모두 전국의 재정을 총괄하는 탁지아문度支衙門으로 귀속된다고 공표하였는데, 그것은 토지(결전結錢)와 호구(호포戶布)에 대한 일원적인 파악을 동반했다. 우선 토지에 대해서는 8월 27일, 궁방과 아문과 역의 둔토를 지세 대상인 실결총수에 포함하도록 하는 '갑오승총甲午陞摠'을 시행하였다. 이것은 지방재정 토지수입의 근간을 구성하던 아록전衙祿田, 관둔전官屯田, 공수위전公須位田 등도 모두 수세실결로 승총됨을 의미했다. 숨겨진 지방재원의 출처인 제역촌除役村도 응역하도록 하는 등 지방재정을 중앙정부의 수중에 파악하고자 했다. 여기에 10월에는 조세수납을 화폐로 일원화하는 '결호전봉납장정結戶錢捧納章程'을 공표하면서 향회 향원들로 하여금 향리들을 대신해서 조세징수(면향원이 실시)와 지방재정 지출업무를 담당하게 했다. 향회를 자치체로서 인정하기보다는 지방재정의 중앙집권화에 이용하려 한 것이다.

지방재정의 중앙 이전은 1895년 9월 군경비郡經費를 획정하여 지방경비를 중앙에서 배정하는 작업이 진행되면서 본격화되었다. 정부는 '각군세무장정各郡稅務章程'에 의거하여 각 군에 세무과를 설치하고 세무행정을 전담토록 했다. 세무행정을 중앙에서 일원화하여 지방의 독자적 재정 운영을 차단하려 한 것이다. 이에 반해 10월에는 '향회조규鄕會條規'를 제정하여 군수가 참가하는 군회郡會와 면집강面執綱이 주관하는 면회, 존위尊位가 주관하는 이회를 두어 군의 교육, 호적, 위생부터 제반 세목과 납세, 구휼에 이르는 제반 문제를 논의하게 했다. 이 또한 지방행정체계에 기존의 향리를 대신해 향회를 흡수시켜 공공업무를 수행하게 한 것일 뿐이었다.

갑오개혁 이후 대한제국기의 지방재정 개혁정책이 그대로 실현되지는 않았다. 특히 향리를 비롯한 관속들의 반발이 심했으며, 이들은 계속해서 지방경비를 추가로 징수했다. 중앙정부가 파악하는 지방재정의 액수는 기존의 반에 지나지 않았다.[29] 그러면 이들과 함께 지방관의 협의처로 있어 온 향회의 존재형태와 활동상황은 어떠했는가? 구례군의 사회조직 문서에서는 1894년 갑오개혁이 시작되기 전부터 이미 면회와 동회를 산하조직으로 하는 향회가 지방관의 지시에 따라 형성된 사례를 찾을 수 있다.[30]

1894년 12월에 전라감사가 각 군현에 전주에서 간행한 「향약장정鄕約章程」을 내렸는데, 군현 단위 향약조직을 재정비하여 동학에 대응하려 한 의도를 읽을 수 있다.[31] 그런데 이미 1893년에 전라감사와 수령의 지시에 따라 구례군 유생들이 모여 향약—봉성향약鳳城鄕約—을 실시하고 있었다.[32] 전라도 내에 일률적으로 군현 단위의 향회를 결성해두고자 하는 기획이 그전부터 진행된 것이다. 더구나 구례군은 1893년 향약이 실시될 때에 읍·면·동 단위로 군현 산하 행정조직을 망라하여 각각 개별적인 향약을 결성하도록 했으며, 그것이 실현되고 있었음을 확인할 수 있다.

1893년의 구례군 향약이 시도될 때에 구례군 토지면에는 면 단위의 향약이 곧바로 실현되었는데, 주목되는 점은 토지면은 이전부터 자치적인 조직화 시도를 경험했다는 것이다. 구례군 토지면에서는 19세기 초부터 면 단위의 군역운영 비용을 처리하기 위해 자치조직 형성이 시도되었고, 1871년에는 군역가 부담을 동리에 할당하는 일이 수행되었으며, 1887년에는 면을 단위로 하는 재정회계가 성립되어 있음을 발견할 수 있다.

「토지면약절목土旨面約節目」은 1814년에 중수重修된 면약인데, 면의 '상하노소上下老少'가 모두 모이는 것을 전제로 하며, 조직의 장(수장[面首])과 임원(도정都正, 부정副正, 장의掌議), 그리고 실무책임자로 '도유사都有司', '유사有司' 등을 구성하고 있다.[33] 그러나 이 면약의 중수자로 면수面首 유응한柳應漢의 이름만 올려 이자의 개인적 구상에 따랐는지도 모른다. 자치적 형태로 면조직을 결성하고자 한 계기는 군현으로부터 군역운영 비용이 할당된 데에 있었다. 그 서문에는 중수 이전인 1812년경에 현감 이억보李億甫가 각 면에 '군정사출전軍丁査出錢' 10량씩을 분급하여 취식해서 근 100량이 됨으로써 '면약面約'을 결성한다고 밝혔다. 19세기 초 구례군에서는 군역자를 파악하는 '세초歲抄' 업무가 산하의 행정 면에 위임되어 면 단위의 군역운영이 시행되었는데, 그 운영비의 자체 회계가 '면재정'형태로 운영될 필요가 있었다. 단지, 실제로 면 주민들이 자치적인 형태로 '면약' 조직을 결성해 활동했는지는 명확하지 않다.

18세기 중엽에 군역이 군현별 일정 액수로 정액되어 '군총軍摠'을 얻게 됨으로써 개별 군역자를 대상으로 군역 징발이나 군포 징수를 수행하는 일은 점차 의미를 잃어갔다. 번을 서는 정군正軍은 형식적으로라도 개별적 징발이 계속되었지만,[34] 19세기에는 호적 본문에 군역을 직역명으로 등재하는 자가 현격히 감소하여 중앙정부가 인지하는 직역자 통계 −

도이상都已上, 이상已上 - 의 그것과 심한 괴리를 보였다.[35] 특히 19세기에 군역징발을 대신하는 군포 납부의 경우 개별 군보軍保에게 일일이 징수되지 않는 경향이 있었다. 군현별 군총에 따른 군역가의 총액이 군현에 부과되고 그것이 군보의 거주지와 관계없이 산하 면리 행정단위로 할당된 것이다. 군역가의 할당은 위의 단성현과 같이 호적상의 면리별 호구수에 의거하는 방법이 있을 텐데, 이것이 19세기 후반 호구 파악에 의거하여 군역가를 징수하는 '호포제戶布制' 실시의 전거가 된다.

1871년 호포제 실시와 관련하여 구례현의 역종별 군액과 군역가를 제시하고 그 총량을 면별로 할당하는 「구례현각군정균포성책求禮縣各軍丁均布成冊」이 발송되었다.[36] 각 면에는 동리별로 '거지', '무의탁', '공용물품의 납부' 등을 이유로 호포를 질 수 없는 호를 가려내고 실호수에 따라 면의 역종별 부담을 호당 동일 액수로 분담하였다. 지방 군현의 군역 부담과 관련하여 면리 단위 할당이 이루어지고 그것에 상응하는 면약 조직의 결성이 종용된 것으로 보인다.

구례현에서 단순히 재원징수의 면리별 할당이 아니라 동 단위의 공유전답을 보유하고 재정회계를 수행하는 사례를 1880년의 「오미동각공전유무본파정기五美洞各公錢有無本播定記」에서 발견할 수 있다.[37] 회계 내용은 군역징수인 '기패旗牌', '영포營砲', '마관馬關' 등과 함께, 지방관아 땔감인 '소목燒木', 민역을 덜어준다는 명목으로 지방재정을 보전하는 '보민補民', 재정보전을 위한 관아 출자의 '관혜구폐官惠求弊', 교원敎院 수요의 '흥학전興學錢' 등 지방경비에 해당하는 것들이다. 이 재원들은 동 내부 각 호를 대상으로 하는 취식 운영과 매입한 동답洞畓의 수요에서 충당되었다. 지방재정 충당을 위한 동 단위의 재원마련은 동계의 자발성에 연원을 두지만, 면리별 할당에 대응하는 형태로 관례화한 감이 없지 않다.

구례현에서 면을 단위로 재정회계가 1887년에 진행된 사실을 「토지면신구구재책土旨面新舊鳩財冊」(1892년 2월)에서 발견할 수 있다.[38] 여기서는 면 단위의 '면전' 확보가 호포전과 같은 군역부담의 충당과 관련되어 있음을 알 수 있다. 그러나 「토지면각공전배하도합책土旨面各公錢排下都合冊」은 1890년부터 면 단위로 지방재정 수요인 공전도 면 단위로 어떻게 충당했는지 기록하고 있다.[39] 1892년에는 재정을 면 단위로 운영하기 위하여 '면수面首' 및 '존위尊位'를 면내의 유력자로 선출하고 그들로 하여금 면행정 담당자인 '면임面任'을 선출, 그에게 사무를 시행토록 하는 운영체계를 세웠다. 그해부터 이들이 '면전' 운영을 실현했다.

이와 같은 과정에 힘입어, 1893년에 군현 단위의 향회 결성이 지방관의 주도 아래 추진될 때에 '면회(면약회)', '동회(동약회)'가 향회 산하기구로 재편되었다. 면회와 동회를 단위로 지방재정 수요에 대응하는 회계가 시행됨은 물론, 각각의 활동이 관가에 보고되기에 이르렀다.[40] 면약회의 다양한 공전 회계는 '광무개혁光武改革'이 시행되기 직전인 1896년까지 활발하게 진행된 이후로는 보이지 않는다. 다만 취식을 하던 면전의 운영만이 1904년까지 나타난다.

반면에 동회의 공전 회계는 호포, 사환미社還米 운영을 포함하여 1909년까지 진행되었으며,[41] 지방재정과 관련 없는 동네 자체의 상호부조 재원의 운영은 1922년까지도 지속되었다.[42] 구례군 오미동의 재정회계는 그 마을에 세거하던 문화류씨文化柳氏 일족이 주관해왔다. 문화류씨 일족의 족계를 별도로 운영하면서, 오미동에 할당된 지방재정 보전에 대응할 뿐 아니라 동 단위의 자치적 운영을 주도한 것이다.[43] 여기서 면회와 동회 활동의 지속성에서 보이는 차이는 자치적 전통의 차이에서 유래한다고 할 수 있다. 면 단위 자치조직은 관측의 요구에 응하여 생성되는 경험이 있는 반면, 유력자의 주도와 그 영향력에 의지하여 오래전부터 일상적으로 활동하던 동계 차원의 자치조직은 이후에도 지속성이 있었다.

19세기 말의 향회가 지방관의 주도하에 결성된다 하더라도 주민들의 의견을 반영하여 재정 징수와 관련한 중앙정부나 관의 조치에 역행함으로써 향회의 자율적 역할이 지속되는 경우도 있었다. 예천에서는 1885년 1월에 조세 납부를 가징하는 일로 향회가 열렸는데, 대소민 수천 명이 모였으며 관아에 호소하여 혁파하겠다는 답을 들었다.[44] 1889년 8월에도 무명잡세를 가징하는 일이 많아 향회가 관아에 항의하는 일이 있었다.[45] 이러한 전통을 지닌 예천의 향회는 지방재정이 중앙정부로부터 강하게 통제되는 대한제국기에 들어서도 향회의 역할을 무시한 징세에 반발했고, 이에 대해 이러한 향회의 움직임을 무마하려는 상황이 벌어졌다.[46] 예천의 향회는 징세규칙의 제정과 관련하여 이에 대응하는 형태로 열리기도 했다.

1897년 당시 예안 지역의 호구 파악은 그곳의 향회가 주도했다. 1896년 9월에 반포된 '호구조사규칙戶口調査規則'과 곧이어 반포된 '세칙細則'에 따라 시작된 새로운 호구조사가 이듬해에도 지속되었는데, 새로운 호구파악과 함께 호구에 대한 과세문제가 동시에 거론되었다.[47] '호구조사규칙'에는 "원호原戶를 은닉하여 누적漏籍하거나 원적 내의 인구를 고의 누탈漏脫하는" 행위를 처벌하겠다고 천명했다.[48] 호세 수취를 중앙재무 기관이 일률적으로 파악하게 됨으로써 지방의 총호수를 최대한 확보하려 한 것이다.

그러나 예안 향회는 그대로 따르지 않았다. 1897년 9월 8일의 향회에서는 새로운 호구조사에 따라 파악된 신호가 1,100여 호에 이르는데, 호전 배분은 구래의 호구 수인 402호로 시행하여 그 호수에 맞추어 호전을 내는 것으로 논의되었다.[49] 호수를 낮추어 보고하여 이곳 전체의 호전 부담을 완화한 것이다. 중앙정부가 일호일구도 누락 없이 파악하고자 시도한 대한제국기의 전국 규모 호구 수를 살펴보면 이전의 구호적 시기보다 하락했음을 확인할 수 있다. 예안 향회처럼 광무호적 작성에서 실제 호구를 파악해두었음에도 기존대로 호구 수를 보고하거나, 오히려 기존보다 적게 보고하는 일이 일반적으로 행해졌음을 말해준다. 또한 대한제국기의 지방재정 중앙집권화에 대해 향회를 통한 자발적인 대응도 일반적으로 존재했음을 추측할 수 있다.

갑오 재정개혁은 재원의 근거를 일원적으로 파악하고, 그에 대해 결전과 호전으로 일률적인 징수와 일률적인 재원배분 체제를 수립했으며, 그에 따라 지방재정이 중앙으로 집권화되었다는 데에 의미가 있다. 이러한 일련의 재정개혁은 조선 왕조 재정시스템의 19세기 상황을 전면적으로 바꾸어놓는 제안일 뿐 아니라 조선 왕조 재정에서 장기에 걸쳐 진행되어 온 중앙집권화 과정의 좀 더 진전된 단계를 제시한 것이기도 하다. 그러나 한편으로 지금까지 지방재정에서 해결하던 부가적 재정부담을 모두 감당할 만큼, 궁극적인 재정의 중앙집권화에 따르는 재정과정상의 비용을 중앙정부가 확보해두지는 못했다.

<u>5</u> 조선 왕조 지방재정의 향방

조선 왕조의 재정은 일찍이 건국 시기부터 모든 재원이 왕권하에 일원적
으로 집중되고 재분배되는 중앙집권적 운영체제를 이념으로 했다. 그러
나 그것은 이후 장기에 걸쳐, 그리고 이원적 재정부분의 병행이라는 방식
과 그것이 가능한 이념의 제기에 기초하여 실현되어갔다. 18세기 중엽을
전후로 중앙정부는 징수 및 분배 재원의 '총액'을 설정하여 중앙재정에 대
한 집권적 운영체계를 확립했다. 그것은 징수에서 분배에 이르는 재정과
정의 많은 부분을 지방의 자율적 재정활동에 위임함으로써 가능했다. 19
세기에는 지방재정 운영체계를 둘러싼 지방권력 내부의 알력과 중앙재
정 운영의 경직성이 문제되었다. 갑오개혁 이후 대한제국기에는 재정운
영의 완전한 중앙일원화가 시도되었으나 지방에서는 여전히 기왕의 운
영방법이 견지되었다.

　이 시기의 재정개혁에 대한 평가는 근대성 여부와 관련하여 논의되어
왔다. 그러나 재정개혁의 이념은 조선 왕조 전 시기에 걸쳐 진행되어온
재정의 중앙집권화를 궁극적으로 실현하고자 하는 것이었다. 자율성이
용인되는 지방재정 운영의 현실 또한 조선 왕조의 '소정부주의적' 특성,
말하자면 '절약재정'의 속성을 그대로 유지했다. 조선 왕조의 재정운영은
'군현제'의 중앙집권적 통치체제로 실현되는 것인데, 그러한 집권적이고

복지적인 국가 단위의 재정운영이 소규모 절약재정으로 가능했던 것은 동계에서 군현 단위 향약 조직에 이르는 자치적 운영체계를 수용한 데에 원인이 있다. 어느 것이든 유교적 재정이념이 근거가 될 수 있는데, 그 자체가 한국적인 근대의 모습일지도 모른다.

대한제국 광무개혁 때 지방행정체계는 주로 한성과 개항장을 제외하고 차등적인 군현을 동등한 체계로 획일화하는 방향으로 개편하면서 지방의 재정권을 중앙으로 이전하는 정책을 감행했다. 면에 대한 개편은 없으나 군 재정정책과 연동하여 자치성을 보장받지는 못한 듯하다. 본격적인 지방행정개편은 통감부시대에 시도되기 시작했는데, 군 단위에서 여러 군현을 규모가 큰 군으로 폐합하면서 불합리해 보이는 두입지斗入地, 비입지飛入地를 정리하고 군의 재정권을 비롯한 고유 권한을 축소했으며, 자치성이 약한 면 단위에 '면장협의회'를 설치하여 지방통제의 첨병으로서 면장제를 강화했다.

결정적인 개편은 1914년 중앙총독부의 '부군면통폐합府郡面統廢合' 실시로 이루어졌다. 자연지리적인 합리성을 명분으로 동리와 면의 구역을 종횡으로 통폐합하여 기존의 자치적인 권역을 붕괴시켰다. 19세기 말에 그나마 자치조직의 형태와 활동을 보이기 시작하던 면 단위의 자치권역은 식민지적으로 재편성되기에 이르렀다. 총독부의 식민지시기 정책은 조선 왕조의 중앙집권적 재정정책이 면 단위에서 추진된 점을 이었다고 할 수 있으나, 납세조직의 자율성을 보장하지 않았다는 점에서 단절성을 볼 수 있다.

손병규

성균관대학교 동아시아학술원 교수로 있다. 재정사 관련 대표 논저로는 『조선 왕조 재정시스템의 재발견』(역사비평사, 2008), 「조선후기 비총제 재정의 비교사적 검토 - 조선의 賦役實摠과 明淸의 賦役全書」(『역사와 현실』 81, 2011), 「'삼정문란'과 '지방 재정 위기'에 대한 재인식」(『역사비평』 101, 2012), 「정약용의 재정개혁론 - 지방재정에 대한 현실인식을 중심으로 - 」(『한국실학연구』 27, 2014)가 있다.

집필경위

이 글은 『한국사학보』 65호(고려사학회, 2016)에 게재된 「18~19세기 지방재정운영에 있어 자율적 납세조직의 활동」을 약간 수정한 것이다. 또한 2015년 2월 13~14일 성균관대학교 동아시아학술원과 한림대학교 한림과학원이 "19세기의 동아시아 - 변화와 지속, 관계와 비교"라는 이름으로 공동개최한 학술회의에서 '19세기 재정정책과 이념 - 중앙과 지방의 관계 - '라는 제목으로 발표된 글에 연유한다.

⑪
다산 정약용의 수령 진휼론에 나타난 주자진법朱子賑法의 적용과 그 당대적 변용 -『목민심서』 진황조의 분석

◎

송양섭

1 『목민심서』와 정약용의 진휼론을 바라보는 눈

중세사회에 일상적으로 가해지는 흉황凶荒의 충격은 농업을 근간으로 하는 민의 재생산 기반에 심각한 위협이 되었으며, 이는 국가 차원의 제도적 대응을 불러왔다. 진휼제도는 오랜 기간에 걸쳐 체제화된 재분배 시스템으로 국가와 사회 운영의 중요한 부문으로 자리 잡아왔으며 통치의 정당성을 담보해주는 소농보호책의 중요한 축이기도 했다. 특히 인정仁政

과 덕치德治를 통한 왕도정치의 구현이라는 성리학적 사유체계가 난숙기에 접어듦에 따라 민본이념의 실천행위로서 진휼책은 더욱 강조되는 추세였다.

18세기를 거치면서 수령의 위상과 권한은 전반적으로 강화되고 있었고 진휼과정에서도 이는 예외가 아니었다. 수령의 업무지침을 풍부하게 담고 있는 『목민심서牧民心書』가 진휼 부문에 특히 관심을 기울인 점은 결코 우연이 아니었다. 『목민심서』의 체재가 3기紀(奉公·律己·愛民)와 6전典을 근간으로 하나의 완결을 이룸에도 진황賑荒이 별도 항목으로 설정되어 있는 것이 이를 잘 보여준다. 진황조賑荒條는 비자備資·권분勸分·규모規模·설시設施·보력補力·준사竣事 등 6개 항목으로 구성되어 있는데 여기에는 흉년에 대비하거나 흉년이 닥쳤을 때 수령이 취해야 하는 제반 조치가 체계적으로 개진되어 있다. 정약용丁若鏞(1762~1836)은 '황정荒政은 선왕이 마음을 쏟았던 바'로서 '목민牧民하는 재능'은 여기에서 드러나며 이 때문에 '황정이 잘되어야 목민관이 해야 할 가장 중요한 일이 끝나는 것'이라고[1] 보고, 진휼책이야말로 목민관으로서 수령이 힘써야 할 가장 핵심적인 업무라고 강조했던 것이다.

19세기에 접어들어 진휼의 중요한 부문인 환곡이 상당 부분 재정보용의 수단으로 변질되어 사회문제로 떠오르자 이러한 현실을 타개하고 새롭게 제도적 정비를 통해 본연의 진휼기능을 회복하자는 주장이 여러 갈래로 제기되었다. 정약용의 구상도 이러한 범주에서 예외가 아니었거니와 그는 환곡제 자체에 대한 개혁론·제도운영론을 제기하는 한편 이에 수반하는 진휼제 정비론에도 자신의 저작에 많은 분량을 할애하였다. 설

부른 판단일지 모르지만 진휼이 가지는 민본주의적 상징성을 감안할 때 이에 대한 고찰은 정약용의 국가·사회개혁론 전반의 성격을 가늠할 수 있는 또 하나의 시금석이 될 수 있으리라 여겨진다.

정약용의 진휼·환곡제 개혁구상에 대해서는 이미 몇 편의 연구가 제출되어 있다. 우선 신용하는 정약용의 환자제 개혁안이 가지는 현실적 성격을 강조하고 제도개혁론으로서『환향의還餉議』, 관리개혁론으로『목민심서』, 양자를 아우르는 종합적 개혁안으로서『경세유표經世遺表』로 구분하였다. 하지만 정약용의 환자개혁안은 복지기능을 회복하는 것이 아닌 이자율의 하향조정에 그쳐 고리대적 성격을 탈각하지 못했다는 점에서 한계가 있다고 하였다.[2] 김경태는 정약용의 진곡수급론賑穀需給論에 초점을 맞추어 공곡수급公穀需給, 사곡권분수급私穀勸分需給, 미곡상품유통 및 미가조절로 나누어 살피고, 지방관은 해당 지역의 곡물실태를 정확히 파악해 주체적인 자세로 기민구제에 나서야 하며 이를 위해 진희賑餼·진대賑貸·진조賑糶의 차등 권분을 제기하였다고 하였다. 특히 미곡의 상품화와 미가의 등귀에 대응하여 미곡의 상품유통과 상평·조적법의 미가조절에 의한 진곡수급론을 제기한 점은 당시 상품유통의 진전에 적극적으로 대응한 전진적인 개혁방안이었다고 평가하였다.[3]

정윤형은『경세유표』의 환자제도개혁론이 환자와 상평창제도를 골격으로 하면서 부분적으로 민간주도의 사창제를 보완하는 형태로서 시장메커니즘에 대한 높은 인식을 바탕으로 했다고 평가했다. 또한『목민심서』의 환자관리개선론은 이를 보완한 것으로 현실의 환곡제를 인정한 채 수령 차원에서 환곡관리를 개선하는 방안이었다고 하였다.[4] 서한교는

『목민심서』와 『경세유표』를 함께 살피면서 정약용의 진자확보와 환자·상평창제 시행방안, 그리고 권분제를 진제 개선안·민생안정책과 함께 살펴보고 이를 농민생활의 보호를 통한 국가재정의 안정적 확보와 국가재생산 구조 확립에 있다고 평가하였다.[5]

이상의 연구는 정약용의 진휼·환곡제에 대한 주장을 소개·규명하려 했다는 점에서는 의의가 있지만 그 문제점도 지적하지 않을 수 없다. 첫째, 진휼의 여러 층위 중 수령이 중심이 되어 향촌사회 내부에서 이루어지는 진휼책이 『경세유표』 등에 나타나는 포괄적·이상주의적 제도개혁론과 분명하게 구분·고찰되지 않았다는 점이다. 지금까지의 연구들은 두 가지 논의를 함께 다루거나 구분하더라도 논리적 연관이 모호한 상태로 이루어져 정약용 진휼론에 대한 이해를 오히려 어렵게 하는 측면마저 있었다.

둘째, 정약용이 『목민심서』에 제시한 진휼론이 과연 어떠한 제도적 이념을 바탕으로 도출되었는지 통설적 실학 이해와 관련하여 그 성격이 대단히 불분명하다는 점이다. 특히 18~19세기 향촌사회 내부의 구체적인 진휼제 운영에 대한 고려 없이 정약용 진휼론이 돌출적인 형태로 소개·평가되었기 때문에 그의 견해가 당시 개혁론은 물론 정책론·제도론 속에서 어떠한 역사성을 가지는지 파악하기 어려웠던 것이 현실이었다. 이 때문에 정약용의 구상이 과연 어떠한 점에서 독창적 혹은 진보적이었는지 '실학' 자체의 담론체계 안에서 그 위상이 애매하게 처리되는 결과를 가져왔던 것이다.

여기에는 조선이나 중국과 같은 국가적 차원의 진휼책이 대단히 독특한 역사적 산물로 세계사적으로도 그리 흔하지 않은 제도적 유형에 속하고 이 때문에 이른바 근대의 '보편적' 특성과 관련하여 그 단서를 포착하기 쉽지 않았다는 점도 어려움으로 작용하지 않았나 생각된다.[6]

하지만 이상과 같은 연구사의 한계에도 불구하고 그간 축적된 연구를 통해 당시 진휼제 운영을 보다 구체적으로 살필 수 있는 폭넓은 시야를 확보하게 된 점은 정약용의 진휼론에 대해 더욱 진전된 이해를 가능케 하는 우호적인 환경이 조성된 것으로 간주해도 좋을 것이다. 필자는 이미『목민심서』의 지방재정론을 살피면서 여기에 개진된 정약용의 구상이 주례적周禮的 이상을 추구하면서 중국 역대제도 중 합리적 방안을 취사선택한 위에 18세기 국법질서國法秩序를 큰 틀로 당시 지방사회 운영과정에서 현실적 효용성을 인정받아 정착된 습속을 충분히 반영한, 이른바 '인시순속因時順俗'의 성격을 가진 것이라고 지적한 바 있다.[7]

이 글은 그러한 점을 염두에 두고 정약용의 진휼론에서 두드러지는 주자朱子(1130~1200)의 진법賑法이 18~19세기 조선의 현실과 이루는 접점의 구체적인 양상을 살펴보고 그것이 가지는 의미가 과연 무엇인지 타진해보는 기회로 삼고자 한다. 이를 통해 종래 정약용의 사상은 물론 실학 연구의 상당수가 여전히 고수하고 있는 성리학 혹은 주자학과의 의도적 거리두기가 가지는 문제점을 새삼 고민하는 계기가 되었으면 한다. 아울러 정약용의 구상이 가지는 여러 층위를 감안하면서 향촌사회 내부의 구체적인 현실에서 목민관으로서 위상에 걸맞게 수령이 취해야 할 진휼제운영론의 구체적인 내용과 성격을 살펴보고자 한다.『목민심서』에 개진된 정약용의 진휼론은 그의 진휼·환곡제 개혁안의 핵심적인 부분을 이룰 뿐 아니라 그가 그리고자 했던 거대한 국가·사회 개혁안의 성격을 새롭게 평가할 단서를 안고 있다는 점에서 그 의미를 과소평가할 수 없다.

² 수령의 진자확보책과 권분勸分

1) 수령 진휼의 이념과 진자賑資 확보 방안

17세기 후반을 거치면서 조선 왕조 정부의 자연재해에 대한 대처는 매우 적극적인 형태로 바뀌었으며 이는 꾸준한 진휼제도의 정비로 나타났다. 조세감면, 환곡분급의 확대, 기민飢民에 대한 무상급량無償給糧 등의 조치가 속속 취해졌다. 진휼책에 대한 관심은 18세기 후반 좀 더 두드러지는데 영조대『속대전續大典』에 새로운 규정이 등재된 이래 정조 연간에 접어들어서는『팔도진곡가령八道賑穀假令』,『혜정연표惠政年表』,『혜정요람惠政要覽』등 관련 자료의 편찬이 활발히 이루어지고 있다. 특히 18세기 후반 각 도 감사로 하여금 매월 기민 수와 분진分賑 횟수, 그리고 유망流亡의 유무를 파악 보고하도록 하여 곡물의 무상분급을 위한 기초자료로 삼았다. 이 과정에서 수령의 역할도 점차 비중을 높여갔다. 중앙정부가 일단 진자賑資를 내려보내면 지방에서도 일정한 양의 곡물을 보태지 않으면 안 되었는데 이를 위해 수령은 자체적으로 요판料辦·권분勸分 등의 방법으로 곡물을 확보하고자 했다. 18세기 하나의 전범으로 자리 잡은 진휼제도에서 수령은 진장賑場을 개설하고 진자를 집행하는 실질적인 책임자로 그 중요성이 더욱 두드러졌다.[8]

    왕조의 진휼책은 크게 세 가지 범주적 단계로 나누어볼 수 있다. 첫 번째, 진휼을 위한 재원 확보와 비축 단계였다. 왕조 정부는 국가적 차원에서 각종 곡물을 비축·운영하면서 유사시에 대비하였다. 두 번째, 확보된 진자를 풀어 기민을 구제하는 진휼제도 자체다. 이는 첫 번째 범주와 밀접한 관련이 있으면서 시기별로 운영양상을 달리하는 협의의 진휼이라 할 수 있겠다. 세 번째는 진휼에 수반하여 취해지는 조세감면·권농·의료 등과 관련된 여러 가지 시책으로, 여기에는 기간산업인 농업에 대한 보호와 이를 생활기반으로 하는 민民에 대한 다양한 구호책을 포함한다. 황정으로 지칭되는 넓은 의미의 '진휼'에는 세 가지가 모두 포괄되는데 왕조정부의 제도운영도 여기에 대응하는 형태로 이루어졌음은 두말할 필요가 없다.

    『목민심서』진황조는 비자·권분·규모·설시·보력·준사의 6개 항목으로 구성되었는데 여기에는 정약용이 주장한 수령 주관하 진휼체계의 주요 일정이 정리되어 있다. 즉, ① 흉년에 대비하여 진자를 사전에 비축하고(備資), ② 흉년이 닥친 후 부민富民들에게 진자를 내놓도록 권장하는(勸分) 한편, ③ 진자를 효율적으로 집행하기 위해 진휼의 구체적인 범위와 일정을 제시하고(規模), ④ 진휼에 소요되는 행정기구와 기반시설, 그리고 시행방법을 강구하였다(設施). 아울러 ⑤ 민생보호를 위해 병행해야 할 권농勸農·구황救荒·금도禁盜·박정薄征 등 다양한 방안[補力]과 ⑥ 당해년의 진휼일정을 마무리하는 상벌·결산·파진연罷賑宴 등을 다루고 있다(竣事). 전체적으로 비자·권분은 진휼재원의 확보를 다루고 규모·설시는 계획·설비·기구·방법 등 진휼 자체의 내용으로 구성되어 있으며 보력·준사는 진휼과정에서 병행되어야 할 민생안정책과 각종 마무리 조치를 정리하고 있다. 『목민심서』의 진황조도 포괄적 의미의 황정荒政이 지닌 일반적인 체계에서 벗어나지 않았던 것이다.

정약용은 '선왕의 예'로서 『주례』 대사도大司徒의 황정 열두 가지를 행하는 것이야말로 '선왕의 도를 따르는 것'이라고 하였다.[9] 황정 열두 가지란 ① 산리散利(곡식 종자와 양식 대여하여 이재민을 직접적으로 구제함), ② 박정薄征(조세 경감), ③ 완형緩刑(형벌완화), ④ 이력弛力(요역경감), ⑤ 사금舍禁(산택山澤의 금령해제), ⑥ 거기去幾(관문關門·장시場市에 대한 비과세), ⑦ 생예眚禮(예제의 격식완화), ⑧ 쇄애殺哀(장례격식의 간소화), ⑨ 번악蕃樂(악기 연주를 삼감), ⑩ 다혼多昏(혼례격식을 줄여 결혼장려), ⑪ 색귀신索鬼神(폐지된 제사의 복원), ⑫ 제도적除盜賊(도적근절) 등을 말한다.[10]

정약용은 『주례』 황정 12조를 19세기 초 현실에 대입하여 새롭게 설명하고자 하였다. 가령 궁결宮結에서 넉넉히 거두어 민결民結에 고루 혜택이 가게 하는 것은 산리에, 민고잡요民庫雜徭를 줄이는 것은 박정에, 부황이 들고 피골이 상접한 자에게 매질을 가하지 않는 것은 완형, 관노官奴·관예官隷 선발 시 그 노력과 비용을 걱정해주는 것은 이력, 사가私家의 제사에 생牲을 쓰지 않고 순역 때 음식접대를 줄여 아첨하지 않는 것은 생예에 해당한다는 식이었다.[11] 구체적 방안도 제시하였는데 '제도적' 대책의 일환으로 마을 차원에서 수초루守草樓라는 것을 세우고 5루=1보, 5보=1령으로 삼아 자체적인 경찰기능을 수행하도록 하였다.[12] 특히 박정이책薄征己責의 명분으로 환자곡還上穀·결세結稅·민고잡요民庫雜徭·저리사채邸吏私債 등의 가렴을 금지하도록 하였다.[13] 이같이 정약용은

『주례』의 황정론을 중요한 이념적 지향으로 삼으면서 그 취지를 현실에 적용하여 새로운 해결책을 찾을 수 있으리라는 낙관적인 입장을 끝까지 견지한 것으로 생각된다.[14)]

정약용은 흉년이 닥쳤을 때 목민관으로 대표되는 치자治者의 자세가 가지는 중요성도 강조했다. 우선, 국왕을 포함한 통치자들에게 흉년과 기근에 진지하고 근신하는 자세로 임할 것을 요구했다. 가령 가장 극심한 흉년인 '대침大侵'의 경우에는 '임금이 맛있는 음식을 갖추어 먹지 않고, 누대정사樓臺亭榭 등에 칠을 하지 않고 활쏘기를 그만두며, 행차에 벽제하지 않고, 백관百官은 포의布衣를 입되 제대로 재단하지 않고, 귀신에게 빌되 제사지내지는 않는 것'이 예라고 하였는데[15)] 이는 흉년·기근 등의 자연재해를 치자의 통치행위와 연관시켜 파악하는 천인감응론天人感應論에 입각한 것이었다. 민본주의 이상을 구현하기 위해 조선 왕조의 국왕과 통치자는 '천天'이라는 가상의 권위와 원칙에 의탁하여 민심의 향배를 반영하는 거울로 삼았고 이는 재이론災異論과 결합하면서 현실성과 강제성을 부여받았다.[16)] 천명天命의 강력한 경고인 흉황에 대한 대응은 국가적 진휼체계의 상시적 가동과 흉년·기근 시 치자의 모범으로 국왕의 솔선이라는 형태로 이루어졌다. 정약용은 임진왜란기 선조가 자신의 끼니를 덜어 진제賑濟에 보태고 영조가 흉년에 임해 어공미御供米를 감하고 선반미宣飯米를 소미小米로 바꾸도록 한 고사를 들면서 다음과 같이 말하였다.

임금은 지극히 존귀한 데도 스스로 책하여 음식을 줄임이 모두 이와 같았는데, 하물며 감사나 수령이 감히 스스로 즐기고 편안히 하여 줄일 생각을 하지 않는다는 말인가? 아침저녁으로 늘상 먹는 음식의 경우 밥에는 마땅히 잡곡을 쓰고, 반찬은 2접시에 그쳐 거기서 남는 것을 저축해서 진자에 보태고, 제사에는 특돈特豚을 쓰고 빈객에게 푸짐히 대접하는 일이 없으면 대체로 예에 들어맞을 것이다.[17]

국왕으로부터 권한을 위임받아 민을 통치하는 감사·수령 등 지방관은 모름지기 최고통치자인 국왕의 근신을 본받아 식사·제사·빈객접대 등을 검소하게 하여 국왕의 뜻에 부응하는 치자로서 자세를 갖추어야 한다는 것이다. 이 같은 논리는 "만백성은 우리 임금의 적자赤子요, 기민飢民은 그 적자 가운데 역경에 처한 이들이다. 문무의 군교와 아전은 그 적자들의 형장兄長이니, 우리 아우들이 역경에 처하여 죽어가는데 나와 너희들이 어찌 감히 힘을 다하여 구제하지 않겠는가?"[18]라는 식으로 행정실무자인 군교·아전들에게까지 확장되었다. 이들은 수령의 수족으로 '임금의 적자'에 대해 형장의 위치에 있으므로 진휼에 힘써야 한다는 것이다. 흉년기 치자가 갖추어야 할 근신의 마음가짐과 절검 의식은 국왕을 중심으로 중앙관료는 물론 지방관과 행정실무자까지 동심원 꼴로 확산, 자신의 직분에 걸맞은 형태로 모사模寫 실천되어야 한다는 주장이다.[19]

국왕의 통치행위가 항상 천명에 입각하고 있음을 드러낼 뿐 아니라 그러한 '국왕의 은혜'가 왕토와 왕민에게 공정하고 균등하게 미치도록 끊임없이 강조하는 성리학적 민본이념의 실질적인 관철 여부는 통치의 일선에 있는 수령의 능력 여하에 달린 바였다.[20] '임금의 은혜가 고르지만 좋은 수령이라야만 그 뜻을 받들 수 있으므로'[21] 수령은 이속移粟, 곡물방출, 부세와 신포경감 등 흉년기에 정부에서 취해주는 각종 대책을 숙지한 상태에서, 상황이 발생했을 때 허둥거리지 말고 발 빠르게 대응해야 한다는 것이다.[22]

정약용은 수령의 황정에서 '예비預備', 즉 흉년과 기근에 앞선 적극적인 대비책이야말로 가장 중요하다고 하였다.[23] 풍년에 '예비'하지 않는 것은 사람을 죽이는 것과 마찬가지이며 '예비하지 않는 나라는 정치가 없는 나라'였다.[24] 그렇다면 예비를 위한 진자확보책에는 어떠한 것이 있었으며 정약용이 주안점을 둔 방안은 무엇이었을까? 흉황에 대비한 곡물 비축은 이미 국가적 차원에서 제도화하여 중앙과 지방의 각급기관에서는 갖가지 명목의 진흉곡물이 조성·배치되어 있는 상태였다. 바로 중앙 정부 차원의 '예비'였다. 중앙차원의 상진곡常賑穀, 군자곡軍資穀, 군작미軍作米·보환곡補還穀, 도간진제道間賑濟를 위한 교제곡交濟穀·제민곡濟民穀·산산곡蒜山穀, 도道 단위의 영진곡營賑穀, 수령 차원의 사비곡私備穀·자비곡自備穀·사진곡私賑穀 등이 그것이다. 이들 곡물의 실질적인 관리자인 수령은 흉년에 대비, 일차적으로 진자곡에 대한 유무와 허실을 철저히 파악하고 있어야 한다고 하였다.[25] 그런데 이상과 같은 중앙정부의 대비책과 별도로 지역사회의 수령이 취해야 할 '예비'야말로『목민심서』가 초점을 맞춘 바였다. 그것은 대략 다섯 가지 정도로 나뉘었다.

첫 번째, 풍년에 염가로 곡물을 사들여 곡가가 높은 시기나 지역에 판매하여 차익을 확보하는 방식이다. 이러한 방식은 이른바 '요판料辦'으로 불리면서 널리 관행되고 있는 상태였지만 그것이 과연 정당한 진자확보

방식인지에 대해서는 논란이 많았다.[26] 그러한 문제점을 모를 리 없었던 정약용이 이 같은 방식을 적극적으로 지지하면서 진휼재원 확보의 중요한 수단으로 꼽았던 것은 당시 향촌사회 내부의 진자확보가 그만큼 쉽지 않았기 때문이다.[27]

두 번째는 인근 군현의 비축곡을 사들이거나 포구에 미상米商을 유치하여 미곡을 매입하는 방식이다. 전자는 이웃 간에 서로 구제한다는『주례』의'통재通財'와『주역』의'연여攣如'로 상징되는 모범이 이념적 근거로, 정부는 군현 간 곡물 매매를 막지 못하도록 해야 한다고 하였다.[28] 이는 '미곡흥판米穀興販'의 방법으로 1810년 흉년에 호남 지역에서 병행되었음이 확인된다.[29] 후자의 경우 포구에서 점주店主·아랑牙郎 등에 의한 미가米價 조작과 관교官校·읍리邑吏의 침탈을 엄금하고 미곡 상인들을 적극적으로 유치하여 이들로부터 가능한 한 많은 곡물을 사들여야 한다고 제언하였다.[30]

세 번째는 포흠의 징수, 즉 아전들의 중간포탈분을 적발·추징하여 진자에 보태는 방안이다. 당시 진휼곡은 창고가 텅 비어 있거나 허위장부로 운영되는 등 관리가 극히 부실한 실정이었다. 정약용은 포흠한 아전을 '다 죽일 수도 없고' 흙 섞인 곡식으로 진휼하기도 곤란하기 때문에 풍년에 한해 규정된 비축액[應留]을 유지하는 수준에서 징수하도록 하였다.[31] 하지만 이러한 방식의 진자확보에 그리 큰 기대를 걸진 않은 듯하다.

네 번째는 '이속移粟', 즉 재해 지역으로서 곡물을 지원받는 형태였다. '이속' 또한 하나의 제도로 시행되고 있는 상태였다. 당시 전라도 임피의 나리포창은 제주도의 3읍을, 경상도 연일의 포항창은 강원·함경 두 도를, 함경도의 덕원·고원·함흥에 소재한 교제창은 강원·경상 두 도를 진휼범위로 삼고 있었다. 지명을 딴 창고 외에 교제창의 '교제交濟'는 바로 『주례』에 나타난 '통재通財'의 취지에서 명명된 것이었다.[32] 이 같은 형태는 이미 오래전부터 시행되어온 것으로 18세기에 접어들어 환곡의 재정 보용기능으로 줄어든 저치미를 보완하여 구제곡을 확보하기 위한 방편으로 활용되었다.[33]

실제 1810년 흉년에 호남의 나주·영암·영광·진도·해남·흥양 등 39개 읍·영·진·목장에서 도내 각 지역으로 쌀 5만 3,112석이 활발하게 이전되고 있었다. 여기에는 화폐 형태의 이전이나 이무移貿도 개재된 듯하다.[34] 정약용도 경기와 삼남에 큰 기근이 닥친 영조 38년(1762) 확정한 『남북감운사목南北監運事目』을 '이속'의 모범적인 사례로 꼽으면서 전문全文을 전재轉載했다. 하지만 이속은 어디까지나 차선책으로 현지에 물자를 비축하는 것보다는 못하다는 게 정약용의 기본 입장이었다.[35] 아마도 수령의 권한만으로는 '이속'이 쉽지 않았기 때문이 아닌가 생각된다.

다섯 번째는 권분勸分이다. 당해년의 농형이 흉년으로 판명이 나면 수령은 해당 지역에서 어느 정도 경제력을 갖춘 사람들에게 곡식을 자발적으로 내놓도록 권하여 진자에 보태도록 했는데 이것이 바로 권분이었다.[36] 이는 앞에서 거론한 요판·매입·이속이 타 군현 및 중앙정부, 감·병영 등의 협조 없이 이루어지기 힘들고, 포흠분의 추징도 수령과 사실상 한 몸이라 할 수 있는 아전들에 대한 징벌적 행위라는 점에서 부담스러울 수밖에 없었기 때문이 아니었나 생각된다. 더구나 정약용은 법전의 곡물 확보 규정이 제대로 지켜지지 않고 포흠이 만연해 사실상 권분만이 진자확보의 유일한 방법이 되다시피 하였다고 군작미軍作米의 예를 들어 비판하였다.[37] 하지만 고제에서 유래했다고 하는 권분이 그의 눈에는 애초의 취지와 크게 다른 형태로 운영되고 있었다.

중국의 법은 부민富民에게 권분한다는 것이 조미糶米와 사미貰米에 불과하다. 조미란 그 값을 좀 헐하게 하여 기민들에게 발매하도록 하는 것이다. 사미라는 것은 이식을 받기로 하고 기민들에게 꾸어주게 하는 것이다. 관장官長의 권하는 바가 이와 같은 데도 백성이 따르지 않는 일이 있다면 비록 독려하고 위엄으로 다스려도 잘못이 아니다. 우리나라의 법은 백성들에게 백납白納케 하고 따르지 않는 백성이 있으면 엄중한 형벌과 사나운 곤장이 마치 도적을 다스림과 같다.[38]

조선의 권분은 조미(염가 발매)나 사미(미곡 대출)의 형태였던 중국과 달리 무상으로 곡물을 바치도록 하고 따르지 않을 경우 처벌하는 등 강제성과 수탈성으로 인해 심각한 문제를 안고 있다는 것이다. '사는 것이 죽는 것만 못하고 부자가 가난뱅이보다 못'해서 '권분의 영이 나오면 부민은 크게 놀라고 가난한 사람들은 탐욕스러워지'는 것[39]이 현실이었다. 권분 대상인 요호 주변에는 수령과 친분이 있는 향교의 유생, 좌수座首, 수리首吏 등에 전문 사기꾼까지 가세해 수령과 사적인 친분을 내세워 청탁을 통해 권분액을 줄일 수 있다고 꼬드겨 돈을 뜯어내거나 아전들은 기구수飢口數를 부풀려 보고하여 희미餼米를 편취하는 등 갖가지 협잡이 횡행했다. 정약용은 권분을 할 때 수령은 언동을 신중히 하고 외부인의 출입을 엄하게 통제하여 이러한 소지를 처음부터 없애야 한다고 강조하였다.[40] 이해 관계가 민감하게 얽혀 있는 만큼 수령의 일처리는 신중해야 할 일이었다.

어쨌든 관에서는 매관賣官의 혐의가 있고 민에게는 가렴주구로 비치는 공명첩에 비해 권분을 통해 의연義捐하는 방식은 정약용이 판단하기에 가장 현실적인 진자확보책이었다.[41] 그런데 권분과 이에 대한 반대급부로 관직을 수여하는 방식은 주자의 선례가 중요한 근거로 내세워졌다. 정약용은 남강 대기근 때 주자가 시행한 권분을 '주자가 남강에 있을 때의 유제遺制'로 관직으로 시상하게 된 시초라고 한 김재찬金載瓚(1746~1827)의 평가를 인용하면서 주자가 강조한 '황정에서 쌀을 널리 사들이는 것'과 '상전賞典을 조속히 시행하여 부민들을 격려하는 것'을 강조했다. 다만 하천민에게는 첩지와 동지만 부여한다는 규정이 불합리하므로 일반민에게도 사족에게만 허용하던 찰방察訪·별좌직別坐職을 시상할 수 있도록 개정하는 것이 타당하다고 하였다.[42]

어쨌든 정약용은 흉황에 대비한 진자확보 방안 가운데 권분이야말로 수령의 권한 내에서 가장 실효성 있게 추진할 수 있는 방안으로 꼽았다. 사실 이러한 방안은 이미 왕조 정부에 의해 널리 시행되고 있었다는 점에서 그리 새로울 것은 없었다.[43] 다만 그는 권분의 효용성을 적극적으로 인정하면서 그 운영과정에서 나타나는 문제점을 어느 정도 개선하는 수준에서도 진자확보에 상당한 성과를 거둘 수 있다고 판단한 듯하다. 그것은 바로 '주자의 유제'로서 관직 부여를 통한 적극적인 권분 보상과 이에 수반한 세부 규정의 개정이었다.

2) 권분 요호饒戶의 선정과 기민 초정抄定

정약용은 군현 차원에서 수령의 권한을 통해 성과를 거둘 수 있는 가장 유력한 진자확보책으로 권분을 꼽았고 『목민심서』 진황의 6개 조목 중 하나도 여기에 할애했다. 권분의 첫 번째 절차는 그 대상자의 선정이었다. 정약용은 권분 대상자를 '요호'라 하고 '그 집안에 저장한 곡식이 여덟 식구가 먹고도 오히려 남는 것이 있는 자'로 규정했다. 수령은 침기표砧基表를 바탕으로 해당 군현의 '신망 있는 사람'을 선정해 이들의 공론을 거쳐 요호를 선정하도록 하였다. 권분 대상자를 '요호'라고 지칭하는 것도 당시 관행인 듯하다.[44] 정약용은 향청·향교에 드나드는 '간민奸民'에 대해 강한 불신을 드러내는 한편, 사족·토족이나 중·하족을 막론하고 '조용히 살면서 독서하고 집안을 잘 다스리며 농사에 힘쓰면서 관아나 송사하는 마당에 드나들지 않는 사람'은 '혹 순하고 양심을 지켜서 논의가 순박한데서 나오기도 하'기 때문에 수령은 이러한 사람을 물색하여 요호 선정의 임무를 맡겨야 한다고 하였다. 이는 요호에 선정되지 않기 위해 뇌물이 오가는 상황에서 잡음을 없애기 위한 장치로서 주자가 「시성자제현서示星子諸縣書」에서 제시한 틀을 차용한 것이었다.

요호를 선정하기 위해서는 우선 권점圈點을 행해야 했다. 가령 10개 면으로 구성된 군현의 경우, 수령은 우선 서로 인접한 5개 면에서 면당 4명(상족上族 2명, 중족中族 2명)씩 총 20명을 정중히 초치해 주연을 베풀고 요호의 등급과 권분액 책정의 기준을 설명한 후 각기 요호의 등급을 매기도록 하였다. 최종판정은 다수결에 의하되 평가가 동수일 경우, 상위등급으로 확정하도록 하였다. 가령 중 8개, 하 8개일 경우 중으로 판정하는 식이다. 다음에는 각 등별로 1~9급으로 분류하여 구체적인 호별 권분액수를 책정하였다. 이때에도 다수결의 원칙에 따르고 동수일 경우 더 높은 석수 石數를 따르도록 하였다. 권점에 해당 면뿐 아니라 인근 4개 면의 인사가 참여토록 한 것은 최대한 객관성을 보장하기 위한 장치였다. 나머지 5개 면에 대해서도 다음 날 동일한 절차와 방식으로 권점을 실시하도록 하였다. 여기에는 권점 문서에 오류가 없는지 의견을 수합해 주기註記하도록 하는 절차를 두고 별도의 검증 과정을 거치도록 하였다. 요호로 선정되어 권분에 참여하게 된 이들에 대한 일종의 설득도 병행되었다. 상호上戶와 중호中戶를 초대, 주연을 베풀면서 이들을 위로하도록 하고 하호下戶들에게는 언변이 좋은 향승을 보내 실제 부담내역을 친절히 설명하도록 한 것이다.[45]

그렇다면 요호등급별 권분액의 책정과 형태는 어떠했을까? 〈표 1〉에서 보는 바와 같이 권분에 참여하는 요호는 3등으로 나누어지고 각등은 각기 9개 급으로 나누어 권분 액수가 책정되었다. 상등은 1급 1,000석에서 100석씩 차감하여 최하 9급의 200석까지, 중등은 1급 100석에서 10석씩 차감하여 최하 9급의 20석까지, 하등은 1급 10석에서 1석씩 차감하여 최하 9급 2석까지 배정

〈표 1〉 요호의 권분 등급과 석수

	상 (賑糶)	중 (賑貸)	하 (賑糶)
1	1,000	100	10
2	900	90	9
3	800	80	8
4	700	70	7
5	600	60	6
6	500	50	5
7	400	40	4
8	300	30	3
9	200	20	2

* 자료: 『역주목민심서』 VI, 제11부, 賑荒 六條 제2장 勸分, 49~52쪽.

하였다. 상전賞典을 바라고 1,000석 이상 내기로 한 경우 이러한 규정에 얽매일 필요가 없었다. 권분의 형태도 상·중·하등에 따라 상이했다. 상등요호는 무상으로 곡물을 내놓는 진희賑餼, 중등요호는 봄에 곡물을 대여했다가 가을에 상환받는 진대賑貸, 하등요호는 곡물을 시가보다 낮게 판매하는 진조賑糶의 형태를 취하였다. 상등요호에게 진희의 형태를 취하는 이유는 50석 이상 권분자부터 논상論賞하도록 한 법 규정에 비추어 상등요호의 최하인 9급 200석이 이러한 자격요건을 충분히 넘어서는데다가 이들에게는 좌수·별감 등 향승직鄕丞職이나 천총·파총 등 장관직將官職의 차첩이 내려지고 군역면제 혜택이 주어지는 등 여러 가지 특전이 있었기 때문이다.

중등과 하등요호는 각각 진대와 진조의 형태로 권분곡을 일정 부분 회수할 수 있기 때문에 시상 등 별도 혜택은 주어지지 않았다. 정약용은 하등의 8~9급에 해당하는 2~3석 진조까지 권분의 대상에 포함시킨 이유에 대해 진희 200석 이상 해당자가 도에 몇 명 정도, 진대 20~100석에 해당하는 중등도 군현당 몇 명에 불과한 실정이고 그나마 2~10석 진조를 감당할 정도의 하등이 현실적으로 대부분을 차지하기 때문이라고 설명하였다. 중등요호의 경우 곡식을 대여하는 봄에 시가가 미 1두=1냥이던 것이 추수기에는 0.25냥으로 떨어지므로 시가의 4분의 3을 손해 보는 셈이었다. 하등요호의 진조도 기근 시 미 1두= 1냥 이상이므로 조 1석은 미 6두 정도로 6냥은 받아야 하나 그 4분의 1인 1.5냥만을 받도록 하였다. 중등요호와 마찬가지로 시가 대비 4분의 3의 손해를 보는 셈이었다. 하지만 중등요호는 추수기에 가서야 4분의 1을 회수하고 하등요호는 그 값을 즉

시 받기 때문에 하등요호의 부담이 약간 가벼운 셈이었다. 어쨌든 평시나 추수기에 낮은 곡가로 대출·발매하는 형태로 권분에 참여하는 요호는 대체로 75% 정도 손실을 감수해야만 했으니[46] 작은 부담이라 할 수 없었다.

다음은 진휼대상자인 기민을 선발하는 절차와 과정이다. 기민의 초정抄定은 요호를 권점하는 날 참석한 면별 4명의 인사 중 상족 1명·중족 1명으로 총 2명의 적격자를 골라 이들에게 임무를 맡겼다. 수령은 이들에게 은밀히 부탁해 면민들은 물론 당사자도 모르게 면내 기민호구를 선정, 등급을 매기고 해당 호구를 초록抄錄·성책成冊하여 제출토록 하였다. 수령은 2건의 성책을 토대로 첩문을 보내 면별로 요호초정 시 참여자 4명에 여타 '명망이 있는' 인사 6명을 합해 총 10명으로 회의를 거쳐 공의公議에 의해 기구飢口를 뽑도록 하였다. 수령은 자신이 상족과 중족을 통해 확보한 장부 2건과 면별 회의를 통해 작성한 장부 1건 총 3건의 내용을 비교 검토하는 한편 침기표를 대조하여 최종적으로 기민을 확정하였다.[47]

기민의 배정은 '향배鄉排→이배里排→호배戶排→족배族排'의 단계로 하는데 이는 기민수가 편중되지 않고 공평하게 이루어지도록 하기 위한 취지였다. 하지만 정약용은 형식적인 공정성에 급급해서 면별로 액수를 기계적으로 책정하거나 심지어 진자의 양을 호수에 잘라 맞추기까지 하는 것이 현실이라고 하면서 실상에 부합하는 기민의 선정이 이루어져야 한다고 누누이 강조하였다. 이를 위해 수령은 침기표를 적극적으로 활용하는 한편 관내 농작상황에 대한 면밀한 이해를 가지고 있어야 한다고 하였다.[48]

기민호에 대한 등급에 따라 진휼의 형태와 기간도 다르게 제시하였다.

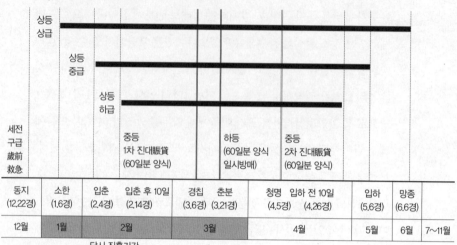

〈그림 1〉 호등戶等과 절기節氣에 입각한 진휼기간과 방식

즉각 조치를 취하지 않으면 생명이 위태로울 정도로 심각한 경우 상등으로 판정하고 이들에게는 진희의 형태로 진휼을 하도록 했다. 다음, 역시 위급하기는 해도 춘궁기의 고비만 넘기면 추수기에 빌려간 곡식을 갚을 수 있는 경우가 중등으로, 진휼방식은 진대였다. 하등은 구호조치가 필요하기는 해도 약간의 구매력을 가지고 있는 경우로 진조의 형태가 적용되었다. 이렇게 일정한 기준에 따라 상·중·하의 호등이 매겨지고 각 등별로 진휼의 형태가 달랐던 것이다.

상등은 다시 상·중·하 3급으로 나누어졌는데 상등 상급의 경우 소한(1월 6일경)~망종(6월 6일경)의 5개월, 상등 중급은 입춘(2월 4일경)~입하(5월 6일경)의 약 3개월, 상등 하급은 입춘 후 10일(2월 14일경)~입하 전 10

일(4월 26일경)의 2개월 남짓으로 진휼기간에 차별이 두어졌다. 중등의 진대는 경칩(3월 6일경)과 청명(4월 5일경) 2회 실시하는데 이때 각기 60일분의 양식을 대여해주도록 하였다. 하등의 진조는 춘분날(3월 21일경) 일시에 60일간의 양식을 방매하도록 하였다. 정약용은 진장의 개설과 폐쇄 시기를 절기를 기준으로 해야 농작상황과 맞아떨어져 진휼이 적절하고 효과적으로 이루어질 것이라고 하였다. 당시 진휼기간은 월일을 중심으로 1월 1일~3월 31일로 설정되었는데 이같이 기간을 고정할 경우 농작상황과 괴리로 진휼의 효과를 보기 힘들 수도 있다는 판단 때문이었다.[49] 그 외에 전년도 해가 끝나기 10일 전에 '부황이 들어 위급한 사람'을 진휼하는 '세전구급歲前救急'도 포함되어 있었다.[50]

18세기에 접어들어 진휼책의 핵심으로 구제곡의 무상분급이 점차 확대됨에 따라 여기에 부응하기 위해 새로운 진자조달방식이 모색되었는데 그중 하나가 사진私賑, 즉 민간으로부터 곡물을 조성하여 자체적으로 진휼하는 것이었다.[51] 여기에는 호조의 원회부곡·상진곡·비변사곡 등 중앙아문 구관 진휼곡의 허록虛錄과 이에 대한 탕감蕩減이 반복되면서 총량이 계속 줄어들고 이에 따라 이들 곡물을 관장하던 아문들도 재정적으로 적자를 면치 못하고 있던 현실도 놓여 있었다. 이는 기존의 공진에 사진의 방식이 새롭게 중요도를 높여가는 또 하나의 요인이다.[52] 이 시기 왕조정부는 각 군현에 자비곡自備穀 설치를 의무화하였다. 자비곡의 관리는 처음 진휼청에서 비변사로 바뀌었으며 조성한 자비곡의 규모에 따른 상벌규정도 강화되었다.[53]

지방차원에서 이루어지는 진휼사업은 '공곡公穀'을 사용할 경우 공진이라 하고 수령이 자비곡을 방출할 경우 사진이라고 하였다. 소수의 인원에게 공곡을 소비하지 않는 진휼은 구급救急이라 했다. 그러나 18세기 후반을 거쳐 19세기에 접어들면 사진이나 구급에도 공곡이 활용되었다. 단, 개인이 주도하는 진휼도 사진이라 하였다. 공진과 사진의 구분은 매월 10일 간격으로 3회 분급하는 진식賑式 규정의 시행 여부로도 구분되었다. 즉, 공진은 월 3회 진식의 규정에 따라 공곡을 사용한 경우이고 사진은 진식의 규정을 따르고는 있으나 공곡을 사용하지 않는 경우를 말하며 구급은 진식의 규정을 따르지 않고 각 지역의 형편에 따라 곡물을 지급하는 경우를 지칭했다.[54)]

정약용이 제시하고 있는 수령 진휼론의 경우 공진을 기본으로 하면서도 권분을 통해 확보한 곡물을 진자에 혼합한 형태를 상정한 것으로 생각된다. 다만 이와 별도로 그는 친인척과 이웃을 대상으로 하는 사진도 제시하였다. 그는 권분은 '권기자분勸其自分', 즉 스스로 나누어주도록 권하는 것으로 자발성을 바탕으로 해야 하나 실제로는 그렇지 않아서 사실상 관官이 재물을 강제로 빼앗아 아무 관련도 없는 사람에게 나누어주는 실정이라고 비판하였다. 그는 기구성책飢口成冊과 요호성책饒戶成冊을 대조하여 기구 가운데 요호의 형제·인척·이웃 등 관련자를 조사하여 요호별로 책정된 석수石數를 기준으로 석당石當 1명씩 배정하도록 하였다. 여기에는 상부上富의 8촌, 중부中富의 6촌, 하부下富의 4촌까지 동성의 근친을 올리도록 하였고 가까운 이성친족異姓親族도 이에 준하여 차등 등재하도록 하였다. 여기에는 노속奴屬이나 묘지기도 해당되었다. 공진장부에 오르는 기구는 친척이라 해도 촌수가 매우 먼 경우였다.[55)]

가령 권분액이 100석인 요호에게는 100명의 기구가 배당되었다. 이는 진희의 형태로 사장私場에서 이루어졌는데 요호가 이를 성실하게 이행하지 않을 경우 사장을 폐지하고 곡식을 2배 징수하여 공장公場에서 배분하도록 하였다. 수령은 사장에 사람을 파견하여 진휼이 제대로 이루어지는지 점검하도록 하였다.[56] 권분의 자발성을 강조한 정약용이 이러한 강제 규정을 제시한 것은 자가당착적이지만 아마도 그 나름 현실과의 타협이 그러한 형태로 표현된 것이 아닌가 생각된다.

〈표 2〉는 정약용이 제시한 사장권분력의 예로, 이러한 원칙이 어떠한 형태로 적용되는지 보여준다. 우선 상호에 해당하는 안득추安得秋는 1~9급의 어디에 해당하는지 불명이지만 흑석리에 거주하며 그에게 배정된 기구는 요호의 10촌 동생(유학 안득우), 이성 6촌(유학 이상은)이고 나

〈표 2〉 사장권분력私場勸分曆의 예

上戶 安得秋 私場曆				
黑石里	幼學 安得雨	上戶10寸弟	該受米1斗8升	男丁2口 女壯2口
黑石里	幼學 李尙殷	上戶異姓6寸	該受米1斗4升	男丁2口 女壯1口
黑石里	良人 李德奉	上戶이웃(切鄰)	該受米1斗3升	男丁1口 女壯2口

中戶 咸鳳來 私場曆				
甘水里	良人 咸光雲	主戶8寸弟	該受米1斗1升	老人2口 小兒1口
甘水里	私奴 金介男	主戶異姓5寸	該受米1斗6升	男丁1口 女壯3口
甘水里	幼學 崔啓雲	主戶이웃(切鄰)	該受米1斗4升	老人2口 小兒2口

下戶 朴尙文 私場曆				
雀山里	幼學 朴再興	主戶5寸叔	該受米1斗3升	男丁2口 小兒1口
雀山里	幼學 鄭基仁	主戶異姓4寸	該受米1斗4升	老人1口 男丁2口
雀山里	良人 白時卜	主戶墓村	該受米1斗4升	女壯1口 小兒3口

머지 1명인 양인 이덕봉은 그의 가까운 이웃이었다. 이는 감수리 중호 함봉래咸鳳來도 마찬가지였다. 그에게 배정된 기구는 8촌 동생(양인 함광운), 이성 5촌(사노 김개남)과 가까운 이웃(최계운)으로 구성되었다. 하호 박상문에게 배정된 기구도 같은 원칙이 적용되었다.

이채롭게도 상호에 해당하는 요호는 기구 입장에서 그대로 상호로 지칭되었지만 중호와 하호는 기구가 공히 '주호主戶'로 부르고 있다. 이들 기구에게는 1일 기준 수미액受米額인 정남男丁 5홉合, 여장女壯·노인老人 4홉, 소아 3홉을 적용하였으며 배정단위는 호였다.[57] 상호 안득우의 10촌 동생 안두우나 중호 함봉래의 8촌동성 함광운, 하호 박상문의 5촌 숙 박재흥의 예에서 보듯 앞서 제시한 상부의 8촌, 중부의 6촌, 하호의 4촌 이내라는 등재원칙은 다소 느슨한 형태로 적용된 듯하다. 정약용은 진휼과정에서 공동체적 연대와 화합을 위한 덕목으로 목·인·임·휼의 네 가지를 제시하였는데 이는 향촌사회 진휼사업의 중요한 원칙 중 하나였다.

옛날에는 백성에게 목睦·인婣·임任·휼恤을 가르쳤으며 그 가르침을 따르지 않는 자는 형벌로써 다스렸다. 흉년에 곡식을 나누어 먹도록 권한다면 백성으로서 어찌 나누어 먹지 않는 자가 있겠는가? 형제에게 나누어 주고 인척에게 나누어주고 이웃에게 나누어주고 가난하고 외로운 이에게 나누어줌으로써 왕명을 받드는 것이요, 그 재물을 관가에 바쳐서 만민에게 나누는 것이 아니다.[58]

정약용은 향촌사회 내부의 자율적 상호부조를 강조하면서 그것을 형제간의 화목[睦] → 인척간의 사랑[婣] → 이웃 간의 도움[任] → 빈민의 구휼[恤] 순으로 가족·인척과 같이 혈연적으로 가까운 사람부터 이웃과 다른 사람까지 확대하는 형태로 공동체적 연망과 유대를 활용하고자 했다. 이 같은 형태는 유가의 전형적인 공동체적 화합론과 일맥상통하는바, 정약용은 이를 자신이 개진한 진휼론의 중요한 원칙 가운데 하나로 삼았던 것이다. 사진私賑은 이렇게 촌락 내부에서 공진과 표리를 이루면서 그 보완역을 한 것이다. 여기에는 친족·문중이나 각종 촌락조직이 개입되어 있을 터였다.

³ 진장의 운영과 주자진법의 적용

1) 진장의 개설과 진자의 분배

통상 긴급한 상황에서 진행되는 진휼에는 무질서와 혼란이 야기되기 십상이었다. 적절하고도 신속한 조치와 체계적인 프로그램을 활용해 제한된 진자를 효과적으로 분배함으로써 가급적 많은 기민을 구제하는 데 진휼의 성패가 달려 있었다. 정약용이 새롭게 안출해낸 진장운영론賑場運營論은 여기에 초점을 맞춘 것이었다. 그는 수령이 스스로 확보한 '관무官貿'·'권분勸分'과 중앙아문 구관의 '공하公下', 그리고 감영에서 획급해준 '영획營劃' 등으로 분류하고 이를 예상 기구수에 맞추어 확보해놓도록 하였다. 공진이 이루어지는 공장에서 활용되는 진자는 공곡을 중심으로 자

비곡이 병용되는 형태였다.[59]

　우선 진장의 수와 운영에 대해 살펴보자. 정약용은 군현당 1개밖에 없는 진장에 기민들이 몰려들면 대규모 수용시설이 필요한데다가 무더위에 전염병이 창궐하는 등 여러 가지 어려움이 있기 때문에 진장을 작은 군현은 1~2곳, 큰 군현은 10여 개소 정도로 관내에 분산 배치하도록 하였다. 진장은 곡식을 파는 조장糶場이나 무상으로 쌀을 나누어주는 희장餼場을 막론하고 외창外倉, 산사山寺, 부자의 농장 등에 설치하고 정규관원의 총관하에 요속·향관과 부민 중 적임자가 업무를 맡도록 하였다.[60] 돈으로 부담하는 권분을 위해 부민이 곡식을 팔아 돈으로 바꾸면 관에서는 그 돈으로 다시 곡식을 사들여 기민에게 나누어주었다. 정약용은 이같이 곡→전→곡으로 이어지는 번거로운 절차를 간략히 하여 외촌外村에 분산 배치된 진장에 부민이 직접 곡물을 수송케 하고 기민들도 각기 거주지 근처의 진장에서 곡물을 받도록 하였다.[61]

　진장 운영을 위한 진청의 인력과 설비에 대해서도 상세히 규정하였다. 진청의 직임은 향승鄕丞(座首) 3인, 진청도감賑廳都監 1인, 감관監官 2인, 수리首吏 1인, 진리賑吏 2인, 형리刑吏 1인, 시동侍童 2인, 시노侍奴 2인, 조예皂隸 4인, 창노倉奴 2인, 창예倉隸 4인, 죽비粥婢 5인, 시노柴奴 1인, 기총旗總 5인 등으로 구성되었다. 수령은 이들을 감독했다.[62] 진청도감에는 전임좌수前任座首 중 '청렴신중하고 일을 잘 아는 사람'을 임명하여 실무를 총괄하도록 했다. 특히 기민도유사飢民都有司·(향)진감(鄕)賑監·진장賑長이라고도 불리는 촌감은 진청에 나오지는 않지만 면 단위로 임명되어 면내 기구를 뽑아내는(抄口) 실질적인 권한을 가지고 있었기 때문

에 '청렴신중한 이'를 임명하도록 했다.[63]

창고 앞에는 여막廬幕을 만들어 가마솥을 5개 설치하였다. 가마솥은 개당 50명분의 죽을 끓일 수 있으므로 총 250명분의 죽을 동시에 공급할 수 있는 셈이었다. 당시 진장에는 가마솥을 한두 개만 설치하여 끓인 죽을 항아리에 저장했다가 나누어주기 때문에 기민들은 추위에 떨면서 식어 묽어진 죽을 받아먹는 실정이었다. 가마솥을 5개 설치할 경우 기민들은 신선하고 따뜻한 죽을 신속하게 제공받을 수 있었다. 부식으로는 나물·소금·미역·마른 새우 등이 제공되었다.[64]

정약용이 독자적으로 진장 운영 방식을 강구하는 데 크게 참조한 것은 일차적으로 당시 시행되던 진휼 관련 규정이었다. 그는 '현행의 법이니 따르지 않을 수 없다'고 하면서 이와 관련된 당시 법전이나 사목의 규정을 폭넓게 인용·제시하였다. 예컨대 남녀 16~50세는 정구, 51세 이상은 노인, 15세 이하는 소아로 기구파악의 기준을 삼고 1구당 1일 희미 지급액을 남정 희미 5홉(아침·저녁 각각 2홉 5작), 여장 4홉(아침·저녁 각각 2홉), 노인 4홉(남녀 같음), 소아 3홉(남녀 같음) 등으로 하였다. 또한 진조의 경우도 대호에게 5두, 중호에게 4두, 소호에게 3두, 요호ㅗ戶(殘獨戶)에게 2두를 발매하도록 하고 진대도 이와 동일한 규정을 적용하도록 하였다. 희미를 받는 날 기민에게 죽을 쑤어 먹이면서 1구당 소금 1합씩 나누어주고 여기에 소요되는 쌀·간장·미역은 수령이 자체적으로 마련하도록 하였다. 그 비용은 공곡에서 회감會減하지 않도록 하였다.

그 외에 '지극히 곤궁한 자'에게는 희미를 4월 말까지 주고 나머지는 3월에 그치도록 하였고 감사가 지급한 쌀은 부황이 들어 생명이 위급한 사람에게 당해년이 끝나기 10일 전 한 차례 방출하고 봄에 감사순력 시에도 희미와 죽을 쑤어주는 데 쓰도록 한 것도 그 예다.[65] 이같이 정약용은 18세기 이후 법전이나 사목에 규정된 제도적 틀을 광범위하게 검토하고 그 것이 제대로 지켜지지 않는 현실을 비판하면서 자신만의 새로운 진휼방안에 적극적으로 원용했던 것이다. 한편, 정약용이 진휼론을 구상하는 데 영향을 미쳤던 또 하나의 요인은 기사년(1809)·갑술년(1814) 흉황의 경험이었다.

창고는 텅 비어 있어 고을 안에서 곡식을 얻을 수 없고, 여러 읍에서 다 소동이 일어나니 감사에게 곡식을 요청할 수 없다. 오직 손이 묶인 채 마음만 바빴지 사람들이 쓰러져 죽어가는 것을 서서 보고 있을 따름이니 명색이 목민관으로서 낯부끄럽지 않겠는가?[66]

그는 당시 수령이 죽어가는 사람을 속수무책으로 바라볼 수밖에 없었던 참상을 되살리면서 이를 반면교사로 삼고자 했다. 1809·1814년 흉황은 『목민심서』 저술시점(1821)과 시간적으로 그리 멀지 않았던 만큼 그에게 강렬한 각인으로 남았던 듯하다. 실제로 1809~1815년의 7년간 흉년은 대단히 파괴적이었고 농업환경에 심각한 타격을 줄 만큼 충격파가 컸다. 1809년과 1814년의 20만 결에 가까운 급재결은 순조 연간 전국 출세실결 76만 결의 약 4분의 1에 해당할 정도였다. 1809년 전라도 급재결 9만여 결은 그해 같은 도 출세실결 12만 3,750결의 약 75%에 해당했다. 1814년 경상도에 내려진 급재결 7만여 결도 그해 같은 도 출세실결 13만

4,696결의 반을 넘는 것이었다. 이때 호남의 기근은 '을병년보다 심'하고 '백 년 동안 없었던 것'으로 '도내 진폐전지陳廢田地가 거의 10의 7·8은 될' 정도였다고 한다.[67]

진휼책에 만전을 기할 것을 당부하면서 그는 '만약 기사년과 갑술년처럼 전국에 기근이 들면 장차 어찌하겠는가?'[68]라고 되물었다. 또한 이때 단 한 명의 어사도 보내지 않아 '남쪽 백성들로 하여금 호소할 데도 없이 쓰러져 죽게 하였으니 이 또한 옛날에는 없었던 일'이라고 한탄했다.[69] 권분과 관련해서 1809년 곡식 수천 석을 출연한 남원사족 권창언에게 적절한 보상조치를 취하지 않다가 다시 닥친 1814년 대기근에 이를 후회하고 그에게 주부직主簿職을 주고 수천 석을 권분하도록 한 예도 마찬가지였다. 그는 백성들이 '차후에 또 큰 기근을 만나야 권창언의 벼슬이 올라갈 것'이라고 할 정도로 왕조 정부에 대한 신뢰는 바닥까지 떨어진 상태였다고 비판하였다.[70] 또한 1809년 남부 지역에 대파代播를 위한 메밀 종자가 없었는데 영암에만 200여 곡이 있어서 이를 얻으려 했으나 영암민에게 거절당했고 갑술년(1814)에도 차조를 파종하려 했으나 장흥의 김씨 집에만 차조 300두가 있어서 이를 비싸게 구입하는 등 곤욕을 치르고도 이후 종자를 저축하지 않는 현실을 개탄하였다.[71] 이같이 정약용이 『목민심서』 진황조에서 개진한 진휼구상은 당시 법전이나 사목의 규정을 적절히 수용한 위에 그 자신이 목도한 1809년과 1814년 흉황의 시행착오가 크게 작용했던 것이다.

다음, 정약용은 자신의 구상에 입각해 진자미 4,000석을 기준으로 실제 진휼에 소요되는 항목별 액수를 구체적으로 예시했다. 여기에서 미

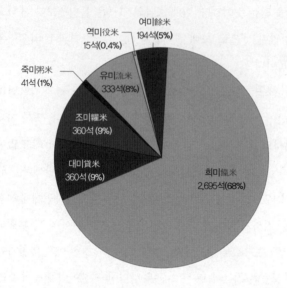

4,000석이란 문자 그대로 미로만 구성된 것이 아니었다. 실제로는 벼 6,000석(미환산 2,400석)과 조 1,000석(미환산 400석), 콩 400석(미환산 200석), 보리 2,500석(미환산 1,000석)을 규정된 절가식으로 환산한 것이었다.[72] 〈그림 2〉에서 보듯이 희미饎米·대미貸米·조미糶米·죽미粥米·유미流米는 진휼 자체의 지출분이고 역미役米와 여미餘米는 진휼에 소요되는 인건비와 제반 경비를 위해 책정된 것이었다. 전체 배분은 희미가 67.4%(2,695석 5두)로 압도적인 비중을 보이는 가운데 대미와 조미가 각각 9.1%(360석)로 같았고 진장에서 직접 쑤어 먹이는 죽미는 약 1%(41석 10두)에 불과했다. 유걸인流乞人에게 주는 유미流米는 8.3%(333석 5두)로 대미·조미와 비슷한 수준이었다. 전체적으로 희미·죽미·유미 등 무상

분급 형태가 76.7%로 압도적인 비중을 차지하고 '환곡'이나 '발매'가 상대적으로 낮은 비중을 보이는데서 정약용이 구상한 수령 진휼의 무게중심이 어디에 있었는지 짐작할 수 있다. 이는 17세기 말 이래 무상급량이 새롭게 자리를 잡아가는 흐름에 기민들이 곡물을 상환해야 하는 환곡보다 백급白給을 선호했던 분위기[73)와도 무관하지 않았을 것이다.

진장 운영에 소요되는 역미(15석)와 여미(194석 10두)는 5% 정도에 불과하다. 역미 지급대상자는 진청도감 1인, 감관 2인, 진리 2인, 창예 4인, 죽비 5인, 시노 1인을 합해 총 15인으로 이들에게는 진휼이 진행되는 5개월간 요미 월 3두씩 지급되었다. 여미는 190여 석 정도로 책정되었는데 이는 진자의 모손耗損에 대비한 예비재원의 성격을 가진 것이었다. 여미는 유기아遺棄兒를 위한 용도로 쓰이거나 간장·미역, 지필 등 행정소모품, 파진연罷賑宴에 소요되는 부채·빗 등 상품賞品, 진부마감賑簿磨勘에 소요되는 비용에 충당하도록 하였다. 명칭은 여미라 했지만 그리 넉넉한 편은 아니었던 듯하다.

이상의 진자 지출 항목을 바탕으로 정약용은 미 4,000석·희구 1만 명 기준으로 약 5개월에 걸쳐 진행되는 진휼사업의 전체적인 경위를 일목요연하게 정리하여 제시하였는데 〈표 3〉이 그것이다. 이를 통해 그가 구상한 수령진휼의 구체적인 일정과 체계가 어떠한 형태로 설계되었는지 개관할 수 있다.

앞서 〈그림 2〉의 진휼미 배분을 염두에 두고 항목별 운영방식을 구체적으로 살펴보자. 우선 가장 많은 비중을 보이는 희미 지출분은 희 1등·희 2등·희 3등의 3개 등급으로 나누어 분급하였다. 등급별로 구수에 맞

〈표 3〉 진휼경위표

賑資別	등급/형태	賑資額 飢口數	口別	1일 수미액	日限/回數	石(斗)
賑米	饋1等	米1,010石 / 2,500口	男丁 700口	5합	150餘日	350石(5,250斗)
			女壯 600口	4합		240石(3,600斗)
			老人 600口	4합		240石(3,600斗)
			小兒 600口	3합		180石(2,700斗)
	饋2等	米1,212石 / 5,000口	男丁 1,400口	5합	90餘日	420石(6,300斗)
			女壯 1,200口	4합		288石(4,320斗)
			老人 1,200口	4합		288石(4,320斗)
			小兒 1,200口	3합		216石(3,240斗)
	饋3等	米473石5斗 / 2,500口	男丁 700口	5합	70餘日	163石(2,450斗)
			女壯 600口	4합		112石(1,680斗)
			老人 600口	4합		112石(1,680斗)
			小兒 600口	3합		86石(1,260斗)
粥米	粥1等	饋者4口當1人	625人	2합 5석	15회	15石9,375斗(234,275斗)
	粥2等	受饋者는 1/4	1,250人	2합 5석	9회	18石11,25斗(281,25斗)
	粥3等	受饋者는 1/4	625人	2합 5석	7회	7石4,375斗(109,375두)
貸米	貸者 (還上)	米 360石 / 2,000口	男丁 1,000口	5합	60餘日	200石(3,000斗)
			女壯 500口	4합		80石(1,200斗)
			老人 500口	4합		80石(1,200斗)
糶米	糶者 (發賣)	米 360石 / 2,000口	男丁 1,000口	5合	60餘日	360石(5,400斗)
			女壯 500口	4合		360石(5,400斗)
			老人 500口	4合		360石(5,400斗)
流米	流乞人	약 1,000口		粥米5合	100餘日	333石5斗(5,000斗)

* 자료: 『역주목민심서』 VI, 제11부, 賑荒 六條 제4장 設施, 95~96쪽.

게 미의 액수가 책정되었는데 1인당 1일 희미지급액은 남정 5합, 여장·노인 4합, 소아 3합으로 정해졌다. 이는 『만기요람萬機要覽』에 규정된 액수와 일치한다. 진휼기간도 앞서 살펴본 바와 같이 등급별로 각각 150여일, 90여 일, 70여 일을 적용하였다. 죽미는 희미를 받으러 온 사람에게 지급되었는데 기구 4인 중 1명이 진패를 들고 진장에 들어오므로 죽 1등과 죽 3등은 각각 희구 2,400명당 625명, 죽 2등은 희구 5,000명당 1,250명으로 산정된다(진패에 대해서는 후술). 10일을 단위로 희미 지급이 이루어지므로 죽미를 지급받는 횟수는 150여 일의 경우에는 15회, 90일의 경우에는 9회, 60일의 경우에는 6회였다. 다음은 진대에 해당하는 대미와 진조에 해당하는 조미인데 두 가지 모두 60여 일을 기간으로 했다. 유미는 유걸인 약 1,000구를 대상으로 죽미 5합을 100여 일에 걸쳐 지급하는 것으로 나타난다.

한편, 표에는 나타나지 않지만 감영에서 별도로 희미와 죽미를 내려보내 진자에 보태도록 하였다. 그러나 진자가 한정되어 있기 때문에 기구수를 무한정 늘릴 수는 없었다. 제한된 진자를 잡음 없이 집행하기 위해서는 기구수·조구수나 일수·유걸인 수를 빼거나 줄이는 등의 방법으로 지출규모를 축소하여 운영할 수밖에 없다고 하였다.[74] 예산범위 내에서 지출하는 원칙이었다. 진자가 넉넉할 경우에는 진휼대상과 범위를 확대하되 이 역시 양입위출의 원칙을 지키도록 하였다.[75]

다음, 이상의 진장운영과 별도로 유망자에 대한 대책도 제시하였다. 정약용에 따르면 일반민의 진휼이 매우 중요한 사안으로 다루어졌음에 반해 유리걸식자에 대한 구휼은 등한시하여 이들이 사망해도 사실상 방치하는 것이 현실이었다. 당시 감사는 흉년으로 타도에서 넘어오는 유민을 기피하는 풍조가 만연했는데 정약용은 '이웃 고을 백성을 타국 사람처럼 보는 것이 우리나라의 잘못'이며 지역을 구분하지 말고 유민에 대한 진휼·안집에 성실한 자세로 임할 것을 주문하였다.[76]

이에 따라 당해년의 풍흉이 어느 정도 드러나면 수령은 추분 무렵 읍내 구석진 곳에 작은 집 3~4채를 빌려 유리걸식자의 수용공간으로 확보해 놓도록 하였다. 집 주인은 집을 떠났다가 다음 해 망종에 유리걸식자들이 나간 후 다시 돌아와 살도록 하였다. 정약용은 공식명칭이 되는 것은 꺼렸지만 이를 '유걸원流乞院'이라고 지칭하면서 유리걸식자들이 모여들면 집단수용하도록 하였다. 관리자인 감원監院은 이들로 하여금 땔감을 마련하고 남은 것은 팔아서 쌀을 구입하도록 하였다. 진휼체계의 외곽에 놓여 있는 유민을 지역의 기민과 마찬가지로 적극적인 진휼 대상으로 삼고자 한 것도 정약용 진휼론이 가지는 또 하나의 특징이었다.[77]

기근과 함께 찾아오는 것이 전염병이었다. 정약용은 이에 대한 의료구호 방안도 제시하였다. 기호가 전염병에 걸렸을 경우 향진장鄕賑長이 수령에게 보고하면 수령이 성산자聖散子와 정원단貞元丹과 같은 약품을 내려보내 치료하도록 하였다. 수령은 전염병 감염자의 명부를 만들어두었다가 기구 가운데 사망자가 발생할 경우 채워 넣도록 하였다. 일가가 몰사하였을 경우 해당 가호에 지급될 3회분 희미를 마을에 주어 장례비로 쓰도록 하였다. 아울러 유기아수양법을 적용하여 유기된 갓난아이는 길러서 자녀로 삼도록 하고 떠돌아다니는 아이는 길러서 노비로 삼도록 하였다.[78]

2) 주자진법의 적용과 그 내용

앞서 살핀 바와 같이 진휼에 대한 정약용의 구상에는 일단 법전·사목으로 대표되는 국법체계를 바탕으로 1809년, 1814년 두 해에 닥친 흉황에 대한 시행착오의 경험이 크게 작용했다. 하지만 정약용 진휼론의 골격을 구성하는 데 빼놓을 수 없는 것이 바로 주자진법朱子賑法의 채용이다. 그런데 1814~1815년 강진에서 그리 멀지 않은 임실의 진휼실태를 살펴보면 이상에서 살핀 정약용의 진자확보·진제실시 개선안이 당시 제도와 관행에 비추어 특별히 독창적이라고 할 만한 부분을 찾기가 쉽지 않다. 오히려 현실의 인식과 제도의 모순에 대한 이해의 불철저함이 엿보이기까지 한다.[79] 하지만 이러한 모든 것과 구별되게 정약용 특유의 진휼론으로 확정할 수 있는 요소는 역시 주자진법의 적극적 채용이 아닌가 생각된다.

그가 중국제도를 오래 검토한 끝에 내린 결론은 주자의 진휼 관련 논의를 전폭적으로 수용하여 19세기 초 조선의 현실에 적용하는 것이었다. 물론 앞서 진자의 확보를 비롯한 진장개설을 위한 준비단계에 대한 논의에도 주자의 그림자는 짙게 드리워져 있었다. 대규모 인원과 물자가 일시에 동원되어 장기간 진행되는 진휼사업에 엄정한 통제와 효율적 조직관리를 통해 기민에게 최대한의 혜택이 돌아가도록 하기 위해서는 주자의 안을 채용할 수밖에 없다는 것이다.[80]

여러 전적을 상고해보니 무릇 진제법으로는 주자의 조례만큼 소상한 것이 없다. 우리나라의 어진 사대부들이 또 주자를 애모하지 않는 이가 없으면서 유독 진제법에 있어서는 예로부터 지금까지 모두 자기 억단으로 이를 실행하였을 뿐 한 조목 한 사례도 주자의 책에서 채용해서 쓰는 것이 없으니 어찌 이 상하지 않은가? 주자의 법은 첫째는 어린도魚鱗圖, 둘째는 홍紅·청靑·황권 黃圈, 셋째는 진력賑曆, 넷째는 진패賑牌, 다섯째는 진혼賑閻, 여섯째는 진기 賑旗, 일곱째는 진인賑印, 여덟째는 진상賑賞 등이다. 금과옥조로 찬연하고 정연한데 어찌하여 이것을 취하지 않겠는가? 한 보保에는 작은 기旗 하나를 주고 한 향鄕에는 큰 기 하나를 주어 모두 병법兵法으로 편성하고 통제하는 것이다.[81]

정약용은 합리적이고 효율적인 진제법을 강구하기 위해 광범위한 조사를 거친 끝에 가장 적합하다고 판단한 것이 바로 주자의 방안이었다. 주자의 진제법은 대략 ① 어린도, ② 홍·청·황권, ③ 진력, ④ 진패, ⑤ 진혼, ⑥ 진기, ⑦ 진인, ⑧ 진상 등 여덟 가지로 요약되는데 이는 향보鄕保의 향촌사회조직에 군대편제를 중첩해 진휼조직을 효과적으로 통제·관리하는 것이 목적이었다. 그는 이러한 제도의 핵심을 당시 조선의 현실에 적용하여 하나의 완비된 체계로 제시하고자 했다. 그렇다면 주자진법은 어떠한 형태로 정약용 진휼론에 구체화되었을까?

일단 ① 어린도와 ② 홍·청·황권은 그 합리성은 인정했지만 진장운영 구상에서는 제외되었다. 이 두 가지는 어린도의 형태로 해당 지역의 지도를 작성하여 진조賑糶(염가발매)가 필요 없는 민호에게는 붉은색, 진조 대상에게는 푸른색, 진제賑濟(무상분급) 대상 민호에게는 황색의 권점圈點을 찍고 성명과 구수口數 등 정보를 상세히 기재하는 것을 말하였다. 정약용은 이것이 조선의 실정에는 맞지 않으므로 반드시 채택할 필요는 없다

고 하였다.[82] ① 어린도와 ② 홍·청·황권을 제외한 나머지 6개가 제도운
영의 핵심으로 정약용 진휼운영론에 적극적으로 수용되었다.

첫 번째, ④ 진패와 ⑥ 진기부터 살펴보자. 우선 ④ 진패는 희미 지급 시
혼란을 방지하기 위해 수희자를 일정한 단위로 묶어 그 내역을 증빙하는
문서였다. 앞서 진휼경위표에서 희구는 1~3등까지 총 1만 명을 희미분
급 대상자로 설정하였는데 이들 4명당 진패 1장을 발급하여 진패를 소지
한 2,500명만이 진장에 나오도록 하였다. 정약용에 의하면 '풀잎 같은' 목
패를 거칠고 엉성하게 만들어 사용하는데다가 거칠고 난잡하게 이름을
써서 허위와 농간이 극심하다고 하면서 좀 더 품질이 좋은 종이에 해서체
로 문안을 만들어 사용하도록 했다.

진패는 1가호만으로 구성되기도 하고 1가호가 4구에 미달할 경우 이웃
에 사는 사람들을 묶어서 연호聯戶를 이루기도 했다. 4구 가운데 한 사람
이 대표자로 진패를 가지고 진장에서 희미를 받되 대표자가 사정상 못 오
더라도 진패를 통해 신원이 확인되면 희미 수급을 허용하였다. 진패발급
의 목적은 희미수급이라는 본연의 업무에 충실할 수 있을 뿐 아니라 죽을
얻어먹는 사람 수도 크게 줄여 번거로움과 비용을 경감하는 데 있었다.[83]

〈그림 3〉은 정약용이 제시한 진패 견본 2종을 예시한 것이다. 앞서 언
급한 바와 같이 희구의 편성은 대체로 두 가지 경우가 있었다. 우선 좌측
진패와 같이 동일 가호가 하나의 진패로 묶인 경우다. 이들은 동시면 춘
산리에 거주하는 이덕복의 가족으로 갑부甲部 청기靑旗 제1대의 제2패
에 편제되어 있었다. 나이가 31세인 이덕봉이 진패를 소지하고 진장에 나
오는 대표자이며 나머지 3구는 그의 배우자로 짐작되는 여장 1구, 아버지

甲部 靑旗 第一隊 第二牌 東始面 春山里
良人 李德奉 年三十一 見抄 鰥□ 男丁一□
女壯一□ 男老一□ 女弱一□ 一旬之鰥
該受米壹斗陸升 仰照驗施行 須至牌者

嘉慶 甲戌年 小寒之日

行縣令 (花押)
都監 金 (花署)

丙部紅旗 第三隊 第四牌 南始面 夏川里
幼學 吳鳳朶 年二十八 見抄飢□ 男丁一□
聯戶 寡婦 李氏 女壯一□ 寡婦 金氏
女老一□ 童蒙 吳鳳来 男丁一□ 一旬之鰥
該受米壹斗捌升 仰照驗施行 須至牌者

年 月 日

行縣令 (花押)
都監 金 (花署)

로 생각되는 남노 1구, 딸로 추측되는 여약 1구였다. 이들에게는 총 1두 6
승(남정 5합+여장 4합+노인 4합+소아 4합)의 희미가 지급되었다. 일자가 순
조 14년(1814) 소한(1월 6일경)으로 되어 있는 것으로 보아 상등상급에 해
당하는 기구들의 진패인 듯하다. 진패는 수령과 도감의 확인을 거치도록
되어 있었음은 보는 바와 같다.

　우측은 2가호가 하나의 진패로 묶인 경우이다. 편제상 병부 홍기 제3대
제4패 남시면 하천리에 거주하는 오봉채가 진패의 대표자인데 그 자신 1
구로 진패에 들어왔고, 여기에는 과부 이씨를 호주로 하는 호의 3구가 합
하여 연호로 편제되어 있다. 연호의 내역은 과부 이씨, 그의 (시)모로 추측
되는 과부 김씨, 그의 자식으로 생각되는 오봉래 등 3구가 올라와 있다.
오봉래의 이름으로 미루어보아 진패의 대표자 오봉채의 같은 항렬 동생
뻘 되는 친족으로 추측되거니와 연호는 이같이 같은 마을의 친인척을 중
심으로 편제하도록 하고 있음을 알 수 있다. 수미액수는 남정 2명(10합)+
여장 1명(4합)+여노 1명(4합)=1두 8승으로 산정된다.

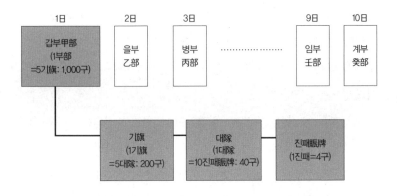

〈그림 4〉 진휼기간에 따른 부部의 배치

다음 ⑥ 진기는 ④ 진패를 기본단위로 대규모 기구를 효율적으로 관리하기 위해 도입한 군대식 편제를 상징한다. 진기는 희구편제의 중심인 '기旗' 단위를 말한다. 〈그림 4〉는 희구 1만 구를 기준으로 10일 동안 이루어지는 진휼 1순巡을 나타낸 것이다. 희구 1만 구에 대한 진휼은 10일 1순에 따르면 진장에서는 매일 1,000구에 대한 희미지급이 이루어지게 된다. 1일 희미지급 단위 1,000명이 바로 부였다. 부는 첫째 날 갑부, 둘째 날 을부로부터 마지막 날인 10일 계부에 이르기까지 날짜순으로 배치되었다.

각 부는 5개의 기로 구성되었다. 4구=1진패를 기본단위로 10진패=1대, 5대=1기, 5기=1부로 확장하면 결국 1부는 250진패(1만 명)로 구성된다. 따라서 1부 1,000명 중 실제 진장에서 희미를 받는 사람은 4분의 1인 250명에 불과했다.[84] 정약용은 이것이 '주자의 유법'임을 특별히 강조했다.[85] 기민이 2만 구가 되므로 1부=10기로 편성된다. 길이 1척 5촌인 기는 청포(제1기), 홍포(제2기), 황포(제3기), 백포(제4기), 흑포(제5기)로 구분되었다. 기대편성旗隊編成은 진패와 마찬가지로 인접 거주자를 중심으로 하되 마을 전체로도 1대를 채우지 못하면 이웃 마을에서 가까운 거주자를 넣도록 하였다.[86]

두 번째는 ③ 진력, ⑤ 진혼, ⑦ 진인이다. 우선 ③ 진력은 진휼과정의 구체적인 과정과 실태를 정리한 장부로서 수희자의 사망·증감 등 변동 내역을 해당 장부에 그때그때 반영, 운영함으로써 진휼이 체계적으로 이루어지도록 하기 위한 문서적 장치였다. 정약용은 이 또한 군법, 즉 군대 편제에 입각하여 관안官案의 양식을 준용, 유지油紙로 진력을 만들도록 하였으며 기명·대명을 쓰고 진패 받는 사람의 성명은 따로 종잇조각에 써서 옮겨 붙일 때 편리하도록 하였다.[87] 수희자 중 진장에서 범죄를 저지르거나 규정을 위반한 자는 희미수급 대상에서 제외하고 앞뒤의 패에도 희 1등씩을 내려 연대 책임을 지도록 하였다. 사망자가 발생한 패는 해당인을 삭제하고 그가 거주한 마을에서 누락된 사람을 올려 4구를 채우도록 하였다. 사망자가 다수 발생하여 이를 보충할 사람이 없을 경우에는 한 기를 헐어서 차례로 옮겨 채워 넣도록 하였다. 사망자가 많아서 여러 기가 무너지면 5기를 모두 없애고 새로운 진력과 진패를 발급하도록 하였다. 이는 당시 수령이 진장의 기구가 줄어들어도 제대로 보충하지 않는 현실에 대한 대책이었다.[88]

〈표 4〉 진력의 예시

青旗 第1隊

東始面春山里	幼學 李基元	男丁1口 女壯1口 聯戶 李基亨 男丁1口 女壯1口 ○ 該受米 1斗8升 ○ 小寒날 賑牌를 받았음.
東始面春山里	良人 朴泰周	男丁1口 女壯1口 女弱2口 ○ 해당 受米 1斗5升 ○ 小寒날 賑牌를 받았음.
東始面柳谷里	寡婦 金召史	女壯1口 女老1口 聯戶 寡婦 朴召史 女壯1口 女弱1口 ○ 該受米 1斗5升 ○ 小寒날 賑牌를 받았음.

紅旗 第1隊

南始面夏川里	幼學 金廷馥	男丁1口 女壯1口 聯戶 金廷馥 男丁1口 女壯1口 ○ 該受米 1斗8升 ○ 小寒날 賑牌를 받았음.
南始面夏川里	良人 崔時東	男老1口 女老1口 男丁1口 女壯1口 ○ 該受米 1斗7升 ○ 立春날 賑牌를 받았음.
南始面桃源里	禁保 韓致三	男丁1口 女弱2口 聯戶 寡婦 韓召史 女壯1口 ○ 該受米 1斗5升 ○ 立春날 賑牌를 받았음.

黃旗 第1隊

邑內坊館口里	退吏 李壽聃	男老1口, 男丁1口, 聯戶 閑良 李福聃 男丁1口, 女壯1口,○ 해당 受米 1斗8升. ○ 小寒날 賑牌를 받았음.
邑內坊南門里	老妓 蓮臺月	女老2口, 聯戶 寡婦 金召史 女壯1口, 男弱1口○ 該受米 1斗5升. ○ 立春 뒤 10일에 賑牌를 받았음.
邑內坊南門里	良人 崔後男	男丁1口, 女壯1口, 聯戶 崔得才 女老1口, 男弱1口,○ 該受米 1斗6升. ○ 立春 뒤 10일에 賑牌를 받았음.

* 자료 : 『역주목민심서』 Ⅵ, 제11부, 賑荒 六條 제4장 設施, 104~107쪽.

〈표 4〉는 진력을 예시한 것이다. 정약용은 이를 제1기 청기, 제2기 홍기, 제3기 황기, 제4기 백기, 제5기 흑기 중 제1기~제3기 순으로 제시하였다. 각 기가 5대로 구성되므로 여기에서는 각 기별로 제1대 10명의 일부인 3명만 나타낸 셈이다. 앞서 살핀 바 있지만 일단 각대의 구성은 거주지 중심으로 이루어졌다. 청기 제1대는 동시면 춘산리와 유곡리, 홍기 제1대는 남시면 하천리와 도원리, 황기 제1대는 읍내방 관구리와 남문리에 사는 사람으로 짜여 있었던 것이다. 제1기 1대의 첫 진제 대표자는 남성으로 정하는 것이 원칙이었다. 유학 이기원이 청기 1대의 첫머리에 올라 있는 것에는 이러한 점도 고려되었을 것이다.

거주지 다음 칸에는 진패 대표자의 직역과 성명을 기재하였는데 그 직역은 유학幼學·양인良人·금보禁保·과부寡婦·노기老妓 등 다양하다. 이들은 4구=1진패의 대표이므로 자신을 포함해서 3구의 내역을 밝히고 기구별 희미수급액을 합하여 진패의 총수미액을 기재했다. 그런데 희구가 처음부터 영세했기 때문인지는 몰라도 한 가족으로 진패를 구성하는 것은 박태주, 최시동, 연대월 셋뿐이고 나머지 여섯 진패는 모두 연호로 구성되어 있다. 연호로 들어온 호의 호주직역을 보면 4명은 무직역이고 나머지 2명은 한량·과부다. 끝에 기재된 진패발급 시기는 소한이 5건, 입춘이 4건이다. 앞서 진희의 기간이 상등상급이 소한부터, 상등중급이 입춘부터 시작되었으므로 이기원·박태주·김소사·김정욱·이수담은 상등상급, 최시동·한치삼·연대월·최후남은 상등중급의 진대로 이해할 수 있다. 진력은 마을 단위로 10일마다 한 번씩 정리하여 수령에게 제출하도록 하였다.[89]

한편 ⑤ 진혼은 혼패閩牌를 통해 시행하고자 했다. 정약용은 진청賑廳에 외부인의 출입을 철저하게 통제해야 한다고(閩禁) 하면서 진장에서 감독과 업무를 담당하는 자들에게 일종의 출입허가증인 혼패를 발급하도록 하였다. 이는 진청의 혼란과 부정을 막고 실무자들의 업무효율을 높이기 위한 조치였다. 혼패는 향승 3인, 도감 1인, 감관 2인, 수리 1인, 진리 2인, 형리 1인, 시동 2인, 시노 2인, 조예 4인, 창노 2인, 창예 4인, 죽비 5인, 시노 1인 등 대략 30인에게 발급되었다.

혼패의 규격은 가로세로 2분의 1척(周尺)에 앞면에 '희장입문지기饋場入門之記'라고 새겨져 있고 뒷면에는 화압花押과 낙인을 찍어 출입 시 패용하도록 하였다. 수령은 만일에 대비하여 3~4매 정도 여분의 혼패를 만들어두도록 하고 기총 5명은 기를 표식삼아 출입할 수 있도록 하였다. 아울러 담장을 보수하고 위에 가시를 얹어서 외부와 차단하도록 하였다. 외창에 개설된 진장의 경우 혼패의 발급건수를 20개 정도로 줄여도 무방하다고 하였다.[90] 끝으로 ⑦ 진인은 '수희지기受饋之記'라고 새겨 수희자를 확인하는 도장이었다. 진인은 진패와 장부의 대조 후 문제가 없으면 기민의 팔에 먹물도장을 찍었다가 희미를 수급 받고 지우도록 했다.[91]

이상의 ④ 진패, ⑥ 진기, ③ 진력, ⑤ 진혼, ⑦ 진인의 5개 요소를 종합하여 진장의 희미 수급 절차를 정리하면 대략 다음과 같다. 소한 날 수령은 패전에 배례한 후 진장 창청에서 혼패를 나누어주고 혼패를 소지하지 않은 사람은 모두 퇴장하도록 하였다. 군관 5명을 차출하여 임명한 기총은 기 단위의 통솔과 질서유지를 책임졌다. 섬돌 앞에 영기 한 쌍을 세우고 포성으로 신호가 울리면 창고 안의 호적 소리를 신호로 청기를 잡은 제

1기총이 창고문으로 들어가고, 기민 50인이 진패를 차고 따라 들어가 5대로 나눴다. 기총은 제1대 10인을 이끌고 진청 앞에 서서 진패를 제출하고 확인을 받도록 하였다. 그 뒤의 제2·3·4·5대 각 10인도 이와 같은 방식으로 진패를 제출하도록 하였다. 도감이 진패를 검토하고 손에 진인을 찍으면, 기총은 순서대로 대를 이끌고 죽소에 가서 죽을 받아먹도록 하였다. 죽을 먹고 난 후 기총은 이들을 인솔하여 희소로 가서 희미와 소금을 지급받도록 하였다. 제1기가 희미를 받고 나오면 그다음은 제2기, 제3기, 제4기, 제5기 순으로 기총의 인솔하에 동일한 절차를 밟도록 하였다.[92]

진휼이 어느 정도 진행되어 입춘 무렵이 되면 진휼 관련 장부가 쌓여 복잡해지므로 관련 문서를 대대적으로 정리하고 새 진력과 진패를 만드는 등 진휼조직을 대폭 정비하였다. 입춘 10일 후(2월 14일경)에 한 번 정리하고, 경칩(3월 6일경)에 땅이 풀려 농사가 시작되면 양식을 보조하고 청명(4월 5일경)에는 낙종落種을 위한 종자를 보조하도록 하였다. 바로 진대의 형태였다. 진조[糶糶]는 춘분(3월 21일경)에 시작하되 곡식이 부족하면 반드시 시행할 필요가 없다고 하였다. 입하 10일 전(4월 26일경) 진력을 고치고 진패를 정리하여 희미 지급을 소폭 줄이고(下等賑牌回收), 입하날(5월 6일경) 또 진력과 진패를 정리하여 희미 지급을 대폭 줄이며(中等賑牌回收), 망종(6월 6일경) 1일 전 진장을 닫도록 하였다(上等賑牌回收). 이상과 같이 한다면 소한~망종 간 153일 중 150일이 진장이 개설되어 진휼을 실시하는 기간이 되는 셈이었다.[93]

세 번째 주자의 진법 중 채택한 것은 ⑧ 진상이다. 이는 진휼작업에 참여한 사람들의 노고를 치하하기 위해 파진연罷賑宴을 열고 시상하는 절차이다. 망종에 진장을 닫고 파진연을 개최하는데 여기에는 기악妓樂을 쓰지 않도록 하였다.[94] 초청대상은 진감·진리와 외촌의 진감·향갑[面任], 상족·중족·하족을 막론하고 권분을 20석 이상 낸 사람들이었다. 정약용은 권분 참여자들에 대한 보상에 소홀함이 없도록 하여 신뢰를 지킬 것을 특별히 강조했다.

> 요즘 수령이 권분하는 것을 보면, 처음에는 감언이설로 장차 크게 상을 줄 것같이 하다가 진휼하는 일이 끝남에 미쳐서는 술 한잔 권하지 않고 부채 한 자루 주지 않아 마치 똥집 막대기[乾屎之橛] 보듯 하며, 버리기를 마치 고기 잡은 뒤의 통발처럼 하여 막연히 서로 잊어버릴 지경에 이르니 그 경박함이 심하다. 『시경』에 이르기를 '덕 있는 말씀 크고 밝아, 백성들에게 두터운 정情 보이시네'라고 하였는데, 백성에게 경박하게 보이면 그 누가 믿겠는가? 이는 크게 옳지 못한 일이다.[95]

재해와 진휼이 정기적으로 반복되는 일상적인 것이었으므로 진장이 끝나는 시점에 분명한 보상을 통한 권분자들과의 신뢰구축은 수령의 진장 운영에 매우 중요한 사안이었다. 권분 참여자들에 대한 보상방식도 200석 이상, 50~100석, 20석·30석·40석으로 나누어 상세히 규정하였다.[96] 파진연의 이러한 규정은 진휼 참여자들에게 기여도에 따라 시상을 하도록 한 『속대전』과 『대전통편』의 조항을 적절하게 조합한 것이었다.[97] 이는 정약용이 주자의 진법을 적용하면서도 당시 법전의 규정을 적절하게 조합하여 현실적 효용성을 높인 것으로 이해할 수 있다.

그런데 이러한 주자의 주장을 중심으로 한 수령의 진휼방식도 당시 실제로 채택하여 시행하는 수령이 있었다. 영조 32년(1756) 통천군수 유정원은 흉년에 대비하여 1,800곡의 곡식을 마련하여 10일 단위로 진미를 나누어주었으며 면 단위로 기를 만들어 면임이 기를 들고 소속 기민을 통솔하여 진미를 받게 하고 9개의 가마솥을 뜰에 설치하여 이들에게 죽을 쑤어 먹이도록 하였다. 죽을 먹고 나면 기를 들고 나가게 했는데 거의 혼란이 없었다고 한다.[98] 정약용은 주자진법을 채용하면서도 그것을 단순히 머릿속의 구상만이 아니라 현실에 적용되어 운영된 사례까지 검토하였다. 인시순속의 입장은 이렇게 주자진법의 도입을 통한 진휼제 운영의 개선방안을 제시하면서도 여지없이 관철되고 있었던 것이다.[99]

4 정약용의 진휼론 : 『주례』적 이상의 추구, 순속順俗과 주자朱子의 만남

18세기 이후 인정과 덕치를 통한 왕도정치의 구현이라는 성리학적 사유체계가 난숙기에 접어듦에 따라 민본이념의 실천행위로서 진휼책은 더욱 강조되는 추세였다. 환곡이 심각한 문제를 드러내는 가운데 진휼제 본연의 기능을 복원해야 한다는 주장이 여러 갈래로 제기되었는데『목민심서』에 나타난 정약용의 주장도 그중 하나였다. 이 글은『목민심서』에 나타난 정약용의 진휼론에서 두드러지는 주자의 진법이 18, 19세기 조선의 현실과 이루는 접점의 구체적인 양상을 살펴보고 이를 통해 종래 정약용의 사상은 물론 '실학'으로 포괄되는 사상체계가 성리학 혹은 주자학과 어떠한 관련성을 가지는지 새롭게 고민할 수 있는 기회로 삼고자 하였다. 여기에는 정약용 사상의 여러 층위 속에서 목민관으로서 위상에 걸맞게 향촌사회 내부에서 수령이 취해야 할 진휼책이 가지는 구체적인 내용과 성격을 살피는 것도 중요한 내용을 구성한다.

『목민심서』 진황조의 비자·권분·규모·설시·보력·준사는 포괄적 의미의 황정이 가진 일반적인 체계를 그대로 준용했으며 『주례』 대사도의 황정 12가지 조목이 중요한 지침으로 작용했다. 정약용은 '국왕의 은혜'가 민에게 균등하게 미치기 위해서는 국왕을 정점으로 이를 둘러싼 관료는 물론 지방관과 행정실무자에 이르기까지 근신의 마음가짐과 절검의 의식을 자신의 직분에 걸맞은 형태로 모사·실천하여야 한다고 하였다. 통치의 일선에 있는 수령의 역할은 그러한 점에서 매우 중요했다. 정약용은 수령의 황정에서 가장 중요한 것으로 '예비預備', 즉 흉년과 기근에 앞선 적극적인 대비책의 강구를 꼽았다.

그중에서도 중앙정부의 대비책과 별도로 지역사회의 수령이 취해야 할 '예비'야말로 『목민심서』가 초점을 맞춘 바로써 그것은 대체로 ① 풍년에 염가로 곡물을 사들여 곡가가 높은 시기나 지역에 판매하여 차익을 확보하는 방식, ② 인근 군현의 비축곡을 사들이거나 포구에 미상을 유치하여 미곡을 매입하는 방식, ③ 아전들의 중간 포탈분을 적발·추징하여 진자에 보태는 방안, ④ 재해지역으로서 곡물을 지원받는 '이속', ⑤ 수령이 부민에게 곡식을 의연義捐받는 권분 등을 들 수 있다. 이들 방안 가운데 정약용은 권분을 수령의 권한 범위에서 가장 실효성 있게 추진할 수 있는 방안으로 꼽았다. 그는 권분의 효용성을 적극적으로 인정하면서 그 운영 과정에서 나타나는 문제점을 개선한다면 진자확보책으로 상당한 성과를 거둘 수 있다고 판단한 듯하다.

정약용은 권분대상자, 즉 '요호'를 선정하는 구체적일 절차를 규정했다. 그것은 권점을 통해 요호를 선정, 상등요호는 무상으로 곡물을 내놓는 진희, 중등요호는 봄에 곡물을 대여했다가 가을에 상환받는 진대, 하등요호는 곡물을 시가보다 낮게 판매하는 진조의 형태를 취하였고 이를 각기 9개 구간으로 나누어 권분액을 책정하였다. 기민을 선발하는 원칙과 절차도 상세히 규정하였다. 기민호는 가장 정도가 심한 상등에게는 진희, 그다음 정도가 심한 중등은 진대, 가장 정도가 약한 하등은 진조의 형태로 진휼이 이루어지도록 하고 진휼기간도 이에 따라 달리 책정하였다. 지방차원의 진휼사업은 공곡을 사용할 경우 공진이라 하고 수령이 자비곡을 방출할 경우 사진이라고 하였는데, 정약용은 공진을 기본으로 하면서도 권분을 통해 확보한 곡물을 진자에 혼합한 형태를 상정한 것으로 생각된다. 특히 그는 향촌사회 내부의 자율적 상호부조를 강조하면서 혈연적으로 가까운 사람부터 이웃과 다른 사람까지 확대하는 형태로 공동체적 연망과 유대를 활용하고자 했다.

진휼은 통상 긴급한 상황에서 진행되고 이 때문에 무질서와 혼란이 야기되기 십상이었다. 적절하고도 신속한 조치와 체계적인 프로그램을 통해 제한된 진자를 효과적으로 분배함으로써 가급적 많은 기민을 구제하는 데 진휼의 성패가 달려 있었다. 정약용이 새롭게 안출해낸 진장운영론은 여기에 초점을 맞춘 것이었다. 우선 진장의 수와 그 운영을 위한 진청의 인력과 설비에 대해 상세히 규정하였다. 여기에는 당시 법전이나 사목의 규정을 적절히 수용한 위에 그 자신이 목도한 1809년과 1814년 흉황의 시행착오가 크게 작용했다. 여기에는 유망자에 대한 대책과 의료구호를 위한 방안도 덧붙여졌다.

정약용이 합리적이고 효율적인 진제법을 강구하기 위해 광범위한 조사를 거친 끝에 내린 결론은 주자의 진법을 수용하여 19세기 초 조선의 현실에 적용하는 것이었다. 주자진법이야말로 여타 방안과 구별되게 정약용 특유의 진휼론으로 확정할 수 있는 요소였다. 주자의 진법은 대략 ① 어린도, ② 홍·청·황권, ③ 진력, ④ 진패, ⑤ 진혼, ⑥ 진기, ⑦ 진인, ⑧ 진상 등 여덟 가지로 요약되는데 이는 향보의 향촌사회조직에 군대편제를 중첩시켜 진휼조직을 효과적으로 통제·관리하는 것이 목적이었다. 정약용은 주자의 진법 여덟 가지 가운데 ① 어린도와 ② 홍·청·황권을 제외하고 나머지 여섯 가지를 조선의 현실에 맞게 적용하도록 하였다. ③ 진력은 진휼과정의 구체적인 과정과 실태를 정리한 장부로서 수희자의 사망·증감 등 변동내역을 해당 장부에 그때그때 반영, 운영함으로써 진휼이 체계적으로 이루어지도록 하기 위한 문서적 장치였다. 또한 ④ 진패는 희미 지급 시 혼란을 방지하기 위해 수희자를 일정한 단위로 묶어 그 내역을 증빙하는 문서였다. ⑥ 진기는 ④ 진패를 기본 단위로 대규모 기구를 효율적으로 관리하기 위해 도입한 군대식 편제를 상징하는 것으로 희구편제의 중심인 '기' 단위 진휼조직의 편성과 운영을 의미했다. 일종의 출입허가증인 ⑤ 진혼은 혼패라고 명명하여 발급하도록 하였으며 ⑦

진인은 수희자를 확인하는 도장이었다. 마지막으로 ⑧ 진상은 진휼작업에 참여한 사람들의 노고를 치하하기 위해 파진연을 열고 시상하는 절차였다.

그런데 이러한 주자진법은 이미 당시 시험적으로 채택하여 시행하는 수령이 있었다. 영조 32년(1756) 통천군수 유정원의 사례가 그것으로, 정약용은 이미 이를 검토했던 것이다. 『목민심서』 전반을 관통하는 인시순속의 입장은 이렇게 주자진법의 도입을 통한 진휼제 운영의 개선방안에도 여지없이 드러나고 있었던 것이다. 『목민심서』에 개진된 정약용 진휼론은 일단 진휼·환곡제 개혁안의 핵심적인 부분을 이루고 있을 뿐 아니라 그가 그리고자 한 거대한 국가·사회 개혁안의 성격을 새롭게 평가할 단서를 안고 있다는 점에서 그 의미를 과소평가할 수 없다. 정약용의 수령진휼론은 주례적周禮的 이상을 추구하면서 18세기 제도적 규정을 참용參用한 위에 공진을 위주로 사진을 보완하는 가운데 중국 역대제도 중 주자朱子의 진법을 가장 합리적인 방안으로 받아들여 현실에 맞게 변용함으로써 당시 진휼제 운영에서 나타난 여러 문제를 타개하려 했던 것으로 요약할 수 있다.

송양섭

고려대학교에서 박사학위를 받았으며 성균관대학교 동아시아학술원, 충남대학교 국사학과를 거쳐 현재 고려대학교 한국사학과에서 강의하고 있다. 주요 논저로는 「17세기 강화도 鎭堡의 운영과 둔전책의 추진」(『한국사연구』 176, 한국사연구회, 2017), 「19세기 부세운영과 '향중공론'의 대두」(『역사비평』 116, 역사비평사, 2016), 「『목민심서』에 나타난 정약용의 수령인식과 지방행정의 방향」(『다산학』 28, 다산학술문화재단, 2016), 『18세기 조선의 공공성과 민본이념-손상익하의 정치학, 그 이상과 현실』(태학사, 2015), 『동아시아는 몇 시인가?-동아시아사의 새로운 이해를 찾아서』(너머북스, 2015, 공저) 외에 여러 편이 있다.

집필경위

이 글은 2015년 2월 13~14일 성균관대학교 동아시아학술원과 한림대학교 한림과학원이 공동 주최한 "19세기의 동아시아-변화와 지속, 관계와 비교" 학술회의에서 발표되었고 『민족문화연구』 68(고려대학교 민족문화연구원, 2015)에 게재한 원고를 수정 보완한 것이다.

재정사財政史의 각도에서 다시 보는
한중 관계 - 「조청상민수륙무역장정朝
淸商民水陸貿易章程」의 재검토

◎

문명기

1
조선 정부는 왜 「장정」을 체결하려 했는가?

1882년에 조선 정부와 청조 간에 체결된 「조청상민수륙무역장정朝淸商民水陸貿易章程」(이하 「장정」으로 줄임)은 그 이전의 이른바 조공-책봉 관계의 불간섭주의를 마감하고 청조가 조선에 적극적인 간섭으로 나서게 만드는 계기를 제공했다. 이러한 조·청 관계의 변화 양상과 그 의미에 대해서 이미 많은 연구자가 다양한 방식(예컨대 '속방화'나 '신속방화', '제국주의화', '음우조종陰寓操縱'을 통한 종속관계의 근대적 재편, '종주권 강화' 등)으로 개념화해왔다.[1] 이들 연구는 주로 청조가 조선에 가한 외압의 성격을 어떻게 파악할지에 초점을 맞추었다는 점에 공통점이 있다. 또「장정」을 계기로 강화된 청조의 간섭이 청일전쟁까지 그대로 관철되었다는 점에는 대체로 일치된 견해를 보였고, 이러한 연구 경향에 필자도 큰 이의는 없다.

다만 기존 연구가 대부분 청조의 제국주의적 또는 억압적 성격을 과도하게 강조한 나머지「장정」의 또 하나의 주체였던 조선 정부가 왜「장정」을 체결하려 했으며「장정」으로 무엇을 얻으려 했는지에는 그다지 주목하지 않는 결과를 낳았다. 이 때문에 조선 정부의 '비주체적' 성격을 강조하는 결과를 낳은 것은 아닌가 하는 의문이 든다.「장정」체결 전후 사정을 상세하게 전하는『청계중일한관계사료淸季中日韓關係史料』, 그리고「장정」체결과정에서 조선 측 대표로 활동한 김윤식金允植(1835~1922)·어윤중魚允中(1848~1896)의『음청사陰晴史』와『종정연표從政年表』등에 나타난 중요한 특징 중 하나는「장정」교섭에 임하는 조선 정부의 '의외의' 적극성이다. 이러한 조선 정부의 적극성은「장정」의 중요한 특징을 이루는 (「전문前文」의) '속방屬邦' 규정을 청조가 강요했다는 종래 통설을 재고하게 만든다.

이러한 종래 통설을 재검토하려고 필자는「장정」체결에 임했던 조선 정부의 강력한 실질적 동기 중 하나가 (대외통상을 통한) 재원 확보에 있었다는 점을 논증해보고자 한다. 그리고 이를 위해「장정」체결을 주도한 인물 중 하나였던 어윤중의 역할을 부각해 이해함과 동시에「장정」에 이어 체결된 「중강무역장정中江貿易章程」(이하 「중강장정中江章程」)과 「회령통상장정會寧通商章程」(이하 「회령장정會寧章程」)의 밀접한 상호 연관성을 재정의 각도에서 이해해보고자 한다. 나아가 「장정」 체결로 조선 정부가 재정적으로 거둔 성과의 실질이 구체적으로 무엇이었는지 살펴보기 위해 관세와 대외무역(특히 인삼무역)의 실태를 재구성해보고자 한다.

2 「장정」의 체결과 어윤중의 역할

청조와 통상교섭을 실질적으로 주도한 어윤중은[2] 청조 측 대표인 서리 북양대신署理北洋大臣 장수성張樹聲과 천진해관도天津海關道 주복周馥 (1837~1921)에게 ① 북도北道 개시開市의 혁파 및 상민商民 공궤供饋의 폐지, ② 파사주경派使駐京, ③ 해금의 철폐와 통상을 제기했다. 우선 ① 의 북도(의주·회령·경원) 개시 문제를 제기한 이유는 공궤비供饋費 추렴에 따른 북도 주민의 비용 부담을 덜고 월간 행위자를 초무·안착시키며, 아울러 러시아 남하에 대비한다는 것이었다. 하지만 무엇보다도 북도 개시를 유지하는 데 소요되는 비용을 조선 정부가 더는 감당하기 힘들었다는 사정이 크게 작용했다.

기존의 북도 개시에서 청조는 무역감독관[章京] 인솔 아래 상인 350명과 우마牛馬 670필을 동반했고, 청조 관원과 상인의 공궤비 일체를 조선 쪽에서 부담함과 아울러 수반되는 우마를 먹일 꼴까지도 지급하게 되어 있었다. 이러한 개시에 소요되는 비용은 양시兩市 비용이 쌀 9,200석과

동전 9만 냥 전후, 단시單市 비용이 쌀 7,200석과 동전 5만 냥에 달하는 거액이었다.[3]

또 ② 기존의 연공年貢·하사賀使·진주進奏 등의 사대事大 사행을 철폐하고 파사주경, 즉 외교사절을 파견하여 북경에 상주하게 하겠다는 제안의 배후에는 절사節使·별사別使의 사행에 소요되는 막대한 비용을 감당하기 힘든 조선 정부의 사정이 놓여 있었다. 청조와 조선 간의 (교역관계를 제외한) 조공관계에서 양측의 부담과 소득품의 가치를 비교한 선학의 연구에 따르면 조선 정부는 국가재정상 연평균 전 20만 냥 이상의 손실을 입고 있었고, 칙행이 있는 해에는 40만 냥에 달하는 손실을 감수해야만 했다.[4]

이러한 경향은 물론 조선 말기에도 계속되었다. 김윤식은 절사의 경우은 1만 냥과 전 10만 냥, 별사의 경우 이보다 약간 적은 편이었으며, 청조가 파견한 칙사의 접대비용 역시 은 2만 냥과 전 10만 냥에 달한다고 토로했다.[5] 1882년 「장정」 교섭 당시 어윤중 역시 조선 정부의 1년 세입은 30만 냥 정도에 불과했는데, 함경도(세입)의 절반은 호시 비용의 충당에, 평안·황해도의 세입은 조선과 중국을 오가는 양국 사신 왕래에 소요되는 비용 충당에 소모되어 탁지부의 수입이 되지 못한다고 호소했다.[6] 이러한 상황에서 조선 정부가 파사주경을 제안한 것은 사대 관련 의례는 과거와 같이 행하되 그 방법에서 사행이 왕래하는 것을 막고 북경에 주재하게 하여 경비를 절감케 한다는 생각이었던 것이다.[7]

또 ③ 조선 정부가 청조에 적극적으로 통상교섭을 행하게 된 데에는 인삼 등의 무역으로 재정수입을 증대하고[8] 일본과 체결한 해관세칙의 문제점을 시정하려는 의도도 강했다.[9] 일본은 개항 이래 각 통상 항구에서 면세로 무역을 독점하고 있었으므로 면세규정을 개정하려면 청조와 새로운 통상장정을 제정해 일본을 압박할 필요가 있었다.

이렇게 본다면 청조와 「장정」 교섭 시 조선 정부가 제기했던 북시의 혁파, 파사주경, 통상 확대는 모두 기존의 재정지출을 줄이고 새로운 재원을 확보하려는 목적과도 긴밀히 연관되어 있었다. 「장정」에 뒤이어 바로 「중강장정」과 「회령장정」을 위해 어윤중이 급파되어야 했던 이유도 여기에 있었다. 비록 뒤의 두 장정 체결과정에서 숭기崇綺 등 현지 지방관의 의견이 강하게 반영됨에 따라[10] 조선 정부가 상대적으로 큰 폭으로 양보해야 했음은 분명하지만, 전술한 바와 같은 북시와 관련한 재정 소모는 줄일 수 있었기에 양자 간에 타협이 성립될 수 있었던 것이다.[11]

기존의 연구는 대체로 청조의 조선에 대한 적극적 간섭정책이 가능했던 조건으로서 ① 청의 대일對日 우위 확보, ② 서구열강의 국제적 묵인과 아울러 ③ 조선 정부의 수용이라는 세 가지 조건을 들어왔다.[12] 필자 역시 이러한 국제정치적 측면의 접근을 부인하는 것은 아니지만, 고종의 정치적 목적을 달성하기 위한 재정적 기반을 확충하려는 노력에도 관심을 기울여야 한다고 생각한다. 예컨대 임오군란을 계기로 한 대원군의 정계복귀 시도에는 통리기무아문의 설치, 신사유람단의 일본 파견, 별기군의 창설, 무기 제조를 위한 유학생의 청국 파견 등을 위한 경비가 민民의 부담으로 전가되는 상황이 그 배경에 있었다.[13] 이러한 흐름이 임오군란 직후에도 변화하지 않고 지속되었다면 고종은 기존의 재정만으로는 만족하지 못하고 새로운 재원이 절실히 필요했으리라는 것은 쉽게 추측할 수 있는 일이다.

당시 조선 정부의 재정실태가 이러한 추측을 뒷받침해준다. 1807년과 1882년 및 1894년의 세입·세출을 현물미現物米의 석수石數로 환산·비교한 한 연구에 따르면 1807년 총 62만 석, 1882년 57만 3,785석, 1894년 52만 3,496석으로 지속적인 감소 추세를 보였다.[14] 이 원인에 대해서는 지방관의 조세 포탈, 재정수입의 화폐화, 세미稅米의 무곡貿穀 행위나[15] 이른바 '19세기의 위기'로 표현되는 조선 농촌사회의 전반적인 토지생산성 하락[16] 등의 다각적 분석이 있지만, 그 원인이야 어쨌든 이러한 세입감소 현상은 조선 정부의 재정수입 기반이 토지세가 아닌 다른 부문으로 이동할 수밖에 없는 상황에 처했음을 웅변해준다.

요컨대 줄어드는 세입에 대응하여 고안된 다양한 방식인 악화주조나 환곡, 매관매과賣官賣科, 무명잡세 창설 등이 결국 민의 부담으로 직접 연결되고 이것이 민란을 부추기는 구조적 모순이[17] 상존하던 1880년대 초에 중국과 통상을 통한 대외무역 확대와 이에 따른 세원 확대는 재정 궁핍 상황에서도 제반 근대적 개혁에 소요되는 재원을 감당해야 했던 조선 정부로서는 거부하기 힘든 유혹이었던 셈이다. 이렇게 보면 어윤중이 김윤식과 더불어 「장정」 체결의 주도 인물이 된 것도 자연스러운 논리적 귀결이었던 듯하다.

주지하듯이 어윤중은[18] 1881년 조직된 신사유람단의 일원이었고, 그가 담당한 직책은 바로 일본 대장성의 직제·사무 그리고 (세입·세출 등을 포함한) 일본의 재정상황을 파악·보고하는 것이었다. 그가 대장성 시찰을 마치고 작성한 보고서인 『일본대장성시찰기日本大藏省視察記』는 '통상교섭 전문가'로서 그의 면모를 잘 보여준다. 즉 재정·경제를 상대적으로 잘 이해하고 있던 어윤중으로 하여금 청조와 협상과정에서 해관·통상 등의 재정·경제부문을 담당케 한 것이다. 「장정」 체결에 임하는 조선 정부의 구체적 의도가 어디에 있는지를 잘 말해주는 대목이라 하겠다.

흥미로운 점은 어윤중이 일본에서 관찰한 일본 재정의 실상이다. 그는 「일본대장성직제사무장정日本大藏省職制事務章程」과 함께 보고한 「재정견문財政見聞」을 통해 개혁에서 재정의 중요성을 피력한 후[19] 메이지 원년(1868)에서 메이지 13년(1880) 사이 메이지 정부의 재정운영 실태에 관해 비교적 상세히 보고했다. 이 중 주목되는 것은 조세에 관한 보고인데, 우선 메이지 원년에서 메이지 11년(1878)까지 해관세의 증가 추세를 상세히 기록한 후 해관세 세목이 증가하지 않았는데도 전체 세액이 증가한 것은 공업과 상업의 활성화 덕분이라고 지적했다.[20] 이는 「장정」 협상 당시 '통상을 통한 재원 확대'라는 조선 정부의 기본 목적과 부합하는 관찰이기도 했다.

아울러 메이지 정부의 조세항목 변화 연혁을 간략하게 소개한 후 특히 세목의 현저한 감소를 지적했다. 즉 1874년 각종 조세 항목이 1,594종이었던 데 반해 1880년에는 49종으로 대폭 줄어들었는데, "사소한 세목은 존치하더라도 국고수입은 늘어나지 않고 생활고에 따른 인민의 원망만 늘어나게 되어 1875년에 잡세를 폐지했다"라고 하여[21] 조세개혁의 기본 정신이 국고수입은 늘리되 인민의 부담은 가볍게 하는 데 있었음을 지적했다. 이는 당시 조선의 번다한 잡세와 그로 인한 인민의 질고를 연상케 하므로 시사하는 바가 없지 않다고 생각된다.

그뿐만 아니라 조세의 최대 항목이었던 지조地租 항목에 특별한 관심을 표하여 상세히 서술했다. 이는 기본적으로 농업사회였던 조선의 상황에 비추어 당연한 관심의 표명이기도 했는데, 특징적인 것은 지조개정으로 농민의 부담이 현저히 줄어들었음을 강조했다는 점이다. 어윤중은 메이지유신 이전 일본 농민의 조세부담률이 토지수입 중 30~70%에 달하는 고율이었고, 이것이 1873년의 지조개정으로 지가의 3%, 즉 토지수입의 약 30%로 균등화[三公七民]되었을 뿐 아니라 과거에 비해 30~40% 정도 부담을 던 것이라고 평가했다.[22] 게다가 1877년에는 지조의 6분의 1을 재차 감면하는 등 메이지 정부는 지조를 낮추는 데 상당한 노력을 기울였다고 보았다. 그 이유로 지조를 제외한 나머지 조세 항목(예컨대 해관세)이 꾸준히 증가한 덕에 지조를 낮출 수 있게 되었다는 점을 들었다.[23]

요컨대 일본 메이지 정부의 조세수입은 줄어들지 않고 꾸준히 늘어났다는 점, 그리고 국세 항목[大科目]이 19종에 불과하다는 점 등을 들어 메이지 정부가 '국민을 애양愛養한다'는 조세정책의 기본 정신을 충실히 고수한다고 본 것이다.[24] 이렇게 볼 때, 어윤중은 메이지 정부의 재정정책을 관찰해 잡세를 대폭 정리하여 세목을 간소화하고 지세를 균일화함으로써 농민의 부담을 줄이고 동시에 지세 이외의 조세 항목(예컨대 해관세 등)을 신설·확대함으로써 조선 정부의 재정규모를 늘리는 방안을 염두에 둔 것이라고 할 수 있다. 이는 삼정문란에 대응하여 '전결이징田結移徵'을 주장해 지세의 공평한 납부와 지세 경감을 주장하면서 상세商稅나 선세船稅 등 신세新稅의 설정으로 국가재정을 보충하자고 주장한 김윤식이나[25] 토지 소유자들에게 지권地券을 발행하여 토지의 귀속관계를 명확히 한 후 농업에 관한 일체의 세를 지조로 단일화하되 세금 부과를 가볍게 하여 불평등이 없게 하자고 주장한 김옥균金玉均(1851~1894)·박영효朴泳孝(1861~1939),[26] 그리고 1890년대 초 「지제의地制議」, 「세제의稅制議」, 「재정개혁財政改革」 등의 글에서 세율의 경감과 부세의 공평을 기하되 일상생활의 필수품은 세를 가볍게 하고 무익지물無益之物, 즉 술·차·담배·능금綾錦·옥석玉石 같은 비필수품에는 중세를 부과하라고 주장한 유길준俞吉濬(1856~1914)[27] 등의 주장과 일맥상통했다.

이러한 일군의 개화파의 재정개혁·세제개혁에 대해 토지 재분배나 농민경제의 균산화均産化로까지는 나아가지 못한, 지주제의 틀을 유지한 상황에서의 근대화·자본주의화 추구로 평가한 연구도 있지만,[28] 이는 양반층을 위주로 한 경제체제를 근본적으로 변화시키겠다는 발상이 부재한 상황에서는 실행 가능한 거의 유일한 재정·세제 개혁안이었다고 해도 과언이 아닐 것이다. 즉 조선 정부의 최대 세원인 지세에 대해서는 (잡세의 폐지와 조세항목의 간소화 및 균등화 등) 기존의 적폐를 시정하면서, 근대적 개혁을 위해 필요한 새로운 재원은 대외통상이나 상업부문에 대한 과세를 통해 해결한다는 것이었다.

흥미로운 점은 「장정」이 체결된 직후인 1882년 10월에 만연한 용관冗官·용비冗費를 줄이려는 목적으로 감생청減省廳이 설치되었고, 그 책임자로 어윤중이 임명되었다는 사실이다. 이는 김익룡金翼龍 등의 용비 감생에 관한 상소가 줄을 잇는 상황에서 조선 정부가 나름의 대책을 세운 결과인데, 전반적인 내용은 종친부 종친경宗親卿의 범위 축소, 의정부 당상의 연령 제한, 충훈부 둔토의 탁지부 귀속, 도총부아문都摠部衙門·호위

청리위청廳 등의 혁파 등 불요불급하거나 위인설관의 혐의가 짙은 국가기구를 대폭 줄임으로써 재정을 절약하는 데 있었다.[29]

이러한 감생청 설치라는 발상의 기본 정신은 (지세의 증징 등) 과감한 재원확대 방안이 초래할지도 모르는 사회적·정치적 불안을 최소화하면서도 불요불급한 재원을 줄임으로써 결과적으로 재원확대의 실질을 꾀한다는 것인데, 어윤중은 아마도 이러한 발상의 단서를 일본 재정의 관찰에서 얻어온 듯하다.

어윤중은 일본의 국채를 논하면서 총액 2억 232만 원에 달하는 질록공채秩祿公債·외국신공채外國新公債·금록공채金祿公債·구신관배당록공채舊神官配當祿公債가 화족華族과 사족士族·신관神官의 가록제도家祿制度를 변경하는 과정에서 발생한 것이라고 보면서, "만일 이러한 변혁이 없었더라면 경상 세출 중에서 위의 공채의 원금·이자의 상당한 액수가 질록秩祿이 되어 영원히 지출되어야 했을 것이다. 이 변혁은 무기한의 가록을 유기한의 공채로 바꾼 것으로서 정부가 부담하는 세출을 증가시키지 않는 결과를 가져오게 된 것이다"라고 하여[30] 단기간 부담에도 질록처분을 단행한 메이지 정부의 '용단'을 높이 평가했다.[31] 어윤중이 말한바 화족·사족·신관은 당시 조선 상황에서는 (재정지출이라는 각도에서 보았을 때) 어윤중이 감생청을 통해 혁파하고자 했던 종친부 종친경이나 충훈부 등과 큰 차이가 없는, 정부재정을 지속적으로 잠식해온 '봉건적 특권층'으로서 인식된 것이 아닐까.

요컨대 용원·용관을 축소·폐지하고자 했던 어윤중의 개혁적 지향은 일본 메이지 정부의 질록처분을 관찰하면서 더욱 강화되었고, 이는 당시로서는 급진적이라 할 수 있었던 총체적 감생의 실행으로 표출된 것이다.[32] 물론 '전직각田直閣'이라는 어윤중의 별칭이 전하듯이 감생 추진이 지나치게 급진적이어서 결국 그 목표는 거의 달성되지 못한 채 끝나고 말았지만,[33] 최소한 어윤중의 감생청 설치·운영 시도는 조선 정부의 재정개혁 그리고 메이지 정부의 질록처분을 의식하면서 한 조치였다는 점은 비교적 분명해 보인다.[34]

3 대외무역과 정부재정

「장정」의 체결로 본격화된 편무적 협정관세체제에서 기본적으로 재정관세로서 성격이 강했던 조선의 관세수입을 조선 정부는 어떻게 운용했을까. 관세는 각항의 해관 및 감리서 경비 등으로 지출된 외에 주요하게는 조선 정부 대외차관의 원리금 상환에 충당되었다. 이는 관세가 당시 조선 정부의 가장 중요하고도 확실한 재원인 데다 대외차관 도입 시 제공할 수 있는 거의 유일한 담보였기 때문이다.[35]

1882~1894년까지 관세를 담보로 한 차관의 사례를 보면 하나의 중요한 흐름을 발견할 수 있다. 즉 제물포조약의 배상금과 일본 유학생 파견비를 마련하기 위해 요코하마정금은행橫濱正金銀行 차관이 도입되었고, 이를 상환하려고 세창양행世昌洋行 차관, 다시 이를 상환하려고 제일은행第一銀行 차관, 이 두 차관을 상환하기 위해 청나라·영국으로부터 차관을 들이는 모습을 발견할 수 있다. 즉 '구차관을 상환하기 위한 신차관

의 도입'이라는 악성순환에 빠지게 된 것이다.[36]

관세 지출에도 일정한 경향이 보이는데, 지출액 가운데 차관 원리금 상환액의 비중이 가장 높았던 반면 당초 조선 정부가 기대했던 '개화자금'에 충당된 액수는 극히 적었다. 이는 저율관세에 기인하기도 하지만 조선경제 전체에서 차지하는 무역의 비중이 현저히 낮은 상태에서[37] 관세수입만으로는 조선 정부의 재원확보 목적을 충분히 달성할 수 없었음을 잘 보여준다.

상황을 더욱 악화시킨 것은 정부재정과 왕실재정의 미분리 상태가 「장정」 이후에도 여전하여 한정된 재원이나마 효과적으로 기획·운영할 여지가 거의 없었다는 점이다.[38] 일본 제일은행의 기록에 따르면 1898~1902년 사이의 관세수입 가운데 (규모는 정확히 알 수 없지만) 일정금액이 ('시급공용時急公用' 등의 명목으로) 매년 왕실에 상납되었음을 알 수 있다.[39] 그리고 이러한 현상은 1880년대에도 만연했다고 추론하는 것이 타당한 듯한데, 특히 인삼무역 방면에서 그러했다.[40]

고종 연간의 인삼무역 추이를 간단하게 일별하면,[41] 1868년 병인양요 당시 군비를 조달하려고 개성의 삼포에 인삼경작세를 부과한 데 이어 「장정」 체결 후인 1883년에는 홍삼제조 공정액을 2만 5,200근으로 상향 조정했다. 그런데 「장정」의 규정에 따라 중국에 수출하는 인삼에 종가 15%의 관세를 부과하기 시작한 1884년에 홍삼의 제조권 전부를 궁내부가 독점하여 그중 1만 근은 사역원에 할당하고 나머지 5,000근은 궁중의 영리로 하는 조치를 단행하게 된다. 이 조치로 궁중이 홍삼에 독점적 권리를 차지하게 되면서 인삼무역으로 발생하는 이익을 (왕실재정이 아닌) 정부재정화할 가능성은 사실상 사라지게 된다.

실제로 1894년 청일전쟁의 발발과 함께 궁중의 홍삼전매권이 폐지되기까지 궁중의 홍삼무역은 여러 측면에서 조선 정부의 재정확대라는 애초 기대와 다른 방향으로 전개되었다. 황현黃玹(1855~1910)의 『오하기문』과 『매천야록』 등에 산견하는 "홍삼을 전매하여 민영익을 시켜 중국에 팔게 하였다"거나 "(민영익이) 상해와 홍콩 사이를 왕래하였다"는 등의 기록은[42] 매관매과나 어염魚鹽·동철銅鐵의 전매 등을 통한 왕실재정의 충당에 더하여 대외무역이 부여한 상업적 기회를 고종·민비의 측근들이 (정부의 공적 활동과는 구별되는 의미에서) 사적인 용도로 적극 활용하는 데 주저하지 않았음을 암시하고 있다.[43] 이렇게 홍삼이 정상적인 무역규정에 따르지 않고 사적으로 비밀리에 해외에서 거래됨에 따라 인삼무역의 증대가 재정 증대로 이어질 가능성은 거의 없었고, 이는 해관기록에서도 확인할 수 있다.[44]

상황을 더욱 악화시킨 것은 궁내부의 홍삼 매입 관행이었다. 궁내부는 실제 경작자인 개성의 인삼업자들에게서 지나치게 낮은 가격으로 홍삼을 강제로 매입하여 폭리를 취하려 했고, 이러한 궁내부의 매입관행을 수용하기 힘들었던 개성의 인삼업자들은 일본인과 비밀리에 계약을 맺고 홍삼을 매각하고는 관청에는 절도당했다고 신고했다. 이는 당시 홍삼의 사사로운 거래를 금지하던 규정을 회피하기 위한 고육책이었는데, 당시 이를 '삼적蔘賊'이라 불렀다.[45]

이렇게 밀거래된 홍삼은 서울·인천을 경유하여 일본의 나가사키에 도달했다가 재차 상해로 운송되어 중국에서 거래되었다.[46] 요컨대 궁내부의 독점으로 (왕실재정이 아닌) 정부재정 부문은 인삼무역의 혜택을 거의 누리지 못한데다, 궁내부의 반강제적 매입 관행으로 인한 밀무역 성행은 관세수입의 증대마저 방해하게 된다.[47]

이러한 궁중의 홍삼 독점과 사유화는 청일전쟁 중이던 1894년 탁지부 대신 어윤중의 주청에 따라 폐지하게 된다. 이에 따라 홍삼 전매에서 큰 몫을 차지하던 사역원의 홍삼 장악 역시 중단되게 된다. 아울러 포삼包蔘은 탁지부 소관이 되어 정부재정으로 변모하는 길을 걷게 된다.[48] 재정관료 어윤중은「장정」체결 당시 종가세從價稅를 청조가 주장하는 30%에서 15%로 낮추면서 실현하려 했던 재원확보 목표의 일부나마 갑오개혁 시기에 가서야 이룰 기반을 마련한 셈이다.[49]

4 주관적 의도와 객관적 실태의 괴리

(감생청 설치 등의 내부적 노력과 병행하여)「장정」의 체결과 실행으로 점차 감소해가는 재정규모를 보충하고 또 1880년대 초부터 본격화된 제반 개혁을 위한 재원으로 삼고자 했던 조선 정부의 당초 의도와 달리 정부재정은 나아질 기미를 보이지 않았다. 청조와 기존의 사대 관계를 재확인함과 동시에 '양무적洋務的' 내용을 추가함으로써 조선사회의 변화를 꾀했던 조선 정부는 특히「장정」의 체결과 이에 동반할 터인 대외무역과 관세수입으로 문란이 극에 달한 재정구조를 개선하려 애썼다.

하지만 정부재정과 왕실재정의 미분리라는 제도적 문제, 용관·용비의 감생을 포함한 내부적 개혁의 실패라는 조건에서 대외무역에만 의존한 재원확보책은 대외무역이 상대적으로 활발하지 못했던 조선사회의 경제발전 수준까지 감안한다면 사실상 큰 기대를 하기는 어려운 상황이었다고 보아야 할 것 같다.

이 글은 기본적으로 「장정」 체결 과정과 그 이후의 한중관계의 전개에서 '외압'의 측면을 강조한 기존 연구에 일정한 수정이 필요하다는 문제의식에서 출발했다. 그리고 「장정」 체결과정에서 드러난 조선 정부의 '의외의' 적극성은 대내적으로는 해결하기 어려웠던 재원확보 문제를 파사주경과 북시 혁파 그리고 해금의 해제와 통상을 통해 대외적으로 해결하려는 발상의 소산임을 어느 정도 확인할 수 있었다.

하지만 조선 정부의 '주관적' 동기와 그 이후 전개된 재정적 측면에서의 '객관적' 실상 간의 간극은 조선 정부의 기대와 예상을 훨씬 뛰어넘는 것이었다. 대내적 개혁이 전제되지 않은 조건에서 대외적 노력의 결과가 어떠했는지를 잘 보여주는 사례라 할 수 있다. 이렇게 본다면 1880년대 조선사회의 핵심적인 모순이 '외압'에만 있었다고 보기는 어렵지 않을까.[50]

문명기

서울대학교 동양사학과를 졸업했고 국민대학교 국사학과 교수로 재직하고 있다. 저서로는 『식민지라는 물음』(소명출판, 2014, 공저), 『대만을 보는 눈: 한국·대만, 공생의 길을 찾아서』(창비, 2012, 공저) 등이 있고 역서로는 『잠 못 이루는 제국: 1750년 이후의 중국과 세계』(까치글방, 2014), 『식민지시대 대만은 발전했는가: 쌀과 설탕의 상극, 1895~1945』(일조각, 2008) 등이 있다. 논문으로는 「왜 帝國主義下의 朝鮮은 없었는가: 야나이하라 타다오의 식민(정책)론과 대만·조선」(『사총』 85, 2015), 「일제하 대만·조선 공의(公醫)제도 비교연구」(『의사학』 23-2, 2014), 「대만·조선의 '식민지근대'의 격차: 경찰 부문의 비교를 통하여」(『중국근현대사연구』 59, 2013), 「1880년대 한성개잔을 둘러싼 한·중 갈등과 그 의미」(『중앙사론』 33집, 2010) 등이 있다.

집필경위

19세기 말 한중관계사에 관한 연구가 대부분 청조의 제국주의적·억압적 성격을 강조한 나머지 『조청상민수륙무역장정』의 또 하나의 분명한 주체였던 조선 정부가 왜 「장정」을 체결하려 했으며, 「장정」으로 무엇을 얻으려 했는지는 그다지 주목하지 않았다고 보았다. 이 때문에 결과적으로 조선 정부의 수동적·비주체적 성격을 강조하게 된 것은 아닐까 하는 소박한 의문을 가지게 되었다. 당시 관련 사료를 검토하다 보면 「장정」 교섭에 임하는 조선 정부가 의외로 적극적이었음을 발견하게 된다. 비록 「장정」 체결 이후 역사적 현실은 여러 원인으로 조선 정부가 「장정」 체결 당시에 가졌던 주관적 기대와 사뭇 다른 방향으로 전개되기는 했지만, 「장정」 체결 당시 조선 정부의 의도는 그것대로 평가되어야 한다고 생각했다. 이 글은 『역사문화연구』 30집(한국외국어대학교 역사문화연구소, 2008)에 수록된 「財政史의 각도에서 다시 보는 〈朝淸商民水陸貿易章程〉(1882)」을 약간 수정한 것이다.

주

1장

1) Qiang Fang, Hot Potatoes: Chinese Complaint Systems from Early Times to the Late Qing(1898), *The Journal of Asian Studies*, vol. 68, no. 4(November, 2009), p. 1106.

2) *Ibid.*, p. 1126.

3) '정치문화'는 "특정한 공동체에서 개인이나 집단의 정치적 활동의 성격을 규정하는 정치적 담론과 실천에서 보이는 경향"을 말하며, 서로 제기하는 요구들의 내용, 그것을 공식화하는 제도적 절차, 압박하는 전략들을 규정할 뿐만 아니라 요구들에 대한 해결, 경쟁하는 주장들에 대한 권위 있는 조정, 구속력 있는 결정들을 강요할 수 있는 절차와 행위의 원칙과 권능을 형성한다. 이러한 정치문화는 역사의 창조물이며, 정치문화에 규정된 개인과 집단의 행위를 통한 노력과 발전에 영향을 받는다. 새로운 요구가 축적되거나 낡은 요구들이 변형되면 새로운 정치문화가 형성된다는 것이다(Keith Michael Baker, "Introduction", K. M. Baker et al., *The Political Culture of the Old Regime*(The French Revolution and the creation of modern political culture, v. 1), Oxford: Pergamon Press, 1987, p. xii).

4) 『태조실록』, 태조 1년 10월 11일.

5) 1401년에 시작된 신문고는 등문고登聞鼓라고 했다(『태종실록』, 태종 1년 7월 18일).

6) 『經國大典』, 刑典 訴冤.

7) 『경세유표』 제2권, 秋官刑曹 제5 刑官之屬.

8) 『受教輯錄』, 刑典 告訴.

9) 한상권, 『조선후기 사회와 소원제도』, 일조각, 1996, 32~48쪽.

10) 예형취초例刑取招를 말한다. 예형은 장杖이나 태笞로 가볍게 치면서 죄인을 신문하여 진술을 받아내는 것을 말한다(조선총독부 중추원, 『譯文大典會通』 1921, 698쪽). 관부

의 위엄을 보여주기 위한 것으로 형벌과는 다른 것이다(『承政院日記』, 숙종 33년 7월 16일). 격쟁한 사람에 대해서는 예형을 통해 조사한 후 보고서[啓目]를 올리게 되어 있었다(『承政院日記』, 영조 9년 9월 12일).

11) 『성종실록』, 성종 10년 11월 7일, 성종 10년 12월 8일.

12) 『중종실록』, 중종 3년 6월 5일;『명종실록』, 명종 15년 5월 2일, 명종 19년 1월 15일;『인조실록』, 인조 21년 5월 14일.

13) 『明齋遺稿』, 제45권 行狀 "吏曹判書松谷趙公行狀" 을묘년(1675, 숙종 1).

14) 『성종실록』, 성종 20년 11월 7일;『명종실록』, 명종 14년 4월 9일, 명종 15년 5월 2일, 명종 19년 1월 15일.

15) 한상권, 앞의 책, 31~47쪽 참조.

16) 『세조실록』, 세조 1년 8월 7일;『중종실록』, 중종 8년 1월 29일, 중종 8년 2월 10일; 헨드릭 하멜, 이병도 역주, 『역주 하멜표류기』, 한국학술정보, 2012, 96쪽.

17) 1560년(명종 15)에도 국왕이 여가興駕에 오르려 할 때 바로 곁에서 격쟁한 사례가 있었으나, 국왕이 아직 궁궐 안에 있을 때였다(『명종실록』, 명종 15년 5월 2일).

18) 『광해군일기』, 광해군 2년 9월 15일.

19) 신명호, 「조선후기 국왕 행행 시 국정운영체제-『원행을묘정리의궤』를 중심으로」, 『조선시대사학보』 17, 2001, 128~131쪽; 김지영-「朝鮮後期 국왕 行次에 대한 연구: 儀軌班次圖와 擧動記錄을 중심으로」, 서울대학교 박사학위논문, 2005, 241쪽.

20) 한영우, 『〈반차도〉로 따라가는 정조의 화성행차』, 효형출판, 2007, 109~100쪽; 정해득, 「정조의 수원 園幸路와 그 성격」, 『서울학연구』 51, 2013.

21) 『세종실록』, 세종 23년 5월 5일.

22) 『중종실록』, 중종 20년 3월 25일; 헨드릭 하멜, 위의 책, 96쪽.

23) 이사벨라 버드 비숍, 이인화 옮김, 『한국과 그 이웃 나라들』, 살림, 1994, 65~77쪽.

24) 이상 국왕 행차 시의 관광인에 대해서는 김지영, 앞의 글, 211~234쪽; 이왕무, 『조선후기 국왕의 능행 연구』, 민속원, 2016, 134~139쪽 참조.

25) 물론 〈강희남순도〉에 대한 연구에서도 지적되었듯이 군주들의 행차를 묘사한 그림은 현실을 그대로 반영한 것이 아니라, 당시 군주와 지배층의 정치적 이상과 전망을 표현한 것이다(장진성, 「天下太平의 이상과 현실-康熙帝南巡圖卷의 정치적 성격」, 『미술사학』 22, 2008, 280쪽). 그러나 그림을 보고 황제와 민중 간의 관계를 둘러싼 당시의 '정

치문화'의 분위기를 이해하는 데는 무리가 없다고 생각한다.

26) 『승정원일기』, 영조 13년 8월 23일.

27) 『정조실록』, 정조 8년 8월 8일.

28) 『영조실록』, 영조 4년 9월 5일.

29) 『영조실록』, 영조 9년 9월 11일; 『승정원일기』, 영조 44년 3월 21일; 『弘齋全書』 제18권, 行狀, 顯隆園行狀; 『弘齋全書』 제16권, 誌, 顯隆園誌; 이사벨라 버드 비숍, 앞의 책, 76쪽; 이왕무, 앞의 책, 138쪽; 김지영, 앞의 글, 141쪽.

30) 『태종실록』, 태종 4년 8월 11일.

31) 『태종실록』, 태종 6년 12월 20일.

32) 『태종실록』, 태종 14년 12월 14일.

33) 『문종실록』, 문종 1년 9월 8일.

34) 『세조실록』, 세조 1년 8월 7일.

35) 『중종실록』, 중종 8년 1월 29일.

36) 『인조실록』, 인조 21년 5월 14일. 그러나 인조 때도 행행 시 상언이 전혀 없지는 않았다. 현재 인조가 거둥할 때 상언을 접수한 사례는 3회가 확인된다(김지영, 위의 글, 214쪽).

37) 『숙종실록』, 숙종 1년 5월 3일.

38) 『중종실록』, 중종 15년 8월 30일.

39) 『선조실록』, 선조 9년 7월 11일.

40) 『세종실록』, 세종 22년 9월 3일; 『숙종실록』, 숙종 30년 4월 22일; 『만기요람』 재용편 4, 粮餉廳 屯土.

41) 『영조실록』, 영조 46년 9월 10일, 영조 48년 3월 20일.

42) 『영조실록』, 영조 37년 11월 14일.

43) 『영조실록』, 영조 48년 3월 20일.

44) 이에 대한 좀 더 구체적인 내용은 배항섭, 「19세기 지배질서의 변화와 정치문화의 변용-仁政 願望의 향방을 중심으로-」, 『한국사학보』 39, 2010 참조.

45) 한상권, 「19세기 민소의 양상과 추이」, 『국가이념과 대외인식』, 아연출판부, 2002, 109~114쪽.

46) 『일성록』, 철종 9년 8월 18일; 『승정원일기』, 고종 26년 6월 20일.

47) 『승정원일기』, 고종 15년 2월 1일.

48) 『순조실록』, 순조 27년 1월 1일; 『철종실록』, 철종 10년 2월 25일.

49) 『승정원일기』, 고종 23년 9월 29일.

50) 한상권, 앞의 글, 2002, 112쪽.

51) 尹愭, 『無名子集』 文稿 제12책 峽裏閒話 二十四.

52) Qiang Fang, op. cit., p. 1106.

53) 柏樺, 「清代的上控 直訴与京控」, 『史學集刊』, 2013: 2, 70~71쪽.

54) 趙曉華, 「略論晚清的京控制度」, 『清史研究』, 1998: 3, 62쪽; 柏樺, 위의 글, 67~68쪽, 71쪽.

55) Jonathan K. Ocko, "I'll Take It All the Way to Beijing: Capital Appeals in the Qing," *The Journal of Asian Studies*, vol. 47, no. 2(May 1988), p. 294; Hung, Ho-fung, *Protest with Chinese characteristics: demonstrations, riots, and petitions in the Mid-Qing Dynasty*, Columbia University Press, 2011, pp. 152~153; 趙曉華, 위의 글, 62쪽; 柏樺, 위의 글, 68쪽, 71쪽.

56) Qiang Fang, op. cit., pp. 1123~1124; 柏樺, 위의 글, 68쪽.

57) Kim, Jisoo, "Women's Legal Voice: Language, Power, and Gender Performativity in Late Chosŏn Korea," *Journal of Asian Studies*, 74: 3(Aug., 2015), pp. 667~686.

58) 柏樺, 위의 글, 70쪽.

59) 趙曉華, 위의 글, 63쪽.

60) 柏樺, 위의 글, 68쪽.

61) Jonathan K. Ocko, op. cit., p. 294; Hung, Ho-fung, op. cit., pp. 152~153; 趙曉華, 위의 글, 67쪽. 1726년 옹정제도 궁전 문 앞의 모든 불법적 직소자는 그 내용이 허위가 아니더라도 한 달 동안 형구를 씌우고 대나무 채찍 100대를 가할 것이며, 거짓일 경우 변방의 군대로 보낼 것이라고 명하였다(Qiang Fang, op. cit., p. 1124).

62) 趙曉華, 위의 글, 63~64쪽; 趙曉華·周韜, 「京控与晚清政治危机」, 『北京電子科技學院學報』, 2004, v. 12-1, 24쪽.

63) Jonathan K. Ocko, op. cit., pp. 295~301.

64) 윌리엄 로, 기세찬 옮김, 『하버드 중국사 청-중국 최후의 제국』, 너머북스, 2014, 267~280쪽.

65) Hung, Ho-fung, op. cit., pp. 155~156, pp. 165~166.

66) 趙曉華, 위의 글, 64쪽.

67) Hung, Ho-fung, op. cit., pp. 163~164.

68) 김민희, 「淸 嘉慶 연간(1796~1820) 北巡·秋獮 양상과 그 의미」, 고려대학교 교육대학원 석사학위논문, 2015, 2~3쪽.

69) 송미령, 「淸 康熙帝 東巡의 목적과 의미」, 『명청사연구』 24, 2005, 225~226쪽.

70) 常建華, 「長安之旅:康熙帝西巡探討」, 『社會科學』, 2011: 5, 145쪽.

71) 江海萍, 「康乾南巡政治行爲對比研究」, 『黑河學院學報』 3-4, 2012, 121~122쪽.

72) 霍玉敏, 「康熙 乾隆南巡异同考」, 『河南科技大學學報』(社會科學版), 2009, 30쪽. 그러나 엘리엇은 전체 세입에 비해 감당할 수 없는 비용이 아니었다고 주장하였다(마크 C. 엘리엇, 양휘웅 옮김, 『건륭제: 하늘의 아들, 현세의 인간』, 천지인, 2011, 188~189쪽, 194쪽).

73) 마크 C. 엘리엇, 앞의 책, 187~189쪽.

74) 이훈, 「17-18세기 淸朝의 滿洲地域에 대한 政策과 認識: 건륭기 만주족의 위기와 관련하여」, 고려대학교대학원 박사학위논문, 2013, 124~125쪽, 148~150쪽.

75) 岸本美緒, 「淸朝 皇帝の南巡と民衆」, 『アジア民衆史硏究』 제7집, 2002, 1쪽.

76) 여성들은 건물의 창을 통해 몸을 서로 밀치며 구경하는 이들이 많았다.

77) 岸本美緒, 위의 글, 2002, 3쪽, 5쪽.

78) 村上正和, 「十八世紀北京の行列と祝典 –万寿聖節における演劇利用について」, 久留島浩 編集, 『描かれた行列: 武士·異國·祭礼』, 東京大學出版會 2015, 347쪽.

79) 박지원, 『열하일기』 「盛京雜識」 "商樓筆談."

80) M. K. Hearn, "The Kangxi Southern Inspection Tour: A Narrative Program by Wang Hui"(岸本美緒, 「淸代皇帝の江南巡幸」, 岸本美緒, 『地域社會論再考』, 東京: 硏文出版, 2012에서 재인용).

81) 霍玉敏, 위의 글, 29쪽.

82) 岸本美緒, 위의 글, 2002, 5쪽.

83) 村上正和, 위의 글, 358쪽.

84) 같은 글, 347~350쪽, 355~356쪽.

85) Qiang Fang, *op. cit.*, pp. 1123~1124; 柏樺, 앞의 글, 2013: 2, 68쪽, 70쪽; 趙曉華, 앞의 글, 63쪽; 趙曉華·周韜, 앞의 글, 24쪽.

86) 柏樺, 위의 글, 68~69쪽.

87) 조너선 D. 스펜스, 이준갑 옮김, 『강희제』, 이산, 2001, 98~99쪽 참조.

88) 岸本美緒, 앞의 글, 2002, 6쪽. 강희제는 휘주 상인들의 집단 상소를 받고 그들의 요구를 들어주기도 했다(曹永憲,「康熙帝와 徽商의 遭遇: 歙縣 岑山渡 程氏를 중심으로」,『東洋史學研究』97, 2006).

89) Hung, Ho-fung, op. cit., p. 158.

90) Jonathan K. Ocko, op. cit., p. 299. 한 연구에 따르면, "(지방관리가 판결한) 100개 소송 가운데 1개 혹은 2개만" 상급 기관에서 번복되었고, 지방관리들 사이에 만연한 부정부패와 공모 때문에 '평민과 관리 간의 소송' 1,000건 가운데 평민이 이긴 것은 불과 한두 건에 불과하였다(Qiang Fang, op. cit., p. 1125).

91) Jonathan K. Ocko, op. cit., pp. 305~306. 이는 가능성이 적었음에도 다른 방법이 없었다는 점, 부정부패에도 적지 않은 사람이 직소로 자신들의 원억을 어느 정도 해소할 수 있었다는 직간접적인 경험 때문이기도 하고, 다른 한편 여전히 많은 사람이 황제는 저 멀리 높은 곳에 있지만 자신들을 위해 개입할 수 있다는 믿음이 유지되었기 때문이다(Jonathan K. Ocko, op. cit., p. 311).

92) Qiang Fang, op. cit., p. 1125

93) 趙曉華·周韜, 앞의 글, 25~26쪽; 趙曉華, 앞의 글, 70쪽.

94) 趙曉華·周韜, 위의 글, 24~25쪽.

95) 大平祐一,『目安箱の研究』, 東京: 創文社, 2003, 4쪽.

96) 같은 책, 25~30쪽.

97) 같은 책, 161~162쪽, 164~166쪽.

98) 深谷克己,「近世政治と百姓目安」, 岩田浩太郎 編,『民衆運動史 2: 社會意識と世界像』, 靑木書店, 1999, 13~15쪽.

99) 같은 글, 25쪽.

100) Qiang Fang, op. cit., pp. 1123~1124.

101) 深谷克己, 위의 글, 27쪽; 大平祐一, 위의 책, 12~24쪽, 65~66쪽.

102) 大平祐一, 위의 책, 134~137쪽, 163~167쪽.

103) 같은 책, 123쪽.

104) 같은 책, 156~159, 163쪽, 167~168쪽.

105) 하라 다케시, 김익한·김민철 옮김,『직소와 왕권』, 지식산업사, 2000, 115~119쪽.

106) 大平祐一, 위의 책, 137~138쪽.

107) 같은 책, 199~200쪽.

108) 久留島 浩, 「描かれた武士の行列」, 久留島 浩 編集, 『描かれた行列: 武士.異國·祭礼』, 東京大學出版會, 2015, 60쪽; 原武史, 『可視化された帝國: 近代日本の行幸啓』, みすず書房, 2001, 11~12쪽.

109) 忠田敏男, 『参勤交代道中記: 加賀藩史料を読む』, 東京: 平凡社, 1993, 54~67쪽.

110) 渡辺浩, 『東アジアの王權と思想』, 東京大學出版會, 1997, 23쪽.

111) 忠田敏男, 위의 책, 196쪽.

112) 久留島 浩, 위의 글, 58~60쪽.

113) 椿田有希子, 『近世近代移行期の政治文化』, 校倉書房, 2014, 43~46쪽.

114) 하라 다케시, 앞의 책, 114쪽. 그러나 츠바키다 유키코에 따르면 덴포 이전의 참배 규모를 엄밀히 고증한 논고는 아직 없다. 몇 가지 자료에서 살펴보면, 1728년 참배에는 수행원이 8만 400명 남짓, 1776년 참배에 대해서 어떤 자료는 인부 23만 830명, 말 30만 5,000필, 잡병 62만 3,900명, 다른 자료에는 '어가인御家人' 10만 3,000명, 인부 32만 8,000명이라고 하였다. 1843년 참배에 대해서도 어떤 자료에서는 60만여 명이라 한 반면, '공봉어인수供奉御人數' 13만 3,000명, 말 32만 5,940필, 인부 26만 830명, 잡병 62만 3,900명이라고 한 자료도 있다(椿田有希子, 위의 책, 47~48쪽).

115) 椿田有希子, 위의 책, 55쪽.

116) 渡辺浩, 위의 책, 25쪽.

117) 原武史, 위의 책, 2001, 14쪽.

118) 椿田有希子, 위의 책, 354쪽.

119) 早田旅人, 「社参行列をえる村々 -天保の日光参拝と民衆」, 『文書館だより』 43, 栃木縣立文書館, 2002(椿田有希子, 위의 책 재인용).

120) 須田 努, 『幕末の世直し万人の戰爭狀態』(歷史文化ライブラリ—307), 吉川弘文館, 2010; 藤田覚, 「19世紀 前半の日本-国民国家形成の前提」, 『岩波講座: 日本通史 15』(近世 5), 岩波書店, 1995; 久留島浩, 「百姓と村の変質」, 『岩波講座: 日本通史 15』(近世 5), 岩波書店, 1995.

121) 椿田有希子, 위의 책, 91쪽, 96~108쪽.

122) 같은 책, 340~341쪽; 原武史, 위의 책, 15쪽.

123) 박훈, 『메이지 유신은 어떻게 가능했는가』, 민음사, 2014, 180~215쪽.

124) 藪田貫,「國訴·國觸·國益-近世民衆運動地域·國家」, 藪田貫 編,『民衆運動史 3: 社會と秩序』, 靑木書店, 2000; 久留島浩,「百姓と村の變質」,『岩波講座: 日本通史 15』(近世 5), 岩波書店, 1995.

125) 大平祐一, 앞의 책, 283~284쪽, 375쪽.

126) 같은 책, 376쪽. 건백제도의 정비 과정은 박삼헌,「제6장, 책봉·조공에서 만국공법으로-1870년대 메이지 건백서를 중심으로」,『천황 그리고 국민과 신민 사이: 근대 일본 형성기의 심상지리』, RHK, 2016 참조.

127) 직소는 그를 통해 '민의'가 정치과정에 개입한다는 의미를 가졌으며, 이 점에서 '근세' 동아시아 민중은 엘리트들과는 다른 방식으로 '정치'에 참여하고 있었다고 볼 수 있다. 이런 사실을 확인해두는 것은 '근대적' 정치문화나 질서의 형성을 '서구의 충격' 이후만이 아니라 '전근대'의 정치문화나 질서까지 포괄하는 좀 더 긴 과정 속에서 이해하기 위해서도 반드시 필요하다. 또 '전근대'의 정치문화나 질서를, '근대적'인 것을 향해 달려 나아가려면 청산되어야 할 대상으로 인식하는 근대중심주의적 시각을 교정하기 위해서도 요청된다. '전근대'의 정치문화나 질서를 극복과 청산의 대상으로서가 아니라, 그것이 가진 독자성과 의미를 그 시대의 맥락 속에서 확인해두는 것은 그것과 대비해 '근대적'인 것을 상대화하는 한편, 묻혀 있던 '전근대'의 가능성을 재발견하는 전제가 될 것이다.

128) 平石直昭,「前近代の政治觀-日本と中國を中心に」,『思想』792, 1990, 148~162쪽.

129) 조선 국왕의 위상과 관련된 논의는 송양섭,「18세기 '공(公)' 담론의 구조와 그 정치·경제적 함의」,『역사와 현실』93, 2014, 33~35쪽 참조.

2장

1) 「메이지유신과 '士大夫的 정치문화'의 도전: '近世' 동아시아 정치사의 모색」,『역사학보』218, 2013(日本語譯,「東アジア政治史における幕末維新政治史と'士大夫的政治文化'の挑戰-サムライの'士化'」, 淸水光明 編,『『近世化』論と日本-「東アジア」の捉え方をめぐって』, 勉誠出版, 2015).

2) 「幕末水戶藩에서 封書의 정치적 등장과 그 역할-'討議政治'의 형성과 관련하여」,『동양

사학연구』 77, 2002; 「十九世紀前半日本における「議論政治」の形成とその意味-東アジア政治史の視点から-」, 明治維新史學會 編, 『講座明治維新 I: 世界のなかの明治維新』, 有志舍, 2010.

3) 「19세기 전반 熊本藩에서의 '学的 네트워크'와 '学党'의 형성」, 『동양사학연구』 126, 2014; 「19세기 전·중반 사무라이의 정치화와 '学的 네트워크'— 水戸藩과 薩摩藩을 중심으로」, 『동양사학연구』 132, 2015(이 두 논문을 기초로 일본어로 작성한 글 「武士の政治化と'学党': 一九世紀前半日本における士大夫的政治文化の台頭」 塩出浩之 編 『公論と交際の東アジア近代』, 東京大学出版会, 2016).

4) 이하 머리말 부분은 박훈, 『메이지유신은 어떻게 가능했는가』, 민음사, 2014, 209~215쪽에서 부분적으로 옮겨왔다.

5) 「急務四條」, 山口縣教育會 編, 『吉田松陰全集(定本版)』 4, 岩波書店, 1936, 173쪽.

6) 越前藩에 초빙되었던 橫井小楠도 文久 3년 4월에 "一人の 御身にて萬機を親ら爲し玉ふも不叶, 故に執政諸有司を立られ委任し玉ふ事候. 是執政諸有司は人君に替りて士民に臨候故, 手短く申せば御名代にて候. 人君政事堂に出玉へば執政と同じく計らひ, 町·在にては其奉行と共にし, 其他皆然る事にて 御身を以て先んじ勞し萬機に當り玉ふ故に執政諸有司は御同役にして初て委任に相成候. 然らずして坐して諸事を聞玉ひては是政事を臣下に與へ玉ふにして, 御委任にては無御坐候"라며 정사를 신하에게 맡겨버리는 것이 붕당의 시초라고 경고했다(「乍恐言上仕候三條」, 日本史籍協會 編, 『橫井小楠關係史料一』, 續日本史籍協會叢書, 東京大學出版會, 1977(복각; 초판 1938), 87쪽.

7) 에도시대의 번주는 '명군'이라 불리던 자들 대부분이 그들이었다는 점에서도 '군주'라고 불려도 좋은 존재들이다. 더욱이 이 글은 군주에 담론, 군주상이라는 측면에서 번주에 대한 군주상이 쇼군, 천황에 대한 군주상으로 변전變轉되어가는 가능성을 시야에 넣었으므로, 주군主君이라는 용어 대신 군주라는 용어를 사용한다. 문맥에 따라 번주藩主, 다이묘大名, 도노사마殿樣 등의 용어도 함께 사용한다.

8) 근래 나온 瀨谷義彦, 『水戶の齊昭』, 茨城新聞社, 2000; 茨城縣立歷史館 編, 『幕末日本と德川齊昭』, 茨城縣立歷史館, 2008을 제외하면 전후에는 나리아키에 대한 본격적인 전기조차 나오지 않았다. 막말정국과 존양운동에서 그의 비중을 생각할 때 이는 다소 의외인데, 아마도 전전의 국체론과 황국사관에 대한 반발에서 미토번에 대한 연구자의 관심이 전반적으로 퇴조한 것과 관련이 있을 것이다.

9) 번주가 역인들에게 시정방침이나 구체적인 지침을 하달할 때 주는 서한 형식의 문서.

10) 辻本雅史,「學問と敎育の發展—「人情」の直視と「日本的內部」の形成」,『近代の胎動 日本 の時代史 17』, 吉川弘文館, 2003, 173쪽; 藤田覺,『近代の胎動 日本の時代史 17』, 29쪽.

11) 『水戶藩史料』편찬자의 입장이 대표적이다.

12) 야마카와는 나리아키가 아무 때나 예고 없이 성을 나서 돌아다녀 가신들이 크게 당황 했다든가, 나리아키가 아무 농가나 불쑥 들어가 안주인이 놀라 숨었다는 등의 얘기를 소개했으나(山川菊英,『幕末の水戶藩』, 158~159쪽), 이를 재미있는 에피소드로만 이 해한다면 순행에 포함된 중요한 역사적 의의를 놓치게 될 것이다.

13) 『水戶市史』도 영내 순시는 기근을 당한 농촌을 위무하기 위한 것이며, 해안지대에서는 해방대책 시찰의 의미가 있었다고 지적하고, 덧붙여 번주의 순시가 농민의 마음에 나 리아키의 영상을 분명히 각인했다고 했으나 더는 검토하지 않았다(水戶市史編纂委員 會編,『水戶市史』中卷(3), 1976, 51쪽).

14) 笠谷和比古,『近世武家社會の政治構造』, 吉川弘文館, 1993, 205쪽.

15) 가신단에 대한 것은 이 글의 검토대상은 아니지만 이 시기 가신단에 대한 번주의 지도 력 확보를 '대명종주권大名宗主權의 회복'이라는 시각에서 설명한 연구가 있다. 가신 단과 번주의 거리를 좁히기 위해 번주 우에스기 하루노리上杉治憲(鷹山, 1751~1822) 는 검약령을 발령할 때 번주직달藩主直達이라는 형식을 취했고, 1769년(明和 6) 처음 으로 입부入部한 직후에 삼부지三扶持·족경足輕 등 하사층下士層까지 알현하여 사詞 를 제시하는 이례적인 행동을, 의부義父 시게사다重定 이하 중신층의 반대에도 불구 하고, 특례로 해달라고 간원하여 가신단에 대한 대명종주권의 회복을 꾀했다(荻愼一 郎,「中期藩政改革と藩國家論の形成—米澤藩の明和. 安永改革をめぐって」,『歷史』51, 1978, 26쪽).

16) 박훈,「德川末期 水戶藩의 南上운동과 정치공간」,『역사학보』173, 2002 참조.

17) 『水戶藩史料』, 別記上, 1897, 312쪽.

18) 나리아키가 문제 삼은 '사정'은 주로 문벌파의 식산흥업, 금융, 전매정책으로 삼잡석절 반三雜石切返, 미회소米會所, 총익강總益講 등이 이에 해당된다. 각 정책에 대해서는 『水戶市史』, 中卷(三) 제15장 참조.

19) 실제로 같은 해 12월 미토번의 집정 아카바야시 시게오키赤林重興, 에도근무 집정 사 카키바라 아키마사榊原照昌=淡路守, 오카자키 아사사토岡崎朝鄉=平兵衛 등을 처벌하

였다.

20) 笠谷和比古, 앞의 책, 200~211쪽.

21) 같은 책, 211쪽. 이런 상황은 쇼군도 비슷했다. 久住眞也, 『幕末の將軍』, 講談社, 2009.

22) 荻愼一郎, 앞의 논문, 26쪽.

23) 1844년 나리아키의 실각과 이후 벌어지는 미토번의 분열도 큰 틀에서 보면 가로세력과 투쟁한 것이라고 할 수 있다.

24) 『水戶藩史料』, 別記上, 344쪽.

25) 나리아키가 자신의 뜻을 번 정부가 들어주지 않는 상황을 개탄하는 것은 쉽게 확인할 수 있다(박훈, 「幕末水戶藩에서 德川齊昭와 藤田東湖의 관계에 대한 재검토」, 『漢城史學』 13, 2001, 38~39쪽). '정부'는 집정을 중심으로 번의 주요 정책을 결정, 실행하는 기관이며 번주는 이에 포함되지 않는다.

26) 박진한, 『일본근세의 서민지배와 검약의 정치』, 혜안, 2010.

27) 『水戶藩史料』, 別記上, 326~328쪽.

28) 같은 책, 363쪽.

29) 같은 책, 335쪽과 336쪽에 나리아키의 그림이 실려 있다.

30) 같은 책, 367~373쪽.

31) 「急務四條」, 山口縣敎育會 編, 『吉田松陰全集(定本版)』 4, 岩波書店, 1936, 177쪽.

32) 「烈公行實」, 『水戶藩史料』, 別記上, 333쪽.

33) 박훈, 「幕末水戶藩에서 封書의 政治的 登場과 그 役割-'討議政治'의 形成과 관련하여」, 『동양사학연구』 77, 2002.

34) 『水戶藩史料』, 別記上, 361, 440쪽.

35) 「天保元年寅八月七日山口友部田丸三郡宰之對問」, 『時事雜纂一(長久保叢書 34)』(東京大史料編纂所藏), 58-1쪽(원문은 한쪽이 좌우 두 부분으로 되어 있으므로 쪽수는 첫 쪽부터 필자가 1-1, 1-2, 2-1, 2-2……의 식으로 붙인 것임).

36) 「烈公待遇郡吏天保七年申郡宰海野泉藏○登之節」, 『時事雜纂一(長久保叢書 34)』, 5-1쪽.

37) 『水戶藩史料』, 別記上, 429쪽.

38) 같은 책, 430쪽.

39) 같은 책, 565~566쪽.

40) 같은 책, 565쪽.

41) 군봉행들이 영민에 번주의 존재감을 침투시키는 데 앞장섰던 것은 쉽게 확인할 수 있다. 예를 들어 영민 교육을 위한 향교의 개관식 때, 향교의 토코노마床の間에 제소齊昭의 초상肖像을 걸어두었던 행위 등을 들 수 있겠다.

42) 『水戶藩史料』, 別記上, 566쪽.

43) 瀨谷義彦, 『水戶の齊昭』, 茨城新聞社, 2000, 85~87쪽.

44) 박훈, 「德川末期 水戶藩의 南上運動과 정치공간」, 『역사학보』173, 2002.

45) 瀨谷義彦, 위의 책, 87쪽.

46) 같은 책, 93쪽;『水戶藩史料』, 別記上, 463쪽.

47) 『水戶藩史料』, 別記上, 456~460쪽.

48) 촌역인을 비롯해 민간의 모범이 될 것, 질소質素, 효도 등을 강조.『水戶藩史料』, 別記上, 457~458쪽.

49) 같은 책, 460쪽.

50) 町人風, 도박금지, 두발 모양 등 풍속단속 등을 강조(『水戶藩史料』, 別記上, 458~459쪽).

51) 『水戶藩史料』, 別記上, 460~461쪽.

52) 같은 책, 461쪽.

53) 같은 책, 457쪽.

54) 小宮山楓軒, 「天保就藩記」, 『茨城縣史料 幕末篇 I』, 1971, 310쪽.

55) 『水戶藩史料』, 別記上, 462쪽.

56) 「時事ノ評四月七日川瀨七郎衛門書柬」, 『時事雜纂一(長久保叢書 38)』, 4-1쪽.

57) 이 사료는 마치 1876년 동북 순행 당시 황거 출발 이틀 뒤에 도네가와利根川에서 잉어 잡이를 견학하기 위해 숙박소에서 강변까지 걸어가 나룻배를 타고 강을 건너면서 구경했던 메이지천황을 연상시킨다(『娛羽巡行明細日誌』에 나오는 기사. 多木浩二, 박삼헌 옮김, 『천황의 초상』, 소명출판, 2007(1988), 95쪽).

58) 瀨谷義彦, 위의 책, 255쪽 연표 참고.

59) 같은 책, 94쪽.

60) 『水戶藩史料』, 別記上, 469쪽.

61) 나리아키는 의료에 대한 상당한 관심과 지식을 가지고 있었다.

62) 또 야마카와가 기록한 바에 따르면 나리아키는 옹수鷹狩 길에 옹장鷹匠 밑에서 일하는 에사사시라는 비천한 자의 집에 들러 그 집의 아들과 유곽여자의 결혼문제를 해결하기도 했다(山川菊英, 앞의 책, 160~161쪽).

63) 『水戸藩史料』, 別記上, 465쪽.

64) 나리아키는 가신의 집도 곧잘 찾았다. 그는 첫 취번기인 1833년 4월 말부터 5월 초순에 걸쳐 미토성 내 노신老臣들의 집을 차례로 방문했다(「天保就藩記」, 『茨城縣史料 幕末篇 I』, 23쪽). 그 후로도 『수호견문록水戸見聞錄』이 전하는 것처럼 "군후君侯, 가독家督(을 상속한) 이래 상하의 정情을 통하게 하기 위해 군신 사이를 특별히 친하게 하시어 신하의 집을 불시에 찾는 일이 가끔 있었다. 경자년(1840년) 봄에 측용인側用人 고미야마 지로에몽小宮山次郎衛門의 병이 위독할 때 군후께서 직접 방문하시어 음식을 내려주셨다"(『水戸藩史料』, 別記上, 641쪽)라는 일이 있었고, 또 야마카와 기쿠에山川菊英도 나리아키가 미토를 방문했을 때 학자 가신인 아오야마가靑山家에 가끔 들렀다고 기록하였다(山川菊英, 위의 책, 160쪽).

65) 나리아키는 안세이기에 에도-수호 간 왕복도로의 숙박업자인 미토도쥬도리테숙동야水戸道中取手宿間屋의 이치로베에一郎兵衛(惠一郎)에게 자신의 이름(惠三郎 혹은 敬三郎) 중 '혜'라는 글자를 하사하였다. 또 의복과 직필을 하사했다. 이 숙박업자는 막부와 나리아키의 권력투쟁 과정에서 그를 지원하기 위해 미토에서 에도로 올라가는 남상자南上者들에게 은신장소와 정보를 제공했고, 나중에는 미토번의 잡무까지 봐주게 되었다(井伊正弘編, 『幕末風雲探索書: 井伊家史料』上, 雄山閣出版, 1967, 162쪽).

66) 小關悠一郎, 「改革主體の學文受容と君主像-米澤藩家老竹俣當綱の讀書と政治·思想實踐」, 『歷史評論』 717, 2010, 29쪽.

67) 강풍산월서루江風山月書樓. 하나에고텐花江御殿이라는 조슈번주 별저別邸의 일실一室. 모리 다카치카毛利敬親는 군신간의 의사소통을 위해 여기서 주연을 베풀곤 했다. 병진유실문고丙辰幽室文庫 중에 강풍산월서루기江風山月書樓記가 있다.

68) 吉田松陰, 「急務四條」, 173쪽.

69) 도쿠가와시대의 성城은 보통 오모테表, 오쿠娛, 오오쿠大娛로 나뉘어 있었다. 오모테에는 역인들이 근무하는 공간과 공식적인 행사를 여는 공간이 있었다. 오쿠는 나카오쿠中娛라고도 하며 번주가 일상적으로 기거하는 곳이다. 번주는 오모테에는 잘 나오지 않고 오쿠에서 측용인, 소성 등을 이용하여 보고를 받거나 명령을 오모테에 전달하였

다. 오오쿠는 주지하듯이 번주의 여자들의 공간이다. 어서원御書院, 대광간大廣間은 성의 오모테에 있는 공간으로 주로 공식적인 행사가 열리던 곳이다.

70) 吉田松陰, 「急務四條」, 173쪽.

71) 여기서 훗날 야마구치 정사당政事堂의 설립에 보이는, 번주의 주거이동으로 정치혁신을 꾀하려는 발상이 엿보인다고 할 수 있다.

72) 吉田松陰, 「急務四條」, 179~181쪽.

73) 笠原英彦, 『大久保利通』, 吉川弘文館, 2005, 66~67쪽.

74) 吉田松陰, 「急務四條」, 178쪽.

75) 조슈번의 지방행정단위.

76) 吉田松陰, 「急務四條」, 176~178쪽.

77) 藤田覺, 앞의 책.

78) 小川和也, 앞의 책, 252쪽.

79) 金森正也, 「近世後期における藩政と學問-寬政~天保期秋田藩の政治改革と教學政策」, 『歷史學研究』 346, 2008.

80) 笠原英彦, 앞의 책, 66쪽.

81) 같은 책, 68쪽; 야스다 히로시, 하종문·이애숙 옮김, 『세 천황 이야기-메이지, 다이쇼, 쇼와의 정치사』, 역사비평사, 2009, 25~28쪽; 타키 코지, 박삼헌 옮김, 『천황의 초상』, 소명출판, 2007; 후지타니 타카시, 한석정 옮김, 『화려한 군주-근대일본의 권력과 국가의례』, 이산, 2003. 한편 구스미 신야久住眞也는 쇼군 도쿠가와 이에모치德川家茂의 세 차례에 걸친 상락上洛을 '자신을 현시顯示하는 군주'라는 시각에서 검토해 이 글의 주제와 관련하여 주목된다(『幕末の將軍』, 講談社, 2009).

82) 다키 코지, 앞의 책, 86~87쪽. 이렇게 볼 때 후지타니 다카시의 연구(한석정 옮김, 『화려한 군주』, 이산, 2003(1996))는 메이지천황 순행의 패전트적 측면만을 지나치게 강조한 것이 아닌가 하는 생각이 든다.

83) 대표적인 것이 1704년 발생한 호에이 잇키寶永一揆이다

84) 이상 瀨谷義彦, 「水戶藩士民の齊昭雪冤運動の諸形態-天保·弘化期を中心に」, 『茨城史林』 5, 1976, 7~8쪽.

85) 会沢安, 「新論」, 『水戶学』(日本思想大系 53), 岩波書店, 1973, 63쪽.

86) 『水戶市史』, 中卷(三), 村上量弘, 『水藩聞見錄』("실로 희대稀代의 명군名君이라고, 일국

—國의 인민이 마치 부모와 같이 따른다.")

87) 瀬谷義彦, 앞의 논문; 박훈, 앞의 논문, 『역사학보』 173.

88) 荻慎一郎, 앞의 논문; 小川和也, 『牧民の思想-江戸の治者意識』, 平凡社, 2008, 242쪽.

89) 深谷克己, 「近世における教諭支配」, 岡山藩研究會, 『藩世界の意識と關係』, 岩田書院, 2000.

90) 藤田覺, 앞의 책.

3장

1) 이러한 관점에서의 연구사 정리로는 다음을 참고할 수 있다. 김경란, 「조선후기 가족제도 연구의 현황과 과제」, 『조선후기사 연구의 현황과 과제』, 창작과비평사, 2000; 권내현, 「가족과 친족」, 『제3판 한국역사입문-새로운 한국사 길잡이 上』, 지식산업사, 2008.

2) 최홍기, 「친족제도의 유교화 과정」, 『조선 전기 가부장제와 여성』, 아카넷, 2004.

3) 김주희, 「친족 개념과 친족제의 성격-『조선왕조실록』의 담론 분석을 통하여」, 『조선 전기 가부장제와 여성』, 아카넷, 2004.

4) 최재석, 『한국 가족제도사 연구』, 일지사, 1983, 94쪽.

5) 마르티나 도이힐러, 이훈상 옮김, 『한국의 유교화 과정』, 너머북스, 2013, 116~126쪽.

6) 『高麗史』 권64, 志18 禮6 凶禮 伍服制度; 『經國大典』 禮典 伍服.

7) 최홍기, 위의 논문, 2004.

8) 文叔子, 『조선시대 재산상속과 가족』, 경인문화사, 2004, 95쪽; 권내현, 「조선 초기 노비 상속과 균분의 실상」, 『한국사학보』 22, 고려사학회, 2006.

9) Martina Deuchler의 원저 제목은 The Confucian Transformation of Korea: a Study of Society and Ideology이고 Mark A. Peterson의 저서는 Korean Adoption and Inheritance: Case Studies in the Creation of a Classic Confucian Society이다.

10) 마크 피터슨, 김혜정 옮김, 『儒敎社會의 創出-조선 중기 입양제와 상속제의 변화-』, 일조각, 2000의 결론 부분에는 상속제와 입양제의 변화를 야기한 다양한 요인을 추론하여 언급하였는데, 그 가운데 가장 중요한 것은 역시 유교라는 이데올로기라고 하였다. 배상훈은 다양한 이론과 추론을 동원하여 상속제 변화에 영향을 미친 중층적 요인들을

검토하였다(배상훈, 『조선의 상속 관행에 관한 연구-17~18세기 삼남지방 분재기 사례를 중심으로-』, 고려대학교 사회학과 박사학위논문, 2008).

11) 李樹健, 「朝鮮前期의 社會變動과 相續制度」, 『역사학보』 129, 역사학회, 1991, 63~69쪽.

12) Jack Goody, Joan Thirsk, E. P. Thompson, *Family and Inheritance: Rural Society in Western Europe, 1200-1800*, Cambridge University Press, 1976.

13) 한 예로 權醵男妹和會文記(1682, 봉화 유곡 안동 권씨가 분재기: 이수건 편, 『경북지방 고문서집성』, 영남대학교출판부, 1981에 수록)를 보면 "적은 전민田民을 자녀 8인에게 평균분급平均分給하면 그들 모두 부실하게 될 뿐 아니라 아들들은 선대에 대한 윤회 봉사를 빈곤하여 봉행할 수 없게 될 것이니 정리가 망극하다……"고 하였다.

14) 엠마뉘엘 토드, 김경근 옮김, 『유럽의 발견-인류학적 유럽사』, 까치, 1997, 82~92쪽.

15) 김성우, 「사회경제사의 측면에서 본 朝鮮 中期」, 『대구사학』 46, 대구사학회, 1993.

16) 이영훈, 「조선후기 이래 소농사회의 전개와 의의」, 『역사와 현실』 45, 한국역사연구회, 2002; 미야지마 히로시, 『미야지마 히로시, 나의 한국사 공부』, 너머북스, 2013, 45~81쪽.

17) 김인걸, 『조선후기 鄕村社會 변동에 관한 연구-18, 19세기 鄕權 담당층의 변화를 중심으로-』, 서울대학교 국사학과 박사학위논문, 1991; 정진영, 『朝鮮時代 鄕村社會史』, 한길사, 1998; 고석규, 『19세기 조선의 향촌사회연구-지배와 저항의 구조-』, 서울대학교 출판부, 1998.

18) 嶋陸彰, 『朝鮮後期 平安道 社會發展 研究』, 일조각, 2002, 157~164쪽.

19) 『肅宗實錄』 권55, 숙종 40년 7월 26일(갑자).

20) 고승희, 『조선후기 함경도 상업연구』, 국학자료원, 2003; 권내현, 『조선후기 평안도 재정 연구』, 지식산업사, 2004.

21) 『光武四年 開城府南部面都助里戶籍表』.

22) 善生永助, 『朝鮮の聚落』 後篇, 조선총독부, 1933, 724~987쪽.

23) 박용숙, 「朝鮮後期 鄕村社會構造에 관한 硏究-18, 19세기 同姓婚을 중심으로」, 『부대사학』 8, 부산대사학회, 1984.

24) 권내현, 「조선후기 입양의 확산 추이와 수용 양상」, 『역사와 현실』 73, 한국역사연구회, 2009.

25) 권내현, 「조선후기 평민 동성촌락의 성장」, 『민족문화연구』 52, 고려대학교 민족문화연

구원, 2010.

26) 경상도 단성의 대표적 양반가였던 안동 권씨의 경우 무과로 돌아서는 이들이 늘어나면서 전체적으로 문과 합격자는 7명에 불과했으나 무과에는 23명이 합격했다(金俊亨, 『朝鮮後期 丹城 士族層硏究-사회변화와 사족층의 대응양상을 중심으로-』, 아세아문화사, 2000, 188쪽). 이 가문을 비롯해 경상도 지역 양반가의 무과 진출 노력은 선산의 안강 노씨를 통해서도 확인할 수 있다(문숙자, 『68년의 나날들, 조선의 일상사-무관 노상추의 일기와 조선후기의 삶』, 너머북스, 2009, 89~124쪽).

27) 양반 관료의 다양한 수입과 선물 수수 관행은 이성임, 「16세기 朝鮮 兩班官僚의 仕宦과 그에 따른 收入-柳希春의 《眉巖日記》를 중심으로」, 『역사학보』 145, 역사학회, 1995 참조.

28) 文叔子, 앞의 책, 2004, 226쪽.

29) 김건태, 『조선시대 양반가의 농업경영』, 역사비평사, 2004, 159~221쪽.

30) 정진영, 「19~20세기 전반 한 '몰락양반'가의 중소지주로의 성장과정-경상도 단성현 김인섭가의 경우」, 『대동문화연구』 52, 2005; 「19세기 중반~20세기 초반 在村 兩班地主家의 농업경영-경상도 단성 金麟燮家의 家作地 경영을 중심으로-」, 『대동문화연구』 62, 대동문화연구원, 2008.

31) 권내현, 위의 논문, 2010.

32) 19세기 후반 유학을 비롯한 상층 직역호 비율은 지역마다 차이가 있는데 그 수치가 높은 대구나 언양은 70~80%를 상회한다. 17세기 후반 단성의 상층 직역호 비율은 13.6% 였다(이준구, 「Ⅰ. 신분제의 이완과 신분의 변동-1. 양반층의 증가와 분화」, 『한국사 34-조선 후기의 사회』, 국사편찬위원회, 1995, 14쪽).

33) 조선 후기 전통 양반은 전체 인구의 5~10% 범위에 있었던 것으로 파악된다(김성우, 「조선후기의 신분제: 해체국면 혹은 변화과정?」, 『역사와 현실』 48, 2003). 이들 가운데 다수는 관료로 진출하지 못하고 직역이 유학에 머물렀다. 그들의 서계는 양반가 전체 구성원의 30~40% 수준이었고(권내현, 「조선후기 동성촌락 구성원의 통혼 양상-단성현 신등면 안동권씨 사례-」, 『한국사연구』 132, 한국사연구회, 2006, 124쪽), 19세기 이들의 대다수는 유학 직역을 가지고 있었다. 여기에 향리 후손으로 유학을 칭한 사람들까지 포함하면 이들의 전체 비율은 10%가 넘었을 것으로 볼 수 있다.

34) 권내현, 『노비에서 양반으로, 그 머나먼 여정-어느 노비 가계 2백 년의 기록』, 역사비평사, 2014.

4장

1) 『耽羅職方說』「相贊契始末」, "良民富實之女 或有桑間之事 一言外播 已充官婢 則九族咸 羞 故不計破家蕩産 期於圖免."

2) 다음 글에서 사노비와 관련된 기존 연구의 대략을 살필 수 있다. 전형택, 「노비의 저항 과 해방」, 『역사비평』 34, 1996; 전형택, 「한국 노비의 존재형태」, 『노비·농노·노예』, 역 사학회 편, 일조각, 1998; 이영훈, 「한국사에 있어서 노비제의 추이와 성격」, 『노비·농 노·노예』, 역사학회 편, 일조각, 1998.

3) 백승종, 「경상도 단성현 도산면 문태리의 사노 홍종과 홍룡 일가」, 『진단학보』 70, 1990.

4) 권내현, 『노비에서 양반으로, 그 머나먼 여정』, 역사비평사, 2014.

5) 지승종, 『조선전기 노비신분연구』, 일조각, 1995.

6) 전형택, 『조선후기 노비신분연구』, 일조각, 1989.

7) 일과리, 하모슬리, 중문리, 동성리 호적은 마을회관 소장본. 사계리 호적은 김동전, 「18·19세기 제주도의 신분구조 연구」, 단국대학교 박사학위논문, 1995에 정리된 내용. 이들 호적 일부(1786년 동성리, 1786년 중문리, 1795년 사계리 호적)와 1789년 자단리 호적에 등재된 공노비는 김동전, 「18세기 후반 제주 지역 공노비의 존재양태」, 『역사민 속학』 24, 2007에서 분석되었다.

8) 호적은 제주대학교탐라문화연구소 영인본, 민적과 지세명기장은 마을회관 보관본.

9) 호적은 제주대학교탐라문화연구소 영인본, 민적과 지세명기장은 마을회관 보관본.

10) 김건태, 「조선후기 호구정책과 문중형성의 관계-제주도 대정현 하모리 사례-」, 『한국문 화』 67, 2014.

11) 1780년 東城里 伍統 第二戶 彌盛代子奉常寺奴書員趙完璠年二十; 1783년 東城里 伍統 第伍戶 巡撫時納才免賤時將官趙完璠年二十三; 1789년 東城里 伍統 第二戶 前城將趙完 璠年二十九.

12) 1771년 동성리 호적에는 352명이 등재되어 있는데, 그중 20명(전체의 5.7%)이 관노비 였다.

13) 1795년 사계리 109명 중 4명(전체의 3.7%), 1798년 동성리 229명 중 5명(전체의 2.2%), 1798년 하모슬리 157명 중 2명(전체의 1.3%), 1798년 일과리 274명 중 3명(전체의 1.1%).

14) 1792년 하모슬리 호적은 모든 주호의 본관을 생략했다.

15) 김경란, 「조선후기 무성층의 유성화 과정에 대한 분석」, 『대동문화연구』 62, 2008.

16) 전형택, 앞의 책.

17) 특정 공노비의 소속처가 호적에 따라 상이하게 기재된 경우가 가끔 있다. 다음 자료에서 보듯이 하모슬리에 거주하던 김완기가 그러한 예에 속한다. 1771年 下慕里 二統四戶 仁順府奴毛瑟所軍金完己年伍十一, 1777年 下慕里 十八統伍戶 司宰監奴書員束伍金興才 …… 父內資寺奴毛瑟所書記金完己年伍十八. 이런 경우 전후 사정을 고려하여 개인의 소속처를 판단하였다.

18) 1774년 일과리 호적, 7통 1호.

19) 1774년 일과리 호적, 18통 1호.

20) 1774년 일과리 호적, 3통 3호.

21) 전형택, 위의 책.

22) 김동전, 앞의 글.

23) 박찬식, 「19세기 제주 지역 진상의 실태」, 『탐라문화』 16, 1996.

24) 김수희, 「조선시대 잠수어민의 활동양상」, 『탐라문화』 33, 2008.

25) 김나영, 「조선후기 제주지역 포작의 존재형태」, 『탐라문화』 32, 2008.

26) 『1766年 下毛里統籍』, "1統1戶 內贍寺奴 毛瑟防軍 梁永白 年四十伍." 이 통적統籍은 1765년 호적중초戶籍中草를 등사한 것이다. 제주도 호적중초와 통적의 관계는 김건태, 앞의 글 참조.

27) 손병규, 「호적대장의 직역기재 양상과 의미」, 『역사와 현실』 41, 2001.

28) 김건태, 앞의 글.

29) 같은 글.

30) 허원영, 「19세기 제주도의 호구와 부세운영」, 한국학중앙연구원 박사학위논문, 2005.

31) 손병규, 앞의 글.

32) 허원영, 위의 글.

33) 이영훈·조영준, 「18-19세기 농가의 가계계승의 추이」, 『경제사학』 39, 2005.

34) 1822년 사계리[금물로리] 호적, 4통 4호.

35) 1822년 사계리[금물로리] 호적, 14통 4호.

36) 1837년 사계리[금물로리] 호적, 14통 4호.

37) 1843년 사계리[금물로리] 호적, 4통 3호.

38) 1822년 하모슬리 호적, 3통 3호.

39) 1908년 덕수리 호적은 두 종류가 현존한다. 「융희 2년 정월 일무신식 호적중초隆熙二年 正月 日戊申式 戶籍中草」에는 직업 관련 기록이 없고, 「융희 2년 12월 말일무 호구조사 중초隆熙二年 十二月 末日戊 戶口調査中草」에 직업 관련 기록이 있다.

40) 『비변사등록』, 숙종 45년 10월 7일.

41) 정형지, 「조선후기 교제창의 설치와 운영」, 『이대사원』 28, 1995.

42) 강창룡, 「조선후기 제주 환곡제의 운영실태」, 『19세기 제주사회 연구』, 일지사, 1997.

43) 18~19세기 제주도 진휼에 관한 내용은 김건태, 앞의 글 참조.

44) 조선총독부, 『조선총독부통계연보』, 1909.

45) 천전리 상황에 관한 내용은 김건태, 「독립·사회운동이 전통 동성촌락에 미친 영향」, 『대동문화연구』 54, 2006 참조.

5장

1) 이경구, 『조선 후기 사상사의 미래를 위하여』, 푸른역사, 2013, 4장.

2) 이경구, 「18세기 말~19세기 초 지식인과 지식계의 동향」, 『한국사상사학』 46, 2014.

3) 조성산, 「조선후기 소론계의 東音 인식과 訓民正音 연구」, 『한국사학보』 36, 2009.

4) 송호근, 『인민의 탄생』, 민음사, 2011.

5) 황호덕, 『근대 네이션과 그 표상들』, 소명출판, 2005, 4·5장.

6) 『세종실록』 세종 28년 9월 29일(갑오).

7) 신숙주, 『保閑齋集』 附錄, 「文忠公行狀-晉山姜希孟撰」, "上以本國音韻 與華語雖殊 …… 列國皆有國音之文 以記國語 獨我國無之 御製諺文字母二十八字."

8) 정다함, 「여말선초의 동아시아 질서와 조선에서의 한어, 한이문, 훈민정음」, 『한국사학보』 36, 2009.

9) 홍양호, 『耳溪集』 권10, 「經世正韻圖說序」, "猗歟盛哉, 大聖人作爲. 可與太暤畫卦, 史皇制字, 同其功矣. 從此通華音協雅樂, 東方文獻之盛, 並軼於中華."

10) 성삼문, 『成謹甫先生集』 권2, 「直解童子習序」.

11) 홍한주, 김윤조·진재교 옮김,『19세기 견문지식의 축적과 지식의 탄생; 지수염필』하, 소명출판, 2013, 149~151쪽.

12) 유럽에서 라틴어 성경의 독일어 번역은 종교개혁의 중요한 동기 가운데 하나였다. 코란은 아직도 번역이 허용되지 않는다. 지금도 우리는 공동문어의 신성한 주술력을 흔하게 접할 수 있다. 예컨대 기독교에서 1960년대 제2차 바티칸공의회 이전까지 전 세계 미사어는 라틴어였고, 한국의 개신교는 영어를 번역한 개역성경의 현대어 수정을 인정하지 않는다.

13) 조선 후기 이중언어 체계의 상호 교차와 한글의 대중화에 대해서는 안대회의「조선 후기 이중 언어 텍스트와 그에 관한 논의들」(『대동한문학』24, 2006), 이종묵의「조선시대 여성과 아동의 한시 향유와 이중언어체계(diaglosia)」(『진단학보』104, 2007) 참조.

14) 아雅와 속俗, 고古와 금今의 대립과 함의에 대해서는 이경구, 앞의 책, 2013, 2장 참조.

15) 조선 후기 학자들이 훈민정음을 한자와 영역을 나누는 보편문자로 인식한 점에 대해서는 조성산의 앞의 논문(2009)과 이상혁의「조선 후기 훈민정음 담론과 그 지식 지형」(한국실학학회 2014년 동계학술대회, ‘조선 후기 言語·文字 연구와 지식 교류’ 발표문) 참조.

16) 이옥, 실시학사 고전문학연구회 옮김,『완역 이옥 전집』2책, 휴머니스트, 2009, 418~419쪽.

17) 강명관,『공안파와 조선 후기 한문학』, 소명출판, 2007, 417~420쪽.

18) 이옥, 위의 책, 422쪽.

19) 『정조실록』, 정조 12년 8월 2일(신묘).

20) 『정조실록』, 정조 15년 11월 3일(갑술).

21) 송호근, 앞의 책, 2011과『시민의 탄생』, 2013, 민음사 참조.

22) 『을병연행록』의 연구사 정리는 채송화의『『을병연행록』연구」, 서울대학교 석사학위논문, 2013, 서론 참조.

23) 정훈식의「『을병연행록』과 18세기 朝鮮의 中國 읽기」,『국제어문』33, 2005, 결론 참조.

24) 채송화, 앞의 논문, 2013, 2장.

25) 같은 논문, 서론, 2장.

26) 홍대용, 소재영 등 주해,『주해 을병연행록』, 태학사, 1997, 17~19쪽.

27) 박희병,『범애와 평등』, 돌베개, 2013, 65~66쪽, 주석 88.

28) 홍대용, 앞의 책, 374~375쪽.

29) 홍대용, 『湛軒書』 외집 권7, 燕記, 「鳴彭問答」.

30) 조창록, 「홍대용 연행록 중 西學 관련 내용의 改削 양상」, 『대동문화연구』 84, 2013.

31) 홍대용, 『湛軒書』 외집, 권1, 杭傳尺牘, 「與汶軒書」, "東國別有諺字. [有其音而無其義, 字不滿二百, 而子母相切, 萬音備焉. 婦人及庶民不識字者, 幷用諺字, 直以土話爲文. 凡簡札簿書契券明暢, 或勝眞文, 雖欠典雅, 其易曉而適用, 未必不爲人文之一助.] 凡經書字音, 皆有諺釋, 故字之在經者, 一國無異音, 累世無變聲."

32) 노론의 보수파인 호론湖論을 대표하는 학자 한원진韓元震(1682~1751)은 상대적으로 개방적이었던 낙론에 대해 '인물무분人物無分, 유석무분儒釋無分, 화이무분華夷無分'이란 '삼무분설三無分說'로 공격했다. 낙론을 대표하는 김원행金元行(1702~1772)의 제자 홍대용이 화이관과 관련한 논쟁을 벌이고, 천주교가 유석무분의 범주에 해당하는 이단 박해의 대상이 된 일은 공교로운 우연만도 아니다.

33) 홍대용의 저술만 보더라도 서학 관련 부분의 개삭이 광범위했다. 조창록, 앞의 논문, 2013 참조.

34) 이경구, 앞의 논문, 2014 참조.

35) 최한기, 『人政』 권25, 「文字意思」, "文字乃言語之飜譯, 隨俗變飾, 漸遠於事物之實狀."

36) 조희룡, 실시학사 고전문학연구회 역주, 『趙熙龍 全集』, 한길아트, 5책, 『又峰尺牘』, 1999, 118쪽.

37) 이희경, 진재교 외 옮김, 『북학 또 하나의 보고서, 雪岫外史』, 성균관대학교출판부, 2011, 75~76쪽.

38) 홍한주, 앞의 책, 78~81쪽.

39) 황호덕, 앞의 책, 268~271쪽.

40) 같은 책, 272쪽.

41) 이광린은 전래 이후 개화사상가들이 읽었고, 1882년 7월 임오군란 이후 이들이 고종에게 한문본의 복각復刻을 건의하여 고종이 사역원에 복각을 명하고 1883년 3월에 출간했고, 언해본은 이 직후에 간행했을 것으로 추정하였다(이광린, 『韓國開化史研究』(개정판), 일조각, 1981, 23~27쪽). 김용구는 강위가 1882년 상해에서 정관응을 만났고, 강위·김윤식 등이 당시 고종에게 한글 사용을 권했으며, 1884년에 문을 연 광인사에서 연활자로 출판되었을 것이라는 점 등을 들어 언해자를 강위, 김윤식 등으로 조심스럽게

추정했다(김용구, 『세계관 충돌과 한말 외교사, 1866~1882』, 1997, 333~335쪽).

42) 모리스 꾸랑, 이희재 옮김, 『한국서지』, 일조각, 1994, 720쪽.

43) 이노우에 가쿠고로, 한상일 옮김·해설, 『서울에 남겨둔 꿈』(원저 『漢城之殘夢』, 東京春陽書樓, 1891), 건국대학교출판부, 1993, 34~35쪽.

44) 『승정원일기』, 고종 20년(1883) 3월 27일(정미).

45) 민현식, 『한글본 이언易言 연구』, 서울대학교출판부, 2008; 이병기, 「『易言』을 전후한 '기계'와 '제조'의 어휘사」, 『국어국문학』 156, 2010.

6장

1) 중국사상에서 천天의 성격에 대해서는 그 범주가 주재천主宰天, 운명천運命天, 의리천義理天, 도덕천道德天, 자연천自然天, 시세천時勢天 등의 용어로 논의되고 있다. 이에 대한 자세한 논의는 풍우란, 박성규 옮김, 『중국철학사』(상), 까치, 1999, 210쪽; 地田末利, 『中國古代宗敎史硏究』, 東京: 東海大學出版社, 1981, 919쪽; 엄연석, 「맹자에서 자연과 도덕본성 사이의 일관성과 모순성 문제」, 『인문과학연구』 14, 동덕여자대학교 인문과학연구소, 2008, 26~27쪽; 유문영, 강경구 옮김, 「중국 고대철학의 天 학설」, 『인문연구논집』 3, 동의대학교 인문과학연구소, 1998, 11~21쪽; 김재홍, 「周易의 宗敎性에 관한 小考」, 『동양철학연구』 65, 동양철학연구회, 2011, 225~227쪽; 김명하, 「中國 先秦政治思想에서의 天의 성격」, 『한국정치학회보』 30, 한국정치학회, 1996, 113~116쪽 참조.

2) 연암그룹이라는 용어는 박지원을 중심으로 모인 동인집단체로서 의미가 있다. 그러므로 그룹은 학파라는 용어보다 넓은 의미를 갖는다. 연암그룹 용어에 대해서는 오수경, 『연암그룹 연구』, 월인, 2013, 39~45쪽 참조. 연암그룹 지식인들의 구체적인 면면에 대해서는 유봉학, 『燕巖一派北學思想 硏究』, 일지사, 1995; 오수경, 『연암그룹 연구』, 월인, 2013을 참조할 수 있다. 하지만 연암그룹 지식인들 사이에서 일부 서로 차이를 보이는 면모들이 발견되는 것도 사실이다. 가령, 홍대용은 역상가曆象家로서 면모가 두드러졌다면 박지원은 문장가로서 특징이 강하였다. 북학사상北學思想의 전개에서도 여타 연암그룹 지식인들에 비해서 박제가朴齊家(1750~1805)·이희경李喜經(1745~1805 이후)이 상대적으로 적극적이었다면 이덕무李德懋(1741~1793)는 여기에 다소 비판적인

면이 있었고, 연암그룹 내에서 상대적으로 주자학적 의리론을 강조하였다. 이에 대해서는 박희병, 『범애와 평등』, 돌베개, 2013, 272쪽; 김대중, 「'내부一외부'에 대한 두 개의 시선」, 『한국사연구』162, 한국사연구회, 2013 참조. 그럼에도 이 글은 연암그룹 지식인들의 사상적 유사성이 상당히 높다고 판단하고 연암그룹 지식인들의 천 인식 문제를 다루었으며, 주요 인물들은 홍대용, 박지원, 성대중, 홍길주이다. 이 가운데 홍길주는 연암그룹 범위에 직접 들어가지는 않지만 박지원을 매우 흠모하였으므로 이 글에서는 넓은 범위의 연암그룹 지식인으로 분류하였다(洪吉周, 『縹礱乙幟』권6, 「與李醇溪書」; 洪吉周, 『縹礱乙幟』권5 「讀燕巖集」. 이에 관해서는 조성산, 「18세기 후반~19세기 전반 주자학적 지식체계의 균열과 그 의미」, 『역사교육』110, 역사교육연구회, 2009, 63쪽 각주 3) 참조. 이 글은 연암그룹 지식인들의 사상적 유사성을 전제로 하였으므로 이들을 각자 개인으로 다루지 않고 '연암그룹 지식인'이라는 용어로 묶어서 서술하였다. 이를 통하여 연암그룹 지식인 사이에 존재했던 중요한 공유점을 드러낼 수 있을 것이다.

3) 이것은 "천天으로부터 본다면 인人과 물物, 중화와 오랑캐의 구분이 없다"라는 논리에서 천이 인과 물, 중화와 오랑캐의 구분을 무화하는 제3자로서 객관성을 갖는다는 것을 말한다. 이와 관련해서는 유봉학, 앞의 책, 141~142쪽 참조. 洪大容, 『湛軒書』內集 권4, 補遺, "自天而視之, 人與物均也. …… 自天視之, 豈有內外之分哉! 是以各親其人, 各尊其君, 各守其國, 各安其俗, 華夷一也; 朴趾源, 『燕巖集』권12, 「虎叱」, "自天所命而視之, 則虎與人乃物之一也. 自天地生物之仁而論之, 則虎與蝗蠶蜂蟻與人, 幷畜而不可相悖也."

4) 노대환, 「18세기 후반~19세기 중반 노론 척사론의 전개」, 『조선시대사학보』46, 조선시대사학회, 2008, 223~228쪽.

5) 김명호, 「『熱河日記』와 『天主實義』」, 『한국한문학연구』48, 한국한문학회, 2011, 345~350쪽.

6) 고미숙, 「朝鮮後期 批評談論의 두 가지 흐름-燕巖과 茶山의 차이에 대하여」, 『대동문화연구』41, 성균관대학교 대동문화연구원, 2002, 16~20쪽.

7) 조성산, 『조선 후기 낙론계 학풍의 형성과 전개』, 지식산업사, 2007, 55~61쪽.

8) 邵雍, 『皇極經世書』觀物 內篇, "所以謂之理者, 物之理."

9) 徐敬德, 『花潭集』권2, 「原理氣」, "動靜之不能不相禪, 而用事之機自爾. 所謂一陰一陽之謂道, 是也."

10) 李滉, 『退溪集』권14, 「答南時甫」; 李滉, 『退溪先生言行錄』권5, 「論人物」, "嘗問花潭之

・ 學. 先生日: 觀其議論, 論氣則精到無餘, 而於理則未甚透徹, 主氣太過, 或認氣爲理"; 李
珥, 『栗谷全書』 권9, 「答朴和叔 二」, "張子之論, 固爲語病, 滯於一邊, 而花潭主張太過, 不
知陰陽樞紐之妙在乎太極, 而乃以一陽未生之前氣之陰者, 爲陰陽之本, 無乃乖聖賢之旨
乎!"

11) 소옹 상수학象數學 또한 황극皇極이라는 절대적인 이의 규명을 중시하였다. 이는 소옹
의 저작 『황극경세서皇極經世書』라는 말이 황극으로 세상을 경영한다는 의미인 것을
보아도 짐작할 수 있다. 문제는 그것의 성격이 사물의 존재법칙을 의미하는 소이연所
以然의 성격을 띠는 것이어서 일반적인 주자학자들이 말하는 소당연적所當然的인 이
와는 구분되었다. 이에 대해서는 조성산, 『조선 후기 낙론계 학풍의 형성과 전개』, 지식
산업사, 2007, 55~61쪽 참조.

12) 權韠, 『石洲集』 外集 권1, 「酒肆丈人傳」, "丈人啞然而笑日: …… 今汝盜竊陳搏之餘論,
作爲詭說, 命之日: 先天之學, 誇奇以眩俗, 矜僞以惑世, 噫! 亂天下者, 必子之言夫. ……
我率天地之性而已, 何所知哉! 順天地之化而已, 何所爲哉!"; 李裕元, 『林下筆記』 권7, 「王
浚川廷相」, "自邵子以數論天地人物之變, 棄人爲而尙定命. 以故後學論數紛紜, 廢置人事,
別爲異端, 害道甚矣."이에 대해서는 조성산, 앞의 책, 62~63쪽 참조.

13) 朴趾源, 『燕巖集』 권14, 別集, 『熱河日記』, 「鵠汀筆談」, "鵠汀日: 洪湛軒先生, 頗能曉占乾
象否? 余日: 不是不是. 曆象家與天文家不同. 夫以日月暈珥彗孛飛流芒角動搖, 五斷休咎
者, 天文家也. 如張孟庚季才是爾. 在璿璣玉衡, 曆象日月星辰, 以齊七政者, 造曆家也. 如
洛下閎張平子是爾. 漢書藝文志, 有天文二十餘家, 曆法十數家, 判然爲二. 敝友頗能留心
幾何, 欲識躔度遲疾而未能也. 嘗斥宋景三言, 熒惑退舍, 處士加足, 客星犯座, 爲史家傅
會."

14) 소옹의 이러한 측면은 廖名春·康學偉·梁韋弦, 심경호 옮김, 『주역철학사』, 예문서원,
1994, 414쪽 참조.

15) 洪大容, 『湛軒書』 內集 권3, 「雜詠」, "我愛堯夫子, 避世不棄世. 閑居洛陽城, 繁華當盛際.
小車衝路間, 烟塵上衣袂. 一心旣無累, 梧柳卽松桂. 蟬冕常滿座, 縱談各忘勢. 圖書硏嘐
象, 風月入妙契."

16) 洪大容, 『湛軒書』 內集 권4, 補遺, 「醫山問答」, "邵堯夫達士也. 求其理而不得, 乃日天依
於地, 地附於天. 日地附於天則可, 日天依於地, 則渾渾太虛, 其依於一土塊乎! 且地之不
墜, 自有其勢, 不係於天, 堯夫知不及此, 則强爲大言, 以欺一世. 是堯夫之自欺也."

17) 洪大容,『湛軒書』內集 권4, 補遺,「醫山問答」, "實翁笑曰: 邵堯夫謂天地有開闢也. 以一元十二萬九千六百年, 爲開闢之限, 自以爲大觀也. 世人亦期之以大觀也. 爾爲何哉? 虛子曰: 開闢之限, 聞其說而不能信其理也. 實翁曰: 然. …… 惟天者虛氣, 蕩蕩灝灝, 無形無朕, 開成何物, 閉成何物, 不思甚矣."

18) 朴趾源,『燕巖集』권14, 別集,『熱河日記』,「鵠汀筆談」, "因潸然淚下, 又大笑曰: 邵堯夫每事分作四柱, 大是局滯. 余問: 如買盆, 占其成毀否."

19) 朴趾源,『燕巖集』권12, 別集,『熱河日記』,「馹汛隨筆」.

20) 朴趾源,『燕巖集』권7, 別集,「觀齋記」.

21) 朴趾源,『燕巖集』권14, 別集,『熱河日記』,「口外異聞·徐花潭集」.

22) 洪大容,『湛軒書』外集 권2, 杭傳尺牘,「乾淨衕筆談」, "余曰: 論天及曆法, 西法甚高, 可謂發前未發. 但其學則竊吳儒上帝之號, 裝之以佛家輪廻之語, 淺陋可笑."

23) 朴趾源,『燕巖集』권1,「澹然亭記」, "有躁人焉, 今日行一善事, 而責命于天, 明日出一善言, 而取必於物, 則天將不勝其勞擾, 而爲善者固亦將倦然退沮矣. …… 天何嘗有意於立信, 而屑屑然逐物而較挈也哉!"

24) 박지원과 천주교의 관련성에 대해서는 김명호,「『熱河日記』와『天主實義』」,『한국한문학연구』48, 한국한문학회, 2011; 김명호,「燕巖의 우정론과 西學의 영향-마테오리치의『交友論』을 중심으로」,『고전문학연구』40, 한국고전문학회, 2011 참조.

25) 朴趾源,『燕巖集』권14, 別集,『熱河日記』,「山莊雜記·象記」, "噫! 世間事物之微, 僅若毫末, 莫非稱天, 天何嘗一一命之哉! …… 吳未知天於卓霾之中所造者果何物耶! 麵家磨麥, 細大精粗雜然撒地, 夫磨之功轉而已. 初何嘗有意於精粗哉!"

26) 「象記」가 박지원의 천주교 비판과 관련 있다는 지적은 김명호,「『熱河日記』와『天主實義』」,『한국한문학연구』48, 한국한문학회, 2011, 345~350쪽 참조.

27) 洪吉周,『縹礱乙懺』권16,「明理」, "在天而有天之理, 在人而有人之理, 在昆蟲草木而有昆蟲草木之理, 在水火土石而有水火土石之理, 是其理莫不本乎天. 然天固穹穹蒼蒼, 至高而覆下而已. 又曷嘗見主宰按排之迹哉! 故謂理爲天, 亦未敢知其信然也."

28) 朴趾源,『燕巖集』권1,「澹然亭記」, "天固庶潢無朕, 任其自然, 四時奉之而不失其序. 萬物受之而不違其分而已."

29) 洪大容,『湛軒書』, 內集 권4, 補遺,「醫山問答」, "太虛寥廓, 充塞者氣也. 無內無外, 無始無終, 積氣汪洋, 凝聚成質, 周布虛空, 旋轉停住, 所謂地月日星是也."

30) 유봉학, 『燕巖一派 北學思想 研究』, 一志社, 1995, 141~142쪽.

31) 朴趾源, 『燕巖集』 권12, 別集, 『熱河日記』, 「關內程史·虎叱」, "自人所處而視之, 則華夏夷狄 誠有分焉. 自天所命而視之, 則殷冔周冕各從時制, 何必獨疑於淸人之紅帽哉!"

32) 洪大容, 『湛軒書』 內集 권4, 補遺, 「醫山問答」, "自天而視之, 人與物均也."

33) 朴趾源, 『燕巖集』 권12, 別集, 『熱河日記』, 「關內程史·虎叱」, "自天所命而視之, 則虎與人乃物之一也."

34) 이와 관련해서 다음 글을 참조할 수 있다. 朱伯崑, 김학권 외 옮김, 『역학철학사 3』, 소명출판사, 2012, 334~337쪽.

35) 廖名春·康學偉·梁韋弦, 앞의 책, 412쪽.

36) 구만옥, 「朝鮮後期時憲曆 도입 과정의 대립과 갈등-顯宗年間(1660~1674)의 논의를 중심으로」, 『한국과학사연구 40년과 한국근대과학 100년(한국과학사회 학술대회 논문집)』, 2000.

37) 김선희, 「서학을 만난 조선 유학의 인간 이해-홍대용과 정약용을 중심으로」, 『동양철학연구』 68, 동양철학연구회, 2011, 45~49쪽. 또한 주자학의 초월적이고 선험적인 이 인식에 대해서는 풍우란, 박성규 옮김, 『중국철학사』(하), 까치, 1999, 533~544쪽 참조.

38) 洪大容, 『湛軒書』 內集 권4, 「醫山問答」.

39) 朴趾源, 『熱河日記』 권14, 別集, 『熱河日記』, 「山莊雜記·象記」, "余大笑曰: 子之所言理者, 乃牛馬鷄犬耳. 天與之齒者, 必令彎而齧物也. 今夫象也. 樹無用之牙, 將欲彎地, 牙已先距, 所謂齧物者, 不其自妨乎! 或曰: 賴有鼻耳. 余曰: 與其牙長而賴鼻, 無寧去牙而短鼻! 於是乎說者不能堅守初說, 稍屈所學. 是情量所及, 惟在乎馬牛鷄犬, 而不及於龍鳳龜麟也. …… 夫象猶且見, 而其理之不可知者如此, 則又況天下之物萬倍於象者乎! 故聖人作易, 取象而著之者, 所以窮萬物之變也歟!"

40) 각주 24) 참조.

41) 이 부분에서 언급된 박지원과 홍길주의 이에 대한 견해는 조성산, 「18세기 후반~19세기 전반 주자학적 지식체계의 균열과 그 의미」, 『역사교육』 110, 역사교육연구회, 66~72쪽 참조.

42) 洪吉周, 『縹礱乙幟』 권16, 「明理」, "儒者以爲理一也, 其播諸事物而爲千爲萬爲億兆者, 分之殊也. 其意槩謂藉令有昔所無聞覩之事, 而可不得失之判, 已有所定於天地之初也, 藉令有古人所未造之器, 而其理則自先天而具焉. 特其形始成於今日耳. 是說也, 吳竊惑焉.

學者說理, 必推以至于太極而后已. …… 如有人焉, 遇一事而惕然曰: 是事之本, 太極也. 遇一物而, 然曰: 是物之本, 太極也. 不求其當行之善, 而擧以歸之于太極之茫茫, 則是可謂之能窮理耶!"

43) 洪吉周, 『縹礱乙㡎』 권16, 「明理」, "今若曰此理本乎一, 則窮理者豈將盡詰其已發未發之理, 使千百億世之后, 無出於豫知之外乎! 抑將秪究其所謂一者, 而自謂盡窮天下之理也. 此所謂一者, 何也? 豈虛空冥窅之一太極耶! 旣謂之一, 又將何法以窮之也! 劃一圈於紙曰: 是太極也, 太極本無極也, 張皇其說, 窈妙其旨, 千言而萬辭, 出入於虛荒罔象之中而曰: 此窮理之學也."

44) 洪吉周, 『縹礱乙㡎』 권16 「明理」, "理無事而不在, 無物而不在, 未嘗本乎一也. 卽事而究其非, 則事之理見矣. 卽物而觀其功用, 則物之理察矣. 又不可一一而豫求也. …… 若夫理之不可知者, 則天地之變也. 石言木血, 男化爲女, 人胎而生禽, 兒七歲而娠, 若是者又不勝其衆, 或顯諸史策, 或塗諸耳目, 非謬也. …… 於是乎理之不可徧窮, 益可知也. 於是乎理之未嘗本乎一, 愈可信也."

45) 이에 관해서는 조성산, 「18세기 후반~19세기 전반 주자학적 지식체계의 균열과 그 의미」, 『역사교육』 110, 역사교육연구회, 75~96쪽 참조.

46) 朴趾源, 『燕巖集』 권15, 別集, 『熱河日記』, 「銅蘭涉筆」, "康熙乙未間, 我國人逢黑眞國人於山海關外, 與一女同行, 蓋寧古塔東北數千里, 有氷海, 伍年一氷, 有國曰黑眞, 未嘗通陸. 前此十餘年, 黑眞一人, 忽涉氷至西岸, 初不辨是何物, 細察之則人也. 遍身蒙獸皮, 但出頭面, 髮鬚如羊, 邊人生致皇京, 康熙皇帝招見, 饋之飯則不知喫, 惟啖生魚肉, 陳列百物於前, 觀其所欲得, 而卒無所顧. 引示女人, 卽欣然摟抱, 於是命擇配聰慧女子, 且令伶俐侍衛伍人, 并女領還本國, 給伍袋種耕, 且使敎之農. 後伍年, 與其女子復渡氷海而來謝恩, 持大珠如拳者數枚, 貂皮長丈餘以貢, 女言國在大海中, 無君長, 人長者三丈, 小不下丈餘, 惟獵禽獸食生魚鼈, 珠滿海中 光怪不測. 此載一菴燕行記, 余談次, 問之郝志亭, 其答大同小異, 益知天下之大, 無物不有也."

47) 洪翰周, 『智水拈筆』 권5, 「神靈」, "又有可怪事 嘗見朱竹垞日下舊聞 有遼東一卒戰死 頭落地猶不死 携其頭步還家 頭雖腐枯 其身生坐 思食則以手書飢字 渴則書渴字 其妻輒以粥飮及水 持灌喉孔 飽則又揮手 如是者三年 而至生二子始死 此又何理也 宇宙廣大無不有也."

48) 洪吉周, 『縹礱乙㡎』 권12, 「睡餘放筆 上」, "近世中國人所撰小說, 如聊齋志異, 新齊諧, 艸

462

堂筆記之類, 寔繁其目而無非志怪談幻, 可託可訹. 或曰: 近日中國, 何多神怪事, 豈著書
者故爲此妄誕歟! 余則曰: 吳國褊小, 俗又循常習, 故不敢爲駭衆之言, 然以余一人之所見
聞, 苟鈔以輯之, 則靈异幻詭之迹, 可成數糾書, 況中國之大乎! 嘗欲約朋知若干人, 各記
其見聞, 彙而刪其複合, 作一部, 與中國鬪其奇."

49) 成大中,『靑城集』권7,「安國寺重修記」, "夫禍福動人, 莫先於神, 佛亦神之徒也. 古者神教
固在我矣. 易曰: 聖人以神道設教而天下服, 殷俗尙鬼, 故盤庚遷都, 誥民以神罰, 周雅常稱
祭祀之福, 故使天下之民, 齋明盛服, 以承祭祀, 洋洋乎如在其上, 如在其左右者, 神教也.
以此導民, 何求而不獲哉! 故春秋之時, 重詛盟, 田單假神師以破燕, 古之藉於神者如此,
及世教明而人道勝, 神則遠於我, 而佛乃假其柄也. 故興事造功, 反有勝於吾儒者."

50) 조지형,「〈闢衛新編 評語〉를 통해 본 瓛齋 朴珪壽의 천주교 인식과 대응론」,『누리와 말
씀』29, 2011, 25쪽, "中國上古, 亦有九黎亂德, 人神雜糅之世, 賴聖人, 一番整頓, 卽今海
外荒僻地頭尙多, 有鬼怪雜處之國, 彼葱嶺以西, 區域浩大, 民物亦有自不少, 古初鴻荒, 想
不無許多神怪物事罔象, 不若與人爲鄰, 光景可畏."

51) 朴趾源,『燕巖集』권14, 別集,『熱河日記』,「鵠汀筆談」, "但說氣數則天地間都無著手處,
聖人罕言命, 所以爲世立教, 不得不如此. 然時來風送滕王閣, 運去雷轟薦福碑, 天地間都
是時來運去."

52) 朴趾源,『燕巖集』권14, 別集,『熱河日記』,「鵠汀筆談」, "余曰: 人有恒言天不容僞, 而方其
興也. 王覇之詭言氷堅, 天亦從僞, 至誠禱祝, 未必遂願, 而方其亡也. 張世傑之瓣香祝天,
快副其誠, …… 天下之大信, 莫如潮汐, 使宋朝莫能復艘, 則錢塘江潮, 三日不至, 興亡之
際, 鬼神造化之迹, 亦有僞信互用, 誠詭並行, 其所欲與者, 未必天之所說, 而潛扶黙護, 曲
有恩意, 其所欲奪者, 未必天之所憎, 而殘忍慘毒, 若報深仇者, 何也? 鵠汀曰: 我朝貝勒博
洛統兵, 趨浙營於江岸, 而是時江潮, 又連日不至."

53) 朴趾源,『燕巖集』권12, 別集,『熱河日記』,「關內程史·虎叱」, "今淸之御宇纔四世, 而莫不
文武壽考, 昇平百年, 四海寧謐, 此漢唐之所無也. 觀其全安扶植之意, 殆亦上天所置之命
吏也. 昔人嘗疑於諄諄之天, 而有質於聖人者, 聖人丁寧體天之意曰: 天不言, 以行與事示
之. 小子嘗讀之, 至此其惑滋甚, 敢問以行與事示之, 則用夷變夏 天下之大辱也. 百姓之冤
酷如何? 馨香腥膻, 各類其德, 百神之所饗何臭, 故自人所處而視之, 則華夏夷狄, 誠有分
焉. 自天所命而視之, 則殷冔周冕, 各從時制, 何必獨疑於淸人之紅帽哉! 於是天定人衆之
說, 行於其間, 而人天相與之理, 乃反退聽於氣, 驗之前聖之言而不符, 則輒曰: 天地之氣數

如此, 嗚呼! 是豈眞氣數然耶!"

54) 조선 후기 지식인들 가운데에는 명청교체를 운명론적으로 해석하는 이들이 있었다. 이
에 대해서는 조성산, 「17세기 후반 경기지역 西人 象數學風의 형성과 의미」, 『한국사연
구』 115, 한국사연구회, 2001, 113~115쪽 참조.

55) 이 말은 『사기史記』에서 유래하였다. 司馬遷, 『史記』 권66, 「伍子胥列傳」, "人衆者勝天,
天定亦能破人."

56) 成大中, 『靑城雜記』 권3, 「醒言」, "完顔合達之敗於元以雪, 孫傳庭之敗於李自成以雨, 均
是雨雪, 反爲彼利, 何哉? 然猶可委之人也. 陳霸先抗齊師於建業, 一溝而處, 而北則苦雨,
懸釜而炊, 南則燥, 欲揚塵, 陳卒以勝, 伯顔攻臨安, 師露處江渚, 潮至則覆矣, 宋以爲幸,
潮卒不至者三日, 宋亡, 潮乃至, 是則天亦有偏助耶!"

57) 각주 52) 참조.

58) 成大中, 『靑城雜記』 권4, 「醒言」, "少余從宦, 暫違常分, 輒遭折敗, 在他人則未必然也. 嘗
以語醉雪柳公逅曰: 天豈偏矉我耶! 何謫罰之甚於人也. 公太息曰: 果爾, 天其愛子也厚
哉! 隋煬之世, 詎聞有天災耶! 余今老矣, 益覺其言之有味."

59) 朴趾源, 『燕巖集』 권13, 別集, 『熱河日記』, 「黃敎問答」, "非也, 因果只是緣此事有此功,
…… 惠廸吉, 從逆凶, 乃吳道之因果也. 其廸逆因也, 吉凶果也, 言吉凶之不足日, 猶影響,
惠從之間, 其孚應之驗, 若斯其捷也. 如曰積善之家, 必有餘慶, 積不善之家, 必有餘殃, 此
吳道之因果也."

60) 朴趾源, 『燕巖集』 권13, 別集, 『熱河日記』, 「黃敎問答」, "爲佛者初言因果, 則極高明矣. 觀
於吳道報應有迹, 乃爲輪回之說以實之, 實吳道病之也. 如曰: 作之善, 降之百祥, 作不善,
降之百殃, 此吳道之因果也. 第其爲者, 誰也? 泰西人居敬甚篤, 攻佛尤力, 而猶爲堂獄
之說, 彼見吳道之一心對越, 曰臨, 曰監, 曰視, 曰聽, 明有主宰, 則得一降殃祥之降字, 以
自罔也."

61) 成大中, 『靑城雜記』 권2, 「質言」, "盈天地之間者 感應報復之理也."

62) 『靑城雜記』에 대해서는 손혜리, 「『靑城雜記』에 대한 일고찰-「醒言」을 중심으로」, 『동방
한문학』 23, 동방한문학회, 2003; 최경렬, 「『靑城雜記』의 사상과 문학성-試論」, 『한문학
보』 10, 우리한문학회, 2004; 김준형, 「『靑城雜記』를 통해 본 거지와 거지 이야기」, 『민
족문학사연구』 40, 민족문학사학회, 2009; 노대환, 「『靑城雜記』에 나타난 18세기 조선의
사회상」, 『선비문화』 19, 남명학연구원, 2011; 손혜리, 「靑城 成大中의 史論 散文 硏究-

『靑城雜記』揣言을 중심으로」,『대동문화연구』80, 성균관대학교 대동문화연구원, 2012
참조.

63) 成大中,『靑城雜記』권1,「揣言·平勃」, "平勃爲元功矣, 然誅呂氏太酷, 秉國權太專, 故陰
禍及後, 兩家俱毁, 而亞夫則獄死, 功不足以掩其咎耶! [甚矣! 報復之如影響也.]"

64) 成大中,『靑城雜記』,권1,「揣言·秦楚報復」, "秦楚報復, 楞嚴經曰: 羊死爲人, 人死爲羊,
互來相噉, 今引許多報復, 以見紡車相似, 堪爲楞嚴詮解."

65) 成大中,『靑城雜記』권4,「醒言」, "人衆則勝天, 氣旺則勝理, 然卒之天勝人而理勝氣也. 朱
全忠李自成之稔惡也, 天豈不欲亟殄之也! 然而未能者, 氣奪理也. 及其禍盈而自及, 則若
爲之報復焉, 天理乃勝之也. 然死於朱李之手者, 亦非天耶! 旣使之殺之, 又從而報之, 天
亦巧變也哉!"

66) 成大中,『靑城雜記』권3,「醒言」, "夫華夷之別, 人也. 天則等是子也. 猾夏之憂, 始於舜時,
春秋則專以攘夷爲法, 鳴札亦不齒矣. 然氣數之迭變, 聖亦無如之何矣. 楚與鳴越, 迭主夏
盟, 秦並天下, 伍胡亂華. 宋明以後, 遂以全局付之, 夷固强也. 中國正亦招其報也."

67) 朴趾源,『燕巖集』권12, 別集,「熱河日記」,「關內程史·虎叱」, "自人所處而視之, 則華夏夷
狄, 誠有分焉. 自天所命而視之, 則殷冔周冕, 各從時制, 何必獨疑於清人之紅帽哉! 於是
天定人衆之說, 行於其間, 而人天相與之理, 乃反退聽於氣, 驗之前聖之言而不符, 則輒曰:
天地之氣數如此, 嗚呼! 是豈眞氣數然耶!"

68) 成大中,『靑城雜記』권3,「醒言」, "靖康之變, 帝子王孫, 官門仕族, 陷入金虜, 屬爲奴婢.
…… 虜惟喜醫人繡工之類, 尋常團坐地上, 襯以敗席. 客至開筵, 引он樂者, 環列奏伎, 酒
闌客醉, 各復其初. 環坐刺繡. 往往餒病, 相枕而死, 虜之視之, 猶驢牛之疲於役而斃也. 逾
苦役其生者. 嗟呼! 彼其何殊之積而至此! 不過富貴之報也. [惻怛之意, 溢於辭語] 然中華
之待夷狄, 畢竟合有其報, 夷狄縱非我類, 然亦人也. 天之視之, 華夷豈有別哉! 聖人非不
欲並育也, 特以疆域之遐, 未及與之陳常也. 周猶以名義斥也, 兩漢專以武力加之. 奴虜待
之, 禽獸視之, 必欲剿絶而後已. 彼亦仇視中國, 世世磨牙, 必欲一報, 而中國之自修, 乃反
不如也. [千古明快之論, 儘非拘儒] 天厭之久矣, 安得無此報也! 特當之者不幸爾. [此靖
康之變章及下天同而地異, 春秋嚴於攘夷, 何等快活! 何等明白! 如此大議論, 終古稀有.]"

69) 각주 53) 인용문의 나) 참조.

70) 각주 65) 참조.

71) 成大中,『靑城雜記』권3,「醒言」, "亡國未嘗無種, 而嬴石獨無遺育也, 以其多殺也. 然胡元得

國, 殺人多於秦趙, 而順帝北走, 種裔盛於沙漠, 今之蒙古是已. 天道亦未可知也, 豈順帝之
遜避眞主, 猶新羅敬順王之毀國全民, 足以受天佑耶! 是亦好生之德也. 朱溫之凶虐, 而其
後乃爲皇明, 此又常理之外也. 太祖之尙嚴, 豈亦溫之餘烈耶!"

72) 이 시기 善書의 유행에 대해서는 양은용,「韓國近代에 있어서 勸善書의 流行에 대하여-
三敎融會와 善-」,『원불교사상과 종교문화』20, 원광대학교 원불교사상연구원, 1996;
최혜영,「朝鮮後期 善書의 倫理思想硏究」, 한국교원대학교 박사학위논문, 1997, 41~140
쪽 참조.

73) 朴趾源,『燕巖集』권15, 別集,『熱河日記』,「銅蘭涉筆」, "王民皥, 贊淸建國一王之制曰: 外
三王而內二敎, 蓋以釋老二氏之術, 雜儒道而文之也. 雍正時, 有密奏請, 令所在僧尼, 相配
還俗, 可得旗下百萬. 雍正下詔洞諭曰: 佛老之敎, 心性本源, 善惡感應, 理氣根窟. 自昔理
天下者, 本之倫常, 效之事功, 則二氏之敎, 無與乎禮樂刑政之區, 恐其有妨於明敎, 則哲王
賢辟, 踈而遠之則有之. 朕未聞其持其性而挫折之也. 近有密奏進來, 毒詆釋氏, 請令所在
僧尼還俗. 朕恐一夫一婦不獲其所, 今不問情願還俗, 則不獲其所者, 不啻數百萬人, 僧尼
卽鰥寡孤獨, 所當矜憐, 理學之人, 先罵二氏, 自以爲理學者, 此習不知冊自何典. 夫理學貴
於躬行實踐, 若虛詆二氏, 卽爲理學則卑淺矣. 國家尊尙理學之意, 本不如此, 若云天言惑
衆, 作姦犯科, 皆出於僧徒, 此等果於本敎, 亦無躬行實踐, 其干紀冒法, 豈誠本敎之罪哉!
卽如近日獲重罪處極刑者, 又何嘗皆僧尼道士耶! 執法不平, 不足以治天下, 持論不公, 不
足以服人心. 故玆諭示, 此載閩相應洙癸丑燕行錄中, 與王氏說相符."

74) 노대환,「18세기 후반~19세기 중반 노론 척사론의 전개」,『조선시대사학보』46, 조선시
대사학회, 2008, 223~228쪽.

7장

1) 최근 연구 성과들은 19세기에 대한 단조로운 인상들을 돌파할 만한 결과를 보여주고
   있다. 최한기는 물론 이규경, 심대윤, 성해응, 남병철, 홍석주, 홍길주, 유인석, 이건창
   등 대중적으로 낯선 이름들을 표제어로 하는 연구들이 늘어났고, 중국에서 서적 수입,
   천문학·수학 등 서학의 쇄도, 경화세족의 독서문화나 출판활동 등에 대한 보고 역시 활
   발하다.

2) 이 글은 같은 문제의식에서 출발한 선행 연구의 후속 연구에 해당한다. 김선희, 2014(b)는 중화가 아니라 문명의식의 관점에서 조선 후기의 지적 경향을 포착하고 이 경향에 전통적 화이관에 따라 근본적으로 이夷이면서 동시에 문명의 담지자였던 서양 학술이 어떻게 개입하고 변화를 발생시키는지를 추적한 연구 결과물이다.

3) '중화주의'를 표제로 하는 선행 연구들이 이 기제의 작동과 모순을 추적해왔다. 정옥자, 1998; 계승범, 2011; 우경섭, 2013; 허태용, 2009; 김문식, 2009; 배우성, 2014.

4) 조선 후기의 지적 풍토에서는 주자학적 이론에 대한 도전만 아니라면 비교적 자유로운 분위기에서 연구하고 저술할 수 있었던 것으로 보인다. 경세치용, 실사구시 등 유학의 기본 정신을 지향하는 한 연구 주제나 세부 내용에 대해서는 도리어 자유로운 분위기 가 통용되었던 것으로 보인다.

5) 유리창에 관해서는 다음의 연구를 참조할 수 있다. 강명관, 1996; 정민 외, 2013.

6) 홍한주의 『지수염필智水拈筆』은 당시 조선의 장서가를 일별하는 글로 시작된다. 조선 후기 장서가의 장서 규모에 대해서는 강명관, 1999, 262~268쪽; 김영진, 2006, 613~614 쪽 참조.

7) 그에 따른 폐해도 존재한다. 중요한 책을 확보한 이가 이를 공개하지 않을 경우 경제력 이나 사회적 지위 등 여러 제한이 있는 한미한 지식인들에게 그 자체로 해악으로 느껴 졌을 것이다. 이규경의 조부 이덕무의 말이 이를 잘 보여준다. "만일 만 권萬卷의 책을 저장해놓고도 빌려주지도 않고 읽지도 않고 햇볕을 쏘이지도 않는 사람이 있다면, 빌 려주지 않는 것은 인仁하지 못함이요, 읽지 않는 것은 지혜롭지 못함이요, 햇빛을 쏘이 지 않는 것은 부지런하지 못함이다. 사군자가 글을 읽자면 남에게 책을 빌려서도 읽는 법인데, 책을 꽁꽁 묶어놓기만 하는 자는 부끄러운 일이다(若有藏書萬卷, 不借不讀不 曬, 不借不仁, 不讀不智, 不曬不勤. 士君子必讀書, 以資借猶讀, 有以束閣者爲愧)." 『청장 관전서靑莊館全書』 권5 「세정석담歲精惜譚」, 『한국문집총간』 257권 095d 이후로는 권 호만 표기한다.

8) 대표적인 연구는 다음과 같다. 진재교, 2007a; 최식, 2010.

9) 대표적인 연구는 다음과 같다. 김문식, 2009; 안대회, 2006.

10) [0652]「구고산기변증설勾股筭器辨證說」, 『오주연문장전산고』.

11) 余甞過崔上舍漢綺家, 略論我東故事. [0683]「지기훈용변증설支機勳庸辨證說」, 『伍洲衍 文長箋散稿』.

12) 이덕무의 『사소절士小節』 간행과 관련해 최성환과 최한기가 등장하는 『오주연문장전 산고』의 기사가 이런 네트워크를 확인할 수 있게 해준다. 「사소절분편각본변증설士小節分編刻本辨證說」 항목이 이를 잘 보여준다.

13) 이상혁은 중인 출신으로 남병철과 함께 수학을 연구한 것으로 알려져 있다. 이노국, 1992.

14) 하지만 19세기 초반에는 검열과 규제 역시 강화된 측면이 있다. 1801년 신유박해 이후 공식적으로 서학서의 수입이 금지되었고 패관문학 역시 수입이 금지되었다. 연행에서 구입할 수 있는 서적도 경서나 사서 등에 한정되는 등 보수화의 경향이 나타났다는 것 이다. 정재훈, 2011, 139~140쪽.

15) 유서類書의 계보에 속하는 『지수염필』이나 『오주연문장전산고』와 달리 남아 있는 최한 기의 저술 가운데는 단일한 유서 저작이 존재하지 않는다. 그러나 의학, 천문학, 수학, 농업, 정치 등 현재 『명남루총서』에 묶인 저술들 자체가 다양한 분과로 되어 있기 때문 에 최한기의 학술적 작업 역시 일종의 백과전서적 전통에 속한 것으로 볼 수 있다.

16) 다산의 서학 활용이 외부의 구속을 받지 않았다는 것은 아니다. 그러나 적어도 강력한 타자로서 서양과 대면하지 않았다는 점은 분명하다.

17) 연암그룹과 동시대에 살았던 정조(1752~1800) 역시 이렇게 낙관했다. '상이 이르기를, "연전에 있었던 서학西學의 폐단은 지금은 거의 점점 물들어가지 않을 정도가 되었지 만, 사설邪說이 마구 번져 나가는 것은 정도正道가 어두워지고 막힌 데서 비롯된다. 만 약 정도를 붙들어 세우고 강구하여 밝히고자 한다면 먼저 근본을 바로잡는 것이 가장 좋다(年前西學之弊, 今則庶不至漸染, 而邪說之肆行, 由於正道之晦塞. 苟欲扶植而講明, 莫如先正其本)." 『홍재전서弘齋全書』 제164권 일득록日得錄 4 「문학文學」.

18) 이덕무가 참조하고 그의 손자 이규경이 저술에 적극 활용한 일본 유서 『화한삼재도회 和漢三才圖會』가 좋은 예일 것이다.

19) 純廟十七年丙子, 英吉利國漂船, 來泊湖西庇仁縣馬梁津葛串下洋. [1112] 「서양통중국변 증설西洋通中國辨證說」, 『오주연문장전산고』.

20) 洋舶飛行不問津, 鯤濤萬里浩難親, 殘船敗艦將安用, 海戍還憐列鎭人. 『해옹시고海翁詩 藁』 권6 「지수집초智水集鈔」 〈지호절구智湖絶句〉 306권 430c.

21) 1860년대에 사망한 이들은 공통적으로 19세기 초반부터 이어진 천주교와 관련된 박해 들을 경험했고, 황사영 백서와 같은 전대미문의 사건뿐 아니라 무엇보다 충격적인 중

영전쟁에서 중국의 패배를 경험했다.

22) 문중양, 2008.

23) 최근 그의 저서『지수염필』이 번역되는 등 홍석주, 홍길주 등 풍산 홍씨가에 대한 연구가 늘어나는 추세이다.『지수염필』은 벽사 이우성 선생께서 일본에서 발굴한 자료로 1983년에야 비로소 영인되어 학계에 알려졌다. 2013년에 국역본이 출판되었다. 홍한주, 2013. 홍한주의 생애와 교유에 관한 정보는 국역본의 해제를 참고하였다. 홍한주에 관한 연구로는 이경구, 2013; 김윤조, 2008; 진재교, 2005a, 2005b; 최식, 2010 등이 있다.

24) 문장가로 이름 높은 연천淵泉 홍석주洪奭周와 항해沆瀣 홍길주洪吉周 형제는 정조의 부마였던 홍현주洪顯周 등과 재종再從지간이었다.

25) 예를 들어 또한 홍한주는 당대 조선에서 청대 학술 수준의 상징과도 같았던『고금도서집성』을 재종형 홍한주가 익종翼宗에게 부탁해 빌려보았을 때 함께 열람하는 등 가문의 문화 자본에 상당한 도움을 받았다.「고금도서집성」,『지수염필』.

26)『지수염필』에는 당대에 조선에 유입되었거나 형성되어 있던 지식은 물론 그 지식의 유통과 확산에 대한 기사가 상당한 비중으로 소개되어 있다. 예를 들어 장서가에 대한 시평과『고금도서집성』을 구매하기 위한 조정 노력과 어렵게 열람한 일, 영남에서 개인의 명리를 위해 쉽게 문집이 간행되는 세태에 대한 비판 등에서 19세기 지식장의 구성과 작동 방식을 살펴볼 수 있다.

27) 진재교, 2007b, 392쪽.

28) 진재교, 2007b, 394쪽.

29) 홍한주는 과거제도, 당쟁, 서원, 수준 낮은 문집의 간행 등 조선사회의 다양한 병폐를 비판하기도 한다.

30)「장서가藏書家」,「저서著書」,「실학實學」,「찬집纂輯」,「시문지선詩文之選」,「사체史體」 등의 글이 예가 될 수 있다.

31) 然無論中原與我國, 其時君子當秉義尊攘, 自是堂堂正正之大節. 在今日則服事已數百年, 且淸之治敎 往往卓越, 前代雖曰左袒, 生乎其地者, 今皆爲淸之遺黎也. 雖使孔孟在於今日, 必出而仕矣. 此眞素夷狄, 行乎夷狄, 今日之反爲尊攘之論者, 不識中庸之道也.「용이변화用夷變華」,『지수염필』.

32) '문명' 역시 중국이나 조선의 전유물이 아니다. 홍한주는 조선에 장서가가 손으로 다 꼽을 수 없다면서 "우리나라가 이미 그러한데 일본, 류큐처럼 문명이 바야흐로 성대한

곳은 미루어 알 수 있다(我國旣然, 則日本琉球之文明方盛, 推可知也)"고 말했다.「장서가藏書家」,『지수염필』. 홍한주가 일본과 유구에 대해 이런 인식을 갖게 된 계기를 다음 글에서 유추할 수 있다. "내가 듣기로 병신년(1776)에 구매해올 때, 연경의 시장사람이 웃으며 우리나라 사람에게 일러 말하기를 '이 책은 간행된 지 거의 50년이 넘었는데 귀국은 문文을 숭상한다고 자칭하면서 이제야 비로소 구하여 사는 것입니까? 일본은 나가사키長碕島에서 1부, 에도江戶에서 2부를 이미 구해서 3부를 사갔습니다' 하니 우리나라 사람이 부끄러워서 대답하지 못했다고 한다(余聞丙申購來時, 燕市人笑謂我人曰, 此書刊行殆過伍十年, 而貴國號稱右文, 今始求買耶, 日本則長碕島一部, 江戶二部, 已求三件去矣. 我人羞愧, 不能答云)."「고금도서집성古今圖書集成」,『지수염필』.

33) "오직 지금 청나라는 비록 동호라고 일컫지만 천하를 얻은 것이 매우 정당하였고, 순치제부터 지금의 동치제까지 8대 동안 전해진 것이 수백 년인데 모두 적통으로 서로 이어서 형이 동생을 망하게 하는 일이 없었고 숙부가 질자를 계승하는 일이 없었다. 조용히 전수하여 나라와 백성이 편안하였다. 그 사이에 군주들의 우열은 비록 같지 않으나 폭군과 용주가 없었고, 왕위를 잇고 수성하는 것이 여유가 있을 뿐만이 아니었다. 이는 (남송으로) 갈라진 이후에 없었던 일이다. 이는 오랑캐가 바꼈다고 할 수 있지 않을까(惟今淸, 雖曰東胡, 得國甚正, 由順治至今同治, 傳八世數百餘年, 而皆嫡嫡相承, 無兄亡弟, 及以叔繼姪等事. 從容傳授民國晏然, 其間諸君優劣, 雖或不同, 亦無暴君庸主, 繼體守成, 不啻有餘. 此剖判之後, 未之有也. 其可以夷易之耶)?"「제왕전위帝王傳位」,『지수염필』.

34) 且洋夷陷京, 天子播遷, 此亦前古所無, 況自庚戌宣宗之崩, 洪受泉·楊守淸相繼作亂, 盜賊因蜂起, 江浙湖南, 至於人烟斷絶. …… 國家罷於兵餉, 帑藏匱竭, 其勢幾於土崩, 然能支十四年之久者, 其亦聖祖·高宗治化之效歟.「양이함경洋夷陷京」,『지수염필』.

35) 보통 수마트라 인근 지역을 가리키는 말이지만 여기서는 맥락에 닿지 않는다. 당시 유럽의 강대국 프로이센을 지칭하는 것으로 보인다.

36) 『명사明史』「정화鄭和」에 나오는 지명이다.

37) 歐羅巴有英吉利·紅毛·佛蘭·三佛齊諸國 始出於西域別種, 謂之西洋瑣里. 而各自强大, 以舟楫爲家宅, 飛行萬里, 易於平地. 其人巧思多才, 其天文·曆學·醫藥·種樹·治圃·作農·造器械·爲宮室 靡不逞奇舞智, 神鬼莫測, 前古之所未有. 萬國之所不能, 又多眩幻惑人之術, 使人通貨財輕死生, …… 幾乎擧天下胥溺而忘返也, 是豈不哀痛之最甚者乎.「서양강대西洋强大」,『지수염필』.

38) 近又有歐羅巴耶蘇之說, 皇明萬曆間, 其國人湯若望·陸若漢·利瑪竇輩, 次第浮海入中國, 教人以天主之道, 是又異端之終條理, 而其滅倫悖常, 害當滔天, 十倍於老佛矣. 「西洋强大」, 『지수염필』.

39) "그들의 학문은 하늘을 숭상하고 부모를 알지 못한다. 무릇 하늘을 아비 삼고 땅을 어미 삼는 것은 유교에서도 말하는 것이지만 어찌 일찍이 나를 낳아주신 부모를 버리고 오로지 하늘 아비만을 숭상하였던가? 그리고 살기를 좋아하고 죽기를 싫어하는 것은 벌레들도 그러한 것인데 형장에 나아가는 어리석은 부녀자들이 웃고 떠들며 두려워하지 않고 비록 정강이뼈가 모두 부러져도 고통을 느끼지 않으며 단지 손을 모으고 예수만 외칠 뿐이니 이 어찌 상리와 인정을 넘어서는 것이 아니겠는가(其學尊天 而不知父母, 夫乾父坤母, 吾道亦言, 而何嘗捨吾所生父母, 專尙乾父乎. 且好生惡死, 昆虫猶然, 而愚婦之就刑戮者, 談笑而不怕, 雖脛骨盡折, 亦不痛楚, 但攢手呼耶蘇而已. 是豈非常理人情之外哉)?" 「서양강대」, 『지수염필』.

40) 自古異端, 但稱有害道而已. 佛雖滿天下, 何曾爲如此大變怪乎. 洋人之所大願, 本不在土地人民, 而但欲其行其敎, 而交其貨也. 「서양강대」, 『지수염필』.

41) [0331] 「용기변증설用氣辨證說」, 『오주연문장전산고』.

42) 有何眞正大英雄一掃而廓淸也哉. 「서양강대」, 『지수염필』.

43) 이규경의 생애는 신병주, 1994; 박상영·안상우, 2008; 김채식, 2009; 노대환, 2014 등을 참고할 수 있다.

44) 생애를 다룬 선행 연구들에 따르면 34세에 식솔을 이끌고 서울에서 멀리 떨어진 충남의 벽지로 이주했으며 5년 뒤 다시 서울로 올라와 2년 정도 거주하기도 했지만 평생 궁벽한 곳에서 어렵게 생활한 것으로 알려져 있다.

45) 余癖於事物之原始與支流也. 「불상변증설佛像辨證說」, 『오주연문장전산고』.

46) 余之習性, 每於讀書, 必詳其名物, 究極本原, 然後乃已. 「大食窯琺瑯器辨證說」, 『오주연문장전산고』.

47) 예를 들어 「中原新出奇書辨證說」에서 『해국도지』, 『영환지략』, 『문선루총서』, 『휘각서목』 등 자신이 보지 못한 중국의 최신서 서명을 나열한다.

48) 『기하원본幾何原本』, 『직방외기職方外紀』, 『건곤체의乾坤體義』, 『천문략天文略』, 『주제군징主制群徵』, 『기기도설奇器圖說』처럼 천문학, 지리학, 수학 등 당시 중국에서 출간된 서학서들을 망라하고 있다.

49) 世之爲論者以爲, 名物度數之學, 漢代以後, 絶已久矣. 然而不佞所見, 殆不然也. 蒼錄旣 迄, 此學亦隨而亡矣, 而才智迭出於歷代, 其高下雖不齊, 而亦得古先已明之遺躅, 意匠所 到, 自能造其閫域. 故所謂名物度數者, 未嘗間斷, 而其精蘊之娛旨, 則無人發明, 類同堙沒 不傳矣, 逮于皇明之末造, 中土人士駁然入于其中, 打成習尙, 以不知此道爲恥, 如徐玄 扈 王葵心之流, 崛起絶學之後, 多所啓發, 創始象數之學, 名物度數, 煥然復明於世. 從玆 以後, 崇門名家稍稍出焉. 「오주연문장전산고서伍洲衍文長箋散稿序」, 『오주연문장전산 고』.

50) 어쩌면 이규경은 이 자극을 자기 학문적 지향의 출발점으로 삼았는지도 모른다. 그가 지은 호 '오주伍洲'는 마테오리치가 9만 리를 항해해 중국에 들어와 사람들에게 알려준 사실이기 때문이다. "명 만력 연간에 대서양 구라파주 이태리인 리마두라는 이가 비로 소 구만리를 항해해 중국에 들어와 지구에는 다섯 개의 큰 대륙이 있고 각 대륙에는 각 각의 국가들이 있다고 말했다(自皇明萬曆以後, 有大西洋歐邏巴州意大里亞國人利瑪竇 者, 始航海九萬里入中土, 言地球有伍大洲, 洲有各國)." [0170] 「일목국변증설一目國辨 證說」, 『오주연문장전산고』. 평생 궁벽한 벽지에 살면서 오직 책으로만 세상을 접했던 삶의 한을 그는 온 세상을 의미하는 단어 속에 담아 해소해고자 했는지도 모른다.

51) 서학 중국 원류설은 서양의 역법이 『주비산경』에 담긴 고대 중국의 천문 우주에 관한 지식이 서양으로 전해진 후 그곳에서 독자적으로 발전하여 다시 중국으로 유입되었다 는 주장에서 비롯했다. 이러한 주장을 편 이는 당대 중국 최고 지식인이었던 매문정(梅 文鼎, 1633~1721)이었다. 자세한 논의는 다음 논문을 참고할 수 있다. 임종태, 2003, 114~135쪽; 노대환, 2003.

52) 然數學之失眞久矣, 漢, 晉以來, 所存者幾如一線. [0727] 「수원변증설數原辨證說」, 『오주 연문장전산고』.

53) 청대 초에 중국에 들어간 폴란드 출신 예수회 선교사 스모골랜스키Nikolas Smogol- enski(1611~1656)로, 중국인 설봉조薛鳳祚(1600~1680)와 함께 『천보진원天步眞原』을 저술했다.

54) 皇明萬曆間, 西洋人始入中土, 其中一二習算數者如利瑪竇, 穆尼閣等, 著爲『幾何原本』, 『同文算指』諸書, 大體雖具, 實未闡明理數之精微矣. [0727] 「수원변증설」, 『오주연문장 전산고』.

55) 淸朝, 西人至者甚衆, 有湯若望, 南懷仁, 安多, 閔明我, 間明算學, 而度數之理, 漸加詳備.

[0727] 「수원변증설」, 『오주연문장전산고』.

56) 疇人子弟, 失官分散, 又經秦火, 中原典章, 旣多缺佚. [0727] 「수원변증설」, 『오주연문장
전산고』.

57) 김선희, 앞의 논문.

58) 서명응徐命膺(1716~1787), 이헌경李獻慶(1719~1791), 홍양호洪良浩(1724~1803), 서
유본徐有本(1762~1822) 등이 대표적이다.

59) 문중양, 앞의 논문, 11쪽.

60) 같은 논문, 9쪽.

61) 『화한삼재도회(和漢三才圖會)』는 오사카 출신 의사 데라시마 료안寺島良安이 왕기王
圻가 지은 중국의 유서 『삼재도회』의 구성을 본떠 만든 유서이다.

62) 문중양, 위의 논문, 13쪽.

63) 이규경이 참고한 서적 660여 종을 분석한 선행 연구에 따르면 국내 서적이 14.7%, 중국
서적이 85%, 서학서가 2.6%, 일본 서적이 1%라고 한다. 김채식, 앞의 논문, 146쪽. 이후
각 서적당 인용 횟수 역시 이 논문에 근거했다. 그러나 『성호사설』이나 『청장관전서』처
럼 100회 넘게 인용한 책을 제외하고 조선 서적들은 인용 빈도가 매우 낮은 대신 『물리
소지』(221회)나 『화한삼재도회』(126회)의 활용은 매우 빈번하다. 따라서 이런 통계적
분석으로는 이규경이 서학의 정보들을 얼마나 활용했는지는 파악할 수 없다. 통계적
수치보다 훨씬 더 큰 비중으로 이규경이 서양 학술과 정보가 가져온 다양한 파장을 흡
수하고 이를 재배치하고자 했음을 알 수 있다.

64) 中原則專主理氣性命之學, 故與天同化, 此形上之道也. 西乾則專治窮理測量之敎, 故與神
爭能, 此形下之器也. 故奇技淫巧之物, 種種流出於西陬, 我人初見其妙, 不敢思議, 何其自
小之甚也. 雖然覷得用氣之理, 則可許窺氣之一班, …… 其形上之學, 猝難惡得, 形下之用,
則庶可學焉. 而我人蒙不覺惡, 可勝歎哉. [0331] 「용기변증설」, 『오주연문장전산고』.

65) 大抵西洋之於中原與東國, 若風馬牛不相及, 而航海來泊, 甚可異也. 東西雖遠, 其文字言
語, 必難相通, 而東來修士, 明習中國經傳, 類如宿契, 中原亦解彼二十三字, 轉輾成文, 旨
哉. 書同文車同軌之大義也. [1112] 「서양통중국변증설」, 『오주연문장전산고』.

66) 임영걸, 2013, 128~132쪽.

67) 而獨我東慮其有構釁招兵, 不敢生意, 故號爲寰宇至弱奇貧之國. [0481] 「여번박개시변증
설與番舶開市辨證說」, 『오주연문장전산고』.

68) 惟待以仁恕, 受其指天爲誓, 則必無他慮也. [0481] 「여번박개시변증설」, 『오주연문장전산고』.

69) 而況爲國自有其道, 能治其國家, 將遠人慕畏, 豈但諱虛實而已耶. [0481] 「여번박개시변증설」, 『오주연문장전산고』.

70) 중원中原, 중화中華, 중국中國 등의 용어가 한꺼번에 나오는 「지품변증설紙品辨證說」 같은 글에서 이를 확인할 수 있다. 『오주연문장전산고』에서 사용된 중화의 용례는 주대부터 명대까지의 국가나 그 문화를 가리키는 경우가 많고 엄격하게 이夷를 배제하는 문화적 자긍의 의미로 사용된 경우는 우리를 소중화로 지칭하는 경우 외에는 거의 없는 것으로 보인다.

71) [0489] 「금고변증설禁錮辨證說」, 『오주연문장전산고』.

72) [1146] 「고금리속우동변증설古今俚俗偶同辨證說」, 『오주연문장전산고』.

73) 崔漢綺, 字芝老, 朔寧人, 司馬, 才藝出類, 嘗著通經, 通史, 禮書及律數, 曆象等書, 滙集集考. 强記博學, 非俗士可比也. [1065] 「사소절분편각본변증설士小節分編刻本辨證說」, 『오주연문장전산고』.

74) 서구 과학에 대한 관심과 연구는 그의 초기 저작에서부터 나타난다. 『육해법陸海法』(1834)은 예수회 선교사 우르시스Sabbathinus de Ursis, 熊三拔(1575~1620)의 『태서수법泰西水法』을 편집한 것이며, 『심기도설心器圖說』(1842) 역시 예수회 선교사 테렌츠의 『기기도설奇器圖說』을 참고한 것이다.

75) 이규경은 이 책의 소식을 들었지만 실제로 보지는 못한 것으로 보인다. 김채식, 앞의 논문.

76) 蓋天下之周通, 粤在大明弘治年間, 歐羅巴西海隅布路亞國人嘉奴, 始圖地球, 是乃天地之開闢也. 『기측체의氣測體義』 「신기통神氣通」 권1 「天下教法 就天人而質正」.

77) 今則海道益習, 伴船自東往西, 或由西返東, 周地而返, 計不過八九月之間, 卽可周行全地, 皆前人開創之功也, 『추측록推測錄』 권6 「추물측사推物則事」 〈해박주통海舶周通〉.

78) 自兹以降, 商舶遍行, 使价遞傳, 物産珍異, 器械便利, 傳播邐邐, 禮俗教文, 爲播越傳說者所附演, 無非城內之乳也. 『기측체의』 「신기통」 권1 「天下教法 就天人而質正」.

79) 教染於各國之俗而有渝, 又緣乎後人之通而有變, 渝變之間, 漸有祛虛就實. 『기측체의』 「신기통」 권1 「天下教法 就天人而質正」.

80) 畢竟勝絀, 不在於風俗禮教, 惟在於務實用者勝, 尙虛文者絀, 取於人而爲利者勝. 非諸人而守陋者絀. 『추측록』 「동서취사東西取捨」.

81) 西方諸國, 以器械之精利, 貿遷之贏羨, 始得周行天下. …… 學之測量計算, 器之輪機(以火力水力, 轉輪機而織布) 風車(所以去棉核) 船制礮式, 乃實用之尤著也. 『추측록』「동서취사」.

82) 於是人世營濟, 至於一變, 物産交通於萬國, 諸教混殽于天下, 陸市變爲海市, 陸戰變爲水戰, 處變之道,固宜將其變以禦其變, 不宜以不變者禦其變. 『추측록』권6 「추물측사」 '해박주통.'

83) 有餘不足, 量其質而進退, 空虛誠實, 隨證驗而取捨. 中國西法, 通氣化而折衷, 宇內學徒, 爲同門生萬事裁御. 有一統, 其中縱有微末緒餘之差異, 言論竟以氣化較驗, 自有就質. 『인정정』권12 「교인문교인문」〈입본유편당立本有偏黨〉.

84) 然惟天人運化之氣學, 合天下人之聞見, 以爲耳目, 統天下人之驗試, 以爲法例, 得之於天下之人而傳之于天下之人. 是與天下共學, 非一人之獨學, 集成在於一人, 傳致在於遠近諸人. 『기학기학』권2.

85) 기학과 서양 과학의 관계를 보편학과 분과학으로 보는 연구는 다음을 참조. 김선희, 2014,「최한기를 읽기 위한 제언」,『철학사상』52.

86) 그의 저서에는 기계학器械學, 형률학刑律學, 역수학歷數學, 지구학地球學, 천문학天文學, 격물학格物學, 물류학物類學, 수학數學, 기계학器械學, 기용학器用學, 제기학制器學, 종식학種植學, 정교학政教學, 전례학典禮學, 형률학刑律學, 선거학選擧學, 용인학用人學 등 35종이 넘는 학學의 명칭이 등장한다. 이현구, 1999, 77쪽.

87) 서양 의학서『전체신론全體新論』을 저본으로 재구성된『신기천험身機踐驗』, 서양 천문학서『담천談天』을 저본으로 저술된『성기운화星氣運化』등 서양 과학서를 바탕으로 저술된 그의 수많은 저작은 이러한 분과 학문을 위한 지적 실험으로 볼 수 있다.

88) 中國聖賢經傳, 使西國賢知讀之, 必有取有捨, 西國聖賢經傳, 使中國賢知讀之, 必有取有捨. 統其取捨, 辨別其由, 所取者, 乃天下通行之道, 所捨者, 非天下通行之道, 是則中國西國大綱之取捨, …… 惟此中西之大綱取捨, 必有公論之可觀, 天道之效則矣. 『기측체의』「명남루수록明南樓隨錄」.

89) 최한기는 심지어 자신이 성장한 토대였던 유교조차 상대화했다. 유교에도 취하고 버릴 것이 있고 서양에도 취하고 버릴 것이 있다는 것이다. "유도(儒道) 중에서는 윤리와 강상과 인의(仁義)를 취하고 귀신과 재앙이나 상서에 대한 것을 분변하여 버리며, 서양의 법 중에서 역산(曆算)과 기설(氣說)을 취하고 괴이하고 속이는 것과 화복에 관한 것

은 제거하며, 불교 중에서 허무(虛無)를 실유(實有)로 바꾸어서, 삼교(三敎)를 화합하여 하나로 돌아가게 하되 옛것을 기본으로 삼아 새로운 것으로 개혁하면, 진실로 온 천하를 통하여 행할 수 있는 교가 될 것이다(儒道中取倫綱仁義, 辨鬼神災祥, 西法中取歷算氣說, 祛怪誕禍福. 佛敎中以其虛無, 換作實有. 和三歸一, 沿舊革新, 亶爲通天下可行之敎)."『기측체의』「신기통」권1「天下敎法 就天人而質正」.

90) 海舶周遊, 書籍互譯, 耳目傳達, 法制之善, 器用之利, 土産之良, 苟有勝我者, 爲邦之道, 固宜取用.『推測錄』권6「東西取捨」.

91) 西洋所習, 皆爲我用, 而縱或有不逮之端, 主客之勢, 可以償其闕, 進退操縱, 惟在於我矣.『推測錄』권6「東西取捨」.

8장

1) 여기에서 추리소설은 'mystery'의 번역어로 흔히 말하는 탐정소설(detective fiction)뿐만 아니라 스파이소설, 경찰소설, 미스터리 스릴러 등 수많은 변종과 하위 장르를 포괄하는 용어로 사용했다.

2) 이토 히데오, 유재진 외 공역,『일본의 탐정소설』, 문, 2011, 15~28쪽 참조.

3) 같은 책, 29쪽 참조.

4) 1896년 8월부터 9월까지 3회에 걸쳐『시무보』에 "The Naval Treaty"라는 셜록 홈스 이야기가 번역되어 실렸으며, 그 후 "The Crooked Man"(1896. 10~1896. 11), "A Case of Identity"(1897. 3~1897. 4), "The Final Problem"(1897. 4~1897. 5)이라는 셜록 홈스 이야기 세 편이『시무보』에 연재되었다. 이 이야기들은 1899년『신역포탐안新譯包探案』이라는 제목의 단행본으로 출간되었다. 이와 관련해 좀 더 자세한 사항은 박소현, 「과도기의 형식과 근대성-근대계몽기 신문연재소설『신단공안』과 형식의 계보학」,『중국문학』63, 한국중국어문학회, 2010, 139~141 참조.

5) 조성면,『대중문학과 정전에 대한 반역』, 소명출판, 2002, 78쪽.

6) 한기형·정환국 역주,『역주 신단공안』, 창비, 2007 참조. 이 글에서도 한기형, 정환국의 역주본을 참조하였다.

7) 오혜진, 「근대 추리소설의 기원 연구」,『한민족문화연구』29, 한민족문화학회, 2009,

175~206쪽; 정환국, 「송사소설의 전통과 『신단공안』」, 『한문학보』 23, 우리한문학회, 2010, 529~556쪽 참조.

8) 김찬기, 「근대계몽기 전(傳) 양식의 근대적 성격-『신단공안』의 제4화와 제7화를 중심으로」, 『상허학보』 10, 상허학회, 2003, 28쪽.

9) 정환국, 앞의 글, 544쪽.

10) 같은 글, 543쪽.

11) 『쌍옥적』은 1911년 보급서관에서 단행본으로 출판되기도 했다.

12) 조성면이 앞의 책에 수록한 「탐정소설 작품 목록」에 따르면, 최초의 번역 혹은 번안 탐정소설은 코난 도일의 「충복」이었으며, 1918년 10월 19일부터 11월 16일까지 『태서문예신보』에 연재되었다.

13) 안회남, 「탐정소설론」, 『조선일보』, 1937. 7. 13.

14) 조성면, 앞의 책, 29쪽.

15) 같은 책, 33~34쪽.

16) 이동원, 「한국 추리소설의 기원-〈뎡탐소설 쌍옥적〉의 근대성 고찰」, 『현대문학의 연구』 22, 한국문학연구학회, 2004, 187~188쪽.

17) 같은 글, 188쪽.

18) Julian Symons, *Bloody Murder: From the Detective Story to the Crime Novel*, New York: Viking, 1972, p. 34.

19) Stephen Knight, "… Some Men Come Up-the Detective Appears," Glenn W. Most and William W. Stowe eds., *The Poetics of Murder*, New York: Harcourt Brace Jovanovich, 1983, p. 155.

20) 좀 더 자세한 사항은 Waltraud Woeller and Bruce Cassiday, *The Literature of Crime and Detection*, New York: The Ungar Publishing Company, 1988, pp. 62~68 참조.

21) 『신단공안』과 공안소설의 영향관계는 이헌홍, 「송사설화와 송사소설에 끼친 중국 공안류의 영향에 대하여」, 『고소설연구논총』, 경인문화사, 1988, 144~148쪽 참조.

22) 판본은 다르지만 포공을 주인공으로 하는 희귀본 『포효숙공신단백가공안연의包孝肅公神斷百家公案演義』(1597)가 현재 서울대학교 규장각에 소장되어 있으며, 1603년 정숙옹주貞淑翁主에게 보낸 선조宣祖(1552~1608)의 편지에서 이 판본이 17세기 초 우리나라에 소개된 일이 확인된다. 이 밖에 명대 판본인 『용도공안』 3종이 국내에 현존한

다. 그중에서도 국내 필사본인 『신평용도신단공안新評龍圖神斷公案』은 19세기의 것으로 추정되며, 현재 계명대학교에 소장되어 있다. 좀 더 자세한 사항은 박재연, 「조선시대 공안협의소설 번역본의 연구」, 『중어중문학』 25, 한국중어중문학회, 1999, 39~70쪽; 민관동, 『중국고전소설사료총고』, 아세아문화사, 2001, 278쪽 참조.

23) 『포염라연의』는 『신단공안』이 발표된 지 무려 8년 뒤인 1915년에 간행된 것이 확인된다. 이에 관해서는 박재연, 위의 글, 39~70쪽; 정환국, 앞의 글, 539쪽 참조.

24) 민관동, 앞의 책, 290~293쪽, 295~296쪽 참조.

25) 정환국, 앞의 글, 540쪽.

26) 같은 글, 540쪽.

27) 루쉰, 조관희 역주, 『중국소설사』, 소명출판, 2004, 706쪽.

28) 方正耀, 『晚淸小說硏究』, 上海: 華東師範大學出版社, 1991, 221~269쪽.

29) David Der-wei Wang, *Fin-de-Siæle Splendor: Repressed Modernities of Late Qing Fiction, 1849-1911*, Stanford: Stanford University Press, 1997, p. 21 참조. 또한 이와 관련한 논의로는 박소현, 앞의 글, 125~147쪽 참조.

30) David Der-wei Wang, *op. cit.*, p. 16.

31) 阿英, 『晚淸小說史』, 北京: 東方出版社, 1996(1975 재판), 1~8쪽 참조.

32) Prasenjit Duara, *Rescuing History from the Nation: Questioning Narratives of Modern China*, Chicago: University of Chicago Press, 1997 참조.

33) 송사비본과 『고금률조공안』의 관계는 박소현, 「그들이 범죄소설을 읽은 까닭은?: 공안소설과 명청시기 중국의 법률문화」, 『중국소설논총』 31, 한국중국소설학회, 2010, 281~305쪽 참조.

34) 『흠흠신서』의 「비상준초批詳雋抄」 편에는 명대 공안소설인 『염명공안廉明公案』의 사례들이 소개되어 있다. 이에 관한 연구로는 박소현, 「진실의 수사학-『흠흠신서』와 공안소설의 관계를 중심으로」, 『중국문학』 69, 한국중국어문학회, 2011, 107~132쪽 참조.

35) 구장률, 「근대계몽기 소설과 검열제도의 상관성」, 『현대문학의 연구』 26, 한국문학연구회, 2005, 199~228쪽 참조.

36) 鄭錫圭, 「警察論」, 『황성신문』, 1898. 9. 26.

37) 桂萬榮, 박소현·박계화·홍성화 옮김, 『棠陰比事』, 세창출판사, 2013, 59~60쪽 참조. 원문은 다음과 같다. 唐李傑爲河南尹, 有寡婦告其子不孝. 其子不能自理, 但云得罪於母, 死

所甘分. 傑察其狀非不孝. 傑謂寡婦曰: "汝寡居十年, 惟有一子, 今告之, 罪至死, 得無悔乎?" 寡婦曰: "無賴不順於母, 寧復惜之." 傑曰: "審如此, 可買棺來取兒屍." 因使人覘其後. 寡婦旣出, 謂一道士曰: "事了矣" 俄將棺至. 傑旣冀其悔, 再三喩之, 寡婦堅執如初. 時道士立於門外, 密令擒之, 一問承伏. 曰: "某與寡婦有私, 嘗爲兒所制, 欲除之." 乃杖殺道士及寡婦, 卽以棺盛之. (出『唐書』本傳)

38) 공안소설의 공안은 원래 공문서의 의미도 갖고 있다.

39) 번역은 한기형·정환국, 앞의 책, 208쪽 참조.

40) 같은 책, 237쪽 참조.

41) 같은 책, 221~222쪽 참조.

42) D. A. Miller, *The Novel and the Police*, Berkeley: University of California Press, 1988, p. 76.

43) *Ibid.*, pp. 58~106 참조.

44) 제3화의 줄거리는 다음과 같다. 순조 때 충청도에 살고 있던 최창조崔昌朝라는 선비가 일청이라는 중에게 살해당한 과부 제수씨의 살인범으로 누명을 쓴다. 그는 모진 고문을 이기지 못해 거짓 자백을 하는데, 정작 증거물인 피해자의 머리를 찾을 길이 없다. 사건을 서둘러 종결하고자 하는 판관은 최창조의 부인 황씨에게 시신의 머리를 찾아오면 남편을 풀어주겠다고 거짓 약속을 하는데, 지극한 효녀인 창조의 딸 혜낭蕙娘은 어머니에게 자신의 머리를 대신 갖고 가라고 부탁한 후 스스로 목을 매 자살하고 만다. 황씨는 어쩔 수 없이 딸의 죽음을 헛되이하지 않기 위하여 눈물을 머금고 딸의 머리를 잘라 관아에 갖고 가는데, 판관은 기뻐하며 최창조를 관찰부로 압송한다. 시신의 머리가 피해자의 머리가 아님을 간파한 관찰사는 황씨로부터 모든 자초지종을 전해 듣고, 황씨로 하여금 진범인 일청을 유혹하게 하여 증거물을 확보한 후 진범을 체포하고 사건을 해결한다.

45) 이와 관련해서는 19세기 한국문학의 그로테스크 경향을 분석한 정환국의 논문이 흥미롭다. 정환국, 「19세기 문학의 '불편함'에 대하여-그로테스크한 경향과 관련하여」, 『한국문학연구』 36, 한국문학학회, 2009, 253~287쪽 참조.

46) 한기형·정환국, 앞의 책, 95쪽 참조.

47) 같은 책, 206쪽 참조.

48) David Der-wei Wang, *op. cit.*, p. 38.

49) *Ibid.*, p. 39.

50) *Ibid.*, p. 23.

51) *Ibid.*, p. 25.

9장

1) 이런 인식에 대한 비판적 검토로는 다음을 참조할 수 있다. 문중양, 「조선 후기 실학자 들의 과학담론, 그 연속과 단절의 역사: 기론氣論적 우주론 논의를 중심으로」, 『정신문 화연구』 26(4), 2003; 문중양, 「전근대라는 이름의 덫에 물린 19세기 조선 과학의 역사 성」, 『한국문화』 54, 2011; 안승택·이시준, 「한말·일제초기 미신론 연구: '미혹迷惑된 믿음'이라는 문화적 낙인의 정치학」, 『한국민족문화』 51, 2014.

2) 브뤼노 라투르, 홍철기 옮김, 『우리는 결코 근대인이었던 적이 없다』, 갈무리, 2009, 98~99쪽, 127~129쪽(Bruno Latour, *Nous N'avons Jamais Été. Modernes, La Découverte*, 1991).

3) 잭 구디, 김지혜 옮김, 『잭 구디의 역사인류학 강의』, 신책자, 2010, 47~69쪽, 391~415 쪽(Jack Goody, *Food and Love: A cultural history of East and West*, Verso, 1998). 이른바 말하 는 '서구적 근대성'이 어디에도 실재하지 않았다는 라투르의 입장과 그것이 서구/근대 에 한정된 것이 아니었다는 구디의 입장을 뒤섞는 이 글의 논리에 혹 불편함이 느껴질 수도 있겠다. 일단 여기에서는 그러한 '접합'이 필요하며 두 저자의 취지에도 부합할 것으로 본다는 점만을 밝히고, 상론은 다른 기회를 찾기로 하겠다.

4) 배항섭, 「동아시아사 연구의 시각: 서구·근대 중심주의 비판과 극복」, 『역사비평』 109, 2014.

5) 이들 자료군은 초기에 응지진농서應旨進農書로 불리다가 염정섭에 의해 응지농서라고 불리게 되었다. 염정섭, 「18세기 말 정조의 '농서대전' 편찬 추진과 의의」, 『한국사연구』 112, 2001; 염정섭, 『조선시대 농법 발달 연구』, 태학사, 2002.

6) 김용섭, 「18세기 농촌지식인의 농업관: 정조 말년의 응지진농서의 분석」, 『조선 후기농 업사연구[Ⅰ]: 농촌경제·사회변동』, 일조각, 1970(a), 7~14쪽; 염정섭, 앞의 논문, 2001, 145~147쪽, 157~160쪽. 김용섭의 논의가 응지농서를 통해 18세기 농촌문제의 실상을 파헤치는 데에 초점을 두어 정조의 기획 자체에 대한 설명이 소략했던 반면, 염정섭은

정조가 국가적 농서로서 이른바 『농서대전』을 편찬하려던 기획과 전체 과정, 그 의미를 좀 더 본격적으로 분석했다. 염정섭, 앞의 논문, 2001, 133쪽.

7) 김용섭, 앞의 논문, 1970(a), 3쪽, 74~75쪽.

8) 김용섭, 「조선 후기의 경영형 부농과 상업적 농업」, 『조선 후기 농업사연구[Ⅱ]: 농업
    변동·농학사조』, 일조각, 1970(b); 미야지마 히로시, 「이조후기 농서의 연구」, 강재언
    외, 『한국 근대사회의 형성과 전개(1): 봉건사회 해체기의 사회경제구조』, 청아출판사,
    1982. 미야지마 히로시는 사회경제적·사상문화적으로 한국사에서 소농들이 차지하
    는 중요성을 줄곧 강조해왔고 이 글 역시 그로부터 상당한 힘을 입었다. 그러나 초기
    의 농업기술에 대한 논의들에서는 이 논점이 뚜렷이 설명되지 않았다는 인상을 준다.
    실제 위 논문은 김용섭의 광작론에 대한 비판으로서 작성되었지만, 서유구의 『행포지』
    (1825) 단계에서 소농경영을 압도하는 생산력을 갖추어 농민층 분해를 촉발하는 존재
    로서 광농경영이 등장한다고 설명함으로써 19세기 중엽 이후로도 줄곧 소농적 체계가
    지배적 형태로 존재한다는 점과의 관계가 혼란스러워진다.

9) 안승택, 『식민지 조선의 근대농법과 재래농법: 환경과 기술의 역사인류학』, 신구문화사,
    2009; 김건태, 「19세기 농민경영의 추이와 지향: 경상도 안동 금계리 의성김씨가 작인
    들」, 『한국문화』 57, 2012(a); 김건태, 「19세기 집약적 농법의 확산과 작물의 다각화: 경
    상도 예천 맛질 박씨가 가작 사례」, 『역사비평』 101, 2012(b).

10) 이 격하의 기획에 비판적인 입장 아래 이 글은 '실험(적)'이라는 낱말을 위 ①~③ 모두
    의 의미에서 사용하며, ②만을 의미할 경우 가급적 '실험실(적)'이라는 낱말을 사용할
    것이다. 이는 '과학'을 "자연에 관한 지식과 이에 연관된 지식생산 활동"이라고 포괄적
    으로 정의하는 클리퍼드 코너의 방식에 공명하는 것이다. 클리퍼드 코너, 김명진·안성
    우·최형섭 옮김, 『과학의 민중사: 과학기술의 발전을 이끈 보통사람들의 이야기』, 사이
    언스북스, 2014, 27쪽(Clifford Corner, *A People's History of Science: Miners, midwives, and "low
    mechanicks"*, Nation Book, 2005).

11) 클리퍼드 코너, 위의 책, 2014, 26쪽.

12) 西村卓, 『「老農時代」の技術と思想: 近代日本農事改良史研究』, ミネルヴァ書房, 1997;
    德永光俊, 「日本農學の源流·變容·再發見: 心土不二の世界へ」, 田中耕司 責任編集,
    『「帝國」日本の學知(7): 實學としての科學技術』, 岩波書店, 2006.

13) 클리퍼드 코너, 위의 책, 2014, 325쪽.

14) 후지하라 사다오는 제국의 메트로폴에서 구가되는 보편주의 지식과 각급 식민지 현장에 고유한 특수한 지식들 사이의 종속·괴리·긴장관계가, 모든 식민제국 내에서 저마다 짝을 가지고 공통적으로 나타났던 현상이며, 지금까지도 이어지는 근대학문의 제도와 규칙의 기원이 되었다고 설명하였다. 후지하라 사다오, 임경택 옮김, 『앙코르와트: 제국주의 오리엔탈리스트와 앙코르 유적의 역사 활극』, 동아시아, 2014(藤原貞朗, 『オリエンタリストの憂鬱: 植民地主義時代のフランス東洋學者とアンコ—ル遺蹟の考古學』, めこん, 2008). 이 역시 단지 미술사 내의 문제가 아니라, 이 글에서 지목하는 전체적인 지적 과정의 한 귀결일 것이다. 후지하라가 제국 프랑스 메트로폴의 전문가와 인도차이나에 진출한 프랑스인 전문가들만을 다루고 앙코르 고고학의 주역이 되어야 할 '캄보디아인 자신의 시선'을 전혀 다루지 못한 것을 큰 한계로 인정한 점은 중요하다. 같은 책, 574쪽. 메트로폴의 보편주의에 복속된 인도차이나의 프랑스인 현장전문가들 역시 이들 캄보디아인에게 크게 의존했음이 자명하기 때문이다.

15) 클리퍼드 코너, 앞의 책, 2014, 371~372쪽, 406~408쪽, 428~429쪽.

16) 브뤼노 라투르, 앞의 책, 2009, 55~118쪽.

17) 염정섭, 「18세기 말 우하영의 『천일록』 편찬과 농법 정리」, 『한국민족문화』 36, 2010, 93쪽. 지역농법의 성격은 다음을 참조할 만하다. 민성기, 「조선 후기 한전윤작농법의 전개」, 『조선농업사연구』, 일조각, 1988; 염정섭, 앞의 책, 301~420쪽.

18) 윤태순, 홍기용 옮김, 『응지진농서』 II, 농촌진흥청, 2009, 21쪽(『應旨進農書』 2), 勸農政求農書綸音. 이하 『응지진농서』 인용출처의 표기는 번잡함을 피하기 위해 책의 제목과 권수, 쪽수, 글 제목만을 적기로 한다. 한편, 본문에 인용한 번역문은 원문 확인 후 필자의 판단에 따라 번역본을 일부 수정한 것으로, 이하 원전자료 번역본의 인용은 모두 이 방식에 따른다. 한문원문은 이 책에 수록하는 과정에서 생략했다. 원문을 확인하려는 독자는 학술지에 게재한 논문 원본을 참조하거나 인용원전을 참조하기 바란다.

19) 『응지진농서』 II, 21~22쪽, 勸農政求農書綸音.

20) 같은 책, 52쪽, 前監察李宇炯疏陳洑堰之法水車之制賜批.

21) 같은 책, 73쪽, 前純陵參奉李尙熙上疏陳農務賜批.

22) 같은 책, 89쪽, 巡將鄭道星疏陳農務諸條賜批.

23) 같은 책, 240쪽, 前僉知崔世澤疏陳農務諸條賜批.

24) 같은 책, 75쪽, 副司勇李仁榮上疏陳農務九條賜批.

25) 같은 책, 82쪽, 新溪生員鄭錫猷疏陳農務仍陳時弊四條賜批.

26) 같은 책, 119쪽, 公州生員柳鑌穆所陳册子中條件自廟堂行會諸道及華城府.

27) 같은 책, 161쪽, 彦陽幼學全萬疏陳農務諸條賜批.

28) 같은 책, 33쪽, 洪州幼學申在亨疏陳農務諸條賜批.

29) 같은 책, 208쪽, 命洪川幼生李光漢疏陳册子中諸條令廟堂逐條稟覆.

30) 같은 책, 159쪽, 彦陽幼學全萬疏陳農務諸條賜批.

31) 같은 책, 168쪽, 厚陵令金應麟疏陳農務民弊賜批,

32) 염정섭, 앞의 논문, 2010, 91~92쪽. 여기에서 인력의 차이는 게으름이 부지런함에 따라 '극복'되어야 할 대상으로 상정되지만, 토성으로 대표되는 환경의 차이는 그 특징을 충분한 숙지하여 적절한 기술을 통해 '활용'되어야 하는 대상이었다. 물론 각 토성이 지니는 저마다의 단점은 부지런함으로 '극복'해야 할 대상이었다.

33) 禹夏永,『千一錄』권8, 農家摠覽, 四十八.『천일록』은 최근 번역, 출간되었으나 이 글에서는 원본을 기준으로 인용하였다. 번역본을 참조하려면 다음을 볼 것. 우하영, 김혁·안승택·박종훈·고민정 옮김,『역주 천일록: 종이에 담은 천향』, 전 7권, 화성시, 2015.

34) 禹夏永, 위의 책, 農家摠覽, 十二.

35) 같은 책, 農家摠覽, 十伍.

36) 같은 책, 農家摠覽, 十伍.

37) 같은 책, 農家摠覽, 十伍; 四十八.

38) 朴齊家,『北學議』, 外編, 田.

39) 같은 책, 進北學議疏, 農器.

40) 朴趾源,『課農小抄』, 農器, 樓車, 四十九-伍十.

41) 같은 책, 農器, 犁, 四十七.

42) 『응지진농서』Ⅱ, 231~232쪽, 前同知金養直疏陳農務又請華城民田改量賜批.

43) 朴趾源, 위의 책, 鋤治, 伍十.

44) 朴齊家, 위의 책, 進北學議疏, 農器.

45) 이들의 주장에 대한 좀 더 포괄적인 검토로는 안승택, 앞의 책, 2009를 참조하라.

46) 朴趾源, 위의 책, 農器, 犁, 四十七.

47) 같은 책, 鋤治, 伍十.

48) 『응지진농서』Ⅰ, 324~326쪽(『應旨進農書』1), 應旨農政疏.

49) 禹夏永, 앞의 책, 권8, 農家摠覽, 七.

50) 같은 책, 農家摠覽, 八.

51) 『응지진농서』 II, 209쪽, 命洪川幼生李光漢疏陳冊子中諸條令廟堂逐條稟覆.

52) 호미의 대조는 아니지만, 중국 강남의 제초법인 화누법火耨法과 조선식 논호미 제초법을 비교한 설명은 있다. 우하영은『농가집성』이래 조선 농서에 자주 등장하던 화누법의 효과를 회의하면서, "중국 남경 사람의 얘기까지 거론하였으므로 실험적으로 입증된 것이라 믿기는 해야겠지만, 벼의 성질은 전적으로 호미질의 공력에 달렸으니 화누법으로 이를 대체할 수 없다"라고 강조하였다. 禹夏永, 위의 책, 農家摠覽, 十三. 화누법에 비판적인 응지인(그리고 농민)의 견해는 앞서 인용한바, '화누법을 해봤더니 볏모가 불타고 말라비틀어져 농사를 망쳤다'는 이웃 농민의 전언을 적어 올렸던 응지농서에서도 확인된다.

53) 미야지마 히로시, 앞의 논문, 55쪽; 안승택, 앞의 책, 165~178쪽.

54) 반대로 오늘날까지도 일본의 농촌 및 농기구 시장에서는 조선식의 짧은 자루 호미를 찾기 어렵다.

55) 朴齊家, 앞의 책, 進北學議, 老農.

56) 김용섭, 「신·구농서의 종합과 그 농학사상」, 『조선 후기 농업사연구[II]: 농업변동·농학사조』, 일조각, 1970(c), 355~356쪽.

57) 『응지진농서』 I, 71쪽, 淳昌郡守應旨疏.

58) 徐有榘, 『杏蒲志』 권2, 種粟.

59) 朴齊家, 앞의 책, 進北學議疏, 農器.

60) 유봉학, 『연암일파 북학사상 연구』, 일지사, 1995, 223~224쪽. 이에 따르면, 박제가가 국영시범농장으로 둔전을 활용하려는 방안은 스승인 박지원이 법전法田이라는 이름으로 시범농장을 운영하려던 구상을 한 발 더 밀고 나간 것이며, 이들의 초기적인 문제제기는 서유구의 둔전을 활용한 농업개혁구상으로 수용됨으로써 농업정책으로서 체계화되었다.

61) 한편 서유구는 농서에 등장하는 중국식 대전법(한 두둑 세 고랑 농법)이 과연 실제로 가능한지 의구심을 갖고 있었으며, 이 의구심을 풀기 위해 학리를 탐구한 결과 한 두둑 세 고랑 세 작은 두둑[一畝三畎三伐]의 제도가 이에 해당한다고 설명해냈다. 염정섭은 이것이 중국식 대전법과는 다른 제도라는 점에 주목하여 이를 '풍석대전법'이라고 부

를 것을 제안한 바 있다. 염정섭,「풍석의 농법 변통론과 농정 개혁론」, 실시학사 편, 조
창록 외,『풍석 서유구 연구(상)』, 사람의무늬, 2014, 172~173쪽, 227쪽. 한편, 서유구의
둔전 운영방안에서 둔전의 논농사를 담당할 이들로는 영남의 농민들 중에서 경작자를
선발하도록 했다.

62) 徐有榘,『擬上經界策』下.

63) 염정섭은 서유구의 둔전 구상에 대해 "농법·수리법 등을 시험하여 새로운 기술을 개발
하고 이를 사도팔도로 보급하기 위해 설치된 '조선농사시험장'으로 볼 수 있을 것"이라
고 평가하였다. 염정섭, 앞의 논문, 2014, 226쪽. 한편, 이 구상에서 경사둔전, 영하둔전, 열
읍둔전 등 점차 확장되는 농사시험장의 성격을 지닌 둔전과 달리, 북방둔전은 이보다
는 오히려 지역개발거점의 성격을 지닌 것이었다. 염정섭, 앞의 논문, 2014, 229~232쪽.

64) 김대중은 박제가의 북학론에서 '현실로서의 중국'과 '가치로서의 중국'이 분리되지 않
은 채 혼융되며, 이는 조선을 청나라의 '결여태'로 보는 ''내부⊂외부'에 대한 무매개적
사고'라고 설명한 바 있다. 김대중,「'내부⊂외부'에 대한 두 개의 시선: 이덕무와 박제
가」,『한국사연구』162, 2013. 이 글은 기본적으로 박제가에 대한 그의 파악에 공감하며,
서유구를 그가 말하는 '이덕무 유형'으로 파악할 가능성을 염두에 두었다. 물론 이 경
우 논의의 구도는 좀 더 복잡해지므로 그와 같은 '유형론적 파악'과 관련하여 더욱 상
세한 검토가 필요할 것이다.

65) 徐有榘,『擬上經界策』下.

66) 禹夏永, 앞의 책, 권8, 農家摠覽, 三十.

67) 『응지진농서』Ⅱ, 206쪽, 命洪川幼生李光漢疏陳册子中諸條令廟堂逐條稟覆.

68) 같은 책, 236쪽, 前同知金養直疏陳農務又請華城民田改量賜批.

69) 같은 책, 146쪽, 寧越府使李敬伍疏陳農政邑瘼諸條賜批.

70) 같은 책, 203~206쪽, 命洪川幼生李光漢疏陳册子中諸條令廟堂逐條稟覆.

71) 같은 책, 62쪽, 守衛官劉宗變疏請別設勸農之官賜批.

72) 같은 책, 21~22쪽, 勸農政求農書綸音.

73) 같은 책, 232쪽, 前同知金養直疏陳農務又請華城民田改量賜批.

74) 禹夏永, 위의 책, 권2, 田制, 三十伍.

75) 같은 책, 田制, 三十六.

76) 같은 책, 田制, 三十伍-三十七.

77) 같은 책, 田制, 三十八.

78) 김용섭은 이를 '권농사 설치', '농촌인 통제', '농업협동' 등의 문제로 나누어 이에 관한 향촌지식인들의 주장을 설명한 바 있으나, 역시 엘리트층 농서편찬자들의 그것과의 차이는 거의 주목하지 않았다. 김용섭, 앞의 논문, 1970(a), 49~51쪽, 54~55쪽, 62~67쪽.

79) 禹夏永, 앞의 책, 권2, 田制, 三十八.

80) 『응지진농서』 II, 25쪽, 忠義衛裵宜疏陳農務三條賜批.

81) 같은 책, 98쪽, 備局以南原幼學許촬疏陳農務諸條回啓.

82) 같은 책, 110쪽, 124쪽, 公州生員柳鎭穆所陳冊子中條件自廟堂行會諸道及華城府.

83) 같은 책, 125쪽, 幼學林博儒冊子中分還合等事令道臣試可於一二邑.

84) 김용섭, 「18, 19세기의 농업실정과 새로운 농업경영론」, 『[신정증보판]한국근대농업사연구(I)』, 지식산업사, 2004, 147쪽.

85) 김용섭, 위의 논문, 2004, 166~169쪽. 단지, 서유구의 원문 중 '明於農務者', '材力足以趨事赴功 智慮足以役使莊戶' 등의 자질로 표상되는 역농자·명농자들을 곧 '경영형부농'으로 확정하는 김용섭의 논의는 이 글에서 다루는 노동이나 향촌지식인 등 범주와 관련하여 향후 본격적인 재구성이 필요할 것으로 보인다.

86) 문중양, 「15세기의 '풍토부동론'과 조선의 고유성」, 『한국사연구』 162, 2013(a).

87) 김백철, 『영조: 민국을 꿈꾼 탕평군주』, 태학사, 2011, 142~146쪽; 문중양, 「'향력'에서 '동력'으로: 조선 후기 자국력을 갖고자 하는 열망」, 『역사학보』 218, 2013(b), 251쪽.

88) 문중양, 위의 논문, 2013(b), 258쪽.

89) 염정섭은 정조의 『농서대전』 편찬의도를 높이 평가하고 또 그것을 간행하기 위한 자료수집·정리 작업이 상당히 체계적으로 이루어졌음을 구체적으로 밝혔음에도 그 의의가 과대평가되는 것을 경계한 바 있다. 자료정리에 이어 초초初草를 만드는 작업에 진입하지 못한 채 정조 생전이던 1799년 5월 이후 중단되었음을 염두에 둔 것이다. 염정섭, 앞의 논문, 2001, 156쪽; 161~163쪽.

90) 문중양, 위의 논문, 2013(b).

91) 브루노 라투르 외, 홍성욱 엮음, 『인간·사물·동맹: 행위자네트워크 이론과 테크노사이언스』, 이음, 2010.

92) 문중양, 위의 논문, 2013(a), 46쪽.

93) 임정혁, 「과학사에 있어서의 '근세': 조선과 일본의 비교검토」, 『한국과학사학회지』

25(2), 2003, 182쪽.

94) 라투르는 다음과 같이 적었다. "다른 모든 집합체와 마찬가지로 근대 세계는 그러한 혼합작용에 의지해서 살아가기 때문이다. 그와는 반대로 (그리고 여기에서 근대성의 메커니즘의 묘미가 드러나는데) 근대적 헌법은 스스로 그 존재와 가능성 자체를 부정하는 하이브리드들의 확장된 증식을 허용한다. 초월성과 내재성 사이에서의 연속적이고 동일한 세 번의 왕복을 통해, 근대인들은 자연이 우리를 벗어나며 사회가 우리 자신의 작품이고 신은 더 이상 개입하지 않는다고 확신에 차서 주장하면서도, 자연을 동원하고 사회적인 것을 객관화하며 신의 영적 현전을 느낄 수 있게 된다. 누가 이러한 구조물에 저항할 수 있었겠는가?" 브뤼노 라투르, 앞의 책, 2009, 99쪽. 라투르의 지적은 '근대성의 비밀'을 폭로하는 데에 집중된 것인데, 물론 '근대세계'에서 그 '확장된 증식'이 폭발적으로 확대될 수는 있겠으나, 그것이 '근대성'이나 '근대문명'에 한정된 것이 아닐 가능성은 충분히 있다.

95) 안승택, 「농민의 풍우(風雨) 인식에 나타나는 지식의 혼종성」, 『비교문화연구』 21(2), 2015.

96) 이 새로운 논점에 대한 문제의식은 '19세기의 동아시아' 세미나 모임의 성균관대학교 학술회의에서 이루어진 이경구 선생님의 논평, 이 글을 학술지 논문으로 게재한 후 받은 문중양 선생님의 논평, 그리고 필자가 참여하는 현장과 지식연구회에서의 공부 내용에 힘입어 얻게 된 것이다. 필자의 공력 부족으로 아직 제대로 소화되지 않았지만, 이 글 이후의 논의 방향에 중대한 수정을 가져올 수 있는 문제이므로, 미진한 상태나마 여기에 적어둔다.

97) 이경구, 「18세기 후반~19세기 조선의 언어와 문자 의식에 대한 시론」, 『조선시대사학보』 73, 2015. 이 책 제5장 수정 후 재수록.

98) 안승택, 앞의 책, 2009, 248~251쪽.

99) 정연학, 『한중농기구 비교연구』, 민속원, 2003, 10쪽; 김광언, 『쟁기연구』, 민속원, 2010, 머리말, 465~526쪽.

100) 天野元之助, 『中國農業史研究』, 御茶の水書房, 1962, 836~837쪽.

101) 武藤軍一郎, 『東アジアにおける犁耕發達史』, 中國書店, 2009, 90쪽.

102) 안승택, 위의 책, 2009, 286~288쪽.

103) 같은 책, 2009; 김건태, 앞의 논문, 2012(a); 김건태, 앞의 논문, 2012(b).

104) 김건태, 앞의 논문, 2012(b).

105) 김건태, 앞의 논문, 2012(a).

106) 이와 관련해 필자가 수행한 간단한 토론으로는 다음을 참조할 수 있다. 안승택·이성호, 「1970-80년대 농촌사회의 금전거래와 신용체계의 변화: 『창평일기』를 중심으로」, 『비교문화연구』 22(1), 2016(a); 안승택·이성호, 「개발독재기 농민의 경제적 생존전략 다시 보기: 자본주의-소농사회 접합의 일단(一端)」, 『민족문화연구』 71, 2016(b).

107) 문만용, 「일기로 본 박정희 시대의 '농촌 과학화'」, 『지역사회연구』 21(1), 2013, 36쪽, 40~41쪽.

10장

1) 『慶尙道丹城縣戶籍大帳』, 성균관대학교 동아시아학술원 대동문화연구원 홈페이지 참조.

2) 오영교, 「17世紀 鄕村對策과 面里制의 運營」, 『東方學志』 85, 연세대학교 국학연구원, 1994, 123~200쪽.

3) 단성현 출신 이희복의 문집, 『雲窓誌』에는 단성현을 8개 지역으로 나누어 유명 출신자들의 내력을 설명했다.

4) 손병규, 『호적; 1606-1923, 호구기록으로 본 조선의 문화사』, 휴머니스트, 2007, 94~105쪽.

5) 윤인숙, 「17세기 丹城縣 엘리트의 조직 형성과 인적네트워크: 丹城鄕案을 중심으로」, 『대동문화연구』 87, 성균관대학교 대동문화연구원, 2014, 65~92쪽.

6) 동리 단위의 납세조직에 대한 연구는 朴光淳, 「雙溪亭의 社會·經濟的 機能에 관한 試攷: 「鄕約契」·「雇馬廳契」·「大同契」를 중심으로」, 『羅州地方 樓亭文化의 綜合的 研究』, 전남대학교 호남문화연구소, 1988; 鄕村社會史研究會 편, 『조선후기 향약연구』, 민음사, 1990; 任先彬, 「公州 浮田大同契의 成立背景과 運營主體」, 『백제문화』 20, 공주대학교 백제문화연구소, 1990; 朴焞, 「조선후기 海南地方 洞契의 一研究」, 『한국사론』 21, 국사편찬위원회, 1991; 井上和枝, 「朝鮮後期における洞契の運營と機能 - 晋州·丹城餘沙洞契を中心に - 」, 『朝鮮文化研究』 5, 東京大學文學部朝鮮文化研究室, 1998; 이규대, 「19세

기의 洞契와 洞役」,『한국 근현대이행기 사회연구』, 신서원, 2000; 이용기, 「19세기 후반 班村 洞契의 기능과 성격 변화 - 전남 장흥군 어서리 동계를 중심으로」,『史學硏究』91, 한국사학회, 2008 참조. 해안 지역의 진상납부를 위한 납세조직 연구에는 全畋榮,「巨濟 舊助羅里 古文書를 통한 마을의 運營 연구」, 한국학중앙연구원 한국학대학원 석사학위 논문, 2015; 김현구, 「조선 후기 沿海民의 생활상 - 18~19세기 巨濟府를 중심으로 - 」, 『지역과 역사』8, 부산경남역사연구소, 2001 참조. 면 단위의 자치에 대해서는 李鍾範, 「韓末・日帝初期 '面里自治'의 성장과 변질 - 求禮縣 賦稅運營을 중심으로 - 」,『韓國 近現代의 民族問題와 新國家建設』, 金容燮教授停年紀念韓國史學論叢刊行委員會, 1997 참조.

7) 김준형,『1862년 진주농민항쟁』, 지식산업사, 2001; 송양섭,「반계 유형원의 지방제도 개혁론」,『한국실학연구』27, 한국실학연구회, 2014, 7~59쪽.

8) 柳希天,『黙齋集』, 가회고문서연구소 옮김. 유희천(1725~1789)의 문집, 서문은 1952년 문석린文錫麟이 작성함.

9) 粤在丁巳年(1737)間 邑宰李侯喜夏(운봉현감: 1735. 11~1738. 2), "分憂兹土之日 悶其 邑弊難堪 賣其所乘駿馬 分俵各洞 以爲其本 無窘於迎新之需 而各洞分錢取利之日 人皆 厭避 每當月初矣."

10) 17세기를 통해 공납 부담과 수송 요역徭役의 일부를 토지에 - 원칙적으로 토지소유자 에게 - 부과하는 대동법大同法을 시행한 것도 경제력에 따른 균세均稅의 실현을 목적 으로 한다.

11) 송양섭,「19세기 良役收取法의 변화; 洞布制의 성립과 관련하여」,『韓國史硏究』89, 韓 國史硏究會, 1995, 145~194쪽. '공동납'이라 하나 사실은 내부 모든 가족의 경제적 수 준에 따른 철저한 배분에 기초한다.

12) 가회고문서연구소 옮김,『黙齋集』권2, "人輩掛錢於籬上而去 月晦則瞋目督利 故合境騷 撓 民失其業 或因此而有遠躱者 或因此而有敗家者 甚矣 當時之諺曰 立馬錢 雖棄大道上 人無拾去者云 人民之畏怯此錢 從此言可知也."

13)『黙齋集』, 官樞軍丁防役事實記.

14)『黙齋集』, 橋梁防役事實記.

15) 김경옥,「18~19세기 珍島 松山里의 洞契・學契 운영」,『지방사와 지방문화』16-1, 역사 문화학회, 2013, 95~124쪽.

16) 윤인숙, 『조선전기 사림의 사회정치적 구상과 小學운동』, 성균관대학교 박사학위논문, 2011.

17) 丁未(1787년, 63세), "與本倅韓光迪公 設鄕約 以正頹俗 獎進後學 數數設白場開講 帷於 校院殿閣客館 賞罰依約不饒 有補於風敎."

18) 18세기 후반 이후 양반의 사회경제적 쇠락과 더불어 향리와 신향新鄕의 '이향吏鄕' 세력이 향권鄕權을 장악하고, 향안조직이 수령의 통치업무를 보조하는 수단으로 전락했다는 인식은 재고가 필요하다. 양반지향적 성향은 양반의 권위와 역할을 중시하는 방향을 견지하게 한다.

19) 李彙溥, 「句漏文案」, 『慶尙道丹城縣社會資料集(2)』, 대동문화연구원, 2003.

20) 『牧民心書』 「戶典」, 戶籍, "戶籍有二法 一是覈法 一是寬法 寬法者 一口無漏於口簿 一戶 無落於戶簿 使無籍者 被殺而無檢驗 劫而無訟 務得實數 束以嚴法者也 寬法者 口不必 盡錄 戶不必盡括 里中自有私曆 以攤徭賦 府中執其大綱 以知都摠 務從均平馭以柔道者 也."

21) 金麟燮, 「丹城前正言金麟燮單子」, 『壬戌錄』. 19세기 중엽 경상도의 '丹城民亂'과 관련하여 당시 '향회鄕會' 활동을 주시한 井上和枝, 「丹城民亂期における在地士族の動向」, 『學習院大學藏 朝鮮戶籍大帳の基礎的硏究(2)』, 學習院大學東洋文化硏究所 調査硏究報告 13, 1983; 「李朝後期慶尙道丹城縣の社會變動」, 『學習院史學』 23, 學習院大學, 1985 참조.

22) 임술민란기에 상주에서도 주민들이 이른바 '삼정교구三政矯抹'를 명분으로 읍내에 들어와 '이가吏家' 등의 민가 100여 채에 방화하고 '이청吏廳'의 각종 장부를 불태우는 사태가 있었다. 이후 1888년에 편찬된 『상산사례商山事例』에는 당시 상주목사가 상주의 재정운영과 관련한 폐해상황과 그것에 대한 해결책을 제시했다.

23) 金麟燮, 『端磎日記』, 1862년 1월 4일; 一鄕大會淸心亭夕暫出見, 1월 23일; 鄕員赴會者 雲集.

24) 井上和枝, 앞의 논문, 1983.

25) 가회고문서연구소 해제, 국립민속박물관 이동영 기증 고문서. 주로 퇴계 이황의 후손, 이만기의 서간문이다. 유물번호 71822, 1854년 5월 16일.

26) 『高宗實錄』, 고종 31년 6월 28일. 손병규, 「갑오시기 재정개혁의 의미 – 조선 왕조 재정 시스템의 관점에서 – 」, 『韓國史學報』 21, 高麗史學會, 2005(a), 147~178쪽 참조.

27) 金泰雄, 『開港前後~大韓帝國期의 地方財政改革 研究』, 서울대학교대학원 박사학위논
문, 1997; 「朝鮮後期 邑事例의 系統과 活用」, 『古文書研究』15, 韓國古文書學會, 1999,
23~46쪽.

28) 손병규, 앞의 논문, 2005(a).

29) 김태웅, 『한국근대지방재정연구 - 지방재정의 개편과 지방행정의 변경 - 』, 아카넷,
2012.

30) 이종범, 『19세기 말 20세기 초 향촌사회구조와 조세제도의 개편 - 구례군 토지면 오미
동 「유씨가문서」분석 - 』, 연세대학교대학원 박사학위논문, 1994; 박석두, 『한말-일제
초 농촌사회구조와 사회조직에 관한 연구 - 전남 구례군 토지면 오미동 사례 - 』, 한국
농촌경제연구원, 1996, 30~58쪽.

31) 「鄕約章程」, 『求禮郡 사회조직 문서: 1871~1935』, 한국농촌경제연구원, 1991.

32) 「鳳城鄕約籍(爻周冊)」(1893), 『求禮郡 사회조직 문서: 1871~1935』, 한국농촌경제연구
원, 1991.

33) 「土旨面約節目」(1814), 앞의 『求禮郡 사회조직 문서』.

34) 「善山軍案」(도쿄대학문과대도서관 소장).

35) 손병규, 「戶籍大帳 職役欄의 軍役 기재와 '都已上'의 통계」, 『대동문화연구』39, 성균관
대학교 대동문화연구원, 2001, 165~196쪽.

36) 「求禮縣各軍丁均布成冊」(1871년 7월), 앞의 『求禮郡 사회조직 문서』.

37) 「伍美洞各公錢有無本播定記」, 앞의 『求禮郡 사회조직 문서』.

38) 「土旨面新舊鳩財冊」(1892년 2월), 앞의 『求禮郡 사회조직 문서』.

39) 「土旨面各公錢排下都合冊」, 앞의 『求禮郡 사회조직 문서』.

40) 「土旨面鄕約籍」, 「土旨面鄕約任司案」, 「洞約讀法」, 「土旨面美洞鄕約錢邑面條播殖冊」
등, 모두 1893년 작, 앞의 『求禮郡 사회조직 문서』.

41) 「戶布分配冊」(1907~1909년), 앞의 『求禮郡 사회조직 문서』.

42) 「伍美洞錢穀冊」(1916~1922년), 앞의 『求禮郡 사회조직 문서』.

43) 「文化柳氏大宗契案」(1878년), 「文化柳氏重本券正案」(1913~1925년), 앞의 『求禮郡 사
회조직 문서』.

44) 『예천 맛질 朴氏家 일기3 - 日記篇 - 』, 한국학중앙연구원, 2005, "以各項公納加徵事 大
小民人 以今十伍日 定鄕會于京津 …… 大小民人數千名 齊會于京津 入府號訴 乃得革弊

之題"(1885년 1월).

45) "以無名加徵之多 鄕會到付議送文字于本邑"(1889년 8월), 앞의 『예천 맛질 朴氏家 일기 3책』.

46) 박기주, 「羅巖 朴周大 일기의 해제」, 『예천 맛질 朴氏家 일기3책』.

47) 李晩燾, 『響山日記』, 국사편찬위원회간 1985; 손병규, 「대한제국기의 호적정책 – 단성 배양리와 제주 덕수리의 사례」, 『대동문화연구』 49, 성균관대학교 대동문화연구원, 2005(b), 197~238쪽 참조.

48) 『官報』 건양원년 9월 1일, 건양원년 9월 8일.

49) 李晩燾, 『響山日記』, "鄕會 新戶一千一百餘戶 以舊戶四百二戶施行 每戶九兩式 一年應納耳"(1897년 9월 8일).

11장

1) 『역주목민심서』 VI, 제11부, 賑荒 六條 제1장 備資, 6~7쪽.

2) 신용하, 「성약용의 환자제도개혁사상」, 『조선후기 실학파의 사회개혁사상연구』, 지식산업사, 1997.

3) 김경태, 「다산의 賑恤糧穀需給論」, 『다산의 정치경제 사상』, 창작과비평사, 1990.

4) 정윤형, 「다산의 환자개혁론」, 『다산의 정치경제 사상』, 창작과비평사, 1990.

5) 서한교, 「다산 정약용의 진황정책 개선론」, 『조선사연구』 2, 조선사연구회, 1993.

6) 서구식 근대중심주의에 대한 발본적 비판과 새로운 시각의 모색은 배항섭, 「동아시아서연구의 시각–서구·근대중심주의 비판과 극복」, 『역사비평』 109, 역사비평사, 2014 참조.

7) 송양섭, 「『목민심서』에 나타난 다산 정약용의 '인시순속(因時順俗)'적 지방재정운영론」, 『다산과 현대』 7, 연세대학교 강진다산실학연구원, 2014.

8) 문용식, 『조선후기 진정과 환곡운영』, 경인문화사, 2000, 73~79쪽.

9) 『역주목민심서』 VI, 제11부, 賑荒 六條 제1장 備資, 8쪽.

10) 『역주목민심서』 VI, 제11부, 賑荒 六條 제1장 備資, 6~7쪽. 이들 조항의 구체적 맥락과 적용은 시기와 지역에 따라 다르겠지만 한대漢代의 역사적 맥락에서 이를 나름대로 분

류하여 해석한 다음과 같은 이해도 참고할 만하다. 첫째, 이재민에 대한 직접적인 구제로 ① 산리는 국가가 작황에 따라 곡물의 집적과 배분을 적절히 조절하여 기근을 극복하는 것을 말한다. 둘째, 각종 의무와 과세의 경감책이다. 즉, ② 박정은 문자 그대로 조세감면의 혜택을 말하는 것이며, ③ 완형은 중죄인의 형구刑具를 느슨하게 풀어주거나 경범자를 사면해주는 것을 말한다. ④ 이력은 민을 곡식이 있는 곳으로 이주시키고 그들에게 역력力役을 부과하지 않는 것을, ⑤ 사금은 민에게 산림과 습지의 식용물 채취에 대해 세금을 부과하지 않는 것을 의미했다. ⑥ 거기는 재해발생 지역 시장에 대한 과세를 유보함으로써 주변 지역의 상인들이 재해지역으로 흘러들어 물자가 공급될 수 있도록 유도하는 방안이었다. 셋째, 주로 예제와 관련된 항목이다. ⑦ 생예, ⑧ 살애는 각각 길례와 장례의 절차를 간소하게 하는 것이며 ⑨ 번악은 음악을 연주하지 않음으로써 근신의 분위기를 조성하기 위한 것이었다. 다소 이색적인 ⑩ 다혼은 인구의 증가를 꾀하는 한편 결혼을 통해 신부 집의 식구 수를 줄이고 신랑 집에서는 쉽사리 신부를 맞이할 수 있도록 하기 위함이라고 하였다. 넷째, ⑪ 색귀신은 폐지된 제사를 복원하는 것으로 일종의 주술적 성격을 띤 황정책이었다. 다섯째, ⑫ 제도적은 기근 시 치안활동의 강화로 도적폐를 막는 것을 의미했다. 『주례』의 황정 12조는 직접적인 진휼 자체만이 아니라 사법적 관용, 치안강화, 치자의 절검과 근신, 인구부양, 시장기능을 활용한 재화유통, 이재민의 이주와 조세경감, 주술적 활동 등 매우 포괄적 내용을 안고 있었던 것이다(김석우, 『자연재해와 유교국가; 漢代의 재해와 황정연구』, 일조각, 2006, 33~34쪽). 시기적·공간적 차이는 있으나 중국과 조선의 진휼제가 공히 황정이라는 광범위한 제도적 영역을 포괄하는 중추적인 재분배 체계였음은 인정해도 좋으리라 생각된다.

11) 『역주목민심서』 Ⅵ, 제11부, 賑荒 六條 제1장 備資, 8쪽.

12) 같은 책, 제11부, 賑荒 六條 제5장 補力 130~135쪽.

13) 같은 책, 제11부, 賑荒 六條 제5장 補力 137~140쪽.

14) 같은 책, 제11부, 賑荒 六條 제1장 備資, 8쪽.

15) 같은 책, 제11부, 賑荒 六條 제1장 備資, 9~11쪽.

16) 송양섭, 「18세기 '공' 담론의 구조와 그 정치·경제적 함의」, 『역사와 현실』 93, 한국역사연구회, 2014, 31~44쪽.

17) 『역주목민심서』 Ⅵ, 제11부, 賑荒 六條 제1장 備資, 9~11쪽.

18) 같은 책, 제11부, 賑荒 六條 제4장 設施, 108~109쪽.

19) 이 문제에 대해서는 송양섭,「『목민심서』에 나타난 정약용의 수령인식과 지방행정의 방향」,『다산학』 28, 2016 참조.

20) 『역주목민심서』 VI, 제11부, 賑荒 六條 제3장 規模, 63쪽.

21) 같은 책, 제11부, 賑荒 六條 제1장 備資, 23쪽.

22) 같은 책, 제11부, 賑荒 六條 제1장 備資, 20쪽.

23) 같은 책, 제11부, 賑荒 六條 제1장 備資, 12~13쪽.

24) 같은 책, 제11부, 賑荒 六條 제1장 備資, 14쪽.

25) 같은 책, 제11부, 賑荒 六條 제1장 備資, 12~13쪽.

26) 문용식,「18세기 후반 진휼 사업과 賑資 확보책」,『사총』 44, 고대사학회, 1995, 131쪽.

27) 『역주목민심서』 VI, 제11부, 賑荒 六條 제1장 備資, 12~13쪽. 여기에서『목민심서』가 바탕에 깔고 있는 '인시순속'의 입장을 다시 한번 확인할 수 있다. 지방관을 경험했고 지역사회에서 오랫동안 민생을 살펴온 정약용은 –최소한『목민심서』에 국한한다면– 공허한 도덕주의자가 결코 아니었다. 그는 약간의 문제가 있더라도 백성을 위할 수 있는 실질적인 대책이라면 당시 관행 중 어떠한 것이든 채택하여 활용하고자 했으며, 이러한 자세야말로 목민관으로서 수령이 위로 국왕의 뜻을 받들면서 이래로 지역사회의 이해를 대변할 수 있는 가장 현실적 방안으로 생각한 듯하다. 더구나 '요판'에 대한 이러한 입장은 정약용 특유의 것이 아닌 당시 지방관 대다수가 공유하고 있던 것으로 그의 방안이 현실과 동떨어진 것이 아님을 잘 보여준다.

28) 『역주목민심서』 VI, 제11부, 賑荒 六條 제1장 備資, 25~26쪽.

29) 원재영,「조선후기 진휼정책과 賑資의 운영; 1809~10년 전라도의 사례를 중심으로」,『조선시대사학보』 64, 조선시대사학회, 2013, 233쪽. 아전·상인·읍내민.

30) 『역주목민심서』 VI, 제11부, 賑荒 六條 제1장 備資, 25~26쪽.

31) 같은 책, 제11부, 賑荒 六條 제3장 規模, 70쪽; 賑荒 六條 제1장 備資, 12~13쪽. 한편 정약용은 아전衙前·상인商人·읍내민邑內民·창촌민倉村民·시장민市場民·부촌민富村民 등 흉년을 기화로 축재를 노리는 자들도 겨냥하여 별도의 진휼의무를 담당하도록 하였다. 이들은 곡물·소금의 판매, 벌목, 매점매석 등 모리행위를 하거나 진자의 부정 수급도 공공연히 자행하였다. 정약용은 특히 수리首吏·도리都吏·군리軍吏·창리倉吏 등은 읍내민의 기구飢口를 일정하게 배정받아 '사진私賑'함으로써 은隱·투결偸結을 통해 확보한 부를 일부나마 환원할 기회를 주도록 했다(『역주목민심서』 VI, 제11부, 賑荒 六條

제3장 規模, 86~91쪽).

32) 『역주목민심서』 VI, 제11부, 賑荒 六條 제1장 備資, 25~26쪽. 이들 창고에 대해서는 다음과 같은 연구가 있다. 정형지, 「조선후기 교제창의 설치와 운영-나리포창 사례를 중심으로」, 『이대사원』 26, 이화사학회, 1995; 정형지, 「조선후기 포항창의 설치와 운영」, 『산업기술연구소보』 3, 오산전문대 산업기술연구소, 1997; 고승희, 「조선후기 함경도의 交濟倉 운영과 賑資供給策의 변화」, 『이화사학연구』 27, 이화사학연구소, 2000; 최주희, 「18세기 후반 官倉運營의 변화와 私設倉庫의 등장」, 이화여자대학교 석사학위논문, 2003; 문광균, 「조선후기 양산 甘同倉의 설치와 변천」, 『한국문화』 66, 서울대학교 규장각 한국학연구원, 2014.

33) 정형지, 『朝鮮後期 賑恤政策 研究: 18世紀를 중심으로』, 이화여자대학교 박사학위논문, 1993, 88~93쪽.

34) 원재영, 앞의 논문, 222~225쪽.

35) 『역주목민심서』 VI, 제11부, 賑荒 六條 제1장 備資, 16쪽, 18~20쪽.

36) 권분에 대한 독립적인 연구로는 이세영, 「조선후기 권분과 부민의 실태」, 『역사문화연구』 34, 한국외국어대학교 역사문화연구소, 2009가 있다.

37) 『역주목민심서』 VI, 제11부, 賑荒 六條 제1장 備資, 14~16쪽.

38) 같은 책, 제11부, 賑荒 六條 제2장 勸分, 37~43쪽.

39) 같은 책, 제11부, 賑荒 六條 제2장 勸分, 37~43쪽.

40) 같은 책, 제11부, 賑荒 六條 제2장 勸分, 59~61쪽.

41) 같은 책, 제11부, 賑荒 六條 제1장 備資, 22~23쪽.

42) 같은 책, 제11부, 賑荒 六條 제2장 勸分, 43~49쪽.

43) 실제 18세기 권분에서 나타나는 문제점은 정약용이 인식한 것과 크게 다르지 않았다. 권분의 문제점으로는 정부가 권분시행조건으로 내걸었던 논상규정을 제대로 이행하지 않아 신뢰가 떨어져 권분지원자가 많지 않았다는 점이다. 두 번째, 권분이 강제적으로 행해짐에 따라 수탈성을 띠게 된 점이다. 하지만 정부가 수령의 자비곡 비축을 강조하고 고과자료로 활용하였기 때문에 권분으로 인한 문제점은 여전했다(정형지, 앞의 논문, 1993, 148~155쪽).

44) 『승정원일기』, 정조 19년 11월 9일; 정조 19년 12월 16일.

45) 『역주목민심서』 VI, 제11부, 賑荒 六條 제2장 勸分, 49~52쪽.

46) 같은 책, 제11부, 賑荒 六條 제2장 勸分, 49~52쪽.

47) 같은 책, 제11부, 賑荒 六條 제3장 規模, 86~91쪽. 기구를 선별할 때는 가령 10구로 구성된 1가호에서 1구만 뽑았더라도 해당 가호의 전체 10구와 그 이름과 연령을 모두 기재하고 해당 구의 이름 위에 점을 찍도록 하였다. 해당 구가 사망할 경우에는 해당 호내의 다른 구에 점을 찍도록 하였다. 기민이 이것을 리에 제출하면 리에서 진장[都有司]에게 보내 진장이 이를 취합하여 수령에게 보고하도록 하였다(『역주목민심서』 VI, 제11부, 賑荒 六條 제3장 規模, 86~91쪽).

48) 『역주목민심서』 VI, 제11부, 賑荒 六條 제3장 規模, 86~91쪽.

49) 같은 책, 제11부, 賑荒 六條 제3장 規模, 86~91쪽.

50) 같은 책, 제11부, 賑荒 六條 제4장 設施, 93~97쪽.

51) 정형지, 앞의 논문, 1993, 135~161쪽.

52) 양진석, 『17·18세기 환곡제도의 운영과 기능변화』, 서울대학교 박사학위논문, 1999, 153~178쪽.

53) 문용식, 앞의 책, 60~69쪽.

54) 문용식, 앞의 논문, 115~116쪽.

55) 『역주목민심서』 VI, 제11부, 賑荒 六條 제2장 勸分, 57~58쪽.

56) 같은 책, 제11부, 賑荒 六條 제2장 勸分, 56~59쪽.

57) 여기서 한 가지 짚고 넘어갈 것은 향촌사회의 사족층에 대한 정약용의 각별한 관심과 배려. 그는 몰락양반의 일종인 이른바 '포의백도布衣白徒'의 경우, 벼슬에 오르지 못했기 때문에 사농공상의 '사士'에도 들지 못하여 '집은 녹봉도 없고 몸은 조업도 없으니 천하의 궁민'이라고 하면서 수령은 이들에게 관심을 가져야 한다고 당부하였다(『역주목민심서』 VI, 제11부, 賑荒 六條 제3장 規模, 86~91쪽). 노비 없이 한사寒士가 직접 희미를 받으러 온 경우 따로 섬돌 아래에 앉히어 예의를 차려 죽을 주고 사족의 부녀자는 다른 사람을 고용하여 희미를 받도록 하고, 혹 직접 온 경우에는 따로 한구석에 앉혀서 죽을 주도록 하였다(『역주목민심서』 VI, 제11부, 賑荒 六條 제4장 設施, 108~109쪽).

58) 『역주목민심서』 VI, 제11부, 賑荒 六條 제2장 勸分, 36~37쪽.

59) 같은 책, 제11부, 賑荒 六條 제4장 設施, 93~97쪽. 정약용은 자신이 창안한 '신법新法'을 홍보하기 위해 소한 10일 전 『진제조례賑濟條例』와 후술할 진력을 1부씩 모든 면에

배포하도록 했다. 또한 마을의 '글에 능하고 일에 밝은 사람들'을 모아 관에서 '특별히 지혜로운' 형리로 하여금 설명회를 열도록 하여 새 법의 취지를 마을 단위까지 전달할 수 있도록 하였다(『역주목민심서』Ⅵ, 제11부, 賑荒 六條 제4장 設施, 107~108쪽).

60) 『역주목민심서』Ⅵ, 제11부, 賑荒 六條 제3장 規模, 70~74쪽.

61) 같은 책, 제11부, 賑荒 六條 제3장 規模, 68쪽: 제11부, 賑荒 六條 제3장 規模 79~80쪽.

62) 같은 책, 제11부, 賑荒 六條 제4장 設施, 97~104쪽.

63) 같은 책, 제11부, 賑荒 六條 제4장 設施, 91~93쪽.

64) 같은 책, 제11부, 賑荒 六條 제4장 設施, 91~93쪽; 제11부, 賑荒 六條 제4장 設施, 93~97쪽.

65) 같은 책, 제11부, 賑荒 六條 제4장 設施, 93~97쪽.

66) 같은 책, 제11부, 賑荒 六條 제1장 備資, 12~13쪽.

67) 원재영, 앞의 논문, 207~298쪽.

68) 『역주목민심서』Ⅵ, 제11부, 賑荒 六條 제1장 備資, 12~13쪽.

69) 같은 책, 제11부, 賑荒 六條 제1장 備資, 24~25쪽.

70) 같은 책, 제11부, 賑荒 六條 제1장 備資, 24~25쪽.

71) 같은 책, 제11부, 賑荒 六條 제5장 補力, 120~122쪽.

72) 정약용은 공하公下·영획營劃·관무官貿·권분이나 곡종을 불문하고 모두 미로 환산하여 통일하도록 하였는데 곡물별 환산식은 조·맥·속 2두 5승=미 1두에 황두 1두 2승=조 1두 5승을 적용하였다. 이는 적절한 비율을 산출하여 기구수와 진자액의 효율적인 분배를 위한 것으로 생각된다(『역주목민심서』Ⅵ, 제11부, 賑荒 六條 제4장 設施, 93~97쪽).

73) 정형지, 앞의 논문.

74) 『역주목민심서』Ⅵ, 제11부, 賑荒 六條 제4장 設施, 97~104쪽.

75) 같은 책, 제11부, 賑荒 六條 제4장 設施, 93~97쪽. 정약용은 실무과정에서 부정과 혼란을 방지하기 위한 세심한 장치를 마련하였다. 도량형의 경우 '진두'라고 하여 진장에서 사용하는 관두官斗와 면내에서 사용하는 사두私斗의 규격을 통일하도록 하였다. 관식官式에 의해 되와 말을 만들어 관으로부터 낙인을 받아 마을별로 비치해두어야 수급받은 희미를 마을에서 나누는데 문제가 생기지 않는다는 것이다(『역주목민심서』Ⅵ, 제11부, 賑荒 六條 제4장 設施, 97~104쪽). 또한 민간의 20두=1석을 채용하지 말고 공부에

서 사용하는 15=1석을 기준으로 해야 하며(『역주목민심서』 VI, 제11부, 賑荒 六條 제2
장 勸分, 49~52쪽), 승·두·석과 같은 도량형 표기도 '一·二·三'을 '壹·貳·參'으로 고
쳐 쓰는 것과 유사하게 '勝·斗·碩'으로 바꿔 쓰도록 하였다(『역주목민심서』 VI, 제11
부, 賑荒 六條 제4장 設施, 110~115쪽). 이 또한 당시 관행을 그대로 빌려 적용한 셈이
었다.

76) 『역주목민심서』 VI, 제11부, 賑荒 六條 제3장 規模 74쪽; 제11부, 賑荒 六條 제3장 規模
78쪽; 제11부, 賑荒 六條 제3장 規模 81쪽. 조선 후기 유민에 대해서는 변주승, 『조선후
기 유민연구』, 고려대학교 박사학위논문, 1997 참조.

77) 『역주목민심서』 VI, 제11부, 賑荒 六條 제4장 設施, 110~115쪽.

78) 같은 책, 제11부, 賑荒 六條 제4장 設施, 117~119쪽. 유기아 수양에 대해서는 金武鎭,
「조선사회의 유기아수양에 대하여」, 『계명사학』 4, 계명사학회, 1993; 변주승, 『朝鮮後期
遺棄兒·行乞兒 대책과 그 효과 -給糧策을 중심으로-」, 『韓國史學報』 3·4호, 고려사학
회, 1998 합집 참조.

79) 예컨대 당시 임실의 「초기절목抄飢節目」은 1809년과 1812년의 절목을 취고하였는데 이
를 간단히 소개하면 다음과 같다. ① 기민은 3등급으로 구분한다. ② 무적누호無籍漏戶
도 균부均付한다. ③ 토지소유자는 환곡에 붙인다. ④ 생업이 있는 자는 조사에서 제외
한다. ⑤ 인가의 묘직墓直과 마름, 요호의 낭저협호廊底挾戶, 상전에게 조금이라도 의
지할 수 있는 자의 사노 등은 분수구제分授救濟한다. ⑥ 토호, 관속, 면리임장배面里任
掌輩의 솔하 노속 등이 모입冒入하는 것은 금단한다. ⑦ 반족의 부녀는 상세히 조사해
초부抄付한다. ⑧ 장노약아壯老弱兒의 연세 등을 살핀다. ⑨ 기구飢口라고 말이 많은
자는 헤아려 마땅히 허부許付한다. ⑩ 삼순분급三旬分給이 정해진 예다. ⑪ 진곡은 키
질하여 정실精實하고 장과 미역은 그 좋은 품질을 택하고 궤죽饋粥은 묽게 하지 않는
다. ⑫ 반호의 부녀는 별도로 이임里任을 정해 이로 하여금 전해준다. ⑬ 읍외창은 노정
을 헤아려 분진하는 두승斗升을 교정하는 법식을 따른다. ⑭ 유개流丐는 원적관原籍官
에게 각송하여 궤죽구제饋粥救濟한다(원재영, 「조선후기진휼정책의 구조와 운영」, 『한
국사연구』 143, 한국사연구회, 2008, 358~359쪽). 이상의 절목 조항에는 앞서 정약용의
제시한 방안과 유사한 내용이 적지 않게 눈에 띄는데 이 또한 그의 진휼론 역시 당시
'습속'을 바탕으로 구상되었을 가능성을 보여준다. 진휼론을 포함한 『목민심서』 내용의
상당 부분이 당시 호남 일원의 현실에 대한 정약용의 체험과 이에 대한 개선안으로 채

워지고 있었던 것이다.

80) 정약용은 수시로 중국의 제도와 조선의 현실을 비교하여 자설自說을 펼쳤는데 그중에서도 주자의 「진조력두식賑糶曆頭式」, 「총부식總簿式」, 「패면인지식牌面印紙式」과 「패배제자식牌背題字式」, 「조장인식糶場印式」, 「진장사건賑場事件」 등 논설은 그가 새로운 진휼제 운영론을 구성하는 데 적극적으로 원용되고 있다(『역주목민심서』 VI, 제11부, 賑荒 六條 제3장 規模, 82~86쪽).

81) 『역주목민심서』 VI, 제11부, 賑荒 六條 제3장 規模, 83~84쪽.

82) 같은 책, 제11부, 賑荒 六條 제3장 規模, 82~86쪽.

83) 진패는 가로세로 주척 1척 규격에 면리·성명 등은 공란으로 남겨두고 해서로 판각하여 양식을 발급하면 실무자가 공란에 해당 기구에 대한 정보를 기재, 날인하여 희미 수급자에게 나누어주도록 하였다(『역주목민심서』 VI, 제11부, 賑荒 六條 제4장 設施, 97~104쪽).

84) 『역주목민심서』 VI, 제11부, 賑荒 六條 제4장 設施, 104~107쪽.

85) 같은 책, 제11부, 賑荒 六條 제4장 設施, 97~104쪽.

86) 같은 책, 제11부, 賑荒 六條 제4장 設施, 104~107쪽.

87) 같은 책, 제11부, 賑荒 六條 제4장 設施, 97~104쪽.

88) 같은 책, 제11부, 賑荒 六條 제4장 設施, 104~107쪽. 한편 진력과 별도로 사망자의 명부를 기민과 기민으로 등록되어 있지 않은 평민 각 1부씩 만들도록 하였다. 동지 10일 전 수령은 면리에 동지 날 자시 이후 사망자를 풍헌에게 보고하고 풍헌은 이를 성책하면서 사망요인에 따라 '병사', '아사'라고 주기하였는데 여기에는 노인의 자연사나 영아사망도 포함하도록 하였다. 이 명부는 동지부터 5일 단위로 만들어 망종까지 수령에 계속 보고하도록 하였는데 희구 사망자는 한 책, 대구貸口와 조구糶口는 합하여 한 책으로 만들도록 하였다. 희구사망자 보고계통은 '이임里任→향진장鄕賑長(기민도유사飢民都有司)·풍헌風憲→수령'이었다. 사망자가 기구이면 향진장이, 기구가 아니면 풍헌이 보고하도록 하였다. 사망자가 누락될 경우 해당 보고 책임자는 벌곡罰穀을 내도록 하였다. 사망으로 기구가 빠지면 같은 기호 내에서 채우고 기호 내에 기구가 없을 경우 다른 기호의 사람을 옮겨 채우도록 하였다. 희미수급 당일 기의 5대장이 수령에게 사망자를 사실대로 보고하고 만약 이를 숨길 경우에는 1대 10진패가 모두 희미 지급 대상에서 제외되었다. 연대책임제였다. 무연고자가 사망할 경우 희미 3회분을 지급하여 장례

비로 쓰도록 하였다. 중앙에는 기민사망자의 실제액수를 보고하고 일반 사망자는 제외하였다. 당시 아마도 기민의 사망자가 제대로 중앙에 보고하지 않는 분위기였는데 이는 사망자가 다수 발생할 경우 인사상의 불이익이 있을 수 있었기 때문이었다(『역주목민심서』 VI, 제11부, 賑荒 六條 제4장 設施, 115~117쪽).

89) 『역주목민심서』 VI, 제11부, 賑荒 六條 제4장 設施, 107~108쪽.

90) 같은 책, 제11부, 賑荒 六條 제4장 設施, 97~104쪽.

91) 같은 책, 제11부, 賑荒 六條 제4장 設施, 97~104쪽.

92) 같은 책, 제11부, 賑荒 六條 제4장 設施, 108~109쪽, 제4장 設施, 97~104쪽, 제3장 規模, 82~86쪽. 이와 같은 절차는 주자「진장사건」과 대단히 흡사한 것으로 그 구체적 내용은 『목민심서』에 상세히 소개되어 있다(『역주목민심서』 VI, 제11부, 賑荒 六條 제4장 設施, 97~104쪽).

93) 『역주목민심서』 VI, 제11부, 賑荒 六條 제4장 設施, 109~110쪽.

94) 같은 책, 제11부, 賑荒 六條 제6장 竣事, 148~150쪽.

95) 같은 책, 제11부, 賑荒 六條 제6장 竣事, 148~150쪽.

96) 같은 책, 제11부, 賑荒 六條 제6장 竣事, 148~150쪽.

97) 정약용은 『속대전』 호전 비황조의 "기민을 사사로이 진휼해서 많이 살린 자와 자기 곡식을 내어 관청의 진휼을 도운 자는 그 다소에 따라 차등을 두고 상을 준다"는 조항과 『대전통편大典通編』 호전 비황조의 "각도에서 진휼 곡식을 자진해서 바치려고 하는 사람에 대하여 50석 이상은 기록·보고하고 50석 이하는 해당 도에서 상을 준다"라는 규정을 직접 인용했다(『역주목민심서』 VI, 제11부, 賑荒 六條 제6장 竣事, 150~154쪽).

98) 『역주목민심서』 VI, 제11부, 賑荒 六條 제4장 設施, 101~107쪽.

99) 정약용은 목민관으로서 수령의 올바른 태도를 당부하는 것을 잊지 않았다. 정약용은 목민관으로서 수령은 모름지기 자신의 공을 내세우지 않고 진휼사업 과정에 참여하여 협력한 지역사회 구성원의 노고를 드러내도록 하였다. 마감문서를 작성할 때 수령이 자체적으로 조성한 자비곡은 아무리 많더라도 기록에 올리지 말고 권분곡은 아무리 적더라도 기록에 누락시키지 말도록 하였다. 또한 중간에 진희를 중단한 기구는 빼도록 했고 이서들이 공곡의 포흠을 자진충당한 자는 눈감아주도록 하였다. 진휼업무에 끝까지 성실하게 복무한 자들의 노고를 칭찬하고 죽은 기구를 실제 숫자대로 기록하여 수령은 자신의 잘못을 숨기지 말도록 하였다. 정약용은 '지금 사람이나 옛사람이나 마찬

가지'라고 하면서 자신의 주장이 결코 현실과 동떨어진 아니라고 누누이 강조하였다(『역주목민심서』 VI, 제11부, 賑荒 六條 제6장 竣事, 150~154쪽).

12장

1) 「장정」 체결 이후의 한중관계에 관한 기존 연구를 일별하려면 구선희, 『한국 근대 대청정책사 연구』, 혜안, 1999이 유용하다. 특히 중국학계의 연구동향에 관해서는 권혁수, 『근대 한중관계사의 재조명』, 혜안, 2007의 「중국학계의 근대 중한관계사 연구현황에 대하여」(411~433쪽)를 참조. 또 고구려연구재단 편, 『한중관계사: 연구논저목록(근현대)』, 2005는 기존 연구의 목록을 망라적으로 정리해서 매우 편리하다.

2) 金鍾圓, 「朝中商民水陸貿易章程에 대하여」, 『歷史學報』 32집, 1966, 134~135쪽.

3) 「咸鏡道開市事略」(광서 8년 4월 18일), 『청계중일한관계사료淸季中日韓關係史料』(이하 『관계사료』로 줄임) 2권, 594~595쪽. 다만 북도 개시 문제에 관한 청조의 의견은 달랐다. 북도 개시가 한반도와 연접한 중국 지역의 일상용품 공급원이 되는 상황에서 갑작스러운 개시 중단은 해당 지역의 혼란을 초래하고 이것이 영토적 안정의 기여에 도움이 될 것이 없다고 판단한 청조 측은 조선의 개시 혁파 요구를 완강하게 거절하고 있다. 예컨대 주복은 "북도 개시는 두 지역의 인민들이 있는 것과 없는 것을 서로 교환하는 것이고 이는 오래된 관례이다. 지금 과거에 통상하지 않은 지역에 대해서도 통상을 허용하자고 하고 있거늘 이전부터 서로 교역해온 지역에 있어서임에랴"라고 하여 어윤중의 주장을 받아들일 뜻이 없음을 분명히 하였다(金允植, 『陰晴史』, 國史編纂委員會 編, 「고종 19년 5월 14일」, 162쪽). 사실 청조에서도 이러한 북도 개시의 폐해(공궤를 조선 민간이 부담하는 것)를 이미 알고 그 시정을 약속한 바 있다. 김윤식이 고종 18년 11월 리훙장李鴻章(1823~1901)과 나눈 대화를 보면, 리훙장이 중국 상인의 공궤비를 모두 민간에서 추렴하고 있는지를 김윤식에게 물었고 그렇다는 대답을 들은 리훙장은 "이는 좋지 못한 관행이니 혁파해야 할 것"이라고 말했다(金允植, 『陰晴史』, 「고종 18년 11월 30일」, 31쪽). 이 때문에 청조의 동의를 얻어내지 못한 어윤중으로서는 북도 개시의 유지에 동의할 수밖에 없었다. 다만 경원 개시의 철폐만은 합의를 이끌어내게 된다.

4) 全海宗, 「淸代 韓中朝貢關係考」, 『韓中關係史研究』, 一潮閣, 1970, 98~99쪽. 이 책에 따

르면 조선과 청조의 조공관계는 경제적으로 조선에 매우 불리했고, 따라서 조공관계의 본질을 경제적 또는 문화적 측면에서 찾는 것은 조공제도의 의미를 잘못 이해하는 것이라고 결론지었다(111~112쪽).

5) 金允植, 『陰晴史』, 「고종 19년 4월 3일」, 133~134쪽.

6) 「津海關道周馥與朝鮮陪臣魚允中‧李祖淵問答筆談節略」(광서 8년 4월 3일), 『관계사료』 2권, 591~592쪽.

7) 하지만 청조는 이 문제를 양보할 뜻이 조금도 없었다. 우선 협상 담당자였던 주복은 "(파사주경) 문제는 본래 통상과 관계없는 일이지만, 장차 서서히 논의해볼 수 있다. (다만) 구례舊例를 자주 바꾸는 문제에 관해서 중국에서 공론하지 않게 되면 후에 반드시 시비가 일게 될 것이다. 또 귀국의 사대의전事大儀典 또한 그 개변을 가벼이 논의할 수 없다"라고 하여 일단 신중한 태도를 보였다. 후에 예부시랑 보정寶廷은 이 제안을 조선이 사대관계에서 이탈하려는 움직임이라고 강력하게 비난하면서 절대 허용할 수 없다는 태도를 보였고, 이는 조선 정부의 의도대로 관철되지 못하게 된다. 결국 광서제의 재가를 거친 후 내용은 "이후 조선과의 무역 사무는 총리아문이 담당하고, 조공‧진주 등의 일은 구례에 따라 예부가 담당하도록 한다. 조선이 요청한 파사주경 문제는 많은 장애가 있을 것이므로 허용하지 않는다"라는 것이었다(「論朝鮮請派使駐京著不准行」(광서 8년 4월 29일), 『관계사료』 2권, 680쪽).

8) 홍삼은 조미朝美 조약 단계에서는 금수품으로 지정되었으나 대청 통상에서는 실효를 거둘 수 있는 품목이라는 점에 착안하여 어윤중의 강력한 주장 끝에 청조의 동의를 얻어내게 된다. 이때 어윤중은 당초 30%로 규정된 홍삼세율을 15%까지 낮춤으로써 홍삼 수출을 좀 더 원활케 하는 데 성공하기도 했다(金鍾圓, 「朝中商民水陸貿易章程에 대하여」, 155쪽).

9) 이를 위해 해관 업무에 정통한 외국인의 고용 문제가 현안으로 대두했고, 결국 조선 정부의 초대 총세무사로 묄렌도르프Paul George von Möllendorff(1848~1901)가 부임하기에 이른다. 이에 관해서는 고병익, 「穆麟德의 雇聘과 그 背景」, 『震檀學報』 25‧26‧27 합집, 1964에 비교적 상세히 논급되어 있다.

10) 당시 성경장군 숭기와 봉천부윤 송림 등은 조선 배신陪臣과 중국 지방관의 평행平行 관계를 인정해서는 안 된다거나, 교역 확대가 아닌 구제舊制의 엄격한 집행으로만 조선으로 하여금 청조를 경시하지 못하게 할 수 있다고 주장했고, 이러한 청조 지방관의

견해는 상당한 정도로 수용되었다(김종원, 앞의 글, 163~165쪽; 秋月望,「朝中間の三貿易章程の締結經緯」,『朝鮮學報』115, 1985, 118~123쪽).

11) 어윤중이 전체적으로 보아 조선에 불리한 편무적 규정이 많았던 「중강장정」과 「회령장정」을 수용할 수 있었던 것도 단순히 숭기 등 중국 지방관의 강한 요구에 수동적으로 응한 것이라기보다는 중개업자[經紀, 주로 중국 지방관이 실제로 담당]의 개입을 금한다거나 과거 조선이 일방적으로 부담하던 개시 비용을 전적으로 자비로 하기로 하는 원칙을 명문화하는 나름의 성과를 거두었기 때문이다(秋月望,「朝中間の三貿易章程の締結經緯」, 133~134쪽).

12) 이에 관해서는 金鍾星,「1899년 韓淸通商條約의 研究」, 성균관대학교 석사학위논문, 2005, 6~18쪽에 잘 정리되어 있다.

13) 김정기,「대원군 납치와 반청의식의 형성(1882~1894)」,『韓國史論』19, 1988, 482~483쪽.

14) 서영희,「개항기 봉건적 국가재정의 위기와 민중수탈의 강화」, 한국역사연구회,『1894년 농민전쟁연구 I-농민전쟁의 사회경제적 배경』, 역사비평사, 1991, 129~131쪽.

15) 서영희, 위의 글, 131~134쪽. 특히 과외잡세에 대해서는 김옥근,『朝鮮王朝財政史研究』III, 일조각, 1986, 제13장(과외잡세)의 제5절(잡세주구와 세공부담의 증대, 360~363쪽) 참조.

16) 이영훈,「총설: 조선후기 경제사 연구의 새로운 동향과 과제」, 이영훈 편,『수량경제사로 다시 본 조선후기』, 서울대학교출판부, 2004, 382~387쪽.

17) 서영희, 위의 글, 148~168쪽.

18) 어윤중의 활동과 경력에 대해서는 강선숙,「一齋 魚允中 研究」, 인하대학교 석사학위논문, 1983년 8월이 참고할 만하다.

19) 어윤중은 "사무의 변혁은 반드시 재정과 연계되고 또 사건의 발생은 재정을 요동치게 하니, 어떠한 일도 재정과 긴밀하게 연결되지 않는 일이 없다"라고 하여 재정의 중요성을 강조하고, 메이지유신 이래 일본의 3대 변혁으로 패정覇政의 왕정王政으로 변화(왕정복고), 봉건封建의 군현郡縣으로 변화(폐번치현), 사족士族의 해소와 가록의 처분(질록처분)을 들면서 "10여 년간 (일본) 재정은 안정된 적이 한 해도 없었지만 ……, 이러한 어려움 속에서도 재정에 관한 조치는 게을리하지 않았다"라고 하여 메이지 정부의 재정 관련 조치는 높이 평가했다(『財政見聞』, 한국학문헌연구소 편,『魚允中全集』, 서울

아세아문화사, 1979, 325~326쪽).

20) 「財政見聞」,『魚允中全集』, 375~376쪽.

21) 같은 책, 369~370쪽.

22) 그뿐만 아니라 지조개정 당시 미가(1석=4원 20전)와 1881년 현재의 미가(1석=10원 이상)를 비교해 물가 상승으로 농민의 부담이 현저히 줄어들었고, 그 결과 일본 농민은 결과적으로 전체 수입의 10% 정도만 지조로 납부[九民一公]하게 되었다고 평가하여 지조개정이 농민의 부담을 경감하는 데 상당히 기여했다고 파악하였다(「財政見聞」,『魚允中全集』, 372~373쪽).

23) 「財政見聞」,『魚允中全集』, 373쪽.

24) 같은 책, 377쪽. 하지만 메이지 정부가 실시한 지조개정의 세율이 지나치게 높았고 이것이 자유민권운동을 촉발하는 중요한 하나의 원인이 되었다는 것이 일본 근대사의 상식이라고 한다면, 이러한 어윤중의 평가는 의외라고 할 수밖에 없다. 그렇다면 어윤중이 지조개정이 일본 농민에게 적지 않은 부담을 주었다는 점을 반드시 모르지는 않았으면서도 이렇게 보고한 이유는 어디에 있을까? (이에 대한 해답은 현재로서는 추론에 불과하지만) 필자 나름대로 그 이유를 생각해보면, 어윤중이 지향했던 농업사회의 개혁은 토지재분배 등 '급진적' 정책은 일단 피하되, 만연한 민란을 방지하는 차원에서 지세의 공평한 부과, 그리고 이를 통한 실질적 재원 증대 정도였던 것 같다. 어윤중과 같은 시기에 조선 정부의 대내외 정책을 담당했던 김윤식도 "세금을 가볍게 함으로써 부국에 도달할 것(必輕稅而致富國)"을 주장하여 어윤중의 보고서에 호응하는 듯한 발언을 하였는데(『雲養先生文集』 권8,「私議」「第八:商稅」, 210쪽), '경세輕稅'와 '부국富國'이라는 일견 상호 모순되는 발상을 당시 개화파들이 공통적으로 했다는 점이 흥미롭다.

25) 김윤식은 삼정의 문란을 시정하기 위한 방안 중 하나로 군제개혁의 원칙인 '전결이징田結移徵'을 삼정 전반에 확대하자는 주장을 폄과 동시에 지세의 공평한 과세와 더불어 지세 감소를 모색했다. 예컨대 "10분의 1의 세금은 천하의 중정中正이다. …… 하지만 토지를 소유한 자로서 스스로 경작할 수 없는 경우에는 가난한 자에게 빌려주어 대신 경작하게 하고 그 수확을 나누는데, 그렇게 되면 반결半結에 대해 1결의 세를 내는 것이나 마찬가지가 되어 세금이 너무 중하게 된다"라고 하여 '대관결정大寬結政'을 주장했다(金允植,「私議」「第伍:結弊」,『雲養先生文集』(韓國歷代文集叢書·2744), 권8, 197

쪽). 그리고 지세의 경감분을 상세나 선세 등 신세를 설정하여 해결하라고 주장했다. 예컨대 "상세를 정하는 것은 상인에게서 가렴주구하려는 것이 아니다. 현재 농민에게는 세금을 거두면서 상인에게만 유독 세금을 거두지 않는 것은 '중본경말重本輕末'의 원칙에 어긋나는 것이다"라고 하여 상세 신설을 정당화하면서 "과거에 태공太公이 제나라에 봉해졌을 때 어염魚鹽의 이익으로 그 부가 천하에 으뜸이었다. 하지만 태공이 어찌 구구하게 세금을 거두어 나라를 운영했겠는가. 재원을 확대하여 백성들로 하여금 이익을 향유하게끔 했을 뿐이다. 그리고 민이 부유해지면 나라는 절로 부유해진다. 고대에 국가 운영을 잘한 이들은 세금을 가볍게 하면서도 부국을 이루었으니, 모두 (태공과 같은) 방법을 쓴 것이다"라고 하여 지세는 가능한 한 낮추면서 상세 징수를 강조하는 방향에 서 있었다(金允植, 「私議」「第八:商稅」, 『雲養先生文集』, 210쪽). 이러한 김윤식의 주장은 토지와 관련된 세제개혁이 몰고 올 사회적·정치적 파장을 우려하여 농업 부문에 대한 개혁은 (하지 않거나) 소극적으로 대처하면서 기존에 상대적으로 주목되지 않았던 새로운 재원인 상업·유통 부문에 대한 과세를 강조한 것인데, 이는 「장정」 체결과 통상의 확대를 통한 재원 증대라는 「장정」 체결 전후 조선 정부의 기본 방침과도 잘 맞아떨어지는 발상이라 하겠다.

26) 김용섭, 「甲申·甲吾改革期 開化派의 農業論」, 『韓國近代農業史硏究』, 一潮閣, 1981, 331~333쪽.

27) 兪吉濬, 「稅制議」, 兪吉濬全書編纂委員會 編, 『兪吉濬全書』 IV(政治經濟編), 191쪽.

28) 김용섭, 「甲申·甲吾改革期 開化派의 農業論」, 316~317쪽.

29) 어윤중 주도의 감생청의 설치와 그 결과는 李鉉淙, 「高宗 때 減省廳設置에 대하여」, 김재원박사회갑기념논총위원회 편, 『金載元博士回甲紀念論叢』, 을유문화사, 1969가 상세하다.

30) 「財政見聞」, 『魚允中全集』, 353쪽.

31) 필자가 의거한 『魚允中全集』 앞머리에 붙여진 해제(愼鏞廈, 「魚允中全集解題」, xiv)에서는 "일본 국정의 내용을 보면, 서양제도의 단점도 들어와 풍속이 문란해지고 상업만 숭상하여 정신적 내실이 궁한 상태에 있으며, 부강에 힘쓴 나머지 재정이 곤궁하여 국채의 부담이 지나치게 크다고 지적하였다(隨聞錄·財政見聞)"라고 되어 있으나 국왕에게 보이기 위해 정서한 「재정견문財政見聞」(325~386쪽)에서는 메이지 정부의 재정운영 전반을 호의적으로 평가하고 있음이 간취된다. 이러한 차이는 일본의 이러저러한 견문

에 대한 사적 차원의 감상과 공적 보고서를 통해 조선 정부의 재정개혁을 촉구하려는 어윤중의 공적 발언 사이에 괴리가 표출된 것으로 읽혀 흥미롭다. 다만 어윤중의 「장정」 체결 이전과 이후의 활동을 보건대 필자로서는 후자, 즉 공인으로서 어윤중의 발언 쪽에 무게를 두어야 한다고 생각한다. 일본을 견문하기 이전인 1877년 어윤중은 전라우도 암행어사로서 전라도 일대를 순회한 후 12개조의 파격적인 개혁안을 내놓았다. 그중에는 잡세 혁파, 지세제도 개혁, 궁방전·아문둔전 제도 개혁, 환곡 폐지 등의 내용이 포함되어 있었다(강선숙, 앞의 글, 18~22쪽). 잡세 혁파는 일본 재정 중 세목의 간소화와 직접 연결되고, 지세제도 역시 세율은 낮추면서 균질화한 일본 지조개정의 정신을 높이 평가한 점, 그리고 궁방전·아문둔전처럼 불요불급한 재정수요에 대한 부정적 인식 등은 감생청의 설치·운영과 연결해 이해할 수 있다는 점에서, (사적 차원의 일본 사회에 대한 이해 문제와 별도로) 공적으로는 조선 정부의 재정개혁을 촉구하는 태도를 일관되게 견지했다고 이해해야 할 것 같다.

아울러 어윤중의 대일 인식이 「해제」에 언급된 것처럼 그렇게 부정적이었는지도 의문이다. 어윤중은 "일본은 우리에게 다른 뜻이 없는가?"라는 고종의 질문에 "그들(=일본)은 과거에는 우리를 적국으로 보았지만 서양인들과 통상한 이래로는 우리를 이웃 나라로 봅니다. 그리고 그들에게 다른 뜻이 있는지는 우리에게 달려 있지 그들에게 달려 있지 않습니다. 우리가 부강의 방도를 얻어 이를 행하게 되면 그들은 감히 다른 뜻을 품을 수 없을 것이고, 그들이 강해지고 우리가 약해진다면 다른 일이 없을 것을 보장하기 어려울 것입니다"라고 하여 일본에 어떤 고정된 관념을 가지지는 않은 것으로 판단된다. 이는 신사유람단 구성원이 대부분 일본에 대해 여전히 부정적인 관찰 결과를 내놓은 것(鄭玉子, 「紳士遊覽團考」, 『歷史學報』 27집, 1965 참조)과는 대조되는 발언이다.

32) 하지만 고종에게 감생을 추진할 의사가 얼마나 있었는지는 다소 의문이다. 왜냐하면 고종 19년 10월 12일 어윤중을 서북경략사로 파견하는 것을 허용하고 나서 불과 8일 뒤인 10월 20일 감생청의 설립과 운영을 인가했기 때문이다(魚允中, 『從政年表』, 144쪽). 또 감생청의 실제 운영 기간이 6개월 정도(고종 19년 10월~고종 20년 5월)에 불과했던 점(이현종, 앞의 글, 313쪽)을 놓고 보더라도 감생청의 설치와 운영은 상징성 이상의 의미를 가지기는 어려웠다고 판단된다.

33) 황현, 임형택 외 옮김, 『역주 매천야록』(상), 문학과지성사, 2005, 186쪽. 감생청 구관

당상에 임명된 어윤중의 조치에 대해 황현은 "군국의 쓸모없는 인원과 비용을 줄이는 데 힘쓰다 보니 줄이지 않아야 할 것을 줄인 것도 있었다. 척족戚族과 액정掖庭의 무리가 왕왕 특지特旨를 빌어서 줄인 것을 회복해놓기도 하여 단지 분란만 더욱 일으켰다. …… 그래서 그를 헐뜯는 자들이 '전직각田直閣'이라 불렀는데, '어魚'에서 머리와 꼬리를 자르면 '전田'이 되기 때문에 모든 일을 줄일 수 있는데 성씨라고 유독 획을 줄일 수 없겠는가 한 것이었다"라고 한 일화를 전하면서 '교왕과직'의 우를 범했다고 평가하였다.

34) 거의 동일한 재정적 목표를 가지고 추진된 질록처분과 감생청의 설치·운영이 서로 다른 결과를 낳은 원인은 무엇일까. 일차적으로는 (전체적으로 보아) 메이지 정부와 조선 정부의 재정개혁에 대한 의지와 능력의 차이에 기인한다고 볼 수도 있겠다. 또 공채를 발행했을 경우 공채의 가치를 보증해야 할 터인 정부의 보증능력이라는 점에서 메이지 정부와 조선 정부 간에는 큰 차이가 있었고, 이 때문에 감생의 실행에 따른 기득권층의 반발을 최소화하려고 공채를 발행하고자 한 조선 정부의 재정능력이 박약한 상태에서 어윤중은 공채 발행을 통한 문제 해결이라는 발상을 아예 할 수 없는 상황이기도 했을 것이다. 하지만 좀 더 근본적으로는 개혁의 '대상'이 되었던 사회세력의 일본·조선 사회에서의 존재양태와 그에 따른 영향력 차이와도 긴밀히 연관되어 있었던 것은 아닐까. 주지하듯이 막말 일본에서 사무라이는 스스로 사회경제적 실력(예컨대 토지)을 보유하지 못한 채 다이묘의 가신으로서 공무를 수행하는 존재였으므로 그 계급적 기반은 상대적으로 취약할 수밖에 없었다. 반면 (중국도 마찬가지이지만) 감생의 대상이 되었던 양반층은 스스로 사회경제적 실력을 보유한 존재이면서 관료제를 이용해 정치권력도 분점했다. 따라서 조선사회에서는 용원·용관을 남설해 이익을 얻는 정치·사회세력이 강고하게 존속하여 개혁이 실질적 성과를 얻기 힘들었던 반면, 메이지시대 일본에서 사무라이는 조선 말기의 양반층이 누린 것만큼 사회적·경제적·정치적 실력은 이미 가지지 못한 존재여서 메이지유신 이래의 변화에 수동적으로 응할 수밖에 없었던 것은 아닐까.

35) 金順德, 「1876~1905년 關稅政策과 關稅의 운용」, 『한국사론』 15, 1986, 319~322쪽.

36) 김순덕, 앞의 글, 322쪽.

37) 최태호, 『近代韓國經濟史 研究序說 – 開港期의 韓國關稅制度와 民族經濟』, 국민대학교 출판부, 1991, 207~218쪽.

38) 金載昊,「近代的財政制度の成立過程における皇室財政-韓國と日本との比較」,『朝鮮學報』第175輯, 2000은 메이지시대 일본의 어료국御料局이 어료지의 관리로 그 기능이 제한되어 있었던 반면 대한제국의 내장원은 관할하는 황실재산의 범위가 대단히 넓었고, 특히 각종 '잡세'를 징수했다는 점은 황실이 정부와 동등하게 징세권을 보유했음을 의미한다고 보았다. 결론적으로 김재호는 제국헌법 아래의 일본 황실재정과 달리 한국의 황실재정은 그 '제도화'의 의도에 반하여 '궁중宮中'에 의한 국가재정의 지배를 지향했다고 지적한다. 이러한 현상은 金玉根,『朝鮮王朝財政史研究』(IV, 近代篇), 일조각, 1992, 115~119쪽에도 '황실재정의 분립·비대화'라는 표현으로 유사하게 지적되었다.

39) 第一銀行 編,『韓國ニ於ケル第一銀行』, 1908, 175쪽. 이 현상이 청일전쟁 이전에도 존재했음은 釜山港監理署 編,『時急公用費調達件에 관한 件』(서울대학교 奎章閣 소장), 고종 28년(1891)에서도 알 수 있다.

40) 다만 정부재정과 왕실재정의 미분리 상태를 수치적으로 확인할 수 없다는 점은 미리 밝혀두고자 한다. 1880~1890년대(갑오·광무개혁 이전) 조선재정사는 일종의 '공백' 상태라고 할 수 있는데, 대개의 재정사 관련 연구는 19세기 중반까지의 재정상황과 그 변화과정의 분석에 그치고, 시기적으로는 바로 갑오개혁 이후 재정구조 연구로 '건너뛰는' 현상을 보이는데, 이는 연구진행을 위한 기초적 사료가 부실한 데서 그 일차적 원인을 찾을 수 있다. 예컨대 최태호,『近代韓國經濟史 研究序說』, 267쪽은 재정에서 해관수입의 비중을 서술하면서 "(1896년의) 재정개혁 이전에는 예산회계제도의 결여 및 현물재정체계 아래에서 국가재정이 운영되어왔으므로 화폐단위로 표시된 재정수입 및 조세수입 등의 통계가 전무하여 재정에서 차지한 해관수입의 비중 등은 분석할 수 없었다"라고 하여 1896년 이후 해관수입과 재정수입만 분석하였다. 필자 역시 이러한 사료상 제약이라는 한계를 돌파할 뾰족한 방법을 현재로서는 가지고 있지 않다. 다만 기술적으로 갑오개혁 시기의 조선 정부·왕실의 재정상황이나 구조가 기본적으로는 1880~1890년대 상황을 계승하였다는 전제하에서 논지를 전개하는 데는 큰 무리가 없다고 판단된다.

41) 이하 인삼무역에 관한 연대기적 서술은 특별한 언급이 없는 한 今村鞆,『人蔘史』(第1卷: 人蔘編年紀·人蔘思想篇), 朝鮮總督府專賣局, 1940, 114~129쪽에 따랐다.

42) 황현, 임형택 외 옮김,『역주 매천야록』(상), 225쪽, 372쪽, 526쪽;「부록: 梧下紀聞」(『역주 매천야록』의 부록), 695쪽.

43) 今村鞆, 『人蔘史』(第6卷: 人蔘雜記篇), 545쪽은 황현이 전하는 것과 대동소이한 내용을
전하고 있는데, 당시 이마무라 도모今村鞆의 인터뷰에 응한, 신문기자로서 조선에 와
고종의 신임을 얻어 무기조달 등의 방면에서 활약한 기쿠치 겐조菊池謙讓는 "그(=민영
익)는 상해에 가서 궁내부에서 제조한 인삼을 팔고 있었다"거나 "그가 인삼을 팔아 챙
긴 수백만 원을 자기 명의로 상해 외국은행에 예치해두었다는 소문이 있었다"는 등의
언급을 했다.

44) 1885년에서 1893년까지 조선의 대외무역 상황을 상세하게 전하는『조선통상삼관무역
朝鮮通商三關貿易』에 근거하여 홍삼무역의 실태를 추적해보면, '과연 홍삼무역이 존재
하기나 했는가?'라는 의심이 들 정도로 기록이 전무한 형편이다. 전체 9년간의 무역 기
록 중 홍삼[人蔘鬚(紅)]의 무역이 기록된 것은 1886년뿐이고 수출액도 123담擔에 5,325
원元에 불과했다. 나머지 연도의 인삼은 자연산 인삼[人蔘鬚(白)]이었고, 대개 무역
액도 1,457원(1885년), 2,490원(1886년), 3,712원(1887년), 8,469원(1891년), 22,637원
(1892년), 9,465원(1893년) 등으로 극히 미미한 수준이었다. 1887년의 무역상황을 기
록한 「조선총세무사묵현리삼관무역총론朝鮮總稅務司墨賢理三關貿易總論」에는 홍삼
또는 인삼에 관한 언급 자체가 없을 정도였다. 1883년 전후 궁내부의 홍삼 제조 수량
이 대체로 20,000~25,000근 정도였음을 감안하고, 또 이들 대부분이 중국이나 일본으
로 수출되었을 것이라고 가정한다면, 인삼무역은 (해관을 거치지 않고) 정치적이거나
사적인 통로로만 이루어졌음을 알 수 있다. 반면 갑오개혁에 동반하여 재정개혁이 이
루어진 이후인 1896~1898년 3년간 조선의 대외수출에서 인삼이 차지하는 비중은 연
평균 9.5%(63,029파운드)로서 쌀 55.7%와 콩 21.2% 다음의 위치를 차지하게 된다. 이
는 갑오개혁 이전에 인삼수출이 없었던 것이 아니라 재정구조가 건전화되면서 기존에
포착되지 않던 인삼수출이 포착된 결과임은 물론이다(洪淳權, 「한말시기 開城地方 蔘
圃農業의 전개양상(上)-1896년『蔘圃摘奸成冊』의 분석을 중심으로」, 『韓國學報』 13-4,
1987, 34쪽).

45) 今村鞆, 『人蔘史』(第6卷: 人蔘雜記篇), 517~518쪽. 이마무라는 궁중이 홍삼을 '괵득摑
得'했다는 표현도 썼다(今村鞆, 『人蔘史』(第2卷: 人蔘政治篇), 421쪽).

46) 今村鞆, 『人蔘史』(第1卷: 人蔘編年紀·人蔘思想篇), 116~117쪽. 이렇게 일본 상인이 개
성의 인삼업자들에게 지불한 액수는 전성기일 때 50~60만 원 정도였고, 대략 개성 전
체 삼포의 1/4~1/3 정도가 '삼적'에 도난당했다는 신고를 행한 것으로 추정된다(今村

鞆, 『人蔘史』(第6卷: 人蔘雜記篇), 528쪽). 또 고려대학교 아세아문제연구소 편, 『舊韓國外交關係附屬文書』第1卷(海關案 1)에 수록된 「紅蔘出口의 嚴禁指示의 件」(216쪽)은 내지(조선)의 '유민莠民'이 외국의 '간상奸商'과 내통하여 홍삼을 제조한 후 이를 해외로 유출시켜 중국의 천진·상해나 일본의 나가사키·오사카 등지에 판매하였음을 지적하면서 그 수량이 1년 합계 수만 근에 달한다고 주장하였다. 이를 좀 더 구체적으로 수치화할 수도 있을 것 같다. 서울대학교 규장각에 소장된 『九包水蔘都錄成冊』은 1888년 개성 지방에서 생산된 수삼의 총합을 제시하였는데, 이에 따르면 8만 843차(차次는 수삼에서 사용하는 특수한 중량단위로 750g 정도)가 이해에 생산되었다. 이것이 전부 홍삼으로 제조되었다고 가정하고 1근=1차로 가정한다면, 개성 지방에서 생산된 홍삼의 총량은 약 3만 2,336근이 된다. 수삼을 홍삼으로 만들 경우 대략 수삼 1근이 홍삼 0.4근을 만들 수 있다는 사실에 근거한 계산이다. 이 계산법의 근거는, 『財務彙報』제4호(1908년 11월)에 수록된 「人蔘에 關흔 講話」, 79쪽의 수납수삼[斤]과 수확홍삼[斤]의 비율을 산정한 결과이다. 즉 1902년부터 1908년까지 생산된 수납수삼 58만 4,213근이 수확홍삼 21만 8, 427근이 되었고, 이는 대략 10:4 정도 비율이 된다. 이러한 계산 결과를 놓고 보면, 일단 개성 한곳에서만 생산된 홍삼이 3만 근이 넘는다. 따라서 전국적으로 계산할 경우 1888년의 홍삼 생산액은 훨씬 높아질 것이다(개성 지방의 홍삼 생산이 전국의 50~60%를 차지했으므로 전국적으로는 6만 근 이상의 홍삼이 생산되었을 가능성이 높다). 따라서 위의 인용문이 밀수액을 수만 근이라고 한 것은 결코 과장이 아니고 실제 수치를 반영한 수사법이라고 간주해도 무방할 듯하다.

47) 흥미로운 것은 이러한 홍삼의 밀거래를 주로 일본 상인과 조선 상인 간에 했고 중국 상인과는 하지 않았다는 점인데, 이에 대해 今村鞆, 『人蔘史』(第6卷: 人蔘雜記篇), 534쪽은 "(중국 상인 상대의 밀거래가) 의주 쪽에서는 행해지기도 했지만, 경성에서는 행해지지 않았고, 인천에서도 행해지지 않았다. 당시 중국으로 판로는 육로 외에는 없었기 때문이다"라고 설명하였다. 하지만 「장정」 체결과 인천 개항 이후 중국과 상업 루트가 육로에서 해로로 대거 이전되었음은 주지의 사실이다. 따라서 이마무라의 설명방식은 쉽게 납득이 되지 않는다. 아무튼 조선 인삼상인의 밀거래 대상이 일본 상인에 국한되었다는 점은 여전히 설명이 필요한데, 필자는 이러한 현상이 당시 조선 및 조선 주재 청국관헌(예컨대 위안스카이袁世凱)과 밀접하게 연계된 중국 상인 입장에서는 굳이 '밀무역'이 필요치 않았기 때문이라고 추측해본다. 예컨대 1880~1890년대 조선의

최대 화상 동순태同順泰가 위안스카이와 결탁해 청국 군함의 도움을 받아 홍삼을 밀수출하여 큰 수익을 올렸다는 점이 지적되고 있다(金正起, 「조선 정부의 淸 차관도입 (1882~1894)」, 『韓國史論』 3, 1976, 434쪽; 박봉식, 「메릴 書簡」, 『김재원박사회갑기념 논총』, 365~369쪽). 이 중 「메릴 書簡」에 따르면 1888년 1월 27일자 메릴의 편지에 군함을 이용한 밀수사건이 소개되었다. 그중 한 예를 들면, 1888년 1월 12일 청국 함정에 인삼을 80상자 싣겠다고 '이례적으로' 청국 영사가 인천세관장 쇠니케(Schonicke)에게 허가 신청을 했다. 이를 쇠니케가 허용하지 않자 청국 영사는 인삼이 위안스카이 소유로서 선물로 보내는 것이고 통서統署도 아는 일이므로 인삼을 실을 권리가 있다고 주장했다. 쇠니케는 위안스카이에게 알려서 통서로 하여금 총세무사에게 필요한 지시를 내리게 해달라고 했고, 이에 노한 위안스카이가 독판督辦을 힐난했고 독판은 1월 13일 새벽에 인삼을 내보내라는 지시를 내렸다(「메릴 書簡」, 367쪽).

또 1893년 조선 관원 안학주安學柱가 동순태를 찾아와 조선 국왕이 연말에 3만 냥이 필요하다고 하면서 관삼官蔘 5,000근을 다음 해 정월에 우장으로 보내 상해·홍콩에서 동순태의 주도로 대리 판매하자고 제안한 점(강진아, 「廣東네트워크(Canton-Networks)와 朝鮮華商 同順泰」, 『사학연구』 제88호, 27쪽) 등으로 볼 때 당시 조선·중국의 정치권력과 밀착해 있던 중국 상인으로서는 굳이 밀무역이라는 위험한 형태의 거래를 할 이유가 없었던 것 아닐까. 이러한 화상의 '합법적 밀무역'에 비해 상대적으로 열세에 있던 일본 상인의 '불법적' 밀무역은 규모 면에서도 현저한 열세를 보였던 것 같다. 예컨대 「密輸紅蔘處置와 索出者賞給의 件」, 고려대학교 아세아문제연구소 편, 『舊韓國外交關係附屬文書』 제1卷(海關案 1), 5~6쪽은 일본 상인으로부터 압수한 홍삼의 처치 문제를 독판교섭통상사무 김윤식이 총세무사 메릴(Merrill, 墨賢理)에 요청하는 문서인데, 이때 압수된 홍삼은 193근에 불과했다.

48) 今村鞆, 『人蔘史』(第2卷: 人蔘政治篇), 421~422쪽. 아울러 탁지부로부터 궁내부에 왕실이 필요로 하는 제반 경비를 매년 송부하고 왕실 소요 물품은 궁내부가 매입하는 것으로 조정되었다(今村鞆, 『人蔘史』(第1卷: 人蔘編年紀·人蔘思想篇), 118~119쪽).

49) 하지만 대한제국기에 들어서서는 재차 내장원이 홍삼 전매권을 장악하려는 시도가 있게 된다. 1898년 「포달布達 제41호」를 통해 궁내부 내장사 직장 중에 '삼정蔘政 및 각 장各鑛'을 두어 이로부터 생기는 이익을 궁중이 장악할 수 있는 법적 근거를 만들었고, 후에 내장사경 이용익李容翊은 '황지皇旨'를 받들고 개성에 내려가 재차 홍삼제조 권

한을 회수하려 했으나 개성 인삼상인들의 강한 항의에 부딪힌 사건이 발생하기도 했다 (今村鞆, 『人蔘史』(第1卷: 人蔘編年紀·人蔘思想篇), 120쪽).

50) 앞서 인용한 『매천야록』의 저자 황현은 종종 "국가는 필시 스스로 자기를 해친 연후에 남이 치고 들어온다(國必自伐而後人伐之)"라고 말하곤 했다(임형택, 「『매천야록』 해제」, 임형택 외 옮김, 『역주 매천야록』, 21쪽).

참고문헌

1장

마크 C. 엘리엇, 양휘웅 옮김, 『건륭제: 하늘의 아들, 현세의 인간』, 천지인, 2011.

박삼헌, 『천황 그리고 국민과 신민 사이: 근대 일본 형성기의 심상지리』, RHK, 2016.

박훈, 『메이지 유신은 어떻게 가능했는가』, 민음사, 2014.

윌리엄 로, 기세찬 옮김, 『하버드 중국사 청-중국 최후의 제국』, 너머북스, 2014.

이사벨라 버드 비숍, 이인화 옮김, 『한국과 그 이웃 나라들』, 살림, 1994.

이왕무, 『조선후기 국왕의 능행 연구』, 민속원, 2016.

조너선 D. 스펜스, 이준갑 옮김, 『강희제』, 이산, 2001.

한상권, 『조선후기 사회와 소원제도』, 일조각, 1996.

하라 다케시, 김익한 · 김민철 옮김, 『직소와 왕권』, 지식산업사, 2000.

한영우, 『〈반차도〉로 따라가는 정조의 화성행차』, 효형출판, 2007.

헨드릭 하멜, 이병도 역주, 『역주 하멜표류기』, 한국학술정보, 2012.

久留島 浩 編集, 『描かれた行列: 武士·異國·祭礼』, 東京大學出版會, 2015.

大平祐一, 『目安箱の研究』, 創文社, 2003.

忠田敏男, 『参勤交代道中記: 加賀藩史料を読む』, 平凡社, 1993.

渡辺浩, 『東アジアの王權と思想』, 東京大學出版會, 1997.

椿田有希子, 『近世近代移行期の政治文化』, 校倉書房, 2014.

原武史, 『可視化された帝國: 近代日本の行幸啓』, みすず書房, 2001.

須田 努, 『幕末の世直し万人の戰爭狀態』(歷史文化ライブラリ__307), 吉川弘文館,

2010.

Hung, Ho-fung, *Protest with Chinese characteristics: demonstrations, riots, and petitions in the Mid-Qing Dynasty*, Columbia University Press, 2011.

K. M. Baker et al., *The Political Culture of the Old Regime*(The French Revolution and the creation of modern political culture v.1), Oxford: Pergamon Press, 1987.

김민희,「淸 嘉慶 연간(1796~1820) 北巡·秋獮 양상과 그 의미」, 고려대학교 교육대학원 석사학위논문, 2015.

김지영,「朝鮮後期 국왕 行次에 대한 연구」, 서울대학교 박사학위논문, 2005.

배항섭,「19세기 지배질서의 변화와 정치문화의 변용-」,『한국사학보』39, 2010.

송미령,「淸 康熙帝 東巡의 목적과 의미」,『명청사연구』24, 2005.

송양섭,「18세기 '공(公)' 담론의 구조와 그 정치·경제적 함의」,『역사와 현실』93, 2014.

신명호,「조선후기 국왕 행행 시 국정운영체제-『원행을묘정리의궤』를 중심으로」,『조선시대사학보』17, 2001.

이훈,「17-18세기 淸朝의 滿洲地域에 대한 政策과 認識」, 고려대학교 박사학위논문, 2013.

장진성,「天下太平의 이상과 현실-康熙帝南巡圖卷의 정치적 성격」,『미술사학』22, 2008.

정해득,「정조의 수원 園幸路와 그 성격」,『서울학연구』51, 2013.

曹永憲,「康熙帝와 徽商의 遭遇: 歙縣 岑山渡 程氏를 중심으로」,『東洋史學研究』97, 2006.

한상권,「19세기 민소의 양상과 추이」,『국가이념과 대외인식』, 아연출판부, 2002.

柏樺,「淸代的上控 直訴与京控」,『史學集刊』, 2013: 2.

常建華,「長安之旅:康熙帝西巡探討」,『社會科學』, 2011: 5.

趙曉華,「略論晚淸的京控制度」,『淸史研究』, 1998: 3.

趙曉華·周韜,「京控与晚淸政治危机」,『北京電子科技學院學報』, 2004, v. 12-1.

霍玉敏,「康熙 乾隆南巡异同考」,『河南科技大學學報』(社會科學版), 2009.

江海萍, 「康乾南巡政治行爲對比硏究」, 『黑河學院學報』 3-4, 2012.

岸本美緒, 「淸朝 皇帝の南巡と民衆」, 『アジア民衆史硏究』 제7집, 2002.

岸本美緒, 「淸代皇帝の江南巡幸」, 岸本美緒, 『地域社會論再考』, 東京: 硏文出版, 2012.

深谷克己, 「近世政治と百姓目安」, 岩田浩太郎 編, 『民衆運動史 2: 社會意識と世界像』, 青木書店, 1999.

平石直昭, 「前近代の政治觀-日本と中國を中心に」, 『思想』 792, 1990.

藤田覚, 「19世紀 前半の日本-国民国家形成の前提」, 『岩波講座: 日本通史 15』(近世 5), 岩波書店, 1995.

久留島浩, 「百姓と村の変質」, 『岩波講座: 日本通史 15』(近世 5), 岩波書店, 1995.

藪田貫, 「國訴・國觸・國益 -近世民衆運動地域・國家」, 藪田貫 編, 『民衆運動史 3: 社會と秩序』, 青木書店, 2000.

Jonathan K. Ocko, "I'll Take It All the Way to Beijing: Capital Appeals in the Qing," *The Journal of Asian Studies*, vol. 47, no. 2(May, 1988).

Kim, Jisoo, "Women's Legal Voice: Language, Power, and Gender Performativity in Late Chosŏn Korea," *Journal of Asian Studies*, 74: 3(Aug., 2015).

Qiang Fang, "Hot Potatoes: Chinese Complaint Systems from Early Times to the Late Qing(1898)", *The Journal of Asian Studies*, vol. 68, no. 4(November, 2009).

2장

『水戶藩史料』 別記上, 1897.

「急務四條」, 山口縣敎育會 編, 『吉田松陰全集(定本版)』 4, 岩波書店, 1936.

『時事雜纂一(長久保叢書 34)』(東京大史料編纂所藏).

「時事ノ評四月七日川瀨七郎衛門書柬」, 『時事雜纂一(長久保叢書 38)』.

小宮山楓軒, 「天保就藩記」, 『茨城縣史料 幕末篇 I』, 1971.

井伊正弘編, 『幕末風雲探索書井伊家史料』 上, 雄山閣出版, 1967.

瀬谷義彦, 『水戸の齊昭』, 茨城新聞社, 2000.

水戸市史編纂委員会 編, 『水戸市史』 中巻(3), 1976.

山川菊英, 『幕末の水戸藩』, 岩波書店, 1974.

笠谷和比古, 『近世武家社会の政治構造』, 吉川弘文館, 1993.

安田浩, 하종문·이애숙 옮김, 『세천황 이야기-메이지, 다이쇼, 쇼와의 정치사』, 역사비평사, 2009.

후지타니 타카시, 한석정 옮김, 『화려한 군주-근대일본의 권력과 국가의례』, 이산, 2003.

박훈, 「幕末水戸藩에서 德川齊昭와 藤田東湖의 관계에 대한 재검토」, 『漢城史學』 13, 2001.

박훈, 「幕末水戸藩에서 封書의 政治的 登場과 그 役割-'討議政治'의 形成과 관련하여」, 『동양사학연구』 77, 2002.

박훈, 「德川末期 水戸藩의 南上운동과 정치공간」, 『역사학보』 173, 2002.

辻本雅史, 「学問と教育の発展―「人情」の直視と「日本的内部」の形成」, 『近代の胎動 日本の時代史17』, 吉川弘文館, 2003.

深谷克己, 「近世における教諭支配」, 岡山藩研究會, 『藩世界の意識と關係』, 岩田書院, 2000.

荻愼一郎, 「中期藩政改革と藩國家論の形成-米澤藩の明和.安永改革をめぐって」, 『歴史』 51, 1978.

小關悠一郎, 「改革主體の學文受容と君主像-米澤藩家老竹俣當綱の讀書と政治·思想實踐」, 『歷史評論』 717, 2010.

金森正也, 「近世後期における藩政と學問-寬政~天保期秋田藩の政治改革と敎學政策」, 『歷史學硏究』 346, 2008.

3장

『經國大典』.

『高麗史』.

『光武四年 開城府南部面都助里戶籍表』.

『権俀男妹和会文記』.

『肅宗實錄』.

고석규, 『19세기 조선의 향촌사회연구-지배와 저항의 구조-』, 서울대학교출판부, 1998.

고승희, 『조선후기 함경도 상업연구』, 국학자료원, 2003.

권내현, 『노비에서 양반으로, 그 머나먼 여정 – 어느 노비 가계 2백 년의 기록』, 역사비평사, 2014.

권내현, 『조선후기 평안도 재정 연구』, 지식산업사, 2004.

김건태, 『조선시대 양반가의 농업경영』, 역사비평사, 2004.

김준형, 『朝鮮後期 丹城 士族層研究-사회변화와 사족층의 대응양상을 중심으로-』, 아세아문화사, 2000.

마르티나 도이힐러, 이훈상 옮김, 『한국의 유교화 과정』, 너머북스, 2013.

마크 피터슨, 김혜정 옮김, 『儒教社會의 創出-조선 중기 입양제와 상속제의 변화-』, 일조각, 2000.

문숙자, 『68년의 나날들, 조선의 일상사-무관 노상추의 일기와 조선후기의 삶』, 너머북스, 2009.

문숙자, 『조선시대 재산상속과 가족』, 경인문화사, 2004.

미야지마 히로시, 『미야지마 히로시, 나의 한국사 공부』, 너머북스, 2013.

엠마뉘엘 토드, 김경근 옮김, 『유럽의 발견-인류학적 유럽사』, 까치, 1997.

오수창, 『朝鮮後期 平安道 社會發展 硏究』, 일조각, 2002.

정진영, 『朝鮮時代 鄕村社會史』, 한길사, 1998.

최재석, 『한국 가족제도사 연구』, 일지사, 1983.

善生永助, 『朝鮮の聚落』 後篇, 조선총독부, 1933.

Jack Goody, Joan Thirsk, E. P. Thompson, *Family and Inheritance: Rural Society in Western Europe, 1200–1800*, Cambridge University Press, 1976.

권내현, 「가족과 친족」, 『제3판 한국역사입문 -새로운 한국사 길잡이 上』, 지식산업사, 2008.

권내현, 「조선 초기 노비 상속과 균분의 실상」, 『한국사학보』 22, 고려사학회, 2006.

권내현, 「조선후기 입양의 확산 추이와 수용 양상」, 『역사와 현실』 73, 한국역사연구회, 2009.

권내현, 「조선후기 평민 동성촌락의 성장」, 『민족문화연구』 52, 고려대 민족문화연구원, 2010.

김경란, 「조선후기 가족제도 연구의 현황과 과제」, 『조선후기사 연구의 현황과 과제』, 창작과비평사, 2000.

金盛祐, 「사회경제사의 측면에서 본 朝鮮 中期」, 『대구사학』 46, 대구사학회, 1993.

김성우, 「조선후기의 신분제: 해체국면 혹은 변화과정?」, 『역사와 현실』 48, 한국역사연구회, 2003.

김인걸, 『조선후기 鄕村社會 변동에 관한 연구-18, 19세기 鄕權 담당층의 변화를 중심으로-』, 서울대학교 국사학과 박사학위논문, 1991.

김주희, 「친족 개념과 친족제의 성격-『조선왕조실록』의 담론 분석을 통하여」, 『조선전기 가부장제와 여성』, 아카넷, 2004.

박용숙, 「朝鮮後期 鄕村社會構造에 관한 硏究 -18,19세기 同姓婚을 중심으로」, 『부대사학』 8, 부산대사학회, 1984.

배상훈, 『조선의 상속 관행에 관한 연구-17~18세기 삼남지방 분재기 사례를 중심으로-』, 고려대학교 사회학과 박사학위논문, 2008.

이성임, 「16세기 朝鮮 兩班官僚의 仕宦과 그에 따른 收入-柳希春의 《眉巖日記》를 중심으로」, 『역사학보』 145, 역사학회, 1995.

이수건, 「朝鮮前期의 社會變動과 相續制度」, 『역사학보』 129, 역사학회, 1991.

이영훈, 「조선후기 이래 소농사회의 전개와 의의」 『역사와 현실』 45, 한국역사연구회,

2002.

이준구, 「Ⅰ. 신분제의 이완과 신분의 변동-1. 양반층의 증가와 분화」, 『한국사 34-조선 후기의 사회』, 국사편찬위원회, 1995.

정진영, 「19세기 중반~20세기 초반 在村 兩班地主家의 농업경영-경상도 단성 金麟燮家의 家作地 경영을 중심으로-」, 『대동문화연구』 62, 대동문화연구원, 2008.

정진영, 「19~20세기 전반 한 '몰락양반'가의 중소지주로의 성장과정-경상도 단성현 김인섭가의 경우」, 『대동문화연구』 52, 대동문화연구원, 2005.

최홍기, 「친족제도의 유교화 과정」, 『조선 전기 가부장제와 여성』, 아카넷, 2004.

4장

제주도 동성리, 호적.

제주도 사계리, 호적, 민적, 지세명기장.

제주도 일과리, 호적.

제주도 중문리, 호적.

제주도 하모슬리, 호적, 민적, 지세명기장.

조선총독부, 『조선총독부통계연보』, 1909.

『탐라직방설』.

강창룡, 「조선후기 제주 환곡제의 운영실태」, 『19세기 제주사회 연구』, 일지사, 1997.

권내현, 『노비에서 양반으로, 그 머나먼 여정』, 역사비평사, 2014.

김건태, 「독립·사회운동이 전통 동성촌락에 미친 영향」, 『대동문화연구』 54, 2006.

김건태, 「조선후기 호구정책과 문중형성의 관계-제주도 대정현 하모리 사례-」, 『한국문화』 67, 2014.

김경란, 「조선후기 무성층의 유성화 과정에 대한 분석」, 『대동문화연구』 62, 2008.

김나영, 「조선후기 제주지역 포작의 존재형태」, 『탐라문화』 32, 2008.

김동전, 「18세기 후반 제주지역 공노비의 존재양태」, 『역사민속학』 24, 2007.

김동전, 「18·19세기 제주도의 신분구조 연구」, 단국대학교 박사학위논문, 1995.

김수희, 「조선시대 잠수어민의 활동양상」, 『탐라문화』 33, 2008.

박찬식, 「19세기 제주지역 진상의 실태」, 『탐라문화』 16, 1996.

백승종, 「경상도 단성현 도산면 문태리의 사노 홍종과 홍룡 일가」, 『진단학보』 70, 1990.

손병규, 「호적대장의 직역기재 양상과 의미」, 『역사와 현실』 41, 2001.

이영훈, 「한국사에 있어서 노비제의 추이와 성격」, 『노비·농노·노예』, 역사학회 편, 일조각, 1998.

이영훈·조영준, 「18-19세기 농가의 가계계승의 추이」, 『경제사학』 39, 2005.

전형택, 「노비의 저항과 해방」, 『역사비평』 34, 1996.

전형택, 『조선후기 노비신분연구』, 일조각, 1989.

전형택, 「한국 노비의 존재형태」, 『노비·농노·노예』, 역사학회 편, 일조각, 1998.

정형지, 「조선후기 교제창의 설치와 운영」, 『이대사원』 28, 1995.

지승종, 『조선전기 노비신분연구』, 일조각, 1995.

허원영, 「19세기 제주도의 호구와 부세운영」, 한국학중앙연구원 박사학위논문, 2005.

5장

『承政院日記』.

『朝鮮王朝實錄』.

성삼문, 『成謹甫先生集』.

신숙주, 『保閑齋集』.

이옥, 실시학사 고전문학연구회 옮김, 『완역 이옥 전집』, 휴머니스트, 2009.

이희경, 진재교 외 옮김, 『북학 또 하나의 보고서, 雪岫外史』, 성균관대학교출판부,

2011.

조희룡, 실시학사 고전문학연구회 역주, 『趙熙龍 全集』, 한길아트, 1999.

최한기, 『人政』.

홍대용, 소재영 등 주해, 『주해 을병연행록』, 태학사, 1997.

홍대용, 『湛軒書』.

홍양호, 『耳溪集』.

홍한주, 김윤조·진재교 옮김, 『19세기 견문지식의 축적과 지식의 탄생; 지수염필』, 소
　　명출판, 2013.

강명관, 『공안파와 조선 후기 한문학』, 소명출판, 2007.

김용구, 『세계관 충돌과 한말 외교사, 1866~1882』, 문학과지성사, 1997.

민현식, 『한글본 이언易言 연구』, 서울대학교출판부, 2008.

박희병, 『범애와 평등』, 돌베개, 2013.

송호근, 『시민의 탄생』, 민음사, 2013.

송호근, 『인민의 탄생』, 민음사, 2011.

안대회, 「조선 후기 이중 언어 텍스트와 그에 관한 논의들」, 『대동한문학』 24, 2006.

이경구, 「18세기 말~19세기 초 지식인과 지식계의 동향」, 『한국사상사학』 46, 2014.

이경구, 『조선 후기 사상사의 미래를 위하여』, 푸른역사, 2013.

이광린, 『韓國開化史研究』(개정판), 일조각, 1981.

이병기, 「『易言』을 전후한 '기계'와 '제조'의 어휘사」, 『국어국문학』 156, 2010.

이종묵, 「조선시대 여성과 아동의 한시 향유와 이중언어체계(diaglosia)」, 『진단학보』
　　104, 2007.

정다함, 「여말선초의 동아시아 질서와 조선에서의 한어, 한이문, 훈민정음」, 『한국사학
　　보』 36, 2009.

정훈식, 「『을병연행록』과 18세기 朝鮮의 中國 읽기」, 『국제어문』 33, 2005.

조성산, 「조선 후기 소론계의 東音 인식과 訓民正音 연구」, 『한국사학보』 36, 2009.

조창록, 「홍대용 연행록 중 西學 관련 내용의 改削 양상」, 『대동문화연구』 84, 2013.

채송화, 「『을병연행록』 연구」, 서울대학교 석사학위논문, 2013.

황호덕, 『근대 네이션과 그 표상들』, 소명출판, 2005.

모리스 꾸랑, 이희재 옮김, 『한국서지』, 일조각, 1994.

이노우에 가쿠고로, 한상일 옮김·해설, 『서울에 남겨둔 꿈』(원저 『漢城之殘夢』, 1891, 東京春陽書樓), 건국대학교출판부, 1993.

6장

權韠, 『石洲集』.

朴趾源, 『燕巖集』.

徐敬德, 『花潭集』.

邵雍, 『皇極經世書』.

成大中, 『靑城雜記』.

李裕元, 『林下筆記』.

李珥, 『栗谷全書』.

李滉, 『退溪先生言行錄』.

李滉, 『退溪集』.

洪吉周, 『縹礱乙㡨』.

洪大容, 『湛軒書』.

洪翰周, 『智水拈筆』.

박희병, 『범애와 평등』, 돌베개, 2013.

오수경, 『수정증보판 연암그룹 연구』, 월인, 2013.

廖名春·康學偉·梁韋弦, 심경호 옮김, 『주역철학사』, 예문서원, 1994.

유봉학, 『燕巖一派 北學思想 硏究』, 일지사, 1995.

조성산, 『조선 후기 낙론계 학풍의 형성과 전개』, 지식산업사, 2007.

地田末利, 『中國古代宗敎史硏究』, 東京: 東海大學出版社, 1981.

朱伯崑, 김학권 외 옮김, 『역학철학사』 3, 소명출판사, 2012.

풍우란, 박성규 옮김, 『중국철학사』 (상)·(하), 까치, 1999.

고미숙, 「朝鮮後期 批評談論의 두 가지 흐름-燕巖과 茶山의 차이에 대하여」, 『대동문
　　　화연구』 41, 성균관대학교 대동문화연구원, 2002.

구만옥, 「朝鮮後期時憲曆 도입 과정의 대립과 갈등-顯宗年間(1660~1674)의 논의를
　　　중심으로」, 『한국과학사연구 40년과 한국근대과학 100년(한국과학사회 학술대
　　　회 논문집)』, 2000.

김대중, 「'내부⇄외부'에 대한 두 개의 시선」, 『한국사연구』 162, 한국사연구회, 2013.

김명하, 「中國 先秦政治思想에서의 天의 성격」, 『한국정치학회보』 30, 한국정치학회,
　　　1996.

김명호, 「燕巖의 우정론과 西學의 영향-마테오리치의 『交友論』을 중심으로」, 『고전문
　　　학연구』 40, 한국고전문학회, 2011.

김명호, 「『熱河日記』와 『天主實義』」, 『한국한문학연구』 48, 한국한문학회, 2011.

김선희, 「서학을 만난 조선 유학의 인간 이해-홍대용과 정약용을 중심으로」, 『동양철
　　　학연구』 68, 동양철학연구회, 2011.

김재홍, 「周易의 宗敎性에 관한 小考」, 『동양철학연구』 65, 동양철학연구회, 2011.

김준형, 「『靑城雜記』를 통해 본 거지와 거지 이야기」, 『민족문학사연구』 40, 민족문학
　　　사학회, 2009.

노대환, 「18세기 후반~19세기 중반 노론 척사론의 전개」, 『조선시대사학보』 46, 조선
　　　시대사학회, 2008.

노대환, 「『靑城雜記』에 나타난 18세기 조선의 사회상」, 『선비문화』 19, 남명학연구원,
　　　2011.

손혜리, 「靑城 成大中의 史論 散文 硏究-『靑城雜記』 揣言을 중심으로」, 『대동문화연
　　　구』 80, 성균관대학교 대동문화연구원, 2012.

손혜리, 「『靑城雜記』에 대한 일고찰-「醒言」을 중심으로」, 『동방한문학』 23, 동방한문

학회, 2003.

양은용, 「韓國近代에 있어서 勸善書의 流行에 대하여-三敎融會와 善」, 『원불교사상과 종교문화』 20, 원광대학교 원불교사상연구원, 1996.

엄연석, 「맹자에서 자연과 도덕본성 사이의 일관성과 모순성 문제」, 『인문과학연구』 14, 동덕여자대학교 인문과학연구소, 2008.

유문영, 강경구 옮김, 「중국 고대철학의 天 학설」, 『인문연구논집』 3, 동의대학교 인문과학연구소, 1998.

조성산, 「17세기 후반 경기지역 西人 象數學風의 형성과 의미」, 『한국사연구』 115, 한국사연구회, 2001.

조성산, 「18세기 후반~19세기 전반 주자학적 지식체계의 균열과 그 의미」, 『역사교육』 110, 역사교육연구회, 2009.

최경렬, 「『靑城雜記』의 사상과 문학성-試論」, 『한문학보』 10, 우리한문학회, 2004.

최혜영, 「朝鮮後期 善書의 倫理思想硏究」, 한국교원대 박사학위논문, 1997.

7장

이규경, 『오주연문장전산고』.

최한기, 『기측체의』.

홍한주, 김윤조·진재교 옮김, 『19세기 견문지식의 축적과 지식의 탄생지수염필』 상·하, 소명출판, 2013.

계승범, 『정지된 시간-조선의 대보단과 근대의 문턱』, 서강대학교 출판부, 2011.

김문식, 『조선 후기 지식인의 대외 인식』, 새문사, 2009.

배우성, 『조선과 중화』, 돌베개, 2014.

우경섭, 『조선중화주의의 성립과 동아시아』, 문예원, 2013.

정민 외, 『북경 유리창』, 민속원, 2013.

정옥자, 『조선후기 조선중화사상 연구』, 일지사, 1998.

허태용, 『조선후기 중화론과 역사인식』, 아카넷, 2009.

강명관, 『조선시대 문학예술의 생성공간』, 소명출판, 1999.

강명관, 「조선후기 서적의 수입 유통과 장서가의 출현」, 『민족문학사연구』 9집, 1996(a).

김문식, 「楓石 徐有榘의 학문적 배경」, 『진단학보』 108호, 2009.

김영진, 「조선후기 중국 사행과 서책문화」, 『19세기 조선 지식인의 문화지형도』, 한양대학교 출판부, 2006.

김윤조, 「홍한주의 일기와 『지수염필』 저작」, 『한문학보』 19권, 2008.

김선희, 「조선의 문명의식과 서학의 변주」, 『동방학지』 165, 2014(b).

김선희, 「최한기를 읽기 위한 제언」, 『철학사상』 52, 2014(a).

김채식, 「이규경의 『오주연문장전산고』 연구」, 성균관대학교 박사학위논문, 2009.

노대환, 「伍洲 李圭景(1788~1860)의 학문과 지성사적 위치」, 『진단학보』 121, 2014.

노대환, 「조선후기 '西學中國源流說'의 전개와 그 성격」, 『역사학보』 178, 2003.

문중양, 「19세기 조선의 자연지식과 과학담론: 명말, 청초 중국 우주론의 늦은 유입과 그 영향」, 『다산학』 13, 2008.

박상영·안상우, 「伍洲 李圭景의 생애 연구」, 『민족문화』 31, 2008.

신병주, 「19세기 중엽 李圭景의 學風과 思想」, 『한국학보』 75, 1994.

안대회, 「조선후기 달성서씨가의 학풍과 실학: 임원경제지를 통해 본 서유구의 이용후생학」, 『한국실학연구』 11, 2006.

이경구, 「홍한주의 『지수염필』」, 『개념과 소통』 12호, 2013.

이노국, 「조선시대 수학서적에 관한 고찰」, 『도서관정보학 연구』 2, 1992.

이현구, 「최한기의 기학과 근대과학」, 『과학사상』 30, 1999.

임영걸, 「伍洲 李圭景 실학의 한 방향-西勢 認識에서 국제통상론으로」, 『한문학보』 28, 2013.

임종태, 『17~18세기 서양 지리학에 대한 조선 중국 학인들의 해석』, 서울대학교 박사학위논문, 2003.

정재훈,「19세기 조선의 출판문화 관찬서의 간행을 중심으로」,『한국문화』54, 2011.

진재교,「19세기 경화세족의 독서문화: 홍석주 가문을 중심으로」,『한문학보』16, 2007(a).

진재교,「19세기 箚記體 筆記의 글쓰기 양상-『智水拈筆』을 통해 본 지식의 생성과 유통」,『한국한문학연구』36권, 2005(a).

진재교,「이조 후기 차기체 필기 연구」,『한국한문학연구』3 9집, 392쪽, 2007(b).

진재교,「『智水拈筆』 연구의 一端—작가 홍한주의 가문과 그의 삶」,『한문학보』12권, 2005(b).

최식,「조선후기 필기의 특징과 양상: 풍산 홍씨 필기류를 중심으로」,『한문학보』22, 2010.

8장

桂萬榮, 박소현·박계화·홍성화 옮김,『棠陰比事』, 세창출판사, 2013.

『神斷公案』,『皇城新聞』, 1906. 5. 19~12. 31.

安懷南,「탐정소설론」,『조선일보』, 1937. 7. 13.

鄭錫圭,「警察論」,『황성신문』, 1898. 9. 26.

한기형·정환국 역주,『역주 신단공안』, 창비, 2007.

구장률,「근대 계몽기 소설과 검열제도의 상관성」,『현대문학의 연구』26, 한국문학연구회, 2005, 199~228.

김찬기,「근대 계몽기 전(傳) 양식의 근대적 성격-『신단공안』의 제4화와 제7화를 중심으로」,『상허학보』10, 상허학회, 2003, 13~33.

루쉰, 조관희 역주,『중국소설사』, 소명출판, 2004.

민관동,『중국고전소설사료총고』, 아세아문화사, 2001.

박소현, 「과도기의 형식과 근대성-근대 계몽기 신문연재소설 『신단공안』과 형식의 계보학」, 『중국문학』 63, 한국중어어문학회, 2010, 125~147.

박소현, 「그들이 범죄소설을 읽은 까닭은?: 공안소설과 명청시기 중국의 법률문화」, 『중국소설논총』 31, 한국중국소설학회, 2010, 281~305.

박소현, 「진실의 수사학-『흠흠신서』와 공안소설의 관계를 중심으로」, 『중국문학』 69, 한국중국어문학회, 2011, 107~132.

박재연, 「조선시대 공안협의소설 번역본의 연구」, 『중어중문학』 25, 한국중어중문학회, 1999, 39~70.

오혜진, 「근대 추리소설의 기원 연구」, 『한민족문화연구』 29, 한민족문화학회, 2009, 175~206.

이동원, 「한국 추리소설의 기원-〈뎡탐소설 쌍옥적〉의 근대성 고찰」, 『현대문학의 연구』 22, 한국문학연구학회, 2004, 167~194.

이토 히데오, 유재진 외 공역, 『일본의 탐정소설』, 문, 2011.

이헌홍, 「송사설화와 송사소설에 끼친 중국 공안류의 영향에 대하여」, 『고소설연구논총』, 경인문화사, 1988.

정환국, 「송사소설의 전통과 『신단공안』」, 『한문학보』 23, 우리한문학회, 2010, 529~556.

정환국, 「19세기 문학의 '불편함'에 대하여-그로테스크한 경향과 관련하여」, 『한국문학연구』 36, 한국문학회, 2009, 253~287.

조성면, 『대중문학과 정전에 대한 반역』, 소명출판, 2002.

方正耀, 『晚淸小說硏究』, 上海: 華東師範大學出版社, 1991.

阿英, 『晚淸小說史』, 北京: 東方出版社, 1996(1975 再版).

Miller, D. A., *The Novel and the Police*, Berkeley: University of California Press, 1988.

David Der-wei Wang, *Fin-de-Siècle Splendor: Repressed Modernities of Late Qing Fiction, 1849-1911*, Stanford: Stanford University Press, 1997.

Symons, Julian, *Bloody Murder: From the Detective Story to the Crime Novel*, New York: Viking, 1972.

Duara, Prasenjit, *Rescuing History from the Nation: Questioning Narratives of Modern China*,

Chicago: University of Chicago Press, 1997.

Knight, Stephen, "··· Some Men Come Up-the Detective Appears," Glenn W. Most and William W. Stowe eds., *The Poetics of Murder*, New York: Harcourt Brace Jovanovich, 1983.

Woeller, *Waltraud and Bruce Cassiday, The Literature of Crime and Detection*, New York: The Ungar Publishing Company, 1988.

9장

朴齊家,『北學議』.

朴趾源,『課農小抄』.

徐有榘,『擬上經界策』;『杏蒲志』.

禹夏永,『千一錄』.

『應旨進農書』.

김건태, 「19세기 농민경영의 추이와 지향: 경상도 안동 금계리 의성김씨가 작인들」, 『한국문화』 57, 2012(a).

김건태, 「19세기 집약적 농법의 확산과 작물의 다각화: 경상도 예천 맛질 박씨가 가작 사례」, 『역사비평』 101, 2012(b).

김광언, 『쟁기연구』, 민속원, 2010.

김대중, 「'내부=외부'에 대한 두 개의 시선: 이덕무와 박제가」, 『한국사연구』 162, 2013.

김백철, 『영조: 민국을 꿈꾼 탕평군주』, 태학사, 2011.

김용섭, 「18세기 농촌지식인의 농업관: 정조 말년의 응지진농서의 분석」, 『조선 후기 농업사연구[I]: 농촌경제·사회변동』, 일조각, 1970(a).

김용섭, 「18, 19세기의 농업실정과 새로운 농업경영론」, 『[신정증보판]한국근대농업사 연구(I)』, 지식산업사, 2004.

김용섭, 「신·구농서의 종합과 그 농학사상」, 『조선 후기 농업사연구[Ⅱ]: 농업변동·농학사조』, 일조각, 1970(c).

김용섭, 「조선 후기의 경영형 부농과 상업적 농업」, 『조선 후기 농업사연구[Ⅱ]: 농업변동·농학사조』, 일조각, 1970(b).

문만용, 「일기로 본 박정희 시대의 '농촌 과학화'」, 『지역사회연구』 21(1), 2013.

문중양, 「15세기의 '풍토부동론'과 조선의 고유성」, 『한국사연구』 162, 2013(a).

문중양, 「전근대라는 이름의 덫에 물린 19세기 조선 과학의 역사성」, 『한국문화』 54, 2011.

문중양, 「조선 후기 실학자들의 과학담론, 그 연속과 단절의 역사: 기론氣論적 우주론 논의를 중심으로」, 『정신문화연구』 26(4), 2003.

문중양, 「'향력'에서 '동력'으로: 조선 후기 자국력을 갖고자 하는 열망」, 『역사학보』 218, 2013(b).

미야지마 히로시, 「이조후기 농서의 연구」, 강재언 외, 『한국 근대사회의 형성과 전개(1): 봉건사회 해체기의 사회경제구조』, 청아출판사, 1982.

민성기, 「조선 후기 한전윤작농법의 전개」, 『조선농업사연구』, 일조각, 1988.

배항섭, 「동아시아사 연구의 시각: 서구·근대 중심주의 비판과 극복」, 『역사비평』 109, 2014.

브루노 라투르 외, 홍성욱 엮음, 『인간·사물·동맹: 행위자네트워크 이론과 테크노사이언스』, 이음, 2010.

브뤼노 라투르, 홍철기 옮김, 『우리는 결코 근대인이었던 적이 없다』, 갈무리, 2009(Bruno Latour, *Nous N'avons Jamais Été. Modernes, La Découverte*, 1991).

안승택, 「농민의 풍우(風雨) 인식에 나타나는 지식의 혼종성」, 『비교문화연구』 21(2), 2015.

안승택, 『식민지 조선의 근대농법과 재래농법: 환경과 기술의 역사인류학』, 신구문화사, 2009.

안승택·이성호, 「개발독재기 농민의 경제적 생존전략 다시 보기: 자본주의-소농사회 접합의 일단(一端)」, 『민족문화연구』 71, 2016(b).

안승택·이성호, 「1970-80년대 농촌사회의 금전거래와 신용체계의 변화: 『창평일기』를 중심으로」, 『비교문화연구』 22(1), 2016(a).

안승택·이시준, 「한말·일제초기 미신론 연구: '미혹迷惑된 믿음'이라는 문화적 낙인

　　의 정치학」,『한국민족문화』 51.

염정섭, 「18세기 말 우하영의 『천일록』 편찬과 농법 정리」, 『한국민족문화』 36, 2010.

염정섭, 「18세기 말 정조의 '농서대전' 편찬 추진과 의의」, 『한국사연구』 112, 2001.

염정섭, 『조선시대 농법 발달 연구』, 태학사, 2002.

염정섭, 「풍석의 농법 변통론과 농정 개혁론」, 실시학사 편, 조창록 외 저, 『풍석 서유
　　구 연구(상)』, 사람의무늬, 2014.

우하영, 김혁 · 안승택 · 박종훈 · 고민정 옮김, 『역주 천일록: 종이에 담은 천향』, 전 7
　　권, 화성시, 2015.

유봉학, 『연암일파 북학사상 연구』, 일지사, 1995.

윤태순, 홍기용 옮김, 『웅지진농서』 I · II, 농촌진흥청, 2009.

이경구, 「18세기 후반~19세기 조선의 언어와 문자 의식에 대한 시론」, 『조선시대사학
　　보』 73, 2015.

임정혁, 「과학사에 있어서의 '근세': 조선과 일본의 비교검토」, 『한국과학사학회지』
　　25(2), 2003.

잭 구디, 김지혜 옮김, 『잭 구디의 역사인류학 강의』, 신책자, 2010(Jack Goody, *Food
　　and Love: A cultural history of East and West*, Verso, 1998).

정연학, 『한중농기구 비교연구』, 민속원, 2003.

클리퍼드 코너, 김명진 · 안성우 · 최형섭 옮김, 『과학의 민중사: 과학기술의 발전을 이
　　끈 보통사람들의 이야기』, 사이언스북스, 2014(Clifford Corner, *A People's History
　　of Science: Miners, midwives, and "low mechanicks"*, Nation Book, 2005).

후지하라 사다오, 임경택 옮김, 『앙코르와트: 제국주의 오리엔탈리스트와 앙코르 유적
　　의 역사 활극』, 동아시아, 2014(藤原貞朗, 『オリエンタリストの憂鬱: 植民地主
　　義時代のフランス東洋學者とアンコ―ル遺蹟の考古學』 めこん, 2008).

德永光俊, 「日本農學の源流 · 變容 · 再發見: 心土不二の世界へ」, 田中耕司 責任編集,
　　『「帝國」日本の學知(7): 實學としての科學技術』, 岩波書店, 2006.

武藤軍一郎, 『東アジアにおける犂耕發達史』, 中國書店, 2009.

西村卓, 『『老農時代』の技術と思想: 近代日本農事改良史研究』, ミネルヴァ書房, 1997.

天野元之助, 『中國農業史研究』, 御茶の水書房, 1962.

10장

『慶尙道丹城縣戶籍大帳』.

『高宗實錄』.

『官報』.

『求禮郡 사회조직 문서; 1871~1935』(한국농촌경제연구원).

「句漏文案」(李彙溥).

『端硯日記』(金麟燮).

『丹城鄕案』.

『黙齋集』(柳希天).

『商山事例』.

「善山軍案」.

『예천 맛질 朴氏家 일기3-日記篇-』(한국학중앙연구원).

『雲窓誌』(이희복).

李晩耆의 서간문.

『壬戌錄』.

『響山日記』(李晩燾).

김준형, 『1862년 진주농민항쟁』, 지식산업사, 2001.

김태웅, 『한국근대지방재정연구-지방재정의 개편과 지방행정의 변경-』, 아카넷, 2012.

손병규, 『호적; 1606-1923, 호구기록으로 본 조선의 문화사』, 휴머니스트, 2007.

鄕村社會史硏究會 편, 『조선후기 향약연구』, 민음사, 1990.

김경옥, 「18~19세기 珍島 松山里의 洞契·學契 운영」, 『지방사와 지방문화』 16-1, 역사문화학회, 2013.

金泰雄, 『開港前後~大韓帝國期의 地方財政改革 硏究』, 서울대학교대학원 박사학위논문, 1997.

金泰雄, 「朝鮮後期 邑事例의 系統과 活用」, 『古文書硏究』 15, 韓國古文書學會, 1999.

김현구, 「조선 후기 沿海民의 생활상 - 18~19세기 巨濟府를 중심으로 - 」, 『지역과 역사』 8, 부산경남역사연구소, 2001.

朴光淳, 「雙溪亭의 社會·經濟的 機能에 관한 試攷; 「鄕約契」·「雇馬廳契」·「大同契」를 중심으로」, 『羅州地方 樓亭文化의 綜合的 硏究』, 전남대학교 호남문화연구소, 1988.

박석두, 『한말-일제 초 농촌사회구조와 사회조직에 관한 연구 - 전남 구례군 토지면 오미동 사례 - 』, 한국농촌경제연구원, 1996.

朴焞, 「조선후기 海南地方 洞契의 一硏究」, 『한국사론』 21, 국사편찬위원회, 1991.

손병규, 「갑오시기 재정개혁의 의미 - 조선 왕조 재정시스템의 관점에서 - 」, 『韓國史學報』 21, 고려사학회, 2005(a).

손병규, 「대한제국기의 호적정책 - 단성 배양리와 제주 덕수리의 사례」, 『대동문화연구』 49, 성균관대학교 대동문화연구원, 2005(b).

손병규, 「戶籍大帳 職役欄의 軍役 기재와 '都已上'의 통계」, 『大東文化硏究』 39, 성균관대학교 대동문화연구원, 2001.

송양섭, 「반계 유형원의 지방제도 개혁론」, 『한국실학연구』 27, 한국실학연구회, 2014.

송양섭, 「19세기 良役收取法의 변화; 洞布制의 성립과 관련하여」, 『韓國史硏究』 89, 한국사연구회, 1995.

오영교, 「17世紀 鄕村對策과 面里制의 運營」, 『東方學志』 85, 연세대학교 국학연구원, 1994.

윤인숙, 「17세기 丹城縣 엘리트의 조직 형성과 인적네트워크: 丹城鄕案을 중심으로」, 『대동문화연구』 87, 성균관대학교 대동문화연구원, 2014.

윤인숙, 『조선전기 사림의 사회정치적 구상과 小學운동』, 성균관대학교 박사학위논문, 2011.

이규대, 「19세기의 洞契와 洞役」, 『한국 근현대이행기 사회연구』, 신서원, 2000.

이용기, 「19세기 후반 班村 洞契의 기능과 성격 변화 - 전남 장흥군 어서리 동계를 중심으로」, 『史學研究』 91, 한국사학회, 2008.

李鍾範, 『19세기 말 20세기 초 향촌사회구조와 조세제도의 개편 - 구례군 토지면 오미동 「유씨가문서」분석 -」, 연세대학교대학원 박사학위논문, 1994.

李鍾範, 「韓末·日帝初期 '面里自治'의 성장과 변질-求禮縣 賦稅運營을 중심으로-」, 『韓國 近現代의 民族問題와 新國家建設』. 金容燮敎授停年紀念韓國史學論叢刊 行委員會, 1997.

任先彬, 「公州 浮田大同契의 成立背景과 運營主體」, 『백제문화』 20, 공주대학교 백제 문화연구소, 1990.

全旼榮, 「巨濟 舊助羅里 古文書를 통한 마을의 運營 연구」, 한국학중앙연구원 한국학 대학원 석사학위논문, 2015.

井上和枝, 「丹城民亂期における在地士族の動向」, 『學習院大學藏 朝鮮戶籍大帳の基礎 的研究(2)』, 學習院大學東洋文化研究所 調査研究報告 13, 1983.

井上和枝, 「李朝後期慶尙道丹城縣の社會變動, 『學習院史學』 23, 學習院大學, 1985.

井上和枝, 「朝鮮後期における洞契の運營と機能 - 晋州·丹城餘沙洞契を中心に - 」, 『朝 鮮文化研究』 5, 東京大學文學部朝鮮文化研究室, 1998.

11장

『승정원일기』.

정약용, 다산연구회 역주, 『역주목민심서』 Ⅰ~Ⅵ, 창작과비평사, 1979.

고승희, 「조선후기 함경도의 交濟倉 운영과 賑資供給策의 변화」, 『이화사학연구』 27, 이화사학연구소, 2000.

金武鎭, 「조선사회의 유기아수양에 대하여」, 『계명사학』 4, 계명사학회, 1993.

김경태, 「다산의 賑恤糧穀需給論」, 『다산의 정치경제 사상』, 창작과비평사, 1990.

김석우, 『자연재해와 유교국가; 漢代의 재해와 황정연구』, 일조각, 2006.

문광균, 「조선후기 양산 甘同倉의 설치와 변천」, 『한국문화』 66, 서울대학교 규장각한 국학연구원 2014.

문용식, 「18세기 후반 진휼 사업과 賑資 확보책」, 『사총』 44, 고대사학회, 1995.

문용식, 『조선후기 진정과 환곡운영』, 경인문화사, 2000.

배항섭, 「동아시아사 연구의 시각-서구·근대중심주의 비판과 극복」, 『역사비평』 109, 역사비평사, 2014.

변주승, 「朝鮮後期 遺棄兒·行乞兒 대책과 그 효과 -給糧策을 중심으로-」, 『韓國史學報』 3·4호, 고려사학회, 1998.

변주승, 『조선후기유민연구』, 고려대학교 박사학위논문, 1997.

서한교, 「다산 정약용의 진황정책 개선론」, 『조선사연구』 2, 조선사연구회, 1993.

송양섭, 「『목민심서』에 나타난 다산 정약용의 '인시순속(因時順俗)'적 지방재정운영론」, 『다산과 현대』 7, 연세대학교 강진다산실학연구원, 2014.

송양섭, 「『목민심서』에 나타난 정약용의 수령인식과 지방행정의 방향」, 『다산학』 28, 다산학술문화재단, 2016.

송양섭, 「18세기 '공' 담론의 구조와 그 정치·경제적 함의」, 『역사와 현실』 93, 한국역사연구회, 2014.

신용하, 「정약용의 환자제도개혁사상」, 『조선후기 실학파의 사회개혁사상연구』, 지식산업사, 1997.

양진석, 『17·18세기 환곡제도의 운영과 기능변화』, 서울대학교 박사학위논문, 1999.

원재영, 「조선후기진휼정책의 구조와 운영」, 『한국사연구』 143, 한국사연구회, 2008.

원재영, 「조선후기 진휼정책과 賑資의 운영 ; 1809~10년 전라도의 사례를 중심으로」, 『조선시대사학보』 64, 조선시대사학회, 2013.

이세영, 「조선후기 권분과 부민의 실태」, 『역사문화연구』 34, 한국외국어대학교 역사문화연구소, 2009.

정윤형, 「다산의 환자개혁론」, 『다산의 정치경제 사상』, 창작과비평사, 1990.

정형지, 「조선후기 교제창의 설치와 운영-나리포창 사례를 중심으로」, 『이대사원』 26, 이화사학회, 1995.

정형지, 『朝鮮後期 賑恤政策 硏究: 18世紀를 중심으로』, 이화여자대학교 박사학위논문, 1993.

정형지, 「조선후기 포항창의 설치와 운영」, 『산업기술연구소보』 3, 오산전문대 산업기술연구소, 1997.

최주희, 「18세기 후반 官倉運營의 변화와 私設倉庫의 등장」, 이화여자대학교 석사학위논문, 2003.

12장

高麗大學校 亞細亞問題研究所 編, 『舊韓國外交關係附屬文書』 第1卷(海關案 1), 고려
　　대학교출판부, 1972.

今村鞆, 『人蔘史』(第1卷: 人蔘編年紀·人蔘思想篇), 朝鮮總督府專賣局, 1940.

金允植, 『雲養先生文集』(韓國歷代文集叢書·2744), 경인문화사, 1999.

金允植, 『陰晴史』, 國史編纂委員會, 1955.

釜山港監理署 編, 『時急公用費調達件에 관한 件』(서울대학교 규장각 소장), 고종 28년
　　(1891).

兪吉濬全書編纂委員會 編, 『兪吉濬全書』 Ⅳ(政治經濟編), 일조각, 1971.

第一銀行 編, 『韓國ニ於ケル第一銀行』, 明治 41(1908).

『朝鮮通商三關貿易』(서울대학교 규장각 소장), 1892.

中央研究院 近代史研究所 編, 『清季中日韓關係史料』(제2권), 1972.

한국학문헌연구소 편, 『魚允中全集』, 서울아세아문화사, 1979.

황현, 임형택 외 옮김, 『역주 매천야록』(상), 문학과지성사, 2005.

고구려연구재단 편, 『한중관계사: 연구논저목록(근현대)』, 2005.

구선희, 『한국 근대 대청정책사 연구』, 혜안, 1999.

권혁수, 『근대 한중관계사의 재조명』, 혜안, 2007.

金玉根, 『朝鮮王朝財政史研究』 Ⅲ, 一潮閣, 1986.

金玉根, 『朝鮮王朝財政史研究』(Ⅳ[近代篇]), 일조각, 1992.

全海宗, 『韓中關係史研究』, 一潮閣, 1970.

최태호, 『近代韓國經濟史 研究序說-開港期의 韓國關稅制度와 民族經濟』, 국민대학교

출판부, 1991.

강선숙, 「一齋 魚允中 硏究」, 인하대학교 석사학위논문, 1983.

강진아, 「廣東네트워크(Canton-Networks)와 朝鮮華商 同順泰」, 『사학연구』 제88호, 2007.

고병익, 「穆麟德의 雇聘과 그 배경」, 『진단학보』 제25·26·27합집, 1964.

金順德, 「1876~1905년 관세정책과 관세의 운용」, 『한국사론』 15, 1986.

김용섭, 「甲申·甲吾改革期 개화파의 농업론」, 『韓國近代農業史硏究』, 一潮閣, 1981.

金載昊, 「近代的財政制度の成立過程における皇室財政-韓國と日本との比較」, 『朝鮮學報』 第175輯, 2000.

김정기, 「대원군 납치와 반청의식의 형성(1882~1894)」, 『한국사론』 19, 1988.

金正起, 「조선정부의 淸 차관도입(1882~1894)」, 『한국사론』 3, 1976.

金鍾星, 「1899년 韓淸通商條約의 연구」, 성균관대학교 석사학위논문, 2005.

金鍾圓, 「朝中商民水陸貿易章程에 대하여」, 『역사학보』 제32집, 1968.

박봉식, 「메릴 書簡」, 김재원박사회갑기념논총위원회 편, 『金載元博士回甲紀念論叢』, 을유문화사, 1969.

서영희, 「개항기 봉건적 국가재정의 위기와 민중수탈의 강화」, 한국역사연구회, 『1894년 농민전쟁연구 I-농민전쟁의 사회경제적 배경』, 역사비평사, 1991.

이영훈, 「총설: 조선후기 경제사 연구의 새로운 동향과 과제」, 이영훈 편, 『수량경제사로 다시 본 조선후기』, 서울대학교출판부, 2004.

李鉉淙, 「高宗 때 減省廳設置에 대하여」, 김재원박사회갑기념논총위원회 편, 『金載元博士回甲紀念論叢』, 을유문화사, 1969.

「人蔘에 關ᄒ 講話」, 『財務彙報』(度支部) 4, 1908년 11월.

鄭玉子, 「紳士遊覽團考」, 『역사학보』 제27집, 1965.

秋月望, 「朝中間の三貿易章程の締結經緯」, 『朝鮮學報』 115, 1985.

洪淳權, 「한말시기 開城地方 蔘圃農業의 전개양상(上)-1896년 『蔘圃摘奸成册』의 분석을 중심으로」, 『한국학보』 13-4, 1987.

찾아보기